Wilhelm Rein

Gallus, oder Römische Scenen aus der Zeit Augusts

Wilhelm Rein

Gallus, oder Römische Scenen aus der Zeit Augusts

ISBN/EAN: 9783744614207

Hergestellt in Europa, USA, Kanada, Australien, Japan

Cover: Foto ©ninafisch / pixelio.de

Weitere Bücher finden Sie auf **www.hansebooks.com**

GALLUS

ODER

RÖMISCHE SCENEN.

— — — —

ZWEITER THEIL.

GALLUS

ODER

RÖMISCHE SCENEN

AUS

DER ZEIT AUGUSTS.

ZUR GENAUEREN KENNTNISS

DES RÖMISCHEN PRIVATLEBENS

VON

WILH. ADOLPH BECKER,

Prof. a. d. U. Leipzig.

Dritte berichtigte und abermals sehr vermehrte Ausgabe

von

Prof. Dr. Wilh. Rein.

Zweiter Theil.

Mit 9 eingedruckten Holzschnitten.

—

LEIPZIG,

FRIEDRICH FLEISCHER.

186

Gallus et Hesperiis et Gallus notus Eois
Et sua cum Gallo nota Lycoris erit.

OVID.

INHALT DES ZWEITEN THEILS.

EXCURSE ZUR ERSTEN SCENE.*)

DIE RÖMISCHE FAMILIE.

Der Name Familie, dessen Zusammenhang mit dem oscischen *Famel, Famul* unzweifelhaft ist (s. PAUL. DIAC. h. v. p. 87 M.), bedeutet im weitesten Sinn alles dasjenige, was eine selbständige Person privatrechtlich *in potestate* hat oder was derselben unterworfen ist, sowohl Menschen (freie oder unfreie) als Vermögensstücke, z. B. in der alten Gesetzesformel: *familia ad aedem Cereris — venum iret.* bei LIV. III, 55. und XLV, 40., etymologisch vielleicht Alles zu einem „Hause" Gehörige s. ROSSBACH, die römische Ehe, S. 14 f. Im engern Sinne aber bezeichnet Familia 1) die Gesammtheit der häuslichen Gesellschaft, der Freien und Sklaven, an deren Spitze ein pater familias steht; z. B. in der mehrmals vorkommenden alten Gesetzesformel: *familia et pecunia* (die Person im Gegensatz zu dem Vermögen), FEST. v. sacratae leges p. 318 M. CIC. de inv. II, 50.; 2) die durch gemeinschaftliche Abstammung verbundenen Freien, d. h. entweder alle unter einem pater familias stehenden freien Personen (PAUL. DIAC. p. 86 M.) oder in weiterem Umfange alle Glieder eines grösseren Familienkreises, welche zwar einen gemein-

---

*) [In den Excursen zur ersten Scene war es unmöglich, die Zusätze des Herausgebers abzusondern, da diese den grösseren Theil ausmachen In den folgenden Scenen tritt wieder eine sorgfältige Trennung der Zusätze durch eckige Klammern ein, wie in dem ersten Theile.]

samen Ahnherrn haben und desshalb einen Namen tragen,
aber nicht einem pater familias unterworfen sind (also s. v. a.
Agnaten, welche die Unterabtheilung einer gens bilden), ja
sogar in noch weiterer Ausdehnung alle Glieder einer gens,
z. B. Liv. 1, 7. II, 49. IX, 33. wo die Potitii und Fabii mit
dem Namen familia bezeichnet werden; 3) bedeutet familia
die zu einem Hause gehörenden Sklaven, s. im dritten Excurs;
4) die dazu gehörenden Vermögensstücke, namentlich das
Vermögen Verstorbener, z. B. in der Formel: *familiae herci-
scundae.* (Erbtheilung) oder *agnatus familiam habeto.* Liv. II,
41. Ter. Heaut. V, 1, 36. u. s. w. Ulp. Dig. L, 16, 195, § 1.
(*familiae appellatio*) *varie accepta est; nam et in res et in personas diducitur. — Ad personas autem refertur familiae signi-
ficatio ita, cum de patrono et liberto loquitur lex: ex ea familia*
etc. — § 2. *Fam. appell. refertur et ad corporis cuiusdam signi-
ficationem, quod aut iure proprio ipsorum, aut communi uni-
versae cognationis continetur* etc. S. Pauly, Realencyklop. III,
S. 419 f.

Jeder Freie, der nicht in eines Anderen potestas ist und
seinen eigenen Hausstand hat, wird als pater familias betrachtet,
er mag wirklich Vater sein oder nicht. Ulp. Dig. L, 16, 195,
§. 2. *Pater fam. appellatur, qui in domo dominium habet* (vgl.
Sen. ep. 47.) *recteque hoc nomine appellatur, quamvis filium
non habeat; non enim solam personam eius, sed et ius demon-
stramus. Denique et pupillum patrem appellamus. Et cum
pater fam. moritur, quotquot capita ei subiecta fuerunt, singulas
familias incipiunt habere, singuli enim patrum familiarum nomen
subeunt* etc. So wurden also die Söhne, wenn sie auch verheirathet waren und selbst Kinder hatten, erst dann patres
fam., wenn sie der patria potestas ledig wurden, was mit dem
Tode des Vaters geschah, oder in dem besonderen Falle, dass
der Sohn die Würde eines flamen dialis erhielt (wie die
Tochter die einer virgo Vestalis); oder endlich durch die
Emancipation unter der Form des dreimaligen Verkaufs und
der Freilassung.

Nimmt man nun zu diesen nächsten Familiengliedern,

als Kindern und Enkeln, die Zahl der Sklaven und endlich
der Clienten hinzu, so stellt sich eine solche römische Familie
als ein kleiner für sich abgeschlossener Staat dar, in welchem
der pater fam. wie ein Monarch mit patriarchalischem Ansehen
herrschte. So schildert das Haus des Appius Caecus Cic. de
sen. 11. *Quatuor robustos filios, quinque filias, tantam domum,
tantas clientelas Appius regebat et senex et caecus. — tenebat
non modo auctoritatem, sed etiam imperium in suos; metuebant
servi, verebantur liberi, carum omnes habebant; vigebat illa in
domo patrius mos et disciplina.* — Die weitere Stellung des
Mannes im Hause ergiebt sich aus der Erörterung der gegen-
seitigen Verhältnisse, in welchen die verschiedenen Glieder
der Familie zu einander standen. Die Frau hat der pater fam.
in seiner manus, die Kinder und Sklaven in seiner potestas,
Freie unter gewissen Umständen (durch noxae datio) im
mancipium.

Auch war der Hausvater in religiöser Beziehung Ver-
treter des ihm angehörenden Kreises und verrichtete die häuslichen Opfer bei Familienfesten, ländlichen Feierlichkeiten
und dergl. Cato r. r. 143. *scito dominum pro tota familia
rem divinam facere.* Or. p. domo 41. S. Rossbach, a. a. O.
S. 11 ff., Herzog, Beitrag zur Frage über die Familienrecht-
liche Grundlage des röm. Staatsrechts im Mus. für Phil. Bonn
1859, XIV, S. 3 ff. und überhaupt Lange, röm. Alterth. I.
S. 83 ff. — Zunächst handeln wir von den Frauen, sodann
von den Kindern, darauf von den Sklaven und zuletzt von
den Clienten.

ERSTER EXCURS.

DIE FRAUEN ODER VON DER RÖMISCHEN EHE.

Während wir in den meisten griechischen Staaten und namentlich in Athen die Frauen, d. h. das ganze weibliche Geschlecht in geringer Achtung und in lebenslänglicher Unmündigkeit sehen, in die Gynäkonitis verwiesen, vom öffentlichen Leben und allem Umgange mit Männern wie von deren Vergnügungen ausgeschlossen, finden wir in Rom gerade das Gegentheil. Ist auch das Weib, wie natürlich, dem Manne untergeordnet, so begegnet man ihr doch, nicht wie in Griechenland mit jener rücksichtsvollen Scheu, die nur dem Rechte des Mannes gilt, sondern mit offener Achtung und Ehrerbietung. Stets erscheint die römische Hausfrau als Vorsteherin des gesammten Hauswesens, als Erzieherin der Kinder und Bewahrerin der Ehre des Hauses, in gleicher Achtung mit dem pater familias in und ausser dem Hause. Plut. Rom. 20. Ἀλλὰ μέντοι πολλὰ ταῖς γυναξὶν εἰς τιμὴν ἀπέδωκαν, ὧν καὶ ταῦτά ἐστιν· ἐξίστασθαι μὲν ὁδοῦ βαδιζούσας etc. Vom öffentlichen Leben bleiben sie zwar in der Regel fern, denn die Sitte hielt sie zurück, doch ist ihnen das Auftreten und Zeugen vor Gericht nicht versagt. Der Fall, dass sie selbst als Klägerinnen oder Beklagte vor Gericht aufgetreten wären, kam vor den Zeiten der sinkenden Republik höchst selten vor (obgleich es nicht gesetzlich verboten war, wie sich auch aus Plut. comp. Num. c. Lyc. 3 ergiebt); denn die Beispiele, welche Val. Max. VIII, 3. Cic. Brut. 58. Quinct. inst. I, 1, 6. geben, gehören der spätern Zeit an, und was Val. Max. III, 8, 6. von Sempronia erzählt, ist ganz anderer Art. Ursprünglich hatten die Frauen sogar das Recht, für Andere klagend aufzutreten (*pro aliis postulare*), wenn sie auch höchst selten davon Gebrauch machten, bis es später durch das prätorische Edikt verboten wurde, weil Afrania einen unverschämten Gebrauch von dieser Erlaubniss gemacht hatte (*inverecunde postulans et magistratum inquietans*), Val. Max. VIII, 3, 2. Ulp. Dig. III, 1, 1, § 5. Dagegen erscheinen sie häufig und zu allen Zeiten vor Gericht als Zeugen oder bittend für ihre Verwandten. Wenn Cic. Verr. I, 37. sagt: *cur (cogis) sodalis uxorem, sodalis socrum, domum denique totam sodalis mortui contra te testimonium dicere? cur pudentissimas lectissimasque feminas in tantum virorum conventum insolitas invitasque prodire cogis?* so liegt darin keineswegs, dass hier nur eine Ausnahme Statt finde; auch bei uns werden Frauen immer ungern vor Gericht erscheinen. S. noch Asc. zu Cic. p. Mil. p. 41 Or. Suet. Caes. 74. Claud. 40. Tac. Ann. III, 49. Paull. D. XXII, 5, 18. Ulp. Dig. XXVIII, 1, 20, § 6. Wir finden sogar Vestalinnen anwesend, um sich für die Ihrigen zu verwenden oder Zeugniss abzulegen, z. B. Cic. p. Font. 17. *Tendit ad vos virgo Vestalis manus supplices* etc. und von Tac. wird als Beweis des Hochmuths der Urgulania angeführt, dass sie nicht als Zeugin erscheinen wollte: Ann. II, 34. *Caeterum Urgulaniae potentia adeo nimia civitati erat, ut testis in causa quadam, quae apud senatum tractabatur, venire dedignaretur. missus est praetor, qui domi interrogaret, cum virgines Vestales in foro et iudicio audiri, quoties testimonium dicerent, vetus mos fuerit.* Wenn es nach dem der Vestalin Tarratia durch die lex Horatia verliehenen Privilegium der Testabilität scheinen könnte (Plin. h. n. XXXIV, 6. Gell. VI, 7. Plut. Popl. 8., s. Pauly, Realenc. IV, S. 971.), als ob die Frauen dieses Rechts ermangelt hätten, so ist zu bedenken, dass Zeugnissfähigkeit hier in einem weiteren Sinn zu verstehen ist, in welchem auch das Mancipationszeugniss mit darin liegt. S. Dirksen, Beiträge z. Kunde d. röm. Rechts, S. 235—247. Rein, R. Privatr. S. 152—156.

Das Ausgehen aus dem Hause war nur durch Anstand und Sitte, nicht durch Gesetze oder den eifersüchtigen Willen des Mannes beschränkt; an öffentlichen Schauspielen nahmen die Frauen nicht weniger Theil als die Männer und mit diesen stellten sie sich zum festlichen Mahle ein. Von der Licenz der späteren Zeit ganz abgesehen, finden wir darin völlige Freiheit auch in den Zeiten der Republik. Cic. p. Cael. 8. *est enim dictum ab illis fore qui dicerent, uxores suas a coena redeuntes attrectatas esse a Caelio.* Val. Max. III, 1, 2. Einen interessanten Zug aus dem Leben des Q. Cicero erzählt Cic. ad Att. V, 1. *prandimus in Arcano. nosti hunc fundum. quo ut venimus, humanissime Quintus, Pomponia. inquit, tu invita mulieres, ego accivero pueros. — At illa audientibus nobis, ego sum, inquit, hic hospita. id autem ex eo, ut opinor, quod antecesserat Statius, ut prandium nobis videret. tum Quintus, en, inquit mihi, haec ego patior quotidie. Dices, quid quaeso istuc erat? magnum: itaque me ipsum commoverat, sic absurde et aspere verbis vultuque responderat. dissimulari dolens. Discubuimus omnes praeter illam, cui tamen Quintus de mensa misit, illa reiecit.* Sogar die Vestalinnen nahmen an Gastmählern der Männer Antheil, Macrob. Sat. II, 8. Auch auf alten Abbildungen findet man die Frauen neben den Männern bei Tisch, Zoega, bassiril. Tom. I. n. 36. p. 166 ff.

Im eigenen Hause war die Frau nicht auf bestimmte abgesonderte Gemächer beschränkt, sondern ihr eigentlicher Aufenthalt ist wenigstens in älterer Zeit in dem wichtigsten Theile des Hauses, dem Atrium. Bekannt ist Corn. praef. *Quem enim Romanorum pudet uxorem ducere in convivium aut cuius mater-familias non primum locum tenet aedium atque in celebritate versatur?* Hier lag sie in der Mitte ihrer Sklavinnen den weiblichen Arbeiten ob; hier stand vor Alters das wirkliche, später das symbolische Brautbrett, *lectus genialis* oder *adversus*, der ihr eigentlich gebührende Ehrenplatz. So finden wir es noch in Cicero's Zeit im Hause des M. Aemilius Lepidus, der als Interrex von den Clodianern insultirt wurde. Asc. z. Cic. p. Mil. 5. *deinde omni vi ianua expugnata et imagines*

*maiorum deiecerunt et lectulum adversum uxoris eius Corneliae
— fregerunt, itemque telas, quae ex vetere more in atrio texebantur, diruerunt.* So schildert auch Liv. I, 57. die Lucretia:
*nocte sera deditam lanae inter lucubrantes ancillas in medio
aedium* (s. v. a. atrio) *sedentem inveniunt.* und so erscheint in
einem Fragment aus den Compitalibus des Laberius bei Gell.
XVI, 9 die materfam. sitzend auf diesem lectus: *materfamilias
tua in lecto adverso sedet.* S. noch Arnob. adv. g. II, 67. Ueber
die Stellung der Frauen überhaupt schrieben: E. Spangenberg, hist. fem. iur. Rom. Gotting. 1806. G. Dorn-Seiffen,
ius femin. apud Rom. Trai. ad Rh. 1818. E. Laboulaye, recherches sur la condition civile et politique des femmes depuis
les Romains jusqu'à nos jours. Paris 1843.

Dass die Römerinnen sehr früh sich verheiratheten, wird
durch die in dem südlichen Klima früher eintretende Pubertät
erklärt. Frauen, die in dem 11. 12. u. 13. Jahre gestorben
waren, finden wir bei Orelli-Henzen, nr. 2653. 2655 f. 6190.
Das zurückgelegte 12. Jahr galt stets als Termin der weiblichen Reife, Fest. v. pubes p. 250 M. Tertull. de Virg. vel.
11. Dio Cass. LIV, 16.

. Was das eheliche Verhältniss und die Treue anlangt, so
darf man für die ältere Zeit sicher annehmen, dass Ausschweifungen auf beiden Seiten wenig vorkamen. Erst mit dem Beginne des Sittenverfalls sehen wir auch in diesem Verhältniss
grosse Veränderungen vorgehen und Männer und Frauen in
üppigem Lebensgenuss sich überbieten. Sen. ep. 95. Die
frühere Schaamhaftigkeit und Keuschheit der Frauen wurde
immer seltener, während der Luxus und die Verschwendung
immer höher stieg und von vielen Frauen liess sich sagen,
was Clitipho über seine Bacchis klagt, Ter. Heaut. II, 1, 15.

Meast petax procax magnifica sumptuosa nobilis.
Viele römische Damen hatten, um sich für die Vernachlässigung ihrer Gatten schadlos zu halten, ihre Cicisbeen, die auch
wohl unter dem Vorwande, der procurator der Dame zu sein,
sie allenthalben begleiteten. S. Mart. V, 61. XII, 38. und
wie viele Beispiele liessen sich sonst noch aus römischen

Dichtern anführen! Man denke nur an Hor. epod. 8. 12. Die
natürliche Folge davon war die immer mehr zunehmende
Ehelosigkeit der Männer und der grösste Leichtsinn in den
Scheidungen der Ehe, s. unten bei den Scheidungen und der
Ehelosigkeit.

Trotz dieser freieren Stellung des weiblichen Geschlechts
hatte die römische Ehe in Bezug auf die Frau anscheinend
sehr strenge Formen, die indessen leicht in milderem Lichte
sich zeigen, wenn man die potestas des paterfamilias im richtigen Sinne fasst. Man unterschied überhaupt ein *matrimonium
iustum* (auch *legitimum*) und *iniustum*. Das erstere (*iustae
nuptiae* bei Cic. de rep. V, 4. Gai. Inst. I, 55.) fand nur
Statt, wenn beiden Theilen das connubium zustand, d. h. die
auf beiden Seiten gleiche Berechtigung eine nach römischem
Rechte gültige Ehe zu schliessen. In alter Zeit gehörte dazu
Standesgleichheit, wesshalb Patricier nur unter sich und ebenso Plebejer nur aus ihrer Mitte heiratheten. Als aber durch
die lex Canuleia 309 d. St. 445 v. Chr. den Plebejern das
Connubium mit den Patriciern gegeben war, blieb nur noch
das Erforderniss der Civität (mit einigen später gemachten
gesetzlichen Ausnahmen, z. B. in Bezug auf die Senatoren
und deren Kinder, welche sich nicht mit Freigelassenen ver-
heirathen durften u. s. w.) s. Pauly, Realencykl. II, S. 590 fg.
— Das *matrimonium iniustum* hingegen (*uxor iniusta* bei Ulp.
Dig. XLVIII, 5, 13, § 1.), wobei dem einen Theile das connubium fehlte, z. B. die Ehe zwischen Patriciern und Plebejern
vor der lex Canuleia und zwischen Römern und Peregrinen,
war zwar von der moralischen Seite eine eben so gültige und
anständige Ehe, aber sie galt nur iure gentium und ermangelte
daher der wichtigen civilrechtlichen Folgen der patria potestas, manus u. s. w. — Uebrigens stand wirkliche Ehe mit
dem Rechte Kinder zu haben überhaupt nur Freien zu, während der Sklave in einem *contubernium* leben konnte, s. im
3. Excurs.

Von der römischen Ehe, zumal aus dem civilrechtlichen
Gesichtspunkte betrachtet, ist viel und gründlich gehandelt

worden. In Creuzers Abriss d. röm. Antiq. S. 82. und in
Pauly's Realencyklop. IV, S. 1653 fg. ist die Literatur vollständig angeführt. Hervorzuheben sind: Grupen, de uxore
Rom. Hannov. 1727. Zimmern, Rechtsgesch. I, S. 531—654.
833—842. Birnbaums Zusätze zu Creuzers Abriss der röm.
Alterth. S. 482 ff. Tafel, Commentatio de divortiis ap. Rom. I.
De variis nuptiarum generibus ap. Rom. 1832. Eggers, über
das Wesen u. die Eigenthüml. der alt-römischen Ehe mit
manus. Alt. 1833. Göttling, röm. Staatsverf. Halle 1840.
S. 82 ff. Rein, das römische Privatrecht. Leipz. 1858. S. 174.
368—468. Lange, röm. Alterthümer. I, S. 88—100. Eine
neue Aera für diese Lehre begann mit Rossbach, Untersuchungen über die röm. Ehe. Stuttgart 1853. — Hier kommt
es hauptsächlich darauf an, die durch die Form der Ehe be-
dingten Verhältnisse im häuslichen Leben, die Stellung der
verschiedenen Personen unter einander hervorzuheben, während die Untersuchung über die civilrechtlichen Bedingungen
und Folgen ausgeschlossen bleibt.

Das *matrimonium iustum* konnte doppelter Art sein
(Quinct. V, 10, 62. *duae formae sunt matrimoniorum*), mit
conventio in manum und ohne dieselbe. Durch die strengere
Form der Ehe kam die Frau *in manum viri* (*in manu esse, in
manum convenisse, alieno iuri subiectum esse*, s. Liv. XXXIV,
2. u. Brisson. de verb. sign. v. *manus*), d. h. sie trat aus ihrer
Familie ganz heraus (*familia mutatur* durch capitis deminutio
minima, Ulp. XI, 13.) und ging in des Gatten Familie über,
wo sie in ein der *filia* ähnliches Verhältniss trat, und der
Mann erlangte über sie eine Art patria potestas, die Liv.
XXXIV, 7. selbst *servitus muliebris* nennt. Ter. Andr. I, 5, 60.
Te isti virum do, amicum, tutorem, patrem. — Wie der allgemeinere Ausdruck potestas im engeren Sinne auch von der
patria potestas und von der servitus gilt, so der symbolische
Ausdruck *manus* im engeren Sinne von der Gewalt, die dem
Gatten in strenger Ehe über seine Frau zustand. Doch wird
potestas auch von der *manus* gebraucht, bei Tac. Ann. IV, 16.
in potestate viri. und Serv. z. Virg. Aen. IV, 103. *coëmptione*

facta mulier in potestatem viri cedit. Umgekehrt wird *manus*
im weiteren Sinne statt *potestas* gesagt von GELL. XVIII, 6.
SERV. zu Virg. Aen. XI, 476. ebenso überhaupt von Besitz,
PLAUT. Merc. II, 3, 117. und von Tutel, LIV. XXXIV, 2.
Gleichwohl sind potestas und manus genau zu unterscheiden,
GAI. I, 109. und wie der mancipio datus nur servi loco ist,
nicht servus, so auch die Frau nur filiae loco, GAI. I, 111.
Das aus der potestas entspringende Richter- und Strafamt
hatte der Mann nicht bloss in den Ehen mit manus, sondern
in jeder Ehe, also ist dieses Recht nicht ein Ausfluss der
manus. HASE, de manu iur. Rom. antiq. Hal. 1847. p. 54 ff.
PAULY, Realencykl. V. S. 1239 f.   Doch war der Mann hierbei durch das uralte Familiengericht beschränkt, indem er
nicht ohne seine und seiner Frau Cognaten entscheiden
konnte. Wahrscheinlich waren bei Ehe mit manus die Cognaten des Gatten, bei Ehe ohne manus die der Gattin vorzüglich nothwendig (da sie in der Gewalt ihres Vaters geblieben war). DIONYS. II, 25, οἱ συγγενεῖς μετὰ τοῦ ἀνδρὸς ἐδίκαζον.
TAC. Ann. XIII, 32. *is* (Plautius) *prisco instituto propinquis
coram de capite famaque coniugis cognovit.* GELL. X, 23. SUET.
Tib. 35. VAL. Max. II, 9, 2. Einseitig durfte der Mann nie
entscheiden, ausser wenn er seine Frau im Ehebruch ertappte,
wo er die Schuldige tödten durfte, GELL. X, 23. PIRMEZ, de
mariti tori violati vindice. Lovan. 1822. Ueber das Familiengericht handeln MÜNTER, de domestico famil. iudicio ap. Rom.
Lugd. B. 1768. KLENZE, in Zeitschr. f. gesch. Rechtswiss. VI,
S. 21 - 32. GEIB, röm. Criminalprozess, S. 82—96. REIN,
Röm. Privatr. S. 414 ff. u. die oben cit. HASE u. PAULY. —
Dass die Frau mancipio gegeben werden durfte, z. B. um
einen von ihr verursachten Schaden durch Arbeit zu ersetzen
(*noxae dare*) ist für die älteste Zeit anzunehmen, s. PAULY,
Realencykl. IV, S. 1508 fg.

Der Unterschied der Ehe mit und ohne manus ist von
WAECHTER, Ehescheidungen bei den Röm. Stuttgart 1822.
S. 44 ff. auf die beiden Stände der Patricier und Plebejer zu-
rückgeführt worden, so dass die Patricier allein Ehe mit

manus, die Plebejer aber ohne manus gehabt hätten, bis erst
nach und nach die manus auch auf die plebejischen Ehen
übergegangen wäre. Manche Gelehrte folgten dieser Hypo-
these und zuletzt noch HASE, de manu iur. Rom. antiq. S. 11 ff.;
allein es ist undenkbar, dass Abweichungen bei einem so tief
im Volksleben wurzelnden Institut, auf einer Rang- und
Standes-, und nicht vielmehr auf völliger Stammverschiedenheit beruhen, da unmöglich ein und dasselbe Volk ursprünglich zwei so ganz heterogene Anschauungen über die Ehe gehabt haben kann. Plebejer und Patrizier waren aber nicht
verschiedenen Stammes — wenigstens nicht die latinischen
und sabinischen Mitglieder beider Stände, — sondern verschiedenen Rangs und verschiedener politischer Berechtigung.
Im Familienrecht standen sie sich gleich und die Ehe mit
manus war ebenso ein Ur- und Fundamentalrecht aller Römischen Bürger wie die patria potestas. S. die Rec. über Hase
de manu in Zeitschrift für Alterthumswissenschaft, 1847.,
BLUNTSCHLI, s. unten und REIN, röm. Privatr. S. 378.

Die Ehe mit manus war ursprünglich die einzige, bis
sich die manus allmälig von der Ehe trennte und zu einem
selbständigen Recht gestaltete. Aus dieser Zeit rühren die
uns erhaltenen Notizen her, welche berichten, dass zur Eingehung der Ehe mit manus besondere Formalitäten erforderlich
waren, die bei der Ehe ohne manus nicht vorkamen. Es
konnte nemlich eine gültige Ehe durch den *consensus* beider
Theile, d. h. durch das mit beiderseitiger Einwilligung erfolgte Zusammenleben derselben *ad individuam vitae consuetudinem* und *liberorum quaerendorum causa* geschlossen werden,
ohne dass eine eigentliche Hochzeitfeier nach Solemnitäten
überhaupt vorgeschrieben waren. QUINCT. decl. 247. *Fingamus
enim, nuptias quidem fuisse nullas, coisse autem liberorum
quaerendorum gratia, non tamen uxor non erit, quamvis nuptiis
non sit collocata.* COD. V, 4, 22. Sollte aber manus bewirkt
werden, so mussten zu dem consensus der Gatten besondere
Formalitäten hinzutreten, welche entweder damit verbunden
wurden oder später hinzukamen. Diese Formen, welche je-

doch sehr verschieden waren, heissen *confarreatio, coëmptio*
und *usus.* GAI. I, 109. 110. *Olim itaque tribus modis in ma-*
num conveniebant: usu, farreo, coëmptione. SERV. zu Virg.
Georg. I, 31. BOETH. comm. Top. II. p. 299. OR. ARNOB. adv.
g. IV, 20. Die erste Form ruhte auf religiösem Grunde, die
beiden andern auf civilrechtlichem, jedoch in verschiedener
Weise, indem bei der coëmptio ein Vertrag, bei dem usus eine
Art Verjährung die Frau in manum mariti brachte. Bei der
ersten Form fielen Ehe und manus zusammen, d. h. in einem
und demselben Akte war zugleich Eingehung der Ehe und
der manus enthalten; in der ältesten Zeit war dieses auch bei
coëmptio der Fall, so lange es keine Ehe ohne manus gab,
aber nach Aufkommen der Ehe ohne manus entstand durch
coëmptio nicht Ehe, sondern nur manus (ja sie wurde bis-
weilen zur Bewirkung der manus ohne Ehe angewandt), so
dass hier die Vereinigung zur Ehe entweder unmittelbar vorausgehen oder sogleich nachfolgen musste. Ebenso sind bei
usus beide Akte getrennt, wie sich von selbst versteht. Dass
aber durch die confarreatio Ehe und manus zusammen entstanden, ergiebt sich aus den unten mitgetheilten Zeugnissen
der Schriftsteller, welche in der confarreatio eine Form theils
zur Erlangung der manus (so GAIUS), theils zur Schliessung
der Ehe erkennen (DIONYS. PLIN. SERVIUS), je nachdem sie
diese Ceremonie von dem juristischen oder antiquarischen
Standpunkt aus betrachten. Vermöge ihres sacramentalen
Charakters (ἱεροὶ γάμοι) bewirkte die confarreatio eine unver-
letzliche, heilige und strenge Verbindung. Diese innige Gemeinschaft beider Gatten in irdischer und sacraler Beziehung
war aber nur durch den Uebergang der Gattin in die Familie
des Mannes möglich und darin eben bestand die manus. Auch
die Scheidungsformen zeigen die Richtigkeit dieser Annahme;
denn diffarreatio war wirkliche Ehescheidung und zugleich
Auflösung der manus, remancipatio aber hob in späterer Zeit
nur die manus auf, nicht die Ehe, s. unten bei Ehescheidung.
        Was nun den Ursprung dieser drei verschiedenen Formen
betrifft, so war die confarreatio weder sabinischen, noch, wie

man gewöhnlich glaubte, etruskischen Ursprungs (über die
früheren Ansichten s. Pauly, Realencykl. IV, S. 1649. Rein,
röm. Privatrecht S. 376). Rossbach, S. 162—197 hat dieses
auf das überzeugendste dargethan und bewiesen, dass die verschiedenen Formen nicht auf der Stammverschiedenheit be-
ruhten, sondern dass alle indogermanischen Völker die Ehe
durch Kauf und religiöse Gebräuche eingingen, denn die Eheschliessung gehört mit zu den Hauptakten im Leben, die die
Aufforderung enthalten, sich an die mächtigen Götter zu
wenden. Diese beiden Elemente, welche in der Urzeit verbunden waren, haben sich in Rom frühzeitig getrennt und so
schied sich *confarreatio* als die religiöse Eingehung ohne Kauf
(wenn auch mit Aussprechung gewisser bindender Formeln
und nicht ganz ohne ein civilrechtliches Moment, wie Rossbach S. 144 will) von der *coëmptio*, bei der von dem alten
Kauf nichts übrig geblieben war, als die symbolische Form.
Rossbach, S. 239—252. Die erste Form wird gewöhnlich
als die älteste Form der römischen Ehe betrachtet. Dionys.
II, 25. sagt: ἐκάλουν δὲ τοὺς ἱεροὺς οἱ παλαιοὶ γάμους Ῥωμαϊκῇ
προσηγορίᾳ περιλαμβάνοντες φαῤῥάκια, ἐπὶ τῆς κοινωνίας τοῦ
φαῤῥὸς ὃ καλοῦμεν ἡμεῖς ζέαν, eine Erklärung, die sich auf das
angeblich schon von Romulus gegebene Gesetz bezieht: γυναῖκα
γαμετὴν κατὰ νόμους ἱεροὺς συνελθοῦσαν ἀνδρὶ κοινωνὸν ἁπάντων
εἶναι χρημάτων τε καὶ ἱερῶν. Damit ist jedoch nicht gesagt,
dass die confarreirten Ehen ursprünglich die einzigen gewesen
seien, sondern das Gesetz spricht vorzugsweise nur dieser confarreirten Ehe die communio bonorum et sacrorum zu. Als
eine zweite Form besteht neben der confarreatio die coëmptio,
welche ursprünglich einen wirklichen Kauf der Gattin durch
den Mann enthielt. Auch hat schon früh eine freiere Ehe
existirt, welche vermuthlich durch die Etrusker (da dieses
überhaupt isolirt stehende Volk in Sprache und Sitte von den
andern italienischen Stämmen wesentlich abwich) nach Rom
kam oder aus den Peregrinen- und Clientenehen hervorging.
Für solche Ehen wurde später der civilrechtliche *usus* eingeführt, um dieselben von den strengen Folgen der römischen

Ehe nicht ganz auszuschliessen. Dass aber schon in der ältesten Zeit andere Formen ausser der confarreatio vorhanden waren, dafür scheint auch die Sage von dem Raub der Sabinerinnen zu sprechen; denn diese Ehen können kaum sämmtlich als confarreirte gedacht werden. Von dieser Verschiedenheit hatte Dionys. eine Ahnung, indem er II, 30. sagt, die Heirathen mit den Geraubten seien κατὰ τοὺς πατρίους ἑκάστης ἐθισμοὺς geschlossen worden. — Man hat gegen das Alter der confarreatio (unter Romulus) angeführt, dass sie durch den Pontifex maximus vollzogen wurde und das Institut der Pontifices erst durch Numa eingesetzt sei; Bluntschli im Schweiz. Mus. f. hist. Wiss. I, S. 268 fg. Nun stimmt allerdings das ganze religiös-mytische Ceremoniel mehr mit den Satzungen Numa's überein (wenn wir diesen eigentlich der Mythe angehörenden Unterschied zwischen den Satzungen des Romulus und des Numa für historisch halten wollen); allein jedenfalls bestand schon vorher eine Form der Ehe auf religiöser Basis und erhielt vielleicht durch Numa nur eine höhere Weihe.

Die confarreatio war stets ein Eigenthum des patricischen Stammes und konnte auch nachdem die lex Canuleia den Plebejern connubium mit den Patriciern gegeben hatte, weder bei den gemischten Ehen noch bei den plebejischen angewendet werden. So erklärt sich am natürlichsten eine Stelle aus Cic. p. Flacco 34. *O peritum iuris hominem! Quid? ab ingenuis mulieribus hereditates lege non veniunt? In manum, inquit, convenerat. Nunc audio, sed quaero, usu an coëmtione?* Weil Cicero die dritte Weise, wie die Frau in manum kommen konnte, die confarreatio nicht nennt, haben Manche daraus schliessen wollen, dass diese gar keine besondere Form der Ehe, sondern nur eine religiöse Ceremonie gewesen, die zu dem civilrechtlichen Akt der coëmptio hinzugekommen sei. Eine solche Annahme ist schon darum unnöthig, weil über eine geschehene confarreatio, die nach Serv. z. Virg. Georg. I, 31. durch den Pontifex max. und Flamen Dialis vollzogen wurde, überhaupt ein Zweifel nicht vorkam. Cicero konnte aber die confarreatio desshalb nicht anführen, weil der Gatte

der Valeria, die Flaccus beerbt hatte, plebejischer Herkunft
war. Will man dieses nicht annehmen, so muss man den
Grund der Uebergehung der confarreatio darin suchen, dass
dieselbe schon zu Cicero's Zeit im gewöhnlichen Leben ganz
ausser Gebrauch gekommen und nur auf gewisse Priesterehen
beschränkt war. — Die ganze Ceremonie der confarreatio,
die genau mit dem ius auspiciorum und den sacris gentiliciis
zusammenhing, passte nicht auf eine plebejische oder gemischte Ehe, und in den XII Tafeln war ausdrücklich als
Grund des verweigerten conubii (doch war das conubium
nicht zuerst durch die XII Tafeln aufgehoben worden, sondern es hatte nie Statt gefunden, vgl. Dionys. X, 60.) angegeben: *quod nemo plebeius auspicia haberet, ideoque decemviros
conubium diremisse, ne incerta prole auspicia turbarentur*, Liv.
VI, 6. vgl. VI, 41. X, 8. Mit dem wachsenden Leichtsinn der
Frauen wurden die Ehen mit der unbequemen conventio in
manum seltener und am frühesten verschwand die Form der
confarreatio aus dem gemeinen Leben (auch wegen *caerimoniae difficultates* Tac.), so dass es oft an Personen für die patri-
zischen Priesterschaften fehlte. Tacit. Ann. IV, 16. *Nam pa-
tricios confarreatis parentibus genitos tres simul nominari, ex
quibus unus legeretur (flamen Dialis), vetusto more; neque adesse, ut olim, eam copiam, omissa confarreandi adsuetu-
dine aut inter paucos retenta.* Nur für die Priesterehen
bestand diese Form fort, wie Gai. I, 112. noch von seiner
Zeit bemerkt; und Boeth. comm. Top. p. 299. Orell. sagt
desshalb: *sed confarreatio solis pontificibus conveniebat*, weil
sich die confarreatio in dieser Beziehung lange erhalten hatte.

Indem wir nun zu den Formalitäten der confarreatio,
coëmptio und des usus übergehen, so ist es am passendsten,
sogleich mit der Darstellung der confarreatio die gewöhnlichen Gebräuche der Hochzeiten (*nuptiae*) zu verbinden, weil
die confarreirten Ehen nie ohne eine feierliche Hochzeit eingegangen wurden, während es bei den andern Ehen nicht darauf ankam. — Ueber die confarreatio sagt im Allgemeinen
Gai. I, 112. *farreo in manum conveniunt per quoddam genus*

sacrificii, in quo farreus panis adhibetur, unde etiam confar-
reatio dicitur. Sed complura praeterea huius iuris ordinandi
gratia cum certis et solennibus verbis praesentibus decem testibus
aguntur et fiunt. Ebenso aber kürzer Ulp. IX, 1. Plin. h. n.
XVIII, 6. *Quin et in sacris nihil religiosius confarreationis vin-*
culo erat, novaeque nuptae farreum praeferebant. Serv. zu
Virg. Georg. I, 31. *Farre (nuptiae fiebant) cum per Pontificem*
maximum et Dialem flaminem per fruges et molam salsam con-
iungebantur, unde confarreatio appellabatur, ex quibus nuptiis
patrimi et matrimi nascebantur, vgl. zu Aen. IV, 103. 374.
(Aus den letzten Worten des Serv. ergiebt sich, dass ursprünglich nur Kinder aus confarreirten Ehen, deren Eltern noch am
Leben waren, *patrimi matrimi* (ἀμφιθαλεῖς) genannt wurden.
Später bekam das Wort eine weitere Bedeutung und bezeich-
nete alle freigebornen Kinder, deren Eltern noch lebten, Paul.
Diac. v. Flaminia p. 93. v. matrimes p. 126. Fest. h. v. p.
234. M. Cramer, in s. kleinen Schriften von Ratjen, Leipz.
1837. S. 92—109. Rossbach, S. 138 ff. ist anderer Meinung.
Mercklin, in Zeitschr. für Alterthumswissenschaft. 1854.
Nr. 13—16. 71.) Von dem übrigen Ceremoniel ist noch
Manches bekannt, nur muss man wohl unterscheiden, was
allgemeine hochzeitliche, von der Willkür eines jeden
Brautpaares abhängende Gebräuche waren und was der con-
farreatio eigenthümlich und nothwendig ist.

Zunächst behandeln wir das der confarreatio Eigenthümliche 1) das Opfer, welches dem ganzen Akt den Namen gab
und mit besonderen Solennitäten verknüpft war; 2) die dabei gesprochenen *certa verba* und die Anwesenheit der 10
Zeugen; 3) das Sitzen des Brautpaars auf zwei eigenthümlich
bedeckten Stühlen. Erstens also war ein Opfer nothwendig,
welches von dem Pontifex maximus und dem Flamen dialis
vorgenommen werden musste (s. Servius oben), während bei
den andern Hochzeiten zwar auch gewöhnlich geopfert wurde,
aber nicht von den genannten Priestern und ohne die besonderen Formalitäten. Ein *sacerdos confarreationum et diffar-*
reationum wird auf einer Inschrift Orell. 2648 genannt und

PLUT. qu. Rom. 50. gedenkt der Priester, welche bei diffarreatio zugegen sein müssen. Der eben genannte sacerdos vertrat vermuthlich in der Kaiserzeit die Stelle des Kaisers als
pontifex maximus, wesshalb auch GAIUS die Gegenwart desselben nicht erwähnt. Ueber die Zuziehung der Priester überhaupt s. ROSSBACH, S. 119—128. Doch kann man nicht beistimmen, wenn er die Anwesenheit des Flamen dialis auf die
Confarreation seines designirten Nachfolgers beschränkt, die
Quellen wissen nichts davon.

Das Opfer betrachtet ROSSBACH als ein reines Hochzeitsopfer, keineswegs als die Bekräftigung und Besiegelung eines
Vertrags durch die Götter, aber die Entscheidung dieser Frage
hängt grösstentheils davon ab, wie wir die *certa verba* aufzufassen haben, s. unten. Ob das Opferthier ein Schaf gewesen
(so SERV. zu Virg. Aen. IV, 374 und die Denkmäler) oder
ein Schwein (so VARRO r. r. II, 4.) oder ursprünglich ein
Schwein, später ein Schaf (so ROSSBACH S. 103), ist weniger
bedeutsam, als die Anwendung des *farreum*. Dieses war nach
GAI., ULP., PAUL DIAC. p. 88 M. (*genus libi ex farre factum*)
ein Brötchen oder Kuchen von *far* Dinkel Spelt, nach SERV.
zu Virg. Georg. I, 31. Opferschrot aus far (*mola salsa*), auf
welche Erklärung kein Werth zu legen ist. SERVIUS wusste,
dass bei allen Opfern dieses Schrot unentbehrlich war, während die Kuchen selten Anwendung fanden und darum nahm
er das Erste, nicht wissend, dass es hier gerade auf Brötchen
ankam. Ein solches Brot wurde den Verlobten bei dem Zug
um den Altar vorangetragen (PLIN. h. n. XVIII, 3. *novaeque
nuptae farreum praeferebant* s. oben) und dann vermuthlich
gemeinsam gegessen als Symbol der innigsten Lebens- und
Gütergemeinschaft. DION. II, 25. ἐπὶ τῆς κοινωνίας τοῦ φαῤῤός.—
τὸ δὴ κοινωνοὺς τῆς ἱερωτάτης τε καὶ πρώτης τροφῆς γενέσθαι γυναῖκας ἀνδράσι, καὶ ἐπὶ πολλῇ συνελθεῖν τύχῃ, τὴν μὲν ἐπίκλησιν
τῆς κοινωνίας τοῦ φαῤῤός εἶχεν. Auch die Analogie der Athener
und Macedonier, bei denen die Verlobten gemeinsam einen
Kuchen assen, spricht für diesen Brauch. Zwar erklärt sich
ROSSBACH S. 107 f. in scharfsinniger Auseinandersetzung

dagegen und betrachtet das Bröttchen als gewöhnliche den
Göttern dargebrachte und in das Feuer geworfene Opfergabe,
allein die κοινωνία τοῦ φαρρός kann ungezwungen nicht als
Gemeinschaftlichkeit der Güter und der Opfer bezeichnet
werden, ganz abgesehen davon, dass es doch sonderbar wäre,
der Eheschliessung den Namen confarreatio beizulegen, wenn
far hier nicht einen andern Gebrauch gehabt hätte als bei
andern Opfern. Warum heisst es *farre conveniunt, nuptiae
farre fiebant*, wenn nicht eine besondere symbolische Handlung mit dem farreum vorgenommen wurde, und warum
wären die Plebejer von der Confarreatio ganz ausgeschlossen
gewesen, wenn alle Hochzeitsopfer identisch waren? Die bei
Tac. Aen. IV, 16. genannten *caerimoniae difficultates* (nämlich
bei confarreatio) *quae consulto vitarentur*, sind uns ganz unbekannt, aber kaum darf man glauben, dass darin nichts weiter
liege, als eine Andeutung der römischen Skrupulosität bei
religiösen Handlungen und dass *difficultates* die Schwierig-
keiten der richtigen Ausführung der Ceremonien enthielten.
Jedenfalls sind noch andere umständliche uns unbekannte
Ceremonien angewendet worden.

Zweitens, die *certa* und *sollenia verba*, welche Gai. und
Ulpian erwähnen, sind uns leider nicht überliefert, enthielten
aber Formeln, die sich auf die Gründung der Ehe (in welcher
vor Alters die manus mit enthalten war) bezogen und ebenso
eine sakrale als civilrechtliche Bedeutung enthielten. Die
Analogie der mit religiösen Handlungen verbundenen staats-
rechtlichen sponsio spricht für diese Auffassung, ebenso auch
die Anwesenheit der 10 Zeugen, welche vermuthlich 10 Cu-
rien einer Tribus oder die 10 gentes einer Curie repräsentirten.
Wollten wir mit Rossbach S. 110 f. die verba nur als Formeln erkennen, mit denen zu den Göttern um Segen und
Einwilligung zu der neuen Ehe gefleht wird, so würden die
10 Zeugen ganz müssig sein. Sie werden zugezogen, um bezeugen zu können, dass die zur feierlichen Schliessung der
Ehe erforderlichen Worte (der unter religiöser Weihe ausgesprochene Consens, bei der die Formel liberorum quaeren-

dorum causa wohl nicht gefehlt haben wird, oder Bestimmung
der dos u. a.) und Handlungen rite vollzogen sind. Dazu
kommt ferner, dass, wenn die certa verba nur Gebete enthielten, die Hochzeitsfeierlichkeit auch bei der coëmptio manus
bewirken mussten.

Ein Drittes nur bei confarreatio vorkommendes Ceremoniell berichten SERV. zu Virg. Aen. IV, 374. und PAUL DIAC.
in pelle lanata p. 114 M. *Mos apud veteres fuit* (sagt SERV.)
*Flamini ac Flaminicae, ut per farreationem in nuptiis convenirent, sellas duas jugatas ovili pelle superiniecta poni eius ovis,
quae hostia fuisset, et ibi nubentes velatis capitibus in confarreatione Flamen et Flaminica resiederent.* Nach dieser Angabe
sassen die Neuvermählten eine Zeit lang (natürlich nach dem
Opfer, denn die hostia musste ja vorher geschlachtet sein)
auf zwei neben einander stehenden von einem Felle bedeckten Stühlen, um anzudeuten, dass wenn auch Mann und Frau
zwei verschiedene Stellen im Hause einnehmen, sie doch durch
ein gemeinsames Band eng verbunden sind. Ob sie auf diesem
Sitze Gebete aussprachen oder die oben besprochenen *certa
verba* ist ungewiss. Das Schaffell diente nur als alterthümliches Polster (wie auch die κῴδια bei den Griechen die Stelle
der Polster auf den Stühlen vertraten, TISCHBEIN, Engr. II,
34. 35.) s. PAUL. a. a. O. Wenn man aber von diesen sellis
iugatis die Ausdrücke coniugium und coniugare ableiten will,
so ist das jedenfalls ein Irrthum. Eben so irrig ist, dass dem
Brautpaar ein Joch aufgelegt worden sei, (welchen Akt
WAECHTER, Ehescheid. S. 71. und zuletzt noch WALTER,
Gesch. d. Röm. Rechts, II, S. 116. annehmen, letzterer sogar
als feierlichen „Copulationsakt") obgleich SERV. zu Virg. Aen.
IV, 16. sagt: *propter iugum, quod imponebatur matrimonio coniungendis.* Die Angabe beruht auf einem Missverständniss der
Metapher, die von einem jugum boum hergenommen ist, was
BÖTTIGER, Aldobrand. Hochzeit, S. 167 ff. und Kunstmyth.
II, 268. 271. hinreichend nachgewiesen hat. Endlich ist noch
zu erwähnen, dass nach SERV. zu Virg. Aen. IV, 339. *(tenuisse
quae res dirimit confarreationes.)* die Confarreation durch

2 *

Donner getrennt wurde. Indessen dies lässt sich wohl von allen
Hochzeiten behaupten, da nach dem Zeugniss desselben SER-
VIUS zu Virg. Aen. IV, 166. den Hochzeiten nichts *tam incon-
gruum* war, als *terrae motus vel coeli* u. s. w. In der späteren Zeit
nahm man es damit allerdings wohl nur bei confarreatio genau.

Alle übrigen Gebräuche sind allen Hochzeiten mit und
ohne Confarreation gemeinsam und hängen lediglich von der
Willkür und den Verhältnissen eines jeden Brautpaares ab.
Wir theilen dieselben nach ROSSBACH, S. 263 ff., in drei
Partien: 1) im Hause der Braut; 2) während der deductio;
3) im Hause des Bräutigams.

1) Am Hochzeitsmorgen versammelten sich die Verwandten und Eingeladenen im Hause der Braut, denn man
sah gern eine grosse Zahl von Theilnehmern, PLUT. qu. Rom.
105. APPUL. Met. IV, p. 157 f. Elm. *cuncta — civitas.* Vor
dem festlich geschmückten Hause (doch auch des Bräutigams
Haus war mit Blumen, Kränzen und wollenen Binden geziert.
STAT. Silv. I, 2, 230 f. JUV. VI, 51. 79. 227. LUCAN. II,
354.) stand das Volk und die entfernteren Freunde oder Verwandten, deren Kommen als ein officium angesehen wurde
JUV. II, 132 ff.

> — *Officium cras*
> *Primo sole mihi peragendum in valle Quirini.*
> *Quae causa officii? quid quaeris? nubit amicus,*
> *Nec multos adhibet.*

SUET. Claud. 26. Calig. 25. Nero 28. Zuerst wurden die
Auspicien angestellt, was man sogar noch in späterer Zeit,
wenn auch nur als Form beobachtete. CIC. de Div. I, 16.
Nihil fere quondam maioris rei nisi auspicato, ne privatim qui-
dem gerebatur, quod etiam nunc nuptiarum auspices declarant,
qui re omissa nomen tantum tenent. Ebenso VAL. MAX. II, 1, 1.
quo ex more nuptiis etiamnum auspices interponuntur. Qui
quamvis auspicia desierint, ipso tamen nomine veteris consuetu-
dinis vestigia usurpant. Daher mehrfache Erwähnung der
auspices bei Hochzeiten z. B. PLAUT. Cas. prol. 86. CIC. p.
Clu. s. JUV. X, 335. LUCAN. II, 371. TAC. Ann. XV, 37.

Dass aber die Auspices besondere Formeln auszusprechen hatten, geht aus der skandalösen Erzählung von der Vermählungsceremonie der Messalina mit Silius hervor, TAC. Ann. XI, 27. *Haud sum ignarus, fabulosum visum iri — consulem designatum (Silium) cum uxore principis praedicta die, adhibitis qui obsignarent, velut suscipiendorum liberorum causa convenisse, atque illam audisse auspicum verba, subisse, sacrificasse apud deos etc.* Auf dieselbe Thatsache bezieht sich SUET. Claud. 26. *dote inter auspices consignata* d. h. im Beisein der auspices. JUV. X, 336. s. überhaupt ROSSBACH, S. 293—307. Nach den Auspicien bereitete man das Opfer und vor dessen Anfang legte die Pronuba die Hände der Verlobten in einander. Die Nachrichten der Schriftsteller (gesammelt von GRUPEN S. 140, u. ROSSBACH, S. 308 f. wie CLAUD. epist. 124.

> *Tum dextram complexa nisi dextramque puellae*
> *Tradit.*

STAT. Silv. I, 2, 11. ISIDOR IX, 8.) sind zwar nicht schlagend, aber zwei alte Sarkophagbasreliefs (s. unten), kleinere Denkmäler (z. E. ORELLI 2650), einige Münzen (ECKHEL XI, p. 292. Commodus und Crispina) und Gemmen (BEYER, contemplatio gemm. dactyl. Gorlaei p. 26 ff.), welche Hochzeiten darstellen, beweisen es auf das Unzweideutigste. EGGERS verwarf den ganzen Gebrauch und schrieb ihn dem Einfluss des Christenthums zu; allein dieser Akt ist an sich natürlich, da das Darreichen der rechten Hand bei Versprechungen und Vereinigungen so gut römische Sitte war als bei uns. Ob die dextrarum iunctio, wie ROSSBACH S. 308. meint, vielmehr die Uebergabe des Mädchens in die manus des Mannes bezeichne, wollen wir dahin gestellt sein lassen. Dann nahm man das Opfer (eines Schweins, eines Schafs oder einer Kuh, die auf Reliefs vorkommt) vor, welches vor Alters bei allen Hochzeiten Statt fand, (SERV. zu Virg. Aen. III, 136. *apud veteres neque uxor duci neque ager arari sine sacrificiis peractis poterat*) später aber meistens wegfiel, obwohl es uns auch noch unter den Kaisern häufig begegnet, TAC. Ann. XI, 27. LUCAN. Phars. II, 352. VAL. FLACC. Argon. VIII, 242 ff. 278. STAT.

Silv. I, 2, 15. Es versteht sich von selbst, dass die Ceremonie
des farreum bei den andern Hochzeitsopfern nicht angewandt
wurde. Das Opfer brachten die Neuvermählten (Varro r. r.
II, 4. Tac. Ann. XI, 27. Val. Flacc. a. a. O.) oder Priester
(wie Basrelifs bezeugen), und ein Knabe (camillus) assistirte.
Camillus hiess ursprünglich jeder *puer ingenuus*, Paul. Diac.
p. 43. u. v. Flaminius camillus p. 93 M. Macrob. Sat. V, 20.
Im eigentlichen Sinne wird der Knabe so genannt, welcher entweder bei öffentlichen Opfern Dienste leistet, wie der Diener
des Flamen (Paul. a. a. O. Macrob. Sat. III, 8. *Romani --*
pueros et puellas nobiles et investes Camillos et Camillas appel-
lant, flaminicarum et flaminum praeministros Dion. II, 22.) oder
der Knabe, der bei dem Hausopfer hilft (Ovid. Fast. II, 648)
und der dem Hochzeitsopfer beiwohnt und das *Cumerum* (d. i.
ein Körbchen) trägt. Varro l. l. VII, 34. *itaque dicitur nuptiis*
Camillus, qui cumerum (so auch Paul. Diac. p. 50.) *fert, in quo*
quid sit in ministerio plerique extrinsecus nectunt (verdorben,
auch *nesciunt* nicht ganz überzeugend). Paul. Diac. p. 63. M.
Cumeram vocabant antiqui vos quoddam, quod opertum in nuptiis
ferebant, in quo erant nubentis utensilia, quod et camillum dice-
bant eo quod sacrorum ministrum κάσμιλον *appellabant.* Vgl.
Serv. zu Virg. Aen. XI, 143. 558. Unter den *utensilia nubentis*,
welche Becker als Spinngeräthe der Braut erklärte und den
camillus in den Hochzeitszug versetzte, versteht Rossbach
S. 320 f. die fruges u. mola salsa, die in das Feuer geworfen
wurden, und zwar mit Recht, so weit es die Assistenz des Camillus bei dem Opfer betrifft. Ob er bei dem Hochzeitszug,
nach dem Verbrauch der fruges, Utensilien der Braut in seinem
Körbchen trug, wissen wir nicht, s. unten. Zwei vortreffliche
Bronzestatuen auf dem Capitol und in Neapel stellen solche
pueros Camillos, investes, mit der blossen Tunica bekleidet
vor; Maffei, raccolta di statue 24. Mus. Borbon. VI, 8. Andere bildliche Darstellungen weist Mercklin, in Zeitschr. für
Alterthumswiss. 1854, No. 16. nach, namentlich auf einem
Gemälde in Herculanum und auf der columna Traiana. Siehe
überhaupt Mercklin a. a. O. No. 14 ff. vgl. Paul. v. *vesticeps*

p. 368. M. Mit dem Opfer hängt die Mahlzeit eng zusammen,
die ursprünglich nichts als ein Opfermahl war und bei welchem liba mustacea nicht fehlen durften, Juv. VI, 200. Das
Mahl (coena nuptialis, epulae geniales PLAUT. Curc. V, 2, 60 f.
CLAUD. rapt. Prol. II, 327. CATULL. LXII, 1 ff.

> Vesper adest, iuvenes consurgite. vesper Olympo
> Exspectata diu vix tandem lumina tollit.
>
> Surgere iam tempus, iam pingues linquere mensas:
> Jam veniet virgo, iam dicetur Hymenaeus.)

wurde also noch im Hause der Braut gehalten, wie man aus
Catull deutlich sieht (auch bei AUSON. cento nuptialis geht die
coena nuptialis der deductio voraus), bis man gegen das Ende
der Republik von der alten Sitte abwich und das Mahl oft in
des Bräutigams Haus verlegte, CIC. ad Qu. fr. II, 3, 7. eo die
apud Pomponium in eius nuptiis eram coenaturus PLAUT. Curc.
V, 3, 50. In jener Zeit waren diese coenae so verschwenderisch geworden, dass die lex Julia dem Aufwand Schranken
setzte, GELL. II, 24. lex Julia, qua — finiuntur — nuptiis et
repotiis IIS mille.

2. Die deductio, die feierliche Abholung der Braut aus
dem elterlichen Hause nach der Wohnung des Bräutigams
fand bei allen Arten von Hochzeiten Statt, ohne jedoch nothwendig zu sein. Der Ausdruck uxorem ducere ist nur eine
Abkürzung aus domum uxorem ducere oder deducere, PLAUT.
Aul. II, 1, 28. Trin. V, 2, 64. Ungeduldig wartete das Volk
vor dem Hause der Braut und verlangte nach den Neuvermählten. STAT. Silv. I, 2, 48. 233. CLAUD. nupt. Honor. 286.

> Ante fores iam pompa sonat.

CATULL LXI, 76. 80. u. öfter.

> Claustra pandite ianuae. —
> Prodeas nova nupta.

Nun wurde die Braut scheinbar geraubt (FEST. p. 289 M.
rapi simulatur virgo ex gremio matris. CATULL. LXI, 58. LXII,
21 f.), angeblich zur Erinnerung an den Raub der Sabinerinnen; doch hatte diese Sitte eine allgemeinere Bedeutung,
da sie auch in mehreren griechischen Staaten üblich war.

Charikles III, S. 301 ff. Rossbach, S. 328 ff. Dass dieser
und andere Hochzeitsgebräuche ohne Grund mit den sagen-
haften Sabinerinnen in Verbindung gebracht werden, zeigt
Roulez, sur la légende de l'enlèvement des Sabines, in Re-
cueil encyclopédique Belge, Juillet 1831. Dann setzte sich
der Zug in Bewegung. Regelmässig geschah diese Heim-
holung Abends (Catull. LXII, 1. 84. 119. LXII, 20 ff. Serv.
zu Virg. ecl. VIII, 30.), unter dem Schutz der Juno Domiduca
oder Iterduca (Aug. civ. d. VI, 9.) bei Fackelbeleuchtung (s.
unten) und im Geleite der Verwandten und Freunde, unter
denen auch die *pronubae* nicht fehlen durften. Diese Frauen,
welche die Braut bis zum thalamus nuptialis brachten, durften
nur einmal verheirathet gewesen sein, Varro b. Serv. zu Virg.
Aen. IV, 166. Fest. und Paul. Diac. h. v. p. 242. 244 M.
Tertull. exhort. cast. 13. Isidor. IX, 8. s. unten. Bei der
confarreatio trug die deductio einen besonderen religiösen
Charakter an sich, nämlich durch die Begleitung der *pueri
patrimi et matrimi*, welche wir jedoch in der Kaiserzeit auch
bei andern Hochzeiten finden, nachdem manche Gebräuche
der confarreatio auf die andern Eheschliessungen übergegangen waren. Fest. p. 245. *Patrimi et m. pueri praetextati*
(vgl. Fest. v. praetextatum p. 245. Catull. LXI, 181 fg.)
*tres nubentem deducunt; unus qui facem praefert ex spina alba,
quia noctu nubebant, duo qui tenent nubentem. Spina alba,*
ἄκανθα λευκή, *Cnicus Acarna* Linn. oder Frauendistel, hatte
auch eine besondere mysteriöse Bedeutung, z. E. als Mittel
gegen die Strigen, Ovid. Fast. VI, 129 ff. 165. Die genannte
Anwendung erwähnt auch Plin. h. n. XVI, 18, 30. *spina
nuptiarum facibus auspicatissima.* Diese der Braut vorge-
tragene Weissdornfackel ist nicht zu verwechseln mit den
andern Fackeln, die aus Fichtenholz gemacht waren, Verg.
Ciris 139. Ovid. Fast. II, 557. Varro bei Non. II, 340.
Dass man bei denselben besonders die Fünfzahl liebte, berichtet Plut. quaest. Rom. 2. Rossbach, S. 338 f. Ausser
diesen drei Begleitern wird noch ein *puer Camillus* genannt,
welcher wie an dem Opfer, so auch an dem Zug Theil nahm,

aber dass er das Spinngeräthe der Braut getragen habe, ist nicht wahrscheinlich. Nach PLUT. qu. Rom. 31. trug sie es selbst: αὐτὴ (die Braut) εἰσφέρει μὲν ἠλακάτην καὶ τὴν ἄτρακτον, ἐρίῳ δὲ τὴν θύραν περιστέφει τοῦ ἀνδρός. PLIN. h. n. VIII, 48, 71. sagt richtiger: *Inde factum, ut nubentes virgines comitaretur colus comta et fusus cum stamine.*

Wie bei den Griechen die Heimführung der Braut unter Absingung des Hymenäus geschah, so wurde auch die römische Braut von dem Gesange muthwilliger Fesceninen (identisch mit *verba praetextata* FEST. p. 244 f. M, VARRO Agath. bei NON. II, 749. und IV, 330. *pueri obscoenis verbis novae nuptae aures redurant*) begleitet. CATULL. LXI, 122.

> *Tollite o pueri faces:*
> *Flammeum video venire,*
> *Ite concinite in modum*
> *Io Hymen Hymenaee io —*
> *Ne diu taceat procax*
> *Fescennina iocatio.*

PAUL. DIAC. h. v. p. 85 M. PLIN. h. n. XV, 22. *nuptiales Fescennini.* SERV. ad Virg. Aen. VII, 695. AUSON Idyll. XIII, cento nupt. Dabei ertönte der Ruf *Talasse* und Flötenklang. S. die *tibiae* b. AUCT. ad Her. IV, 33. OVID. Heroid. XII, 137 ff. und PLAUT. Cas. IV, 3, 1 fg.

> *Age tibicen. dum illam educunt huc novam nuptam foras,*
> *Suavi cantu concelebra omnem hanc plateam hymenaeo. —*

S. noch MART. I, 36. XII, 42. TER. Adelphi V, 7, 6. 9. PLUT. Rom. 15. Pomp. 4. CATULL. LXI, 126. EUSEB. chron. p. 27. Mehrere beziehen den Talassio auf den Raub der Sabinerinnen und fügen die wunderbarsten Erklärungen hinzu, LIV. I, 9. DIONYS. II, 30. PLUT. qu. Rom. 31. SERV. zu Virg. A. I, 651. FEST. u. PAUL. h. v. p. 350 fg. M. Ohne Zweifel ist Talassus, Talassius oder Talassio ein Hochzeitsgott, dem Eros entsprechend. Wenigstens erscheint auf einer Vase neben Sappho ein Flügelknabe (Eros) mit der Beischrift ΤΑΛΑΣ. WELCKER, alte Denkmäler II, S. 230. ROSSBACH, S. 345 ff. Während des Gesangs verlangten die Knaben von dem Bräu-

tigam, dass er Nüsse (*nuces iuglandes*) auswerfen solle. FEST.
u. PAUL. DIAC. h. v. p. 173 f. M; *nuces flagitantur nuptis et
iaciuntur pueris, ut — secundum fiat auspicium.* CATULL. LXI,
131. und mehrmals *concubine nuces da.* PLIN. h. n. XV, 22, 24.
SERV. zu Virg. Ecl. VIII, 29 und die Erklärer. Auch bei der
griechischen Hochzeit fand etwas Aehnliches Statt, die κατα-
χύσματα, Charikles III, S. 308. Ob der römische Gebrauch
dieselbe oder eine der von SERVIUS angeführten Bedeutungen
hatte, steht dahin. ROSSBACH S. 348 f. Dieser Gebrauch war
allen Hochzeiten gemeinsam. Dasselbe gilt von der alten
Sitte, dass die Braut an dem festlich geschmückten Hause des
Bräutigams angelangt (JUV. VI, 79. 227 fg. LUCAN. II, 354 fg.
STAT. Silv. I, 2, 231.) die Thürpfosten *laneis vittis* schmückte
und *oleo* (mit Schweine- früher auch mit Wolfsfett) salbte,
wodurch sie das Haus unter den Schutz der Götter stellte,
SERV. z. Virg. Aen. IV, 458. PLIN. XXVIII, 9, 37. ARNOB.
adv. g. III, 25. LUCAN. II, 355. PLUT. qu. Rom. 31. DONAT.
ad Ter. Hec. I, 260. JSIDOR. IX, 8. *uxores vocatae quasi unxo-
res* (!). ROSSBACH, S. 356 ff. Ebenso allgemein war die Gewohnheit, welche von den Römern auch auf den Raub der
Sabinerinnen bezogen wurde, dass die Braut über die Schwelle
gehoben wurde. PLUT. qu. R. 29. Διὰ τί τὴν γαμουμένην οὐκ
ἐῶσιν αὐτὴν ὑπερβῆναι τὸν οὐδὸν τῆς οἰκίας, ἀλλ᾽ ὑπεραίρουσιν οἱ
προπέμποντες; πότερον ὅτι τὰς πρώτας γυναῖκας ἁρπάσαντες οὕτως εἰσήνεγκαν; Die letztere Auffassung, dass die Jungfrau
als eine geraubte und gezwungene mit Gewalt hineingetragen
werden müsse, vertheidigt ROSSBACH, S. 360. Anders erklärt
VARRO bei Serv. zu Virg. Ecl. VIII, 29. Der wahre Grund
liegt wahrscheinlich darin, dass man eine üble Vorbedeutung
vermeiden wollte; denn als solche würde es gegolten haben,
wenn die Braut beim Eintreten zufällig mit dem Fusse an die
Schwelle oder sonst angestossen hätte. Daher heisst es bei
PLAUT. Cas. IV, 4, 1. *Sensim super attolle limen pedes, nova
nupta, sospes iter incipe hoc, ut viro tuo semper sis superstes.*
CATULL. LXI, 166 ff. *transfer omine cum bono limen aureolos
pedes rasilemque subi forem.* vgl. LUCAN. II, 359. Die ersten

Stellen können zugleich als Proben der Wünsche und Sprüche
gelten, von denen der Eintritt in das Haus des Bräutigams
von Seiten der Verwandten der Braut begleitet werden
mochte. — Ob die Braut nach dem Herüberheben zuerst auf
ein Schaffell habe treten müssen, wie aus Plut. qu. Rom. 31.
geschlossen worden ist: τὴν νύμφην εἰσάγοντες νάκος ὑποστρων-
νύουσιν, ist unsicher, da man diese Worte auch auf das über
die Sessel des Brautpaars gebreitete Fell (s. oben S. 19) beziehen kann. Räthselhaft ist auch die freilich nur excerpirte
und verstümmelte Nachricht Varro's bei Non. XII, 50. *Nubentes veteri lege Romana asses tres ad maritum venientes solere
pervehere, atque unum quem in manu tenerent tamquam emendi
causa marito dare, alium quem in pede haberent in foco Larum
familiarum ponere, tertium quem in sacciperione condidissent
compito vicinali solere resonare.* Mit Wahrscheinlichkeit erklärt Rossbach S. 373 ff. den ersten als ein Symbol der dos,
die beiden andern als Opferschillinge, dergestalt dass der
dritte im nächsten Sacellum der Lares compitales abgegeben
zugleich dazu diente, die Anzahl der geschlossenen Ehen zu
berechnen, analog der Abgabe bei der Geburt, bei dem Anlegen der toga virilis und bei dem Tode, s. Bd. 1, S. 216. und
Cannegieter, de vet. lege Rom. cuius meminit Nonius. Franeq.
1753 und bei Fellenberg, iurisprud. II, S. 69—110.

Bevor die Braut das Haus des Bräutigams betrat, be-
grüsste sie der entgegentretende Bräutigam mit der Frage
wer sie sei, worauf sie antwortete: *ubi tu Caius ego Caia*,
welche Formel auch bei der coëmptio gebraucht wurde. Zwar
sagt Quinct. Inst. 1, 7, 28: *quia tam Caias esse vocitatas,
quam Caios, etiam ex nuptialibus sacris apparet,* so dass man
aus den letzten Worten schliessen könnte, diese Form gehöre
nur der religiösen Ehe an, allein *nuptialia sacra* sind nur
feierliche hochzeitliche Gebräuche überhaupt, ohne Beschränkung auf confarreatio. Ganz allgemein drücken sich aus
Plut. qu. Rom. 30: Διὰ τί τὴν νύμφην εἰσάγοντες λέγειν κε-
λεύουσιν· Ὅπου σὺ Γάϊος, ἐγὼ Γαία; und Val. Max. epit. C. T.
Probi fin. *ut novae nuptae ante ianuam mariti interrogatae,*

quaenam vocarentur, Caiam esse se dicerent, so dass daraus
nichts zu folgern ist.   S. auch PAUL. DIAC. v. Gaia Caecilia
p. 95 M. u. PLIN. h. n. VIII, 48, 74.   Allein CIC. p. Mur. 12.
liefert den direkten Beweis für die Anwendung jener Formel
bei der coëmptio, indem er sagt: *quia in alicuius libris exempli
causa id nomen invenerant, putarunt, omnes mulieres, quae
coëmptionem facerent, Gaias vocari.*   Bei der freien Ehe war
diese Formel nicht denkbar, denn der Sinn ist, wie PLUT. angiebt: ὅπου σὺ κύριος καὶ οἰκοδεσπότης, καὶ ἐγὼ κυρία καὶ οἰκο-
δέσποινα. was vor der versammelten Menge ausgesprochen
und anerkannt wurde.   Eine solche Erklärung kann aber nur
in der strengen Ehe gegeben werden.   Das Nähere s. ROSS-
BACH, S. 352 ff.

Irrig ist, dass der Bräutigam der Braut, wie gewöhnlich
angenommen wird, einen Schlüssel oder die Schlüssel des
Hauses überreicht habe.   PAUL. DIAC. indessen, auf den man
sich beruft, sagt etwas ganz anderes, p. 56 M. *Clavim consuetudo erat muliebribus donare ob significandam partus facilitatem.*
Das war also eine symbolische Gabe, die sich auf etwas anderes als das Hausregiment bezog, und ob sie überhaupt vom
Bräutigam kam und am Hochzeitstage (was allerdings möglich
ist), sagt PAUL. gar nicht.   Ueber die Schlüssel des Hauses s.
bei der Auflösung der Ehe. — Sicherer ist, dass der Bräutigam die Braut mit Wasser und Feuer empfing (*aqua et igni
accipi,* SCAEV. Dig. XXIV, 1, 66. PAUL. DIAC. p. 2 M.) was
eine sehr bedeutungsvolle Ceremonie war, obgleich es darüber
an einer recht bestimmten Angabe mangelt.   In einem Fragment VARRO's bei Serv. zu Virg. Aen. IV, 104. heisst es: *Aqua
et igni mariti uxores accipiebant.   Unde et hodie faces praelucent
et aqua petita de puro fonte per puerum felicissimum vel puel-
lam, quae interest nuptiis, de qua solebant nubentibus pedes la-
vari.*   Er scheint also zu meinen, die symbolische Fackel sei
nur ein Rest der alten Sitte und der Gebrauch des Feuers sei
noch ein anderer gewesen.   Und das wird bestätigt durch zwei
andere Stellen, VARRO bei NON. II, 340. *cum a nova nupta
ignis in face afferretur, foco eius sumptus fax ex pinu ablata*

(richtiger alba) *esset, ut eam puer ingenuus afferret.* und bei
Non. IV, 184. (vgl. II, 874.) *contra novo marito cum item*
(Brisson. emendirt ignis) *e foco in titione ex felici arbore et
in aquali aqua allata esset.* Zieht man dazu noch Paul. Diac.
p. 87 M. *facem in nuptiis in honorem Cereris praeferebant:
aqua aspergebatur nova nupta, sive ut casta puraque ad virum
veniret, sive ut ignem atque aquam cum viro communicaret,* so
lässt sich daraus wohl combiniren, dass der alte zur Zeit des
Varro schon antiquirte Brauch darin bestand, dass man die im
Hause der Braut und vielleicht von ihr selbst angezündete
Hochzeitsfackel, die der patrimus matrimus vorausgetragen
hatte, in reines Quellwasser tauchte und dass man mit diesem
so geweihten Wasser die Braut besprengte. S. Bergk, philo-
logische Thesen in Philologus XI, S. 385. Oft findet man sowohl Andeutungen dieser Sitte als Erklärungsversuche, s.
Varr. de L. L. V, 61. *Igitur duplex causa nascendi ignis et
aqua; ideo ea nuptiis in limine adhibentur.* Ovid. Fast. IV, 792.
his (aqua et igni) nova fit coniux. Propert. IV, 3, 13 ff. Stat.
Silv. I, 2, 4 ff. Plut. qu. Rom. 1. *Διὰ τί τὴν γαμουμένην ἅπτε-
σθαι πυρὸς καὶ ὕδατος κελεύουσι;* Paul. Diac. p. 2 M. *Aqua et
igni tam interdici solet damnatis, quam accipiuntur nuptae, videlicet quia hae duae res humanam vitam maxime continent.* Also
sollte dadurch die Braut in die innigste Gemeinschaft des
Lebens mit dem Bräutigam aufgenommen werden. Dieses ist
offenbar der richtigste Sinn dieses auch an religiösen Motiven
fruchtbaren Symbols (nicht wie Varro an der ersten Stelle
deutet), wie auch von andern alten Schriftstellern richtig erklärt wurde, z. E. von Serv. zu Virg. Aen. XII, 119. und
IV, 103. Lactant. de orig. error. 11. Isidor. V, 27. Böttiger, Aldobrand. Hochzeit, S. 157 fg. Micyll. zu Ovid.
Heroid. XIV, 9. Rossbach, S. 361 ff. Dieser Gebrauch des
Wassers und Feuers blieb stets bei der confarreatio; bei den
andern Formen der Ehe erhielt sich wenigstens der Gebrauch
der Fackel, bei deren Schein die Braut nach des Bräutigams
Hause gebracht wurde (*faces* oder *taedae nuptiales, geniales,
maritae*), s. S. 24. und Lucan. II, 356. Catull. LXI, mehrm.

Cic. p. Clu. 6. Tac. Ann. I, 37. Serv. zu Virg. Ecl. VIII, 29.
u. s. w. Rossbach, S. 337. Dort aber wurde sie von der Begleitung geraubt, damit sie weder in die Hände der Braut
noch des Bräutigams komme. Fest. p. 289. *Rapi solet fax,
qua praelucente nova nupta deducta est, ab utrinsque amicis, ne
aut uxor eam sub lecto viri ea nocte ponat, aut vir in sepulcro
comburendam curet, quo utroque mors propinqua alterius utrius
captari putatur.* Rossbach, S. 340.

Schliesslich ist zu erwähnen, dass bei der Hochzeitsfeier
oft ein Ehecontrakt oder Ehepakten (*tabulae nuptiales,
matrimoniales, dotales*) über die dos u. a. Vermögensverhält-
nisse aufgesetzt und von den Anwesenden als Zeugen besie-
gelt wurden, ja sogar unter Mitwirkung der Auspices. Diese
Verträge kannte man in der früheren Zeit nicht, sie wären
auch bei Ehe mit manus überflüssig gewesen. Je allgemeiner
aber die Ehe ohne manus wurde, um so mehr machte sich das
Bedürfniss solcher Contrakte geltend. Auf mehreren Kunst-
denkmälern, welche Hochzeitfeierlichkeiten darstellen, findet
man dergleichen tabulae in der Hand des Gatten, s. Böttiger, Aldobrand. Hochzeit, S. 102 fg. Auf diese Sitte bezieht sich die oben erwähnte Stelle aus Suet. Claud. 26. *dote
inter auspices consignata* und noch klarer sprechen Juv. II.
119 fg.

Signatae tabulae, dictum! Feliciter, ingens
Coena sedet, gremio iacuit nova nupta mariti.

II, 200 fg. IX, 75 fg. Tac. Ann. XI, 30. Dass aber die tabulae
kein nothwendiges Erforderniss waren und dass sie ebensowenig zur Schliessung der Ehe hinreichten, sagen Papin.
Dig. XXXIX, 5, 31. pr. und Quinct. Inst. V, 11, 32. *Nihil
obstat, quo minus iustum matrimonium sit mente coëuntium,
etiamsi tabulae signatae non fuerint. Nihil enim proderit si-
gnasse tabulas, si mentem matrimonii non fuisse constabit.* S.
darüber Brisson. de formulis VI, 122. 124. und Tromp, de
probationibus familiae. Lugd. Bat. 1837, p. 89 —105.

Auf alle Arten von Hochzeiten bezieht sich, was von
dem Anzug der Braut berichtet wird. Dieselbe trug den

Frauenanzug, wie er vor Alters gewöhnlich war und später
nur noch bei Hochzeiten sich erhielt, nämlich die *toga pura*
d. i. die alte weisse Toga, welche ursprünglich beiden Ge-
schlechtern gemeinsam angehörte. Nox. XIV, 25. Serv. zu
Virg. Aen. I, 282. Plin. VIII, 48, 74., ferner eine *tunica
recta* oder *regilla* von weisser, einen Schleier und Haarnetz
von hochgelber Farbe. Fest. p. 286 fg. *Regillis, tunicis albis,
et reticulis luteis* (d. i. der κεκρύφαλος oder Netzhaube, hier für
den Gebrauch der Nacht, s. Böttiger, Aldobrand. Hochzeit,
S. 150fg.) *utrisque rectis, textis susum versum a stantibus* (ebenso Isidor. XIX, 22.) *pridie nuptiarum diem virgines indutae
cubitum ibant ominis causa, ut etiam in togis virilibus dandis
observari solet.* Doch darf man den Gebrauch der regilla nicht
auf den Tag vor der Hochzeit beschränken; Plin. h. n. VIII,
48, 74. *Ea prima texuit rectam tunicam, quales cum toga pura
tirones induuntur novaeque nuptae.* — Die Ableitung des
Namens regilla ist zweifelhaft, wie die Quantität der ersten
Silbe. Gewöhnlich nimmt man es als von einem Stamm mit
recta, gleichsam als Deminutivum. Dagegen Plaut. Epid. II,
2, 39. *Quid erat induta? an regillam induculam an mendicu-
lam Impluviatam? ut istae faciunt vestimentis nomina.* folgt
offenbar der Ableitung von *regina*, denn darum setzt er die
mendicula entgegen. Ein stringenter Beweis lässt sich allerdings aus Plautus nicht entnehmen; denn es kann auch nur
ein auf Alliteration gegründeter Scherz sein. So sagt er bald
darauf: *Supparum aut subminiam*, wo unfehlbar aus Nox. zu
verbessern ist *subnimium*, so dass *parum* und *nimium* sich ent-
gegenstehen. Indessen da Isidor. XIX, 25 und Nox. XIV, 13.
regilla von *regina* ableiten und als *basilica* erklären, halten
wir diese Erklärung fest. — Die *regilla* und (tunica) *recta*
unterscheiden sich von andern wohl hauptsächlich nur durch
die Weise, wie sie gewebt waren, an einer tela, deren stamen
nicht horizontal, sondern vertikal aufgezogen war und an der
von unten nach oben gewebt wurde (ἄνω ὑφαίνειν). S. noch
Fest. p. 277. *Rectae appellantur vestimenta virilia, quae patres liberis suis conficienda curant ominis causa, ita usurpata*

quod a stantibus et in altitudinem texuntur. Es scheint dem
nach, als sei nur die weibliche Tunica dieser Art regilla, nicht
recta genannt worden. Vgl. Salmas. zu Vop. Aurel. 46. Rossbach, S. 276 f. leitet den Namen *recta* davon ab, dass sie gerade herabfällt und keinen Faltenbausch über dem Gürtel
bildet, wie es bei der späteren Tunica der Fall war. Diese
regilla gürtete man mit einem wollenen Gürtel (davon Juno
Cinxia gen.), der mit dem sogenannten Herkulischen Knoten
geknüpft war. Paul. Diac. p. 63. *Cingulo nova nupta prae-
cingebatur, quod vir in lecto solvebat, factum ex lana ovis —.
Hunc Herculaneo nodo vinctum vir solvit ominis gratia, ut sic
ipse felix sit in suscipiendis liberis, ut fuit Hercules, qui septua-
ginta liberos reliquit.* Vgl. Paul. v. cinxiae Junonis ebendas.
— Des Herkulesknotens, der von dem altitalischen Sancus
stammte und vor Bezauberung schützte, gedenken ohne Bezug
auf die Hochzeit Plin. h. n. XXVIII, 6, 17. Macrob. Sat. I,
19. Seneca epist. 87. Vgl. noch Schrader, animadvers. in
Musaeum p. 344 (268 ed. Schäfer). Rossbach, S. 277 ff.

Der Schleier oder richtiger das Kopftuch, *flammeum*
(Non. XIV, 31.), das die Braut am Hochzeittage trug, war
von rothgelber Farbe. Paul. p. 89. *Flammeo amicitur nubens
ominis boni causa, quod eo assidue utebatur flaminica i. e. flami-
nis uxor, cui non licebat facere divortium;* und v. nuptias p.
170. Non. XV, 10. Richtiger ist zu sagen, die Flaminica und
die Braut trugen das Kopftuch von dieser Farbe, weil die Ma-
tronen der alten Zeit diesen Kopfschmuck hatten, Non. XIV,
31. Plin. h. n. XXI, 8, 22. *Lutei (coloris) video honorem anti-
quissimum in nuptialibus flammeis totum feminis concessum.*
Vgl. Petron. 26. Juv. VI, 224. und Schol. Suet. Ner. 28.
Tac. Ann. XV, 37. Lucan. II, 261. Catull. und Martial.
mehrm., Böttiger, Aldobrand. Hochzeit, S. 128 fg. Rossbach,
S. 283 ff. erkennt in dem flammeum den Opferschleier der römischen Frauen überhaupt, welche alle mit dem paterfamilias
opferten. — Dass auch die Schuhe, *socci*, von derselben Farbe
gewesen seien, hat man mit Berufung auf Seneca Hippol. 322.
behauptet. Dort ist aber von bräutlicher Kleidung nicht die

Rede, sondern von der weibischen Tracht des Herkules bei
Omphale. Wohl aber lässt Catull. LXI, 10. den Hymenäus
gelbe Schuhe tragen (*gerens luteum pede soccum*) und auf der
Aldobrandini-schen Hochzeit hat die Braut in der That *soccos*
von dieser Farbe. Nun sind diese überhaupt sehr gewöhnlich
und finden sich häufig auf Gemälden aus Herkulanum und
Pompeji. Böttiger, Aldobrand. Hochzeit, S. 34. — Unzweifelhaft ist aber die eigenthümliche auch der ältesten Zeit ange-
hörende Frisur des Kopfes. Fest. p. 339. *Senis crinibus* (auf
jeder Seite drei Abtheilungen der Haare durch vittae laneae
zusammengehalten und durchflochten, wie die ältesten Statuen
zeigen) *nubentes ornantur, quod is ornatus vetustissimus fuit;
quidam, quod eo Vestales virgines ornentur;* vgl. O. Müller zu
Paul. Diac. v. comptus, p. 63. Hierzu wurden nicht die gewöhnlichen Instrumente genommen, sondern die symbolische
hasta coelibaris (*recurva*), wovon Paul. Diac. h. v. p. 62 fg.
die wunderbarsten und abweichendsten Ursachen angiebt,
ebenso Plut. qu. Rom. 86. S. noch Ovid. Fast. II, 559 fg.
Arnob. adv. gent. II, 67.

Gewöhnlich erblickt man in diesem Brauch eine Andeutung, dass sich die Römer die Frauen mit Gewalt erkämpft
hätten (Reminiscenz an den Raub der Sabinerinnen) und dass
sie volle Macht über die Frau besässen, so auch ten Brink,
de hasta. Groningae 1839, S. 85 ff. Ihering, Geist des röm.
Rechts I, S. 111. Hartung, Religion der Römer II, S. 72 f.
bezieht die hasta coelibaris auf die Juno Quiritis, und Rossbach, S. 290 ff. glaubt (theilweise nach Hartung), dass das
Streichen oder Scheiteln mit der hasta als eine symbolische
Handlung übrig geblieben sei, während man vor Alters das
Haar der Braut mit der hasta als altem Schneideinstrument
abgeschnitten habe. Später bediente man sich zum Abschnei-
den bequemerer Instrumente, brauchte aber die hasta zum
Ordnen des Haares, um die alte Sitte nicht ganz untergehen
zu lassen. — Auf der Frisur unter dem Flammeum trug die
Braut einen Blumenkranz, Paul. Diac. v. corolla p. 63 M.
Ebenso war der Bräutigam und die Gäste bekränzt. Die

ganze Investitur der Braut behandelt höchst erschöpfend
ROSSBACH, S. 273—293.

Endlich geleiteten die Pronubae die Braut — nachdem
sie auf dem Phallus eines Priapus gesessen hatte, um frucht-
bar zu werden AUGUSTIN. de civ. dei VI, 9. VII, 24. ARNOB.
IV, 7. LACTANT. I, 20. — zu dem *lectus genialis*, was *collocare
in lecto* heisst, DONAT. zu Ter. Eun. III, 5, 45. PAUL. D. v.
genialis p. 94. CLAUD. rapt. Pros. II, 361. Dann erst betrat
der junge Gatte den Thalamus und nun begann die Wirksam-
keit der göttlichen Subigus, Prema, Pertunda, AUGUST. de civ.
dei VI, 9. Dass man vor der Thüre ein Epithalamion und
schlüpfrige Lieder gesungen habe, wie in Griechenland, lässt
sich für Rom nicht nachweisen. Eine einzige Stelle aus der
spätesten Zeit spricht dafür, nämlich CLAUDIAN Fesc. XIV,
30 ff. welcher griechische Muster vor Augen gehabt haben
mag:

> *Ducant pervigiles carmina tibiae,*
> *Permissisque iocis turba licentior*
> *Exsultet tetricis libera legibus.*

Das Epithalamium in AUSON. cento nupt. ist ein richtiger Hymenäus, der bei der deductio gesungen wurde. — Der *lectus
genialis* selbst war allen Zeugnissen zufolge am Tage der
Hochzeit im Atrium aufgeschlagen worden (später geschah
dieses nur symbolisch, s. S. 6.), vielleicht von der Mutter der
Braut oder doch von deren Anverwandten. CIC. p. Clu. 5.
*lectum illum genialem, quem biennio ante filiae suae nubenti
straverat, in eadem domo sibi ornari et sterni expulsa atque ex-
turbata filia iubet. nubet genero socrus.* PAUL. v. genialis p.
94 M. *gen. lectus, qui nuptiis sternitur in honorem genii.* JU-
VENAL. X, 334. SERV. zu Verg. Aen. VI, 603. und ausführlicher ARNOB. adv. g. II, 67. *Cum in matrimonia convenitis,
toga sternitis lectulos et maritorum genios advocatis.* Daher
heisst bei HOR. ep. I, 1, 87. *lectus genialis in aula est* s. v. a.
verheirathet sein. Mehr erfährt man über diesen Gebrauch
nicht; doch scheint in einigen Stellen die Andeutung zu liegen, dass er nur bei der Ehe mit manus Statt fand. Nament-

lich sagt Arnob. IV, 20. *usu, farre, coëmptione genialis lectuli
sacramenta condicunt.* Indessen sind diese Worte in keinem
Fall so streng zu nehmen, so wenig als das obige *in matrimonia convenire.* Wenigstens ist natürlich, dass, als die strengen
Eheformen ausser Gebrauch gekommen waren, doch viele
ihnen eigenthümlich gewesene Gebräuche beibehalten wurden,
z. B. das Opfer unter dem Beistand der Priester nebst dem
Camillus und der Camilla. Der *lectus genialis* oder *adversus*
blieb an seiner Stelle, so lange die Frau in der Ehe blieb oder
selbst bis der Mann sich wieder verheirathete. Dann fand das
sternere von Neuem Statt, wie es p. Clu. heisst und Prop. IV,
11, 85.

> *Seu tamen adversum mutarit ianua lectum,*
> *Sederit et nostro cauta noverca toro.*

Prächtig schildert Appul. met. X, p. 256. einen torus genialis
als *indica testudine perlucidus, plumea congerie tumidus, veste
serica floridus.* *Adversus* heisst der *lectus*, weil er im Atrium
der *ianua* gegenüberstand, woraus sich obige Worte erklären.
Vgl. Böttiger, Aldobr. Hochz. S. 124. Kunstmyth. II, S. 449.
Rossbach, S. 367 ff.

Am folgenden Morgen begann die junge Frau ihr Hausregiment mit einem Opfer an dem Altar des Gatten, Macrob.
Sat. I, 15. Plut. qu. Rom. 2. Daran schloss sich in des
Mannes Hause eine Nachfeier der Hochzeit, *repotia* genannt.
Fest. p. 281. *Repotia postridie nuptias apud novum maritum
coenatur, quia quasi reficitur potatio.* Ebenso erklärt Porphyr.
zu Hor. Sat. II, 2, 60. *dies post nuptias.* In diesem Sinne
nimmt Gell. II, 24. dieses Wort, wo er berichtet, dass die
lex Julia den Aufwand bei der Feier der Hochzeiten und repotia auf ein gewisses Maass beschränkt habe. Anders erklären Donat. zu Ter. Phorm. I, 1, 6. und Acron zu Hor.
a. a. O.: *Repotia dicuntur septimus dies, quo nora solet nupta
redire ad parentes suos.*, also der erste Besuch im elterlichen
Hause. Unbestimmt sagt Auson. epist. IX, 50. *Coningioque
dapes aut sacra repotia patrum.*, wo repotia entweder in dem
von Donat. und Acron genommenen Sinn aufzufassen ist, oder

als Nachfeier der Geburt eines Kindes; vgl. Mercer. zu Al.
ab Alexandro, dies genial. II, 5. *Repotia* muss daher eine
weitere Bedeutung gehabt haben als jede Nachfeier eines beliebigen Festes.

Zuletzt ist noch zu erwägen, dass die Wahl des Tags für
die Hochzeit nicht gleichgültig war. So vermied man als
unglückbringend die Kalenden, Nonen und Idus ebenso als
den darauf folgenden Tag, Macrob. Sat. I, 15. 16. Paul.
Diac. v. nonarum p. 179. Gell. V, 17. Varro L. L. VI, 29.
Ovid. Fast. I, 57. Plut. qu. Rom. 25.; desgleichen die Feriae,
das Salierfest, die Eröffnung des mundus Macrob. a. a. O.
Plut. qu. R. 102. vgl. Ovid. Fast. II, 555. III, 393. Vielleicht
machte der Tag nach den Iden des Juni eine Ausnahme,
Ovid. Fast. VI, 221 ff. Sogar auf die Monate wurde Rücksicht genommen und der Mai nicht leicht gewählt, weil derselbe eine Reihe von ernsten Sühn- und Reinigungsfesten
enthielt (z. B. die sacra Argeorum), Plut. qu. Rom. 85. Ovid.
Fast. V, 487—490., ebensowenig die erste Hälfte des Juni,
wohl aber die zweite, Ovid. Fast. VI, 221 ff. Rossbach, S.
264—273.

Die zweite Form, welche conventio in manum (ursprünglich zugleich Ehe) bewirkte, war die *coëmptio*. Es wurde
nämlich diese Form später auch angewandt, um manus ohne
Ehe hervorzubringen; desshalb musste bei Verheirathungen
der coëmptio die formlose Eingehung der Ehe durch Consensus oder domum ductio vorausgehen. Sie erhielt durch oder
nach Servius Tullius (nicht erst nach der lex Canuleia, denn
sonst hätten die plebejischen Neubürger keine gesetzliche
Form für die strenge Ehe gehabt) die bestimmte civilrechtlich
anerkannte Form, deren sich aber ausser den Plebejern auch
die Patrizier bedienen konnten. Die Hochzeitsgebräuche waren
die oben berichteten (nämlich die Auspicien, das Zusammen-
fügen der Hände, das Opfer, die deductio mit Talassio, das
Heben über die Schwelle, die Begrüssung mit Caius und Caia,
der Empfang mit Wasser und Feuer, der Brautanzug — lauter
Nebensachen und Aeusserlichkeiten, rechtlich nicht nothwen-

dig, sondern von dem Willen und dem Vermögen der zu Vermählenden abhängend —): nur dass an die Stelle der bedeutungsvollen, mit Umständen und Kosten verbundenen religiösen Feierlichkeit eine einfache Civilhandlung trat, welche bloss das Abhängigkeitsverhältniss der jungen Frau bestimmte. Es war ein symbolischer Kauf durch Mancipation (*per aes et libram, patre vel tutoribus auctoribus*), welcher seine nähere Bestimmung durch die Wechselreden der Verlobten empfing. Die Hauptstelle darüber ist bei GAI. I, 113. *Coëmptione in manum conveniunt per mancipationem i. e. per quandam imaginariam venditionem, adhibitis non minus quam V testibus, civibus Romanis puberibus, item libripende praeter mulierem eumque, cuius in manum convenit.* Dasselbe ist es, wenn SERV. zu Verg. Aen. IV, 103. sagt: *Coëmptio enim est, ubi libra atque aes adhibetur et mulier atque vir in se quasi emtionem faciunt.* vgl. ORELL. insc. 4859. Den weiteren Hergang und dabei übliche Formeln nennt SERV. zu Aen. IV, 214. und BOETHIUS zu Cic. Top. 3. p. 299. *Quae in manum per coëmptionem convenerant, eae matres fam. vocabantur; quae vero usu vel farreo, minime. Coëmptio vero certis solennitatibus peragebatur et sese in coëmendo invicem interrogabant* (d. h. bei der Coëmtio frugen sie sich gegenseitig); *vir ita: an mulier sibi materfamilias esse vellet; illa respondebat, Velle. Itaque mulier viri conveniebat in manum et vocabantur hae nuptiae per coëmptionem, et erat mulier materfamilias viro loco filiae. Quam solennitatem in suis institutis Ulpianus exponit.* ULPIAN ist die gemeinschaftliche Quelle, aus der auch SERVIUS und ISIDOR V, 24. entlehnt haben; nur dass diese die Worte: *et sese in coëmendo invicem interrogabant* falsch verstanden (wie SERV. zu Verg. Georg. I, 31. thut) und *sese invicem* zu *coëmendo* zogen (so dass dadurch ein gegenseitiger Kauf der beiden Gatten entsteht, woran nicht zu denken ist), während diese Worte zu *interrogabant* gehören, wie es oben genommen worden ist. Richtig wiederholt BOETHIUS diese Worte, man kann ihm also nicht eine falsche Vorstellung von der coëmptio und Verwirrung der Begriffe Schuld geben, s. die citirte Rec. in der Zeitschr. f. Alterthumswissen-

schaft über Hase, de manu, und überhaupt Rossbach, S. 65
—95. 244 ff. — Dagegen kann Boethius von andern Irrthü-
mern nicht freigesprochen werden, nämlich dass er die confarreatio auf die Priesterehe beschränkt (s. oben S. 15.); dass
er glaubt, die Frau habe nur coëmptione in manum kommen
können; endlich dass er nur die als materfamilias gelten lassen
will, die *coëmptione convenit.* Der Irrthum erklärt sich leicht,
wenn man bedenkt, dass in Boëthius Zeit keine dieser Eheformen mehr bestand und dass er sie nur durch Tradition
kannte, dass ferner die im gemeinen Leben frühzeitig abge-
kommene confarreatio längere Zeit nur zum Schliessen der
Priesterehe gedient hatte und dass usus schon lange nicht
mehr zur manus führte; Gai. I, 111. Da nun bei der coëmptio
vorzugsweise die Formel: *visne mihi esse materfamilias* vorkam, so glaubte er, nur solche Frauen würden mit diesem
Namen genannt. Das Richtige erkennen wir aus Cic. Top. 3.
*Genus enim est uxor; eius duae formae: una matrum familias
earum, quae in manum convenerunt: altera earum, quae tantummodo uxores habentur.* Es sind also zwei Species: 1) *matres-
familias,* das sind alle quae in manum convenerunt (usu, farreo, coëmptione); 2) *uxores tantummodo* d. i. quae in manum
non convenerunt. Richtig erklären auch Gell. XVIII, 6.
*matremfam. appellatam esse eam solam, quae in mariti manu
mancipioque — esset,* und Serv. zu Verg. Aen. XI, 476. vgl.
581. Beide widerlegen andere ungeschickte Erklärungen, wie
die des Non. V, 82.; s. Pauly, Realencykl. IV, S. 1636 fg.
Die Benennung *matrona,* welche irrig von Grupen, S. 4 ff. 27.
Eggers, S. 10 ff. und Tafel, de divortiis p. 29. von der Frau
in freier Ehe im Gegensatze zu mater familias erklärt wird,
ist nur ein weiterer Begriff für jede anständige Frau. Das ergiebt sich vollständig aus Cic. p. Cael. 13. *petulantes facimus,
si matrem familias secus, quam matronarum sanctitas postulat,
nominamus.* Daher ist jede mater fam. auch matrona, aber
nicht umgekehrt. S. Pauly, Realencykl. IV, S. 1655.

Die dritte Form endlich, durch welche eine Frau in
manum kam, war der *usus* oder Verjährung. Wenn nämlich

die Frau zwar nur eine freie Ehe eingegangen hatte, aber ein
ganzes Jahr bei dem Manne geblieben war, ohne sich auf drei
Tage aus seinem Hause entfernt zu haben, so entstand dadurch manus. GAI. I, 111. *Usu in manum conveniebat, quae
anno continuo nupta persererabat, nam velut annua possessione
usucapiebatur, in familiam viri transibat filiaeque locum obtine-
bat. Itaque lege XII tabularum cautum erat, si qua nollet eo
modo in manum mariti convenire, ut quotannis trinoctio abesset
atque ita usum cuiuscunque anni interrumperet.* Es gehörten
dazu nicht drei Tage oder dreimal 24 Stunden, sondern drei
auf einander folgende volle Nächte mit den dazwischen liegenden zwei Tagen, wie sich aus der von GELL. III, 2. und
MACROB. Sat. I, 3. angeführten Entscheidung ergiebt, nämlich
dass die Frau die *usurpatio trinoctii* nicht geltend machen
könne, *quae Kalendis Januariis apud virum causa matrimonii
esse coepisset, et ante diem IV. Kal. Jan. sequentes usurpatum
isset* (d. h. welche des Gatten Haus verliess, um die Usucapion
zu unterbrechen). *Non enim posse impleri trinoctium, quod ab-
esse a viro usurpandi causa ex XII tabulis deberet, quoniam
tertiae noctis posteriores sex horae alterius anni essent, qui in-
ciperet ex Kalendis.*

Neben diesen strengeren Formen der Ehe, durch welche
die Frau *in manum mancipiumque mariti* kam, bestand noch
eine freiere, *matrimonium iustum* ohne conventio in manum.
Die Frau blieb dann in potestate patris oder tutoris und hatte
freie Disposition über ihr Vermögen, galt aber ebenso als gesetzliche Gattin, wie bei Ehe mit manus. Solche Frauen sind
es, welche, wie bereits oben erwähnt ist, CIC. Top. 3. *uxores
tantummodo* im Gegensatz zur mater familias nennt. Ebenso
braucht GELL. XVIII, 6. den Ausdruck: *in matrimonium tantum convenire* als Gegensatz zu *in manum convenire.* Diese
freiere Ehe, welche mit dem Verfall der alten strengen Fami-
lienverfassung immer mehr überhand nahm, ist durch die
Peregrinen und Clienten oder durch die Etrusker sehr frühzeitig nach Rom gekommen, wo sie zuerst nur als faktisches
Verhältniss gegolten hat, bis sie allmälig auch als römische

rechtlich gültige Ehe anerkannt wurde, vorausgesetzt, dass die Bedingungen derselben, Standesgleichheit oder Civität, auf beiden Seiten gefunden wurden. Diese freie Ehe ging — wenn Vater oder Vormund der Frau seine Einwilligung dazu gegeben hatte — durch einjähriges ununterbrochenes Zusammenleben in die strenge über; wenn *usurpatio trinoctii* Statt gefunden hatte, bestand die freie Ehe auch fernerhin fort. Die spätere Zeit, welche die conventio in manum unbequem fand, kehrte endlich ganz zu dieser Art von Ehe zurück, so dass es schon unter den mittleren Kaisern keine andere Ehe mehr gab, mit Ausnahme der nur noch für Priester angewandten confarreatio. ROSSBACH. S. 42—58. 156 ff. REIN, röm. Privatr. S. 388 ff. Die Hochzeitsgebräuche, welche der Ehe mit und ohne manus gemeinsam waren, sind oben bei der confarreatio dargestellt worden. S. darüber BRISSON. de ritu nuptiarum, Antverp. 1585, in GRAEV. thes. VIII. und in op. min. ed. Trekell, I, p. 287—339. AL. AB ALEXANDRO, dies genial. II, 5. nebst den Anmerkungen, GRUPEN, im a. B., KREYSSIG, silvae Afranae p. 65 ff. D. EGERIACO, i ritu nuziali degli antichi Rom. Fermo 1780. BAGNI, i riti nuziali degli ant. Rom. Rovigo 1843. PAULY, Realencykl. V, S. 781 ff. und vor Allen ROSSBACH, S. 253—389.

Es giebt auch mehrere Sarkophage, welche römische Hochzeitfeierlichkeiten darstellen, z. E. DE RUBEIS, admiranda Rom. antiq. vestig. N. 56. 65., wiederholt von MONTFAUCON, Tom. III, pl. 133. 130. GRUPEN, de uxore Rom. p. 193. GUATTANI, notizie sulle antichità e belle arte di Rom. 1784. 1785. BÖTTIGER, Aldobrand. Hochzeit, S. 148 ff. Ideen zur Kunstmythologie II, S. 272 ff. GERHARD, antike Bildwerke, Cent. 1, T. 74 f. S. 313 f. Einen neuerlich in Monticelli gefundenen beschreibt BRUNN, sarcof. rappres. cerimonie nuz. in Annali dell' instit. di corr. arch. XVI. Roma. p. 186—200. Alle diese Monumente gehören aber der späteren Zeit an, in der es fast nur noch Ehen ohne manus gab. Man findet jedoch auf allen, dass Braut und Bräutigam sich die Hände reichen, indem sie von der Juno Pronuba zusammengeführt werden, ebenso Vor-

bereitungen zum Opfern nebst priesterlichen Personen und
den Camillis, auch der Hymenaeus fehlt nicht. Auf der von
Brunn trefflich beschriebenen Scene führt Juno die Gatten zusammen, der Bräutigam wird von der Victoria und einem Lik-
tor oder Opferdiener, die Braut von Venus, Amor und den
Grazien geleitet. Ein Stier soll geopfert werden u. s. w. Alles
verkündet die spätere Zeit, in der man gleichwohl noch Formen der früheren Periode beibehalten hatte, wie bereits S. 16.
bemerkt worden ist. ROSSBACH, S. 376—389.

Etwas anderes war der *Concubinatus* oder das ausser-
eheliche, einer höheren Bedeutung ermangelnde nur ge-
schlechtliche Zusammenleben, namentlich zwischen solchen
Personen, die kein connubium hatten. Man muss jedenfalls
zweierlei Art des Concubinats unterscheiden: 1) Concub. im
engeren und eigentlich juristischen Sinn, wenn ein civis unverheirathet mit einer nicht standesgleichen, als einer peregrina,
liberta, serva oder humilis, abjecta femina zusammenleben
wollte, ohne sie als Gattin zu betrachten (gewissermassen eine
morganatische Ehe. *inaequale coniugium*, auch *licita consuetudo*
genannt). 2) Concub. im weiteren und nicht juristischen Sinn,
wenn ein Ehemann neben seiner Frau mit einer Concubine
lebte oder unverheirathet mit zwei Concubinen. Die erstere
Verbindung hatte nichts Strafbares, nicht einmal Anstössiges
(darum finden wir auch Grabinschriften, welche der „geliebten
Concubine" geweiht waren. GRUTER, 640, 8. 631, 5. ORELL.
n. 2673.) PLAUT. Poen. prol. 102. Epid. III, 4, 29 f.

> *Ego illam hodie volo facere libertam meam*
> *Mihi concubina quae sit.:*

die zweite wird durchaus verworfen und fiel in die Kategorie
des Stuprum, wenn die Concubine eigentlich unter die honeste
viventes gehörte. Die mit einem Ehemann lebende Concubine
heisst vorzugsweise *pellex*, Kebsweib. PAUL. DIAC. p. 222 M.
Pellices nunc quidem appellantur alienis succumbentes, non so-
lum feminae, sed etiam mares. Antiqui proprie eam pellicem
nominabant, quae uxorem habenti nubebant. Cui generi mulie-
rum etiam poena constituta est a Numa Pompilio hac lege:

*Pellex aram Iunonis ne tangito; si tanget, Iunoni crinibus de-
missis agnum feminam caedito.* Dasselbe bei GELL. IV, 3. *Pellicem autem appellatam probrosamque habitam, quae iuncta
consuetaque esset cum eo, in cuius manu mancipioque alia matrimonii causa foret, hac antiquissima lege ostenditur* etc. Wie
MASUR. bei Paull. Dig. L, 16, 144. sagt, wurde die pellex zu
seiner Zeit *amica* oder *paulo honestiore nomine* Concubine genannt. Die lex Iulia et Papia Poppaea gab Bestimmungen
über den Concubinat, in wie weit er gestattet sei oder nicht.
Das Nähere s. BIRNBAUM zu Creuzers Abriss, S. 484 ff. ZIM-
MERN, Gesch. d. Röm. Privatrechts I, S. 485—495. REIN, röm.
Criminalrecht, S. 859 fg. Privatrecht, S. 397 f. und SCHMIDT,
de concubinatu Roman. Berol. 1835.

.

VERLOBUNG UND EHESCHEIDUNG.

Die griechische Ehe, wenigstens in Athen, verlangte um
gültig zu sein, durchaus ein vorhergegangenes feierliches Verlöbniss, s. Charikles III, S. 293. Bei der römischen war diess
wenigstens unwesentlich, wenn auch natürlich ein Anhalten
um die Braut bei dem Vater derselben oder in dessen Erman-
gelung bei dem Bruder, Vormund u. s. w. und ein Zusagen
derselben vorausgehen musste. DIO CASS. XLVIII, 44. LIX,
12. LXIII, 13. Von der dabei üblichen Stipulationsform: *spon-
desne? spondeo,* heisst die ganze Handlung *sponsalia* (die Verlobten aber *sponsa, sponsus,* welcher letztere in älterer Zeit
auch *procus* hiess, FEST. v. procum, p. 249 M.), auch wenn sie
jedes Ceremoniels entbehrte. Ein anderer Ausdruck ist *con-
ventae conditio,* welcher Akt der Verlobung vorausging und in
Unterhandlung über Grösse der dos, Zeit deren Auszahlung
und andere Bedingungen bestand, PAUL. DIAC. p. 62. *Con-
ventae* (d. i. der zukünftigen Braut, *quae convenitur*) *conditio
dicebatur, quum primus sermo de nuptiis et earum conditione habebatur,* vgl. Iuv. VI, 25. Die Form dieser Sponsalien lässt
sich aus mehreren Beispielen bei den Komikern abnehmen;

so Plaut. Aul. II, 2. III, 5, 2. Curc. V, 2, 74. Poen. V, 4, fin. Trin. V, 2, 33 ff. Vorzüglich ist aber klassisch Trin. II, 4, 98.

> Ph. *Sine dote posco tuam sororem filio.*
>> *Quae res bene vortat! habeon pactam? Quid taces?*
> St. *Pro di immortales, conditionem quoiusmodi!*
> Ph. *Quin fabulare „di bene vortant: spondeo?"*

und Poen. V, 3, 36 ff.

> Ac. *Audin' tu patrue? dico, ne dictum neges:*
>> *Tuam mihi maiorem filiam despondeas.*
> Ha. *Pactam rem habeto.* Ac. *Spondes igitur!* Ha. *Spondeo.*

Vgl. Varro L. L. VI, 69 ff. und dazu Huschke in Zeitschrift für geschichtl. Rechtswiss. X, S. 327—339. sowie Dirksen, in Abhandl. der Berliner Akademie 1848, S. 89—103. — Auf das Alter der zu Verlobenden kam nichts an, bis lex Julia et Papia Poppaea vorschrieb, dass die Braut mindestens 10 Jahr alt sein müsse, Dio. Cass. LIV, 16. Doch band man sich nicht daran, denn Orelli n. 2647 erwähnt eine Braut von 8 Jahren und Modest. Dig. XXIII, 1, 2. 14. begnügt sich mit 7 Jahren. Vgl. Orell. n. 2733. — Die Sponsalia wurden als freudiges Familienfest gefeiert, also mit einem Mahl, wie Cic. ad Qu. fr. II, 6. schreibt. Etwaige Familientrauer wurde für diesen Tag unterbrochen, Fest. v. minuitur luctus, p. 154 M. vgl. Dio Cass. LXIII, 13. Suet. Oct. 53. Nicht selten erhielt die Braut einen Verlobungsring, *annulus pronubus*, gleichsam als symbolisches Unterpfand der Treue. Juv. VI, 25 ff. Plin. h. n. XXXIII, 1, 4. Tertull. apol. 6. Isidor. XIX, 32. Lindenbrog zu Ter. Eun. III, 4, 3. Der Bräutigam empfing dagegen ein Geschenk von der Braut, Dionys. III, 21. In späterer Zeit wurden auch werthvolle Gegenstände als Unterpfand (*arra*) gegeben, welche der zurücktretende Theil einbüsste. Ein Beispiel erzählt Capitol. Max. Iun. 1. Isidor. IX, 8. vgl. Cuiac. observ. XI, 17. Schon hieraus ergiebt sich, dass das Verlöbniss, wenn es auch mit den bestimmtesten Worten oder sogar schriftlich (Isidor. IX, 8.) eingegangen war, keinen der beiden Theile fest band, und

es konnte in Rom (so wenig als in Athen) weder ex sponsu
noch ex stipulato geklagt werden. Iuv. VI, 200.

> *Si tibi legitimis pactam iunctamque tabellis*
> *Non es amaturus, ducendi nulla videtur*
> *Causa.*

Beide Theile konnten das eingegangene Verhältniss aufkündigen, *renuntiare* oder *remittere repudium*, Plaut. Aul. IV, 10,
53 ff. Ter. Phorm. IV, 3, 72. *nuntium remittere et sponsalia
dissolvere.* Ulp. Dig. XXIII, 1, 10. *Repudium* wurde auch von
der Ehescheidung (*divortium*) gesagt, nicht aber umgekehrt.
Modestin. Dig. L, 16, 101. *Divortium inter virum et uxorem
fieri dicitur; repudium vero sponsae remitti videtur, quod et in
uxoris personam non inepte cadit;* ebenso Paull. ebendaselbst
191. Die dabei übliche Formel: *conditione tua non utor,* wie
sie von Gai. Dig. XXIV, 2, 2. angeführt wird, hat wohl keine
juristische Nothwendigkeit, sondern ist nur herkömmlich.
Beispiele von aufgekündigter Verlobung s. Plut. Cat. min. 7.
Caes. 14. Suet. Caes. 21. Oct. 62. Tac. Ann. XII, 3. 9. Dio
Cass. XLVI, 56. u. s. w. — Ohne Rechtsgültigkeit war allerdings auch das Verlöbniss nicht, doch nur während der Dauer
des nicht aufgekündigten Verhältnisses zwischen Bräutigam
und Braut. So war es infamirend, während dieser Dauer ein
zweites Verlöbniss einzugehen und es konnte Untreue der
Braut selbst als adulterium angesehen werden.

Nach altlatinischem Localrecht hatte der durch den Zu-
rücktritt des einen Theils verletzte andere Theil ein Klage-
recht (eine Stipulationsklage) und der Richter verurtheilte
den, welcher aus nichtiger Ursache zurückgetreten war, zur
Bezahlung einer Summe Geldes (*litem pecunia aestimabat*).
Nach der völligen Verschmelzung Latiums mit Rom fand
dieses ius sponsaliorum ein Ende. So berichtet Gell. IV, 4.
nach Serv. Sulpicius; s. dazu Huschke, in Zeitschr. f. gesch.
Rechtswiss. X, S. 315—326. Dass ein ähnliches Recht vor
Alters auch in Rom bestand, scheint sich aus der interessanten
Notiz bei Plut. Cat. min. 7. zu ergeben, Rein, röm. Privat-
recht S. 409 f.

Die auf das Verlöbniss sich beziehenden Ausdrücke, *sperata, pacta, sponsa, destinata*, s. ARNOB. adv. gent. IV, 20., unterscheiden und auf die verschiedenen Formen der Ehe beziehen zu wollen, wie EGGERS gethan hat, oder auch nur auf die einzelnen Stadien des ganzen Verhältnisses, wie GUNDLING, in Gundlingiana X, S. 377 ff. u. A., ist eine durch nichts gerechtfertigte Willkür. So nimmt EGGERS S. 15. an, *sperata* bezeichne die Frau in freier Ehe, ehe sie durch Ablauf des ununterbrochenen Jahres *in manum* gekommen sei, indem er sich vorzüglich auf PLAUT. Amphitr. II, 2, 44. stützt:

Amphitruo uxorem salutat laetus speratam suam.

Allein dort ist *sperata* soviel als ἀσπασία, die in der Abwesenheit Ersehnte, und komisch genug wäre es ohnehin, sich den Amphitruo mit der Alkmene in freier Ehe zu denken. Freilich schiebt EGGERS nach *uxorem* noch ein *suam* ein, wodurch der Vers monströs und der Sinn ein anderer wird. NONIUS sagt V, 69: *virgo priusquam petatur sperata dicitur.* — *Pacta*, bei NONIUS auch *dicta*, heisst das Mädchen nach erfolgter Zusage, also die Versprochene s. o. PLAUT. Trin. — Davon ist der Ausdruck *sponsa* nur insofern verschieden, als er die durch Stipulation feierlich Verlobte bezeichnet. SULPIC. sagt a. a. Orte: *Tum quae promissa erat, sponsa appellabatur, qui spoponderat ducturum, sponsus.* Aber mit EGGERS *pacta* von der *confarreatio*, und *sponsa* von der *coëmtio* zu verstehen, dazu ist kein Grund vorhanden. — Von den Verlobungen handeln BRISSONIUS, de ritu nuptiarum, zu Anfang. HOTTOMANN, de sponsal. in Opp. I, p. 476. und de vet. ritu nupt., im Anfang. REIN. röm. Privatrecht, S. 407 ff.

Wie das bei dem Verlöbnisse gegebene Versprechen ohne Weiteres zurückgenommen werden konnte, so war auch jederzeit die Auflösung der Ehe selbst möglich, ohne dass irgend eine Staatsgewalt zum Einspruche berechtigt gewesen wäre. Diese Freiheit war jedoch sehr beschränkt durch das moralische Gefühl des Volks und die hohe Achtung, welche man vor der Heiligkeit des Ehebundes hegte. Dazu kam das Hausgericht der Verwandten, welches vor der Scheidung be-

fragt werden musste, und die Scheu vor der Censorischen
Rüge, welche bei leichtsinniger Scheidung eintrat. Diese Freiheit der Ehescheidung scheint aber, wenn des Dionys. Bericht
wahr ist, nicht auf die confarreirten Ehen bezogen werden zu
dürfen. Er behauptet nämlich II, 25. völlige Unauflösbarkeit
der confarreatio: εἰς σύνδεσμον ἀναγκαῖον οἰκειότητος ἔφερεν ἀδια-
λύτου καὶ τὸ διαιρῆσον τοὺς γάμους τούτους οὐδὲν ἦν. Doch wird
uns diese Stelle nicht überzeugen, wenn wir bedenken, dass
zu des Dionys. Zeit die confarreatio nur noch für die Priesterehen fortdauerte und diese waren allerdings unauflöslich.
Paul. v. flammeo, p 89. Er konnte sich also leicht irren, und
die Untrennbarkeit der confarreatio annehmen, wenn er die
Ehe des Flamen und der Flaminica als Vorbild der alten confarreatio ansah. Demnach ist eine Vereinigung der Stelle des
Dionys. mit der des Plut. Rom. 22. nicht so entschieden zu
verneinen, als es gewöhnlich geschieht. Plut. sagt: ἔθηκε δὲ
καὶ νόμους τινὰς, ὧν σφοδρὸς μέν ἐστιν ὁ γυναικὶ μὴ διδοὺς ἀπολείπειν ἄνδρα, γυναῖκα δὲ διδοὺς ἐκβάλλειν ἐπὶ φαρμακείᾳ τέκνων ἢ
κλειδῶν ὑποβολῇ καὶ μοιχευθεῖσαν., welche Angabe sich mit der
des Dionys. gut verträgt, da Plut. nicht wie Dionys. ausschliesslich von der durch confarreatio geschlossenen Ehe,
sondern von der Ehe überhaupt spricht. Auch wäre es ganz
widersinnig, dass eine eheliche Verbindung sollte fortbestan-
den haben, wenn solche Verbrechen, wie die genannten, vor-
lagen. Ferner bestimmte dieses angeblich romulische Gesetz,
dass, wenn sich ein Mann aus einer anderen Ursache scheide,
der eine Theil seines Vermögens an die verstossene Frau fallen und der andere der Ceres geweiht werden solle. Und daraus, dass auf diese Weise leichtsinnigen Ehescheidungen gesetzlich vorgebeugt werden sollte, ergiebt sich wenigstens,
dass die Ehe überhaupt auflösbar war.

Auch andere Beweise sprechen dafür, dass schon in den
früheren Zeiten der Republik Trennung der Ehe vorkam und
dass bereits in den XII Tafeln Bestimmungen darüber enthalten waren. Freilich steht dieser Annahme die vielfach be-
richtete und viel besprochene Nachricht entgegen, dass Sp.

Carvilius Ruga der Erste gewesen sei, der im J. d. St. 520 oder 523 sich von seiner Frau geschieden habe. Am entschiedensten sagen diess Dionys. II, 25. ὁμολογεῖται ἐντὸς ἐτῶν εἴ- κοσι καὶ πεντακοσίων μηδεὶς ἐν Ῥώμῃ διαλυθῆναι γάμος. — πρῶ- τος ἀπολῦσαι λέγεται τὴν ἑαυτοῦ γυναῖκα Σπούριος Καρ. ἀνὴρ οὐκ ἀφανής, ἀναγκαζόμενος ὑπὸ τῶν τιμητῶν ὀμόσαι τέκνων ἕνεκα γυ- ναικὶ μὴ συνοικεῖν. Die letzten Worte sind offenbar corrupt oder enthalten ein Missverständniss, wie sich aus der Erzählung bei Gell. XVII, 21. ergiebt: *Anno deinde p. R. c. quingente- simo undevicesimo Sp. Carv. Ruga primus Romae de amicorum sententia divortium cum uxore fecit, quod sterilis esset iurasset- que apud censores, uxorem se liberum quaerendorum causa ha- bere.* Val. Max. II, 1, 4. nennt auch das Jahr 520, dagegen findet sich eine andere höchst auffallende Angabe bei Plut. comp. Thes. c. Rom. 6. und übereinstimmend comp. Lyc. c. Numa 3., dass die erste Ehescheidung des Sp. Carvilius im J. 230 vorgekommen sei. Dieses Jahr hat nun allerdings alle Wahrscheinlichkeit gegen sich, da die Scheidung des Carvi- lius noch in die Periode des Königthums fallen würde, während die ganze Erzählung uns auf die Zeit der Republik und zwar die Epoche hinweiset, wo das Censoramt vom Consulat ge- trennt war. Uebrigens ist auch die Auctorität des von Gellius angeführten Serv. Sulpicius bei Weitem die gewichtigste. Dagegen wird auch wiederum Niemand es wahrscheinlich fin- den, dass 520 Jahre lang bis etwa 150 Jahre vor Cicero in Rom keine Ehescheidung sollte vorgekommen sein. Die ganze Sache scheint vielmehr auf einem Missverständniss zu beru- hen, worauf die zweite Stelle des Gell. IV, 3. selbst führt. Daraus geht mit Wahrscheinlichkeit hervor, dass des Carvilius Scheidung unter besonderen, von den früheren Scheidungen abweichenden Umständen Statt fand, welche bewirkten, dass man die in gewisser Beziehung erste Scheidung ihrer Art später überhaupt für die erste hielt. Auch hat Serv. Sulpi cius in keinem Falle behauptet, dass es die erste Scheidung gewesen sei, sonst würde Gellius nicht blos sagen: *quia pro fecto nihil desiderabantur* (nämlich rei uxoriae actiones und

cautiones), *nullis etiamtunc matrimoniis divertentibus*, d. h.
GELL. schliesst nur aus dem Nichtvorhandensein der *cautiones
rei uxoriae* auf das spätere Aufkommen der Ehescheidungen.
Wahrscheinlich war Sp. Carvilius der Erste gewesen, welcher
sich nicht aus einer der schon vor Alters gestatteten Tren-
nungsursachen von seiner Frau schied, sondern der Sterilität
halber und aus eigennütziger Absicht (um die dos zu behalten),
indem er sich dabei mit scheinbarer Religiosität rechtfertigte.
(s. OSENBRÜGGEN, in Zeitschr. f. d. Alterthumswissensch. 1838,
N. 37.) Seine Sophisterei führte ihn zu dem gewünschten Resultat, allein das Rechtsgefühl des Volks äusserte sich in lauter
Missbilligung über dieses Verfahren und die cautiones rei uxoriae wurden bald darauf eingeführt, um ähnlichen Vorfällen
vorzubeugen. Durch die besonderen Umstände und dadurch,
dass sich von da die genannten cautiones datirten, gewann die
Scheidung des Carvilius eine besondere Celebrität, und so
konnte es leicht geschehen, dass nach 200 und mehr Jahren
im Volke der Glaube entstanden war, sie sei überhaupt die
erste gewesen. — Dass diese Scheidung in einer Beziehung
die erste gewesen, behaupteten mehrere Gelehrte, so z. E. erkannte sie ZIMMERN als die erste sterilitatis causa, KLENZE
als die erste ohne Befragen des Cognatengerichts, GÖTTLING
als die erste Scheidung einer strengen Ehe u.s.w. Die Schriften von SAVIGNY, ZIMMERN, KLENZE u. A. s. bei REIN,
röm. Privatrecht, S. 450 ff.; dazu noch FRITZSCHE, de di-
vortio Carvil. vor dem index lectt. der Universität Rostock,
im Sommer 1835.

Wir kehren nun zu dem Beweise der frühzeitig gestatteten Ehescheidung zurück und verweisen zuerst auf das von
VAL. MAX. II, 9, 2. erzählte Beispiel: *Horum severitatem M.
Valerius Maximus et C. Iunius Bubulcus Brutus censores in
consimili genere animadversionis imitati L. Antonium senatu
moverunt, quod quam virginem in matrimonium duxerat, repu-
diasset, nullo amicorum in consilium adhibito.* Man irrt gänzlich, wenn man hierin den Beweis finden will, dass die Ehescheidungen ungewöhnlich oder verboten gewesen seien. Zu-

erst muss man das wohl festhalten, dass die nota censoria
durchaus nicht als iudicium angesehen wird, wie die lehrreiche
Beweisführung bei Cic. p. Clu. 42—48. zeigt. Das Urtheil
des Censors ist ganz subjectiv und hat daher eine einge-
schränkte Gültigkeit. So folgt also aus der animadversio
censoria in Antonium nicht, dass er etwas Verbotenes und
Strafbares that, indem er sich von seiner Frau schied. aber
es lag in der Art und Weise, wie er es that, etwas schwer
Tadelnswerthes und das geht aus VAL. MAX. selbst hervor,
denn er setzt hinzu: *nullo amicorum in consilium adhibito.* Es
wurde nämlich in solchem Falle jederzeit ein Familiengericht
oder Berathung gehalten, und daher hiess es auch von Carvilius: *de amicorum sententia.* (S. über dieses Hausgericht oben
S. 20 fg.) War daher die Handlungsweise des Antonius eine
willkürliche und harte, so konnte sie allerdings Gegenstand
der animadversio censoria sein. Diese Scheidung fand aber
Statt 447 d. St., also etwa 50 Jahre vor den punischen
Kriegen.

Es liegt aber noch ausserdem der Beweis vor, dass in
viel früherer Zeit die Ehescheidungen rechtlich gestattet und
in gewisser Hinsicht durch die Gesetze geordnet waren. Cic.
Phil. II, 28. sagt spöttisch von Antonius, der die Cytheris
unter denselben Förmlichkeiten wie bei einer Ehescheidung
von sich entlassen hatte: *illam suam suas res sibi habere iussit,
ex duodecim tabulis [causam addidit] claves ademit, foras exegit.*
Aus diesen hinsichtlich der Erwähnung der XII Tafeln diplo-
matisch feststehenden Worten ergiebt sich, dass in den Zwölf-
tafelgesetzen Bestimmungen über die Rechtsverhältnisse der
sich Trennenden, vielleicht auch über gewisse zu beobachtende
Förmlichkeiten gegeben waren, (wenn wir die Worte *ex XII
Tab.* zu *claves ademit* nehmen). Dass aber, um die Scheidung
vornehmen zu können oder zu dürfen, es der Angabe bestimmter Gründe bedurft hätte, davon giebt es keine Andeutung. Nach solchen Gründen wurde theils bei dem Cognaten-
gericht gefragt, theils von dem Richter in dem iudicium de
moribus (nämlich nach Einführung der cautiones und actiones

rei uxoriae). An diese aber kamen die Ehescheidungssachen
nur dann, wenn die vermögensrechtlichen Verhältnisse der
beiden sich trennenden Gatten (namentlich in Bezug auf die
Rückgabe der dos) nicht durch friedliche Uebereinkunft geordnet worden waren. Hier kam es darauf an, ob des Mannes
oder der Frau strafbare Handlungen die Veranlassung zur
Scheidung gegeben hatten (*utrius culpa divortium factum*,
QUINCT. VII, 4, 11. 38). Bei der Frau waren, ausser Capitalverbrechen, namentlich adulterium, vinolentia condemnirend
und hinsichtlich der Letzteren wurde es in alter Zeit sehr
streng genommen. PLIN. h. n. XIV, 13. *Cn. Domitius iudex
pronuntiavit: mulierem videri plus bibisse, quam valetudinis
causa viro insciente, et dote multavit.* Vgl. vorzüglich GELL.
X, 23. und Cato's Rede daselbst. Ueber die nach Befinden
des Richters von dem Manne zurückzubehaltende oder wieder-
herauszugebende dos (je nachdem er schuldig oder unschuldig
war) s. PAULY, Realenc. II, S. 1255 fg. REIN, röm. Privatrecht
S. 433 ff.

Dass nach den punischen Kriegen die Ehescheidungen
viel häufiger wurden, erklärt sich aus dem von da an beginnenden Sittenverfalle und dem nach und nach laxer werdenden
ehelichen Bande. Auch hatte sich die Scheu vor der censorischen Rüge verloren. In dieser Zeit finden wir die Freiheit
der Ehescheidung zur grössten Willkür und zum grössten
Leichtsinn ausgeartet, so dass dieselben oft um der gering-
fügigsten Dinge willen Statt fanden. VAL. MAX. VI, 3. führt
unter mehreren drei Beispiele der Art an, das eine des Sulpicius Gallus, der *uxorem demisit, quod eam capite aperto foris
versatam cognoverat;* 2) Q. Antistius Vetus, *quod illam in
publico cum quadam libertina vulgari secreto loquentem viderat;*
3) P. Sempronius Sophus, *qui coniugem repudii nota affecit,
nihil aliud quam se ignorante ludos ausam spectare.* Uebrigens
bleibt es immer ungewiss, ob nicht die angegebenen Gründe
nur als Vorwand dienten. In der letzten Zeit der Republik
nahmen die Scheidungen furchtbar überhand und wie die Ehe
leichtsinnig eingegangen wurde, so trennte man sich wieder

nach Belieben. Ganz willkürlich verstiessen Sulla, Cäsar,
Pompejus, Cicero, Antonius ihre Frauen, ebenso Augustus,
und seine Nachfolger folgten diesem Beispiel. Gleichzeitig
nahmen die willkürlichen, von den Frauen ausgehenden Scheidungen überhand, ohne dass der Mann Schuld trug. Früher
wurde es den Frauen weit schwerer, die Ehe zu trennen, und
Untreue des Mannes gab der Frau keine Berechtigung, wie es
Plaut. Merc. IV, 6, 1 ff. heisst, obwohl hier vorzugsweise
griechische Sitte berücksichtigt ist:

> Ecastor lege dura vivont mulieres
> multoque iniquiore miserae quam viri.
> Nam si vir scortum duxit clam uxorem suam,
> id si rescivit uxor, impunest viro:
> uxor virum si clam domo egressast foras,
> viro fit causa, exigitur matrimonio.
> Utinam lex esset eadem quae uxorist viro! cett.

Seit Cicero's Zeit werden die Scheidungen der Frauen
oft erwähnt, z. E. Cic. ad Fam. VIII, 7. ad Att. XI, 23. (hier
jedoch mit Grund). p. Clu. 5. Mart. ep. VI, 7. X, 41. Sen.
de ben. III, 16. *numquid iam ulla repudio erubescit? — non
consulum numero, sed maritorum annos suos computant et ex-
eunt matrimonii causa, nubunt repudii.*

Der gewöhnliche Ausdruck für Ehescheidung war *divortium*, eigentlich die nach gegenseitiger Uebereinkunft beider
Gatten erfolgte Trennung, Paull. Dig. L, 16, 161. *div. ex eo
dictum est, quod in diversas partes eunt qui discedunt.* Modest.
ebendas. 101. *divortium inter virum et uxorem fieri dicitur.* Vgl.
Isidor. IX, 8. Aehnlich *discidium*, welches eben so allgemein
von beiden Theilen gebraucht wird. Desshalb werden diese
Worte gewöhnlich mit *facere* verbunden. Dagegen *repudium*
ist eigentlich die einseitige Scheidung und wird daher nur von
dem Theil gebraucht, welcher die Trennung will und ausspricht. Desshalb construirt man nicht *repudium facere*, sondern *repudium mittere, remittere, dicere, scribere, nuntiare, renuntiare*, und dasselbe ist *nuntium remittere* (als häufige Form
des einseitigen *repudium*); s. Plaut. Aul. IV, 10, 53. 69. Ter.

Phorm. IV, 3, 72. Cic. ad Att. I, 13. XI, 23. de or. I, 40.
Top. 4. Suet. mehrm. S. überhaupt die Lexica. Ausserdem
sind stehende Ausdrücke: *exigere* und *eiicere* von dem Mann
gesagt, Cic. Phil. II, 28. 38., *discedere* von der Frau, Ter.
Andr. III, 3. 36., so wie im Griechischen ἐκπέμπειν oder ἐκβάλλειν und ἀπολείπειν verschieden sind. Ohne Grund wird behauptet, dass *divortium* vorzugsweise von der Frau, *repudium*
aber von dem Manne (so Waechter) oder dass *divortium* von
der Scheidung der strengen, *repudium* von der Scheidung der
freien Ehe (so Göttling) gesagt werde.

Die Scheidung erfolgt durch gemeinsame Uebereinkunft
oder einseitig, wobei eine solenne und wie es scheint, sogar
von den XII Tafeln anerkannte Formel war: *tuas res tibi habeto;* welche sowohl von dem Manne galt, welcher sich trennen
wollte, als auch von der Frau, s. oben Cic. Phil. II, 28. Plaut.
Amph. III, 2, 47. *Valeas, tibi habeas res tuas, reddas meas.*
Trin. II, 1, 31 ff. *Tuas res tibi habe.* Demnach war dieses zu
Plautus Zeit die jedenfalls schon längst übliche Formel, und
auch das beweiset für das frühere Vorkommen der Scheidung.
S. noch Mart. X, 41. Quinct. decl. 262. Gai. Dig. XXIV,
2, 2. § 1. u.s.w. Dass die Frau die Schlüssel abgeben musste,
versteht sich von selbst; ob aber dieses als Formalität von den
XII Tafeln geboten war, ist zweifelhaft. Es kommt, wie oben
erwähnt ist, auf die Interpunktion bei Cic. Phil. II, 28. an.
Zuweilen war mit jener Formel auch der Befehl verbunden,
das Haus zu verlassen (*foras exi*), welchen die Frau nur dann
aussprechen konnte, wenn sie Herrin des Hauses war, z. B.
Plaut. Mil. glor. IV, 6, 62 fg. S. noch Plaut. Cas. II, 2, 31 ff.
Mart. XI, 104. Non. II, 53. Auch schriftliches Aufkündigen
(*libellus divortii* oder *repudii*) oder mündliches durch einen
Boten kam in Gebrauch; daher die Ausdrücke *renuntiatio* oder
nuntium remittere (s. oben). — Waren Ehepacten (s. S. 30)
bei Schliessung der Ehe aufgesetzt worden, so wurden dieselben gewöhnlich vernichtet (*rumpere tabulas nuptiales*) Iuv.
IX, 75. Tac. Ann. XI, 30. War die Ehe auf feierliche Art
mit manus eingegangen, so reichte die erwähnte einfache

Formel nicht hin, die Ehe zu trennen, und desshalb bedurfte es besonderer Formalitäten, um die Ehe und zugleich manus wieder aufzuheben, was in vermögensrechtlicher Beziehung sehr wichtig war. Desshalb erforderte die confarreatio auch eine förmliche *diffarreatio*. PAUL. DIAC. p. 74. *Diff. genus erat sacrificii, quo inter virum et mulierem fiebat dissolutio. Dicta diff., quia fiebat farreo libo adhibito*. Dieselben Solennitäten und Personen, welche bei der confarreatio waren, durften auch bei der diffarreatio nicht fehlen. ORELL. inscr. 2648. ist ein *sacerdos confarreationum et diffarreationum* erwähnt. Ausserdem ist nichts darüber bekannt, als was PLUT. qu. Rom. 50. von der durch Domitian ausnahmsweise erlaubten Scheidung des Flamen dialis berichtet: ὁ δὲ ἱερεὶς παρεγένοντο τῇ τοῦ γάμου διαλύσει πολλὰ φρικώδη, καὶ ἀλλόκοτα καὶ σκυθρωπὰ δρῶντες. Vgl. PAULY, Realencykl. II. S. 1021.

Wo die manus der Frau durch mancipatio entstanden war, erfolgte die Ehescheidung durch die genannte einfache Formel, aber die manus dauerte fort, bis diese durch eine förmliche *remancipatio* aufgehoben wurde. FEST. v. remancipatam. p. 277 M. *quae mancipata sit ab eo, cui in manum convenerit*. S. auch die lückenhafte Stelle des GAI. I, 137. Durch welche Form die durch Usus entstandene manus aufgelöst wurde, wird nicht berichtet. Wahrscheinlich genügte eine einfache Erklärung, oder Remancipatio fand Statt. Die Schriften über Ehescheidung s. PAULY. Realencykl. II. S. 1189. Unter ihnen ist vorzüglich zu nennen WAECHTER, Ehescheidungen bei den Römern, Stuttgart 1822. und KLENZE, Freiheit der Ehescheid. in Zeitschr. f. gesch. Rechtswiss. VII. S. 21—42. Vgl. REIN, röm. Privatrecht, S. 446—457. Dazu kommen in neuerer Zeit G. DIEPHUIS, de iure et ratione divort. apud Rom. Groning. 1842. A. F. BERNER, de divortiis apud Rom. Berl. 1842. u. del Matrimonio e della sua indissolubilità presso gli antichi Romani; memoria del CAV. AGATONE AVV. DE LUCA TRONCHET. Rovigo 1844. ROSSBACH, römische Ehe, S. 128—138.

Die geschiedene Gattin konnte sich zum zweitenmale

vermählen — ebenso die Wittwe nach vollendeter Trauerzeit,
s. Pauly, Realencykl. IV. S. 1200 und Appul. metam. VIII,
p. 205. Elm. (*quoad — spatium — compleatur anni.*) allein in
der älteren Zeit, wo der Ehebund noch eine höhere Weihe
hatte, war dieses nicht ohne Nachtheil für den Ruf der Frau.
Eine Frau *multarum nuptiarum*, wie sie Cic. ad Att. XIII, 29.
nennt, genoss keine Achtung, Plut. qu. Rom. 102. Tertull.
de exhort. cast. 13. de monogam. 13., im Gegensatz zu *univira*,
welches Attribut wir sogar auf Inschriften finden, Orell. inser. 2742. 4530. Auch durfte eine zum zweiten Male verheirathete Frau nicht *pronuba* sein, noch die Bildsäule der Pudi-
citia, Fortuna muliebris oder mater Matuta berühren, Liv. X,
23. Fest. v. pudicitiae, p. 242. 245. Serv. zu Verg. Aen. IV,
19. Endlich waren bei der zweiten Verheirathung einige
äussere Formen weniger ehrenvoll als bei der ersten, s. Serv.
zu Verg. Aen. XI, 476. Prop. IV, 11, 85 ff. IV, 8, 27 fg.
Pauly, Realencykl. IV, S. 1652 fg. Rein, röm. Privatrecht
S. 458 ff. In den Zeiten der allgemeinen Sittenverderbniss fiel
dieser Unterschied weg, Appul. Met. I, p. 104 Elm.

EHELOSIGKEIT.

Absichtliche Ehelosigkeit wurde schon in früher Zeit als
tadelnswerth und selbst strafbar betrachtet. Sozom. h. e. 1, 9.
erwähnt sogar ein altes Gesetz darüber, und Dionys. IX, 22.
spricht wenigstens von einem darauf Bezug habenden Fami-
liengesetz der gens Fabia. Dass die caelibes Geldstrafe bezahlen mussten, ergiebt sich aus Fest. p. 379. *Uxorium pe-*
pendisse dicitur, qui, quod uxorem non habuerit, res populo dedit.
und die Censoren, deren Sorge auf Erhaltung und Vermeh-
rung der Volkszahl gerichtet war, wachten über die Handha-
bung dieser alten Bestimmungen. Cic. de leg. III, 3. Val.
Max. II, 9. 1. *Camillus et Postumius censores aera poenae*
nomine eos qui ad senectutem caelibes pervenerant, in aerarium
deferre iusserunt, 403 v. Chr. 351 d. St. vgl. Plut. Cam. 2.
Cat. mai. 16. Auch kommen Ermahnungsreden der Censoren

an das Volk vor, *de ducendis uxoribus* und *de prole augenda*,
so von Q. Cäcilius Metellus (Numidicus nach GELL. I, 6. 101
v. Chr.; Macedonicus nach LIV. ep. LIX. 131 v. Chr.), vgl.
SUET. Oct. 89. Metellus sagt darin: *Si sine uxore possemus,
Quirites, esse, omnes ea molestia careremus; sed quoniam ita
natura tradidit, ut nec cum illis satis commode nec sine illis ullo
modo vivi possit, saluti perpetuae potius quam brevi voluptati
consulendum.* Das ist ganz griechische Ansicht, welche die
Frau als ein nothwendiges Uebel betrachtet. MENAND. p. 190:
ἀνάγκη γὰρ γυναῖκ' εἶναι κακὸν, ἀλλ' εὐτυχής ἐσθ' ὁ μετριώτατον
λαβών, s. Charikles III, S. 259. Bei wachsendem Sittenverfalle und namentlich seit den Bürgerkriegen nahm die Zahl
der Ehelosen ausserordentlich zu, (s. S. 8) und nicht erst zu
Iuvenals Zeit war das Heirathen eine so bedenkliche Sache,
dass man wohl Jemandem zurufen konnte:

Certe sanus eras! Uxorem, Postume, ducis?
Dic, qua Tisiphone, quibus exagitare colubris?

Die Ansprüche, welche besonders vornehme Frauen machten,
waren schon zu Plautus Zeit von der Art, dass man wohl die
Lust zum Heirathen verlieren konnte. S. Aulul. III, 5. Mil.
III, 1, 91 ff. Hatte die Frau nun gar eine bedeutende Mitgift
dem Manne zugebracht, so mochte dieser oft nicht die ange-
nehmste Stellung im Hause haben. Daher klagt Demaenetus
bei PLAUT. Asin. I, 1, 74.

Argentum accepi, dote imperium vendidi.

und Epid. II, 1, 11., wo Apoecides meint: *pulchra edepol dos
pecunia est,* antwortet Periphanes: *quae quidem pol non mari-
tata est.* Bekannt ist IUVENALS Ausspruch:

Intolerabilius nihil est quam femina dives.

VI, 460. und so sagt Mart. VIII, 12.

Uxorem quare locupletem ducere nolim,
Quaeritis? uxori nubere nolo meae.

Endlich waren auch damals schon die allzugelehrten Damen
zu fürchten. *Sit non doctissima coniux,* macht Mart. II, 90.
zur Bedingung. S. bes. Iuv. VI, 448.

Non habeat matrona, tibi quae iuncta recumbit,
Dicendi genus, aut curtum sermone rotato
Torqueat enthymema, nec historias sciat omnes:
Sed quaedam ex libris et non intelligat etc.

Da das Ansehen der Censur gänzlich untergegangen war, suchte erst Cäsar durch Belohnungen zur Ehe aufzumuntern; Augustus aber erliess durch die lex Iulia et Papia Poppaea sehr strenge, ja lächerlich klingende Bestimmungen gegen Cälibat und Orbität. Dagegen wurden denen, welche mehrere Kinder hatten, gewisse Vortheile zugestanden, *ius trium liberorum*, welche in verschiedenen Immunitäten und Vorzügen, z. E. bei Aemterbesetzungen bestanden. Viel scheinen indessen auch diese Gesetze nicht gefruchtet zu haben, wie man aus TAC. Ann. III, 25. sieht. Auch wurden sie von den Kaisern selbst eludirt, indem sie häufig das ius trium liberorum Personen ertheilten, die weniger oder gar keine Kinder hatten, ja gar nicht verheirathet waren. S. REIN, röm. Privatrecht, S. 461 ff. und PAULY Realencykl. II, S. 476. IV, S. 659 fg. 981.

ZWEITER EXCURS.

DIE KINDER.

Wenn der römischen Sitte in Bezug auf die ehelichen Verhältnisse und die Stellung der Frauen überhaupt unbestritten der Vorzug vor der griechischen zugestanden werden muss, so gilt von dem Verhältnisse der Kinder zu den Aeltern eben so entschieden das Gegentheil und es lässt sich nicht läugnen, dass namentlich über die dem Vater zustehende Gewalt über seine Kinder in Rom ein schwerer Irrthum obwaltete, und dass dadurch die Freiheit des Einzelnen auf unrechtmässige Weise beschränkt und das Kind in einer unnatürlichen Abhängigkeit von dem Vater erhalten wurde. Das grobe Missverständniss lag darin, dass der römische Vater die Gewalt, welche die Natur den Aeltern als Pflicht auferlegt, um das Kind während der Zeit seiner Unmündigkeit zu leiten und zu schützen, als ein Recht über Freiheit, Leben und Tod in Anspruch nahm und auf die ganze Lebensdauer ausdehnte. Daher unterscheidet sich das griechische Gesetz in doppelter Hinsicht, extensiv und intensiv, von dem römischen, einmal, indem es die Gewalt des Vaters über das Kind mit dessen Selbständigkeit aufhören liess; diese Selbständigkeit aber wurde erlangt entweder durch ein bestimmtes Lebensjahr, oder Verheirathung, oder durch Eintragen in die Bürgerlisten. Zweitens stand dem griechischen Vater nur das Recht zu, das Verhältniss zwischen Kind und Aeltern aufzuheben durch Verstossung und Enterbung, ohne irgend dessen Freiheit und Leben antasten zu dürfen.

Die *patria potestas* der Römer hingegen umfasste das
Recht über Leben und Freiheit des Kindes. Dionys. II, 26.
sagt, nachdem er auf die Verschiedenheit der griechischen
Gesetze aufmerksam gemacht hat: ὁ τῶν Ῥωμαίων νομοθέτης
ἅπασαν ὡς εἰπεῖν ἔδωκεν ἐξουσίαν πατρὶ καθ᾽ υἱοῦ καὶ παρὰ πάντα
τὸν τοῦ βίου χρόνον, ἐάν τε εἴργειν, ἐάν τε μαστιγοῦν, ἐάν τε δέσμιον
ἐπὶ τῶν κατ᾽ ἀγρὸν ἔργων κατέχειν, ἐάν τε ἀποκτιννύναι προαιρῆται,
κἂν τὰ πολιτικὰ πράττων ὁ παῖς ἤδη τυγχάνῃ, κἂν ἐν ἀρχαῖς ταῖς
μεγίσταις ἐξεταζόμενος, κἂν διὰ τὴν εἰς τὰ κοινὰ φιλοτιμίαν ἐπαι-
νούμενος. Dieses angeblich romulische und jedenfalls uralte
Gesetz war auch in seiner ganzen Härte in die XII Tafeln
übergegangen. Dionys. c. 27. οἱ λαβόντες παρὰ τοῦ δήμου τὴν
ἐξουσίαν τῆς συναγωγῆς τε καὶ ἐπιγραφῆς αὐτῶν (nämlich νόμων)
δέκα ἄνδρες ἅμα τοῖς ἄλλοις ἀνέγραψαν νόμοις. Dann beseitigt er
die etwaige Meinung, als hätten die Decemvirn dieses eingeführt, durch Angabe einer Bestimmung Numa's: ἐὰν πατὴρ
υἱῷ συγχωρήσῃ γυναῖκα ἀγαγέσθαι κοινωνὸν ἐσομένην ἱερῶν τε καὶ
χρημάτων κατὰ τοὺς νόμους, μηκέτι τὴν ἐξουσίαν εἶναι τῷ πατρὶ
πωλεῖν τοὺς υἱούς. S. Dionys. VIII, 79. Coll. leg. IV, 8. Mit
der Strenge der alten Zeit stimmte dieses Recht vollkommen
überein (s. noch Liv. I, 26., wo Horatius sagt, *se filiam iure
caesam iudicare; ni ita esset, patrio iure in filium animadversu-
rum fuisse.* Oros. IV, 13.), doch wurde die Berechtigung des
Vaters vom Gesetze auch späterhin noch anerkannt, wie die
bei der Adoption gebräuchliche Formel beweist. Orat. p.
domo 29. *Credo enim, quamquam in illa adoptione legitime
factum est nihil, tamen te esse interrogatum: auctorne esses, ut
in te P. Fonteius vitae necisque potestatem haberet, ut in filio.*
und die vollständige Formel bei Gell. V, 19. *Velitis iubeatis,
uti L. Valerius L. Titio tam iure legeque filius siet, quam si ex
eo patre matreque familias eius natus esset, utique ei vitae neci-
que in eum potestas siet, uti patri endo filio est. Haec ita ut dixi
vos Quirites rogo.* Das Unnatürliche dieses Gesetzes wird
einigermassen dadurch gemildert, dass das Recht über Leben
und Tod im Grunde nur zu dem vom Staate dem paterfamilias zugestandenen Zucht- und Strafrechte gehörte und dass

der Vater in der Regel nicht nach eigenem Ermessen verfuhr, sondern der Sitte gemäss ein Familiengericht berufen musste; z. E. VAL. MAX. V, 8, 2. *Cassius filium — adhibito propinquorum et amicorum consilio affectati regni crimine domi damnavit verberibusque affectum necari iussit.* Von dieser Tödtung des Sp. Cassius Viscellinus durch seinen Vater s. ferner LIV. II, 41. DIONYS. VIII, 79. PLIN. h. n. XXXIV, 4. Erwähnt wird dieses Gericht noch VAL. MAX. V, 8, 3., wo es von T. Manlius Torquatus heisst: *ne consilio quidem necessariorum indigere se credidit*, als sein Sohn von den Macedoniern wegen Erpressung angeklagt worden war. Der Vater sass zu Gericht (indem Senat und Ankläger einverstanden waren) und zwar drei Tage lang, hörte die Zeugen u. s. w., bis er endlich den Sohn aus seinem Angesicht verbannte, worauf sich der Sohn tödtete; ebenso CIC. de fin. I, 7. Einen andern Fall erzählt VAL. MAX. V, 9, 1. L. Gellius hielt über seinen Sohn Gericht, *paene universo senatu adhibito in consilium*, und nach sorgfältiger Untersuchung *absolvit eum tum concilii tum etiam sententia sua*. S. auch QUINCT. decl. VIII, 4. und 356. Mehrmals werden Beispiele der Verurtheilungen der Söhne durch ihre Väter erzählt, ohne dass des Familiengerichts Erwähnung geschieht, und zwar desshalb, weil die amtliche Stellung des Vaters eine solche Zuziehung unnöthig machte, z. B. bei dem bekannten Gericht des Brutus und des T. Manlius Imperiosus, s. noch LIV. IV, 29. Auch konnte der Vater bei offenbaren Capitalverbrechen ohne Weiteres selbst richten, indem es schicklicher schien, dass der Vater den Sohn verurtheilte, als dass er als Ankläger des Sohnes vor Gericht auftrat. So erzählt SALL. Cat. 39. *Fuere tamen extra coniurationem complures, qui ad Catilinam initio profecti sunt; in his A. Fulvius senatoris filius, quem retractum ex itinere parens necari iussit*, vgl. DIO CASS. XXXVII, 36. und VAL. MAX. V, 8, 5. Hierher gehört auch VAL. MAX. VI, 1, 3. 6. — Aus Augusts Zeit berichtet SEN. de clem. I, 14. 15. zwei Beispiele des väterlichen Gerichts. Im letzteren Falle bestrafte der Vater den Sohn wegen parricidium begnadigend mit dem Exile. Auch hier ging ein solennes Familiengericht voran, zu welchem der Kaiser eingeladen wurde. Hier waltete offenbar die Milde des Vaters vor, der, indem er von seinem Rechte Gebrauch machte, den Sohn vor der Strafe schützte, die er vor öffentlichem Gericht würde gefunden haben. Das zweite Beispiel hingegen dient wiederum zum Belege der Härte und des Missbrauchs, der von dem Rechte gemacht werden konnte. *Erixonem equitem Rom. memoria nostra, quia filium suum flagellis occiderat, populus in foro graphiis confodit. Vix illum Augusti Caesaris auctoritas infestis tam patrum quam filiorum manibus eripuit.* Im Grunde geht indessen daraus nicht einmal absichtliche Tödtung, sondern nur grausame Bestrafung hervor. Als letztes nachweisbares Beispiel führt man TAC. Ann. XVI, 33. an: *Montanus patri concessus est, praedicto, ne in republica haberetur.* Das ist aber irrig, vielmehr wurde der Sohn mit Rücksicht auf den Vater begnadigt. Rhetorische Erwähnungen aus dieser Zeit s. QUINCT. decl. VIII. XIX. u. a. — Kam ein Missbrauch der patria potestas vor, so konnte in früherer Zeit der Censor rügen, DIONYS. XX, 3.; sogar von einer öffentlichen Anklage spricht OROS. V, 16.; später wachten die Kaiser darüber, wie es z. B. von Traianus und Hadrianus erzählt wird. Im zweiten Jahrhundert der Kaiserzeit wurde dieses Recht des Vaters gesetzlich aufgehoben. S. REIN, röm. Criminalrecht, S. 439 fg.

Wenn die Beispiele, wo der Vater von dem Rechte über das Leben seiner Kinder Gebrauch machte, zahlreich sind, so verhält es sich anders mit dem Verkaufsrechte. Obgleich es unleugbar bestand und von den XII Tafeln anerkannt wurde, so findet sich doch kein Beispiel und man darf annehmen, dass es schon sehr früh abgekommen ist und nur noch als Form für die emancipatio in Gebrauch war. Schon Numa sollte nach DIONYS. II, 27. eine Beschränkung dieses Rechts gemacht haben, s. oben, ebenso PLUT. Num. 17. Wie aus der Mancipationsform sich ergiebt, hatte der Vater das Recht, den Sohn dreimal zu verkaufen; nach dem dritten Male kam er nicht wieder in die patria potestas. So bestimmten die XII Tafeln: *si pater filium ter venum duit, filius a patre liber esto,*

Ulp. X, I. Gai. I, 132. — Ganz allgemein von dem Gehorsam, welchen die Kinder dem Vater schuldig waren, spricht Plaut. Stich. I, 1, 54 ff. 2, 11 ff. Trin. II, 2, 20 ff.

Von der patria potestas zu trennen ist das im Alterthume überhaupt mehrfach vorkommende Recht, die neugebornen Kinder zu tödten oder auszusetzen. In Rom bestand es nicht in der vollen Ausdehnung wie anderwärts. Schon Romulus sollte verboten haben, Söhne und erstgeborne Töchter zu tödten, Dionys. II, 15. Dagegen scheint die Tödtung von Missgeburten selbst geboten gewesen zu sein, Cic. de leg. III, 8. Liv. XXVII. 37. Sen. de ira I, 15. — Dass die Aussetzung und Tödtung Neugeborner nicht selten war, sogar in den bedeutendsten Familien, zeigen mehrfache Erwähnungen, wie Dio Cass. XLV, 1., und die lex gentilicia der Fabier, Dionys. IX, 22. τὰ γεννώμενα ἐπάναγκες τρέφειν, s. Plaut. Cas. prol. 41. 79. Cist. 1, 3, 17 ff. 31 ff. Ter. Heaut. IV, 1, 37. Ob die bei Paul. Diac. p. 118. genannte columna lactaria mit dieser Sitte zusammenhängt, ist nicht ganz gewiss. Vgl. überhaupt Rein, röm. Criminalrecht, S. 441 ff.

In der Gewalt des Vaters blieb der Sohn bis zu dessen Tode, wenn nicht einer von beiden eine capitis deminutio erlitt. Ausserdem hörte die patria potestas in dem besonderen Falle auf, dass der Sohn Flamen Dialis wurde. Tac. Ann. IV, 16. Gai. III, 114. Andere Würden machten keinen Unterschied, s. Val. Max. V, 4, 5. Für die Töchter trat der Fall ein, wenn sie eine Ehe mit manus einging oder wenn sie virgo Vestalis wurde. Gell. I, 12. *eo statim tempore sine emancipatione ac sine capitis minutione e patris potestate exit.* Ulp. X, 5. fasst Beides zusammen: *in potestate parentum esse desinunt et hi, qui Flamines diales inaugurantur et quae virgines Vestae capiuntur.* Gai. I, 130.

Wollte sonst der Vater auf seine potestas über den Sohn verzichten, so konnte diess nur geschehen entweder durch Adoption des Sohnes (durch welche dieser wieder in eine andere potestas kam), oder durch die Formalität der Emancipation. Sie bestand darin, dass der Vater den Sohn drei-

mal an einen pater fiduciarius verkaufte. Dieser manumittirte
den Sohn in Folge vorhergegangenen Vertrags nach der ersten
und zweiten Mancipation; nach der dritten aber mancipirte er
ihn dem Vater zurück, damit der Vater Patron des Sohnes
wurde und dieser manumittirte ihn in libertatem. Diese Um-
ständlichkeit war Folge der Bestimmung in den XII Tafeln,
dass der Vater den Sohn dreimal verkaufen dürfe. Ulp. X. 1.
*liberi parentum potestate liberantur emancipatione, i. e. si postea
quam mancipati fuerint, manumissi sint. Sed filius quidem ter
mancipatus, ter manumissus sui iuris fit. Id enim lex XII tab.
iubet his verbis: si pater filium ter venum duit, filius a patre liber
esto. Ceteri autem liberi praeter filium tam masculi quam feminae una mancipatione manumissioneque sui iuris fiunt.*

ERZIEHUNG.

Ungeachtet des strengen Rechts, das dem römischen pater
familias über seine Familie zustand, lässt sich doch nicht ver-
kennen, dass im römischen Hause weit mehr eigentliches Familienleben Statt fand, und dass ein festeres und heiligeres
Band die Glieder des Hauses umschlang, als bei den Griechen.
Der Hausvater war zwar streng, aber immer gerecht und dieser Ernst lässt sich wohl vereinen mit der Liebe des Gatten
und Vaters. Das sittliche Moment des römischen Familien-
lebens hervorgehoben zu haben ist ein Verdienst Iherings,
Geist des röm. Rechts, II, 1, S. 201 ff. 214 ff. Rein, röm.
Privatr. S. 468 ff. Der hauptsächlichste Grund dieser Erscheinung lag in der höheren Würde der römischen Hausfrau,
und ihr Einfluss äusserte sich namentlich segensreich in der
Erziehung der Kinder, die von der Mutter nicht nur in den
ersten Jahren, sondern auch bei zunehmender Reife wesentlich
geleitet wurde. Das schöne Lob, welches Tac. Agr. 4. der
Mutter des Agricola in einer trostlos versunkenen Zeit giebt
(*Mater Iulia Procilla fuit rarae castitatis. In huius sinu indul-
gentia educatus per omnem honestarum artium cultum pueritiam
adulescentiamque transegit.*), lässt sich unbedenklich auf die
ältesten und die besseren Zeiten der Republik übertragen. So

sagt auch der Auct. de caus. corr. eloq. 28. *Iam primum suus
cuique filius ex casta parente natus non in cella emptae nutricis
sed gremio ac sinu matris educabatur, cuius praecipua laus erat
tueri domum et inservire liberis.* Wenn die Geschichte uns
wenig Beispiele von ausgezeichneten Frauen und ihrer Gewalt
über die Kinder, wie etwa das der Cornelia und Veturia, vor-
führt, so muss man bedenken, dass solche Verhältnisse überhaupt selten und nur in Bezug auf hervorstechende Persön-
lichkeiten und Ereignisse berührt werden; aber von diesen
wenigen eben darf man auf den allgemeinen Charakter der
häuslichen Verhältnisse schliessen.

Dass bei den Römern nach der Geburt des Kindes hinsichtlich der Erklärung des Vaters, ob er das Kind als das
seinige erziehen wolle, ein ähnlicher Gebrauch herrschte, wie
bei den Griechen, das beweisen schon die Ausdrücke *tollere*
und *suscipere liberos* (analog τέκνα ἀναφέσθαι), Plaut. Amph.
I, 3, 3. Cist. II, 3. 8. Truc. II, 4, 45. Most. I, 2, 41. Ter.
Heaut. IV, 1. 15. Andr. I, 3, 14. Hec. IV, 1, 56. Hor. Sat.
II, 5, 45 fg. Auch kann, was August. de civ. dei IV, 11. von
einer Gottheit *Levana* (*levat infantes de terra*), gleichsam
der Vorsteherin dieses Aktes, anführt, der alten Zeit wohl
angehören; doch wird dieser Name weiter nicht genannt. Darauf bezieht sich was Varro bei Non. XII, 36. sagt: *natus si
erat vitalis ac sublatus ab obstetrice, statuebatur in terra, ut
auspicaretur rectus esse.* Ausserordentlich gross war die Zahl
der römischen, für specielle Verhältnisse und für die einzelnen
Momente des Lebens angenommenen Schutzgottheiten: denn
es ist nach der Lehre der Pontifices Glaubensansicht: *singulis
actibus proprios deos praeesse.* Serv. zu Verg. Aen. II, 141.
und zu Georg. I. 21. Macrob. Sat. I, 17. *unius dei effectus
varios pro variis censendos esse numinibus.* August. de civ.
dei VI, 9. So waren für die erste Kindheit ausser der genannten Levana noch folgende Gottheiten: *Vagitanus* oder *Va-
ticanus* (*penes quem essent vocis humanae initia*). Varr. bei
Gell. XVI, 7. und mehrmals bei August. de civ. dei. *Cu-
nina* (*cunas administrat*), August. IV. 11. und öfter. Orell.

Inscr. 1851. *Cuninae felici sacr. Claudia Helpis d. d., Potina Edusa* oder *Educa* (*escam praebet*, August. IV, 11.) und *Cuba*, Varro bei Non. II, 310. *Edusam et Potinam deas praesides vult haberi puerorum Varro. Quum primo cibo et potione initiarent pueros, sacrificabantur ab edulibus Edusae, a potione Potinae.* Donat. zu Ter. Phorm. I, 1, 15. *Legitur apud Varronem initiari pueros Eduliae et Poticae et Cubae, divis edendi et potandi et cubandi, ubi primum a lacte et a cunis transierunt* u. s. w. Trefflich handelt hiervon Ambrosch, über die Religionsbücher der Römer, Bonn 1843. S. 3 ff.

Am neunten Tage nach der Geburt (*nundinae*) fand für die Knaben, am achten für die Mädchen die *lustratio*, d. h. die Reinigung im Bade Statt, und zugleich die ὀνομαθεσία. Der Tag hiess daher *dies lustricus, dies nominum, nominalia*. Auch für diese Feierlichkeit gab es eine besondere Gottheit, *Nundina*: Macrob. Sat. I, 16. *Est etiam Nundina Romanorum dea, a nono die nascentium nuncupata, qui lustricus dicitur; est autem dies lustricus, quo infantes lustrantur et nomen accipiunt.* Plut. qu. Rom. 102. Paul. Diac. v. lustrici dies, p. 120. Arnob. adv. g. III, 4. vgl. Suet. Cal. 25. Uebrigens hat Mommsen, Museum für Philol., Bonn 1860, XV, S. 189 f. darauf aufmerksam gemacht, dass die eigentliche rechtliche Namensfeststellung erst bei Anlegung der *toga virilis* erfolgt sei, dass also bis dahin der Name geändert werden konnte. Auct. de nom. 3. *pueris non prius quam togam virilem sumerent — praenomina inponi moris fuisse Q. Scaevola auctor est.* Bis zur Namengebung hiess jedes Kind *pupus*, Orelli Henzen 2718 f. 6222 a. — Der *dies lustricus* (Suev. Ner. 6. Tertull. idol. 16.) wurde als Familienfest gefeiert und dem Kinde wurden dabei von den Aeltern, Verwandten und selbst Sklaven allerlei Kleinigkeiten geschenkt, was sich in den folgenden Jahren an den Geburtstagen wiederholte. Die Stellen, in welchen dieser Gebrauch erwähnt wird, sind allerdings zunächst auf griechische Sitte zu beziehen, wie Ter. Phorm. I, 1, 5 ff., allein eine Vergleichung der varronischen Stelle über das *initiare* lehrt. dass auch auf Rom dabei Rücksicht genommen ist. Dazu kommt, dass sich Statuen von römischen Knaben erhalten haben, welche genau dieselben Gegenstände am Halse tragen, die von den Komikern als übliche Geschenke genannt werden, s. Mus. Pio-Clem. III, t. 22. Visc. p. 30. und ebendas. t. A. 12. Visc. p. 72. So sagt Plaut. Epid. V, 1, 33 fg.

Non meministi, me ad te afferre natali die
Lunulam atque anellum aureolum in digitum?

Mehr noch nennt Plaut. Rud. IV, 4. 112 ff. wo Palästra folgende *crepundia* als in dem Koffer oder der Kiste befindlich angiebt:

Pa. *Ensiculust aureolus primum literatus.* Dae. *Dicedum,*
In eo ensiculo literarum quid sit? Pa. *Mei nomen patris.*
Post altrinsecus ancipes securiculast, item aurea
Literata: ibi nomen matris in securiculast. — —
Pa. *Post silicula argenteola et duae conexae maniculae*
Et suculast. Gr. *Quin dierecta i tu cum sucula et cum porculis.*
Pa. *Et bulla aureast, pater quam dedit mihi natali die.*

Diese Spielsachen, sämmtlich von Metall, wurden wie bei den Griechen (als ἀναγνωρίσματα, Cic. Brut. 91.) am Halse getragen (Plaut. Mil. V, 6.) und hiessen vom Klappern, *a crepando, crepundia.* Vgl. auch Böttiger, Amalth. I. S. 27. Die Knabenweihe auf einem alten Relief s. im Musée Napol. III, 12.

Dass Plautus die *bulla aurea* erwähnt, deutet am bestimmtesten auf die römische Sitte hin; denn diese, von den Etruskern nach Rom übergetragen, war eine Auszeichnung der Kinder von vornehmer Herkunft, den Griechen aber fremd. Diese bulla war eine runde (auch herzförmige oder viereckig ausgebogte) aber platt gedrückte goldene Kapsel, aus 2 durch Charnire verbundenen Schalen bestehend (Isidor. XIX, 31.), die jedenfalls geöffnet werden konnte, und von den Kindern an einem Bande um den Hals getragen wurde, so dass sie gerade auf der Brust hing. Prop. IV, 1, 131. Ps.-Asc. zu Cic. Verr. I, 58. Paul. Diac. h. v. p. 36 M. — Plut. qu. R. 101. und Macr. Sat. I, 6. machen verschiedene Versuche, den

Gebrauch zu erklären, die sämmtlich nur als Versuche anzusehen sind, eine ihrer Bedeutung nach längst untergegangene
und nicht mehr verständliche Sitte zu erklären. Zuvörderst
ist es unzweifelhaft, dass die bulla aurea mit der toga praetexta, welche zugleich von den Kindern getragen wurde, von
den Etruskern herüber gekommen war. Daher nennt Juv.
V, 164. die bulla *aurum Etruscum.* Vgl. Passeri. de puero
Etrusco, Rom. 1771. Mueller, Etrusker I. S. 374. Sodann
darf man mit Gewissheit annehmen, dass die bulla ein Mittel
gegen Fascination einschloss und desshalb eigentlich den Kindern umgehängt wurde. (Auch andere Dinge dienten diesem
Zweck, z. B. ein Phallus, Varro l. l. VII, 97. *pueralis turpi-*
cula res in collo quaedam suspenditur, ne quid obsit cett., eine
lunula, s. Jahn über den bösen Blick, in d. Berichten üb. d.
Verhandl. der K. Sächs. Gesellsch. d. Wiss. zu Leipzig 1855.)
Darum trug der Triumphator während der Feierlichkeit auch
die bulla, s. Plut. Rom. 25. und Macrob. a. a. O., der zugleich den Tarquinius Priscus als den nennt, durch welchen
der Gebrauch für die Kinder aufgekommen sei; vgl. Plin.
h. n. XXVIII, 4, 7. Ursprünglich war die bulla mit der praetexta wohl nur den Kindern patrizischer Abkunft gestattet,
(Liv. XXVI, 36. wird sie von den Söhnen der Senatoren erwähnt), ging aber allmälig auf alle *ingenui* über. — Im zweiten punischen Kriege wurde auch den aus einer gültigen Ehe
stammenden Kindern der libertini die praetexta und statt der
bulla ein lorum um den Hals zugestanden, s. Macrob. a. a. O.
Daher bei Juv. a. a. O.

> — *quis enim tam nudus, ut illum*
> *Bis ferat, Etruscum puero si contigit aurum,*
> *Vel nodus tantum et signum de paupere loro?*

Noch in Cicero's Zeit finden wir beides, bulla und praetexta als Zeichen der Civität und Ingenuität, ohne Rücksicht
auf die patricische Geburt (z. B. Cic. Verr. II, 33. trägt der
Sohn eines reichen Siciliers, welcher aber die Civität hatte,
die praetexta). Cic. Verr. I, 44. *Eripies igitur pupillae togam*
praetextam? detrahes ornamenta non solum fortunae sed etiam

ingenuitatis? 58. *neque tam commovebat, quod ille cum toga praetexta, quam quod sine bulla venerat. Vestitus enim neminem commovebat is, quem illi mos et ius ingenuitatis dabat. Quod ornamentum pueritiae pater dederat, indicium atque insigne fortunae, hoc ab isto praedone ereptum esse, graviter et acerbe homines ferebant.* Der Mündel, welcher durch die Ungerechtigkeit des Verres um sein Vermögen gekommen war, erschien ohne die bulla, um sich als arm zu zeigen und Mitleid zu erregen. Ein Unterschied zwischen der Berechtigung zur bulla und zur praetexta ist nicht zuzugeben, s. HOFMANN, Recension des Gallus S. 783. und die Controverse bei SUET. de clar. rhet. 1. Häufig sind die Statuen junger Römer mit der bulla, z. E. AUGUSTEUM, t. 119. MUS. BORB. VII, 43. 49. VISCONTI, icon. Rom. t. 19. GERHARD, Berlins antike Bildwerke I, N. 212. 215. Auch hat man in den in neuerer Zeit ausgegrabenen etruskischen Gräbern, sowie in Herkulanum und in den Rheinlanden solche goldne und bronzene bullae von verschiedener Grösse nebst anderem Schmucke gefunden und sie befinden sich im MUS. GREGORIANUM, der Sammlung FEOLI u. a. FICORONI, la bolla d'oro, Rom. 1732. WINCKELMANNS Werke II, S. 89. BÖTTIGER, de origin. tirocinii apud Rom., in opusc. p. 208. SPON, Miscell. erud. ant. p. 299. MUS. BORB. II, 14. Annalen d. Vereins für Nassau. Alterthumskunde III, 3, S. 185 ff.

Nach der Feier des dies lustricus erfolgte die Anmeldung der Kinder (*professio*), um in die öffentlichen Verzeichnisse, welche mit der römischen Tageschronik oder acta publica verbunden waren (s. I, S. 215 fg.) eingetragen zu werden. Dieses geschah gesetzlich und regelmässig seit M. Anton. Philosophus, wie CAPITOL. c. 9. berichtet: *Inter haec liberales causas ita munivit, ut primus iuberet apud praefectos aerarii Saturni unumquemque civium natos liberos profiteri intra tricesimum diem, nomine imposito. Per provincias tabulariorum publicorum usum instituit, apud quos idem de originibus fieret, quod Romae apud praefectos aerarii.* Der Zweck dieser ordentlichen Geburtsregister bestand darin, dass bei Streitigkeiten über Alter

und Status einer Person sichere Beweismittel vorhanden
wären, wesshalb diese Einrichtung auf das ganze Reich ausgedehnt wurde. Beispiele dieses Gebrauchs finden sich CAP.
Gord. 4. LAMPR. A. Diadum. 6. SEX. de ben. II, 10. (*in acta
mittere*). APPUL. apol. p. 92 ed. Bip. DIG. XXVII, 1, 2. § 1.
(παιδογραφία), XXII, 3, 29. § 1. (*in actis profiteri*), XXII, 3,
16. (*matris professio*). Mehrmals im COD. VII, 16. Dass die
Einrichtung des Antoninus nur die Erneuerung einer alten
von Serv. Tullius angeordneten Sitte gewesen sei, ist unrichtig. DIONYS. IV, 15. sagt nach L. Piso, Servius habe verord-
net, dass bei der Geburt eines jeden Kindes ein gewisses Geld-
stück an das aerarium des Tempels der Iuno Lucina, ebenso
wie bei jedem Todesfall an das aerarium der Venus Libitina
und bei Anlegung der männlichen Toga an das aerarium der
Juventus abgegeben werden solle und fügt als Zweck hinzu:
ἐξ ὧν ἔμελλε διαγνώσεσθαι καθ' ἕκαστον ἐνιαυτὸν ὅσοι τε οἱ σύμ-
παντες ἦσαν καὶ τίνες ἐξ αὐτῶν τὴν στρατεύσιμον ἡλικίαν εἶχον.
Allein dass mit diesen Spenden an die Tempel die Führung
von Verzeichnissen verbunden gewesen sei, erwähnt DIONYS.
nicht. Ueberhaupt sind beide Institute völlig verschieden;
Servius Tull. ordnete Tempelspenden für die Geborenen, Gestorbenen u. s. w. nur mit einem politischen Nebenzweck
an, um die Zahl der Geborenen, Gestorbenen und Kriegs-
dienstpflichtigen zu wissen und danach die Zahl der ganzen
Bürgerschaft berechnen zu können; M. Anton. Phil. führte
speciell Geburtsregister ein, um die Prozesse über den status
(*causae liberales*) sicher zu entscheiden und zugleich um denselben möglichst vorzubeugen. Serv. Tullius hatte bei seiner
Einrichtung nur einen politischen Nebenzweck, welcher nach
Einführung des Census aufhörte, er wollte also nur eine Vor-
bereitung zum Census oder einen einstweiligen Ersatz desselben erreichen, (denn die Censuslisten enthielten Alles was
er wünschte viel sicherer): M. Anton. Phil. beabsichtigte etwas
Dauerndes, was durch keine andere Einrichtung verdrängt
werden konnte. Darum finden wir von des Letzteren Anordnung so viele Beispiele, dagegen von der des Serv. Tullius

nur eine einzige Erwähnung, nämlich Suet. Ner. 39., was
nicht auffallen darf, denn der politische Charakter seines In-
stituts hatte ein schnelles Ende erreicht. Mit Recht kann man
aber sagen, dass die Anordnung des Antoninus eine Erweite-
rung und Ausdehnung des seit Cäsar üblichen Gebrauchs war,
hauptsächliche Familienereignisse, wie Geburten, Verheirathungen (Iuv. Sat. II, 136.), Ehescheidungen (Sen. de ben.
III, 16.) u. s. w., in der römischen Tageschronik (oder acta
diurna, publica, urbana, populi) bekannt zu machen. Dieses
hing von der Willkür eines Jeden ab, wurde aber immer allgemeiner, theils weil durch diese öffentlich gemachten und
autorisirten Annoncen Streitigkeiten über den status (causae
liberales) beseitigt wurden, theils weil nur nach solchen öffentlichen Mittheilungen die von der lex Iulia und Papia Poppaea
bestimmten Belohnungen verliehen wurden. Von solchen Annoncen spricht Iuv. IX. 84 ff.

Tollis enim et libris actorum spargere gaudes
Argumenta viri. —
Iura parentis habes, propter me scriberis heres cett.

In *spargere* liegt offenbar das Verbreiten durch Abschreiben
der acta publica oder Zeitung. Unzweideutig bezeugt diese
Sitte Petron. Sat. 53., wo die komische Nachahmung der acta
urbis mit den Geburtsangaben beginnt. Ferner sind darauf
zu beziehen (nicht mit Dirksen auf die acta senatus, noch
weniger auf die problematischen servianischen Geburtsregister)
Suet. Tib. 5. Cal. 8. 25. 36.; denn Geburtsfälle aus dem
kaiserlichen Hause gehörten vor allen in die Chronik. Die
Identität der früheren und späteren professiones zeigt die
Stelle bei Cap. Gord. 4. (aus der Zeit nach Antonin.): *cum
apud praefectum aerarii more Romano professus filium publicis
actis eius nomen insereret. Professus* bezeichnet die Meldung,
welcher Jeder unterworfen war, *publ. acta* die Aufnahme in
die Chronik. Man darf jedoch nicht glauben, dass alle Ge-
burtsanzeigen, die bei dem praefectus aerarii anzubringen
waren, in die Zeitung kamen. Nur die Geburten aus den vornehmen Kreisen und aus den allgemein bekannten Familien

wurden namentlich aufgeführt, die aus den geringen Familien
wurden summarisch angegeben, wie PETRON. 53. bezeugt, aber
im Archiv (aerarium) blieben sämmtliche Namensverzeichnisse
aufbewahrt, sogar die Originalanzeigen des Vaters, SERV. zu
Verg. Georg. II, 502. SCHOL. zu Juv. IX, 84 ff. — Endlich
ist zu bemerken, dass der Hausvater selbst über die Geburt
seines Kindes ein Zeugniss, *instrumentum*, ausstellen konnte,
welches wie jedes andere testimonium von Zeugen obsignirt
wurde, APPUL. apol. p. 92 ed. Bip. vgl. TERTULL. adv. Marc.
V, 1. COD. V, 4, 9. — S. vorzüglich BRISSON. sel. antiqu. I,
5. mit TREKELLS Anm. DIRKSEN d. scriptores hist. August.
S. 183—193. V. RAPPARD, de instrum. natal. Lugd. B. 1816.
c. 1. 3. TROMP, de probat. famil. apud Rom. Lugd. B. 1837.
p. 6 fg. 14 fgg. und PAULY, Realencykl. I, unter Acta.

Die römische Mutter stillte in alter Zeit das Kind selbst,
nicht wie bei den Griechen, s. Charikles II, S. 29 f. Später
wurden die Ammen sehr gewöhnlich, wenigstens in den höheren Ständen, und die nutrix wurde selbst auch *mater* (Milch-
mutter) genannt. PLAUT. Men. prol. 19.

> *Ita forma simili pueri, uti mater sua*
> *Non internosse posset quae mammam dabat,*
> *Neque adeo mater ipsa quae illos pepererat.*

S. QUINCT. inst. I, 1. GELL. XII, 1. AUCT. dial. de orat. 28.
29. PLUT. Cat. mai. 20. hebt es besonders hervor, dass Cato
von seiner Mutter selbst gestillt und gewartet worden sei. S.
zu dieser Stelle BÖTTIGER, opusc. p. 114. Ueber die Fürsorge
der ganz den Kindern lebenden Mutter überhaupt s. CIC. Brut.
27. 58. de or. III, 12. AUCT. dial. de orat. 28 f.

Von der frühesten Erziehung wird uns sonst wenig weiter
berichtet. Sie war ganz eine häusliche, d. h. den Aeltern über-
lassen, welche die Kinder selbst erzogen und nicht den Sklaven anvertrauten. Auch war man sehr vorsichtig in der Wahl
der Sklaven und Pflegerinnen, die zur Wartung und Bedienung nöthig waren, damit nicht üble Reden und schlechte
Sprache einen nachtheiligen Einfluss hätten. Von dieser grossen Fürsorge der Aeltern spricht PLAUT. Mil. glor. III, 1, 109 fg.

At illa laus est, magno in genere et in divitiis maxumis
Liberos hominem educare, generi monumentum et sibi.

Most. I, 2, 39 fgg. Bacch. III, 3, 90. Daher die Redensart *in
gremio matris educari,* Cic. Brut. 58. Auct. dial. de orat. 28.
Die Pflegerinnen, die sich mit den Kindern beschäftigten,
hiessen wie die Ammen *nutrices* und kommen oft auf Basreliefs, Malereien und Inschriften vor, Orelli Henzen, 2738.
2817. 4347. 6199. 6241. 6260. 6291. 6481. Sie reichten den
Kleinen die Nahrung, sprachen und spielten mit ihnen, begleiteten sie bei dem Ausgehen u. s. w., wesshalb Plaut. mil.
glor. III, 1, 102. dieselben *geraria* nennt. Quinct. I, 1, 3.
11, 16. Cic. de or. II, 39. de div. I, 36. Sen. ep. 99. *puerum
nutrici — quam patri notiorem.* Auct. dial. de or. 28. *eligeba-
tur autem maior aliqua natu propinqua, cuius probatis — moribus omnis — familiae suboles committeretur* cet. Die heran-
gewachsenen Töchter wurden noch von der nutrix begleitet
und behielten sie oft nach der Verheirathung bei sich, s. unten
Liv. III, 44. Suet. Dom. 17. Tibull. I, 3, 83 f. Catull.
LXIV, 377. Juv. VI, 354. Appul. Met. VIII, p. 206 Elm.
Die Knaben dagegen bekamen meistens frühzeitig aus den
Sklaven einen *pedisequus* (ad Her. IV, 52.) als Begleiter, welcher auch *custos* (Hor. Sat. I, 61. 81. Sen. ep. 11.), *monitor*
(Sen. ep. 94.), sogar *dominus* (Petron. 86.), am gewöhnlichsten
aber *comes* (Suet. Claud. 35.) und *rector* genannt wurde. Nachdem die griechische Sprache in das römische Leben einge-
drungen war, gab man den Kindern oft einen griechischen
Paedagogen, welche Benennung auch auf die römischen
Sklaven überging, die man mit diesem Geschäft betraute.
Namentlich geschah dieses in den vornehmen Familien, wo
die griechische Sprache ebenso Modesache wurde, wie bei uns
die französische, und wo man — in der Kaiserzeit — auch
griechische Bonnen annahm. Auct. dial. de or. 29. *at nunc
natus infans delegatur Graeculae alicui ancillae, cui adiungitur
servus plerumque vilissimus nec cuiquam serio ministerio acco-
modatus.* Ael. Arist. art. rhet. II, p. 95. Jebb. Lucian. vit.
auct. 15. Die Pädagogen werden oft unwissend, anmassend

und mürrisch geschildert, QUINCT. I, 1, 8. *De paedagogis hoc amplius, ut aut sint eruditi plane — aut se non esse eruditos sciant. Nihil enim peius est iis, qui, paulum aliquid ultra primas literas progressi, falsam sibi scientiae persuasionem induerunt. — et velut iure quodam potestatis, qua fere hoc hominum genus intumescit, imperiosi atque interim saevientes, stultitiam suam perdocent.* I, 1, 11. I, 2, 10. SUET. Ner. 37. APPUL. Met. X, p. 240 Elm. Ihre Thätigkeit (*custodia* gen. QUINCT. I, 2, 25.) war mannichfach je nach ihrer Qualifikation und beschränkte sich nicht auf den Unterricht (QUINCT. I, 2, 10.). sondern sie gingen mit dem Knaben aus, auch in die Schule (APP. b. c. IV, 30) und wohnten den Lectionen bei, wie man aus SUET. ill. gramm. 23. sieht: *Remmius Palaemon — mulieris verna primo ut ferunt textrinum deinde herilem filium dum comitatur in scholas literas didicit.* Die komische Scene, wo der paedagogus dem Knaben vor Gericht folgt s. QUINCT. VI, 1. 41. Andere Erwähnungen der paedagogi aus der Kaiserzeit s. SUET. Oct. 67. 44 (dass sie einen besonderen Platz im Theater nebst ihren Zöglingen erhielten). Claud. 2. Ner. 6. *nutritus est sub duobus paedagogis, saltatore atque tonsore.* DIO CASS. XLVI. 5. XLVIII, 33. SEN. ep. II, 25. 27. 50. 60. 89. 94. ORELLI HENZEN 2879 f. 2937. 4850. 6293. — Die bei PLAUT. und TER. vorkommenden Pädagogen, z. E. Lydus, Pädagog des Pistoclerus in PLAUT. Bacch. I, 2. III, 1. sind griechischen Mustern entnommen.

Der Staat nahm keine Notiz von der Erziehung, wie das mit dem Begriff der patria potestas sich auch nicht vertragen haben würde, PLUT. Lyc. et Num. comp. 4.; jedoch konnte später der Censor auch hier tadelnd eingreifen, indem der Staat durch allzugrosse Nachsicht und Verweichlichung in der Erziehung Schaden leiden konnte, s. BECKER, röm. Alterthümer II, 2, p. 215., PLUT. Cat. mai. 16. 17. DIONYS. XX, 3. vgl. PLUT. coniug. praec. 13. Am wenigsten aber dachte der Staat daran, selbst für die Unterrichtsanstalten zu sorgen. CIC. de rep. IV, 3. *Principio disciplinam puerilem ingenuis, de qua Graeci multum frustra laborarunt et in qua una Polybius noster*

hospes nostrorum institutorum negligentiam accusat, nullam cer-
tam aut destinatam legibus aut publice expositam, aut unam
omnium esse voluerunt. Indessen bestanden schon in früher
Zeit Schulen, natürlich als Privatunternehmen. Die älteste
Erwähnung der Geschichte nach findet sich bei Gelegenheit
der von App. Claudius an Virginia verübten Gewaltthat. LIV.
III, 44. *Virgini venienti in forum (ibi namque in tabernis lite-*
rarum ludi erant) minister decemviri libidinis manum iniecit.
(Der Ausdruck *in tabernis* kann auch bloss topographische
Bestimmung sein, nämlich *tab. veteres et novae ;* aber bei SUET.
de ill. Gr. 18. heisst es wirklich von L. Crassitius: *deinde in*
pergula docuit und Vor. Saturn. 10. *Romae frequentaverat*
pergulas magistrales.) DIONYS. XI, 28. ταύτην τὴν κόρην ἐπίγα-
μον οὖσαν ἤδη θεασάμενος Ἄππιος Κλαύδιος ἀναγινώσκουσαν ἐ
γραμματιστοῦ — ἦ δὲ τὰ διδασκαλεῖα τῶν παίδων τότε περὶ τὴν
ἀγοράν. — Wenn die Nachricht etwas befremdend lautet, so
liefert doch ein nicht viel späteres Beispiel gemeinschaftlichen
Unterrichts ausser Rom der Verrath des Lehrers zu Falerii.
LIV. V, 27. *Mos erat Faliscis, eodem magistro liberorum et*
comite uti, simulque plures pueri, quod hodie quoque in Graecia
manet, unius curae demandabantur. principum liberos, sicut fere
fit, qui scientia videbatur praecellere, erudiebat. PLUT. Cam. 10.
S. dasselbe von Tusculum bei LIV. VI, 25. PLUT. Cam. 38.,
denn die Erwähnung von Gabii bei PLUT. Rom. 6. gehört der
Mythe an. Der älteste Schriftsteller, der davon spricht, ist
PLAUT. Merc. II, 2, 32. *Hodie ire in ludum occoepi literarium.*
Dagegen scheint in einer zweiten Stelle Unterricht im Hause
verstanden werden zu müssen. BACCH. III, 3, 27 ff.

Inde de hippodromo et palaestra ubi revenisses domum,
Cincticulo praecinctus in sella aput magistrum assideres:
Ibi librum quom legeres, si unam peccavisses syllabam,
Fieret corium tam masculosum, quamst nutricis pallium.

Uebrigens ist hier griechische und römische Sitte vermischt,
denn wie passt die Palästra nach Rom und wie der zweite
Vers nach Griechenland?

Dass späterhin durch alle Zeiten Elementarschulen

für das Bedürfniss der weniger Bemittelten bestanden, versteht
sich von selbst und es fehlt auch nicht an Erwähnungen. Ein
ansprechendes Bild der Knaben, wie sie mit Tasche und Tafel
in die Schule wandern, giebt Horaz, der von seinem Vater
nach Rom gebracht worden war, weil die Schule zu Venusia
zu mangelhaft schien, Sat. 1, 6, 72 ff.

> Noluit in Flavi ludum me mittere, magni
> Quo pueri, magnis e centurionibus orti,
> Laevo suspensi loculos tabulamque lacerto
> Ibant octonis referentes Idibus aera.

S. dazu Heindorfs und Wüstemanns Anm. — Auf solche
Winkelschulen bezieht sich auch die Befürchtung Epist.
I, 20, 17.

> Hoc quoque te manet, ut pueros elementa docentem
> Occupet extremis in vicis balba senectus.

Wie Horaz war auch Ovid mit seinem Bruder von Sulmo nach
Rom gebracht worden. Oeftere Erwähnungen hat Martial,
wovon weiter unten gesprochen wird. Dagegen ist es auch
wieder unbezweifelt, dass in späterer Zeit die vornehmeren
und bemittelteren Klassen ihren Kindern den ersten Unterricht durch eigne Lehrer im Hause ertheilen liessen. Wenn
Quinct. inst. or. I, 2. die Frage erörtert: utiliusne sit domi
atque intra privatos parietes studentem continere an frequentiae
scholarum et velut publicis praeceptoribus tradere., und sich für
das Letztere entscheidet, so hat er doch dabei keineswegs den
Elementarunterricht im Sinne. Zwar nennt er nicht iuvenes
sondern pueros, aber seine von den höheren grammatischen
und rhetorischen Studien entlehnten Argumente beweisen,
dass er zwar praetextatos, aber nicht kleine Kinder meint.
Aber lange vor dieser Zeit liessen sorgsame Väter ihren Söhnen nicht nur den ersten Unterricht, sondern auch die höhere
Bildung durch besondere Lehrer im Hause geben. Plin. h. n.
XXXV, 11, 40. Itaque cum L. Paulus devicto Perseo petisset
ab Atheniensibus, ut sibi quam probatissimum philosophorum mit-
terent ad erudiendos liberos etc. Paulus hatte aber auch schon
vor dem macedonischen Feldzug mehre griechische Lehrer für

seine Söhne, wie PLUT. Aem. Paul. 6. ausführlich erzählt: γραμματικοὶ καὶ σοφισταὶ καὶ ῥήτορες, ἀλλὰ καὶ πλάσται καὶ ζωγράφοι καὶ πώλων καὶ σκυλάκων ἐπιστάται καὶ διδάσκαλοι θήρας Ἕλληνες ἦσαν. PLIN. epist. III, 3. sagt vom Sohne der Corellia Hispulla: *Adhuc illum pueritiae ratio intra contubernium tuum tenuit. praeceptores domi habuit. — iam studia eius extra limen proferenda sunt; iam circumspiciendus rhetor Latinus etc. —* So wird auch CIC. p. Lig. 7. *Haec ego novi propter omnes necessitudines, quae mihi sunt cum L. Tuberone. domi una eruditi, militiae contubernales* etc. und ad Att. VIII, 4. nur von dem späteren Unterrichte zu verstehen sein, und ebenso OVID. Trist. IV, 10, 15.

> *Protinus excolimur teneri, curaque parentis*
> *Imus ad insignes Urbis ab arte viros.*

Der ältere Cato unterrichtete seinen Sohn selbst, obgleich er den geschickten griechischen Grammatiker Chilon hatte, der selbst anderen Knaben Lehrer war. PLUT. Cat. mai. 20. Ἐπεὶ δ' ἤρξατο συνιέναι, παραλαβὼν αὐτὸς ἐδίδασκε γράμματα. Καίτοι χαρίεντα δοῦλον εἶχε γραμματιστήν, ὄνομα Χίλωνα, πολλοὺς διδάσκοντα παῖδας. Dasselbe that der Vater des T. Pomponius Atticus, CORN. NEP. Att. 1. und aus der Königszeit berichtet ähnliches CIC. de rep. II, 19. 21.

Der Unterricht in der griechischen Sprache und Literatur wurde gegen das Ende der Republik sehr gewöhnlich, als die Römer nach der Eroberung Griechenlands und Asiens mit Griechenland in engere Verbindung getreten waren und die Wissenschaft und Kunst näher kennen gelernt hatten. Durch die Annahme griechischer paedagogi und griechischer Lehrer (s. oben), sowie durch die neuen Rhetorenschulen (SUET. de ill. gramm. 3. erwähnt gleichzeitig mehr als 20 *celebres scholae* in Rom) wurzelte die neue Disciplin immer fester und so ist es nicht zu verwundern, wenn in manchen Häusern — ganz nach moderner Weise die griechische Sprache von den Kindern eher erlernt wurde, als die Muttersprache. QUINCT. I, 1, 12. *A graeco sermone puerum incipere malo, quia latinus, qui plurimis in usu est, vel nobis nolentibus se praebet. simul quia*

*disciplinis quoque graecis prius instituendus est, unde et nostrae
fluxerunt.* Die Verbreitung der griechischen Sprache und Bildung bezeugen zahlreiche Stellen, wie oratio p. Arch. 3. *Erat
Italia tum plena Graecarum artium ac disciplinarum studiaque
haec et in Latio vehementius tum colebantur* etc. Tusc. II, 11.
nos, docti scilicet a Graecia, haec (die Griechen) *et a pueritia
legimus. et discimus.* PLUT. Brut. 2. 40. Griechische Reden
waren im Senat häufig (VAL. MAX. II, 2, 3.) und sogar OVID.
ars amat. II, 121 f. empfiehlt das Lernen des Griechischen.

Nec levis, ingenuas pectus coluisse per artes,
  Cura sit, et linguas edidicisse duas.

In der früheren Ausgabe des Gallus war zwar angenommen,
dass man sich die Kenntniss der griechischen Sprache nicht
zu ausgebreitet denken dürfe, allein die dafür vorgebrachten
Gründe beweisen es nicht. Dass CIC. Verr. V, 57. es für
nöthig hielt ἐδικαιώθησαν lateinisch zu übersetzen, war natürlich, da δικαιοῦσθαι dem gewöhnlichen Sprachgebrauch nach
etwas anderes bedeutete. Der Gebrauch der Dolmetscher in
den Provinzen beweist nicht die Unkenntniss der Römer mit
dem Griechischen, indem dieselben vielmehr dazu dienten,
den Eingebornen das Lateinische in das Griechische zu übersetzen. Endlich ist unbegründet, dass CICERO in seinen Briefen griechische Worte gebraucht habe, damit dieselben, wenn
sie in fremde Hände geriethen und erbrochen wurden, nicht
von Jedermann verstanden werden sollten, denn was CICERO
in den Briefen griechisch schreibt, sind Citate, Kunstaus-
drücke u. s. w. die er meistens nur der Kürze halber braucht,
s. HERMANN, Rec. des Gallus S. 713 f. und WÜSTEMANN, Rec.
des Gallus S. 132 ff.

Was nun die Schulen anlangt, so waren sie (von den
Schulen der Grammatiker und Rhetoren in der Kaiserzeit abgesehen), wie bereits bemerkt ist, nur Privatunternehmen,
jedenfalls ohne dass es selbst nur einer Autorisation oder Con-
cession vom Staate bedurft hätte. Es ist eine öfter ausgesprochene höchst seltsame Behauptung, dass Sp. Carvilius, der
Freigelassene des durch die Ehescheidung bekannten, der

erste gewesen sei, der in Rom für Geld unterrichtet habe. Sie
stützt sich auf die Nachricht bei PLUT. quaest. Rom. 59. ὀψὲ
δ' ἤρξατο μισθοῦ διδάσκειν καὶ πρῶτος ἀνέῳξε γραμματοδιδασκα-
λεῖον Σπόριος Καρβίλιος etc. Wenn Plutarch aber nicht überhaupt irrt, so ist das jedenfalls von einer höheren grammatischen Schule zu verstehen, wie sie eben in dieser Zeit erst
aufkamen. Elementarschulen gab es schon längst und wer
wollte glauben, dass darin die Lehrer umsonst unterrichtet
hätten.

Zunächst kommen die ursprünglich alleinigen Elementarschulen der *ludi magistri* oder der später s. g. *literatores*
oder *grammatistae* (SUET. de ill. gramm. 4.) in Betracht, wo
die Kinder zuerst die Buchstaben und so lesen und schreiben
lernten. SEN. ep. 88. *prima illa, ut antiqui vocabant literatura,*
per quam pueris elementa traduntur, non docet liberales artes,
sed mox praecipiendis locum parat. Das geschah, wie es scheint,
wenigstens vom siebenten Lebensjahre an, bei welcher Bestimmung natürlich auf die älteste Zeit keine Rücksicht genommen ist. QUINCT. I, 1, 15. *Quidam literis instituendos qui*
minores septem annis essent non putaverunt. Ihm ist dieses jedoch zu spät. Die Stufenfolge der alten Erziehung ist in den
Worten VARRO's bei NON. V, a. E. v. educere enthalten: *educit*
enim obstetrix, educat nutrix, instituit paedagogus, docet ma-
gister. Dieser erste Unterricht wurde, wie gleichfalls Plato
empfiehlt, wenn auch schwerlich im Allgemeinen, gewissermassen spielend betrieben. Darauf deutet HOR. Sat. I, 1, 25.
hin:

> — *ut pueris olim dant crustula blandi*
> *Doctores, elementa velint ut discere prima.*

und mehr noch QUINCT. I, 1, 26. *Non excludo autem, id quod*
est notum, irritandae ad discendum infantiae gratia eburneas
etiam literarum formas in lusum afferre, vel si quid aliud, quo
magis illa aetas gaudeat, inveniri potest, quod tractare, intueri,
nominare iucundum sit. Uebrigens scheint man sich, nach
QUINCT. a. a. O., bei dem Leseunterricht der Syllabirmethode
bedient zu haben, während bei den Griechen die Buchstaben-

methode vorherrschend gewesen zu sein scheint. Charikles, II, S. 33 fg.

Beim Schreiben gebrauchte man Wachstafeln, auf welchen die vorgezeichneten Züge nachgeahmt wurden (Quinct. X, 2, 2. *Sic literarum ductus, ut scribendi fiat usus, pueri sequantur.* daher *puerile praescriptum* bei Sen. ep. 94., *praeformatae literae* b. Quinct. V, 14, 31.), wobei der Lehrer oft die Hand selbst führte. Vop. Tac. 6.: *quibus ad subscribendum magistri literarii manus teneant.* Ein eigenthümliches Erleichterungsmittel für den Anfang empfiehlt Quinct. I, 1, 27. *Cum vero iam ductus sequi coeperit, non inutile erit, eos tabellae quam optime insculpi, ut per illos relut sulcos ducatur stylus. Nam neque errabit, quemadmodum in ceris, continebitur enim utrinque marginibus, neque extra praescriptum poterit egredi et celerius ac saepius sequendo certa vestigia firmabit articulos, neque egebit adiutorio manum suam manu superimposita regentis.*

Das Rechnen wurde, wie bei den Griechen, überhaupt im Leben auf doppelte Weise betrieben, entweder mit den Fingern, indem man mit denselben verschiedene Zeichen, die Zifferbedeutung hatten, bildete; daher sagt Cic. ad Att. V, 21. *hoc quid intersit, si tuos digitos novi, certe habes subductum.* Ovid. ex P. II, 3, 18.

> *At reditus iam quisque suos amat et sibi quid sit*
> *Utile, sollicitis supputat articulis.*

Plut. apophth. reg. Oront. p. 691 Wytt. καθάπερ οἱ τῶν ἀριθμητικῶν δάκτυλοι νῦν μὲν μυριάδας νῦν δὲ μονάδας τιθέναι δύνανται. Polyb. V, 26. S. Wower. de polymath. 7. p. 58 ff. Beda Venerabilis, opera. Colon. Agripp. 1612, I, p. 130—143 (das Capitel indigitatio überschrieben behandelt das Rechnen mit der Fingersprache, nach alten verlorenen Quellen, s. Westemann, Recens. des Gallus S. 135. Rödiger, Jahresbericht der deutschen morgenländ. Gesellschaft. 1845, S. 118 ff. Bernhardy, röm. Literatur S. 47.); oder man bediente sich der Rechentafel und Steine, *abacus* und *calculi.* Auf diesen Tafeln waren unstreitig Linien gezogen und der Stein erhielt durch die Stelle, wo man ihn hinsetzte, seine Bedeutung, s. Charikles

II, S. 35. So sagt auch ALCIPHR. epist. 26. οἱ περὶ τὰς ψήφους καὶ τῶν δακτύλων τὰς κάμψεις. Einen Athenischen abacus, der aber auch zum Goldzählen für Wechsler u. s. w. anwendbar war, schildert GERHARD, archäolog. Zeit. N. F. 1847, N. 3. Auf das Rechnen wurde besonderer Werth gelegt; daher klagt HOR. ad Pis. 323 ff.

> Romani pueri longis rationibus assem
> Discunt in partes centum diducere. dicat
> Filius Albini: si de quincunce remota est
> Unica, quid superat? Poteras dixisse triens: Eu!
> Rem poteris servare tuam. Redit unica, quid fit?
> Semis.

Ob auch in der anmuthigen Schilderung der venusinischen Elementarschüler bei HOR. Sat. I, 6, 72 ff. Noluit etc. eine Andeutung des Rechnenunterrichts liegt, ist nicht ausgemacht. Früher glaubte man dieses aus dem Verse Laevo etc. schliessen zu dürfen, indem SCHOL. CRUQ. tabula als Rechnentafel (abacus) erklärte, welcher Erklärung die Meisten folgten, und indem man loculi als Kapsel mit den Rechensteinen annahm. Auch schien für diese Ansicht zu sprechen, dass HOR. ep. I, 1, 56. diesen Vers wiederholt, wo er von Geldgeschäften und Wucher spricht. In neuerer Zeit hat aber K. F. HERMANN (disputatio de loco HOR. Serm. 1, 6, 74—76. Marburg 1838.) richtig erkannt, dass tabula Schreibtafel überhaupt und loculi ein Kästchen oder Tasche für Schulutensilien bezeichne (etwa wie unser „Pennal und Schiefertafel," wie JAHN angiebt). Eben so wenig ist aus dem Verse der Episteln etwas zu schliessen, wie namentlich JAHN gezeigt hat. Dass sich aus dem letzten und schwierigsten Vers Ibant octonis etc. mit nicht grösserer Sicherheit auf Rechnenunterricht schliessen lässt, wird unten erwähnt werden. Uebrigens war es, wie der Vers des HOR. zeigt, in Rom nicht gewöhnlich, dass die Kinder wohlhabender Aeltern ihren Apparat selbst zur Schule trugen, sondern man hatte dazu besondere Sklaven, capsarii (s. g. von der capsa, wofür HORAZ loculi braucht), worin Bücher und Schreibmaterial sich befanden. Iuv. X, 117.

Quem sequitur custos angustae vernula capsae.

Suet. Ner. 36. *Constat quosdam cum paedagogis et capsariis uno prandio necatos.* Claud. 35.

Dass die Schüler auch passende Stücke memorirten, kann nicht bezweifelt werden, s. Quinct. I, 1, 35 ff. und die Notizen unten bei dem Unterricht der Grammatiker. Vorzüglich wurde auf gute Aussprache gesehen, Cic. de orat. III, 13. *praecepta latine loquendi, quae puerilis doctrina alit.*

Solche Schulen wurden gewöhnlich wohl von einem Lehrer geleitet; zuweilen aber nahm dieser noch einen Gehülfen, *hypodidascalus* hinzu (ὑποδιδακτής in colloq. vet. graec. et latin. in Labbaei glossar. Londini 1816—26, p. 426.). Cic. ad Fam. IX, 18. *Sella tibi erit in ludo tanquam hypodidascalo proxima. eam pulvinus sequetur.* Es kann indessen auch ein Schüler selbst damit gemeint sein, der als reiferer den Lehrer unterstützte. So erklärt sich die *sella proxima* am besten. Später gab es besondere Lehrer für Schreiben und Rechnen. Mart. X, 62.

Nec calculator nec notarius velox
Maiore quisquam circulo coronetur.

Auch in dem Edict. Dioclet. VII, 66 f. wird der *magister* lit. von dem *calculator* unterschieden. Orelli Henzen 7220. *doctor artis calculaturae.*

Die Humanität dieser Elementarlehrer oder ludi magistri wird nicht besonders gerühmt. Indem Plut. Cat. mai. 20. von dem häuslichen Unterricht durch Sklaven spricht, erwähnt er das Schelten und das Zupfen am Ohr für den säumigen Schüler: κακῶς ἀκούειν ἢ τοῦ ὠτὸς ἀνατείνεσθαι μανθάνοντα βράδιον. Schläge waren ein sehr gewöhnliches Zuchtmittel und die Lehrer werden oft als *clamosi* und *plagosi* geschildert. Martial, der in der Nähe einer solchen Schule wohnte, (bei der *pila Tiburtina* in der siebenten Region, an der heutigen Piazza Barberina) sagt IX, 68.

Quid tibi nobiscum est, ludi scelerate magister,
Invisum pueris virginibusque caput?

Nondum cristati rupere silentia galli,
    Murmure iam saevo verberibusque tonas.
XII, 57. *negant vitam ludi magistri mane, nocte pistores.* V, 84.
    Iam tristis nucibus puer relictis
    Clamoso revocatur a magistro.
Besonders berüchtigt ist in dieser Beziehung der Name des
Orbilius Pupillus, den HORAZ, dessen Lehrer er war, *plago-
sum* nennt, epist. II, 1, 70. SUET. de ill. gr. 9. *Fuit autem naturae acerbae non modo in antisophistas, quos omni sermone
laceravit, sed etiam in discipulos, ut Horatius significat, plago-
sum cum appellans, et Domitius Marsus scribens:*
    Si quos Orbilius ferula scuticaque cecidit.
QUINCT. 1, 3. *Caedi vero discentes quamquam et receptum sit et
Chrysippus non improbet, minime velim.* Die *ferula* war das
gewöhnliche Züchtigungsinstrument, der Stengel der *ferula
communis*, νάρθης. ISIDOR. XVII, 9. *a feriendo ferulam dicunt,
hac enim pueri vapulare solent.* MART. X, 62. *ferulaeque tristes,
sceptra paedagogorum.* IUV. I, 15. *manum ferulae subduximus.*
AUSON. Idyll. IV, 24. Le pitt. d'Ercol. Tom. III, tav. 41, 1.
giebt das schmerzensreiche Abbild einer Strafscene. Der
Knabe entkleidet bis auf einen Gürtel erleidet die Schläge in
der Schwebe, indem sein Oberkörper auf dem Rücken eines
Anderen ruht, während die Füsse von einem Dritten festgehalten werden. Die anwesenden Schüler halten ziemlich
grosse Schreibtafeln in den Händen.

Nachdem der Knabe die ersten Elemente erlernt hatte,
ging er in die später gegründeten Schulen der Grammatiker oder *Literati* und der noch höher stehenden Rhetoren
über. APPUL. Flor. 20. *Prima cratera literatoris ruditatem exi-
mit, secunda grammatici doctrina instruit, tertia rhetoris elo-
quentia armat.* Also ist nachdem sich der Sprachgebrauch befestigt hatte *literator* s. v. a. *grammatista* oder Elementarlehrer, darüber steht in zweitem Grade der *grammaticus* oder
literatus und zuletzt kommt der *rhetor*. Dieses sagt auch
SUETON. de clar. gramm. 4. Der Unterricht war hier im
Ganzen wohl weniger ein theoretischer als praktischer. Zur

Bildung des Verstandes, Gemüths und Geschmackes wurden
namentlich Dichter zur Erklärung gewählt (Cic. Tusc. III, 2.
Hor. epist. II, 1, 126.

> *Os tenerum pueri balbumque poëta figurat*
> *Torquet ab obscoenis iam nunc sermonibus aurem.*),

wie des Livius Andronicus Odyssee und Homer, mit dem man
den Anfang machte. Hor. epist. II, 1, 69 f. (s. unten) und II,
2, 42.

> *Romae nutriri mihi contigit atque doceri,*
> *Iratus Graiis quantum nocuisset Achilles.*

Plin. ep. II, 14. *sic in foro pueros a centumviralibus causis*
auspicari, ut ab Homero in scholis. Als aber die römische Literatur Musterschriftsteller aufzuweisen hatte, wurden diese vorzugsweise zu Grunde gelegt, z. B. Virgil, Suet. de ill. gramm.
1. 16. Quinct. I, 8, 5. Martial. I, 35.

> *Versus scribere me parum severus,*
> *Nec quos praelegat in schola magister.*

vgl. Hor. ep. I, 20, 17. Auch Prosaiker wurden dazu genommen, wie Cicero, was aus den Commentaren des Asconius
selbst hervorgeht. Für den ersten Anfang waren auch die
äsopischen Fabeln sehr gebräuchlich, welche Quinct. I, 8. zu
Verstandesübungen empfiehlt. — Zur Einübung der Ortho-
graphie und grammatischen Regeln wurde dem Knaben viel
dictirt. Hor. ep. II, 1, 69 fg.

> *Non equidem insector delendare carmina Livi*
> *Esse reor, memini quae plagosum mihi parvo*
> *Orbilium dictare.*

Pers. I, 29. Manche Dictate wurden auswendig gelernt (Cic.
ad Qu. fr. III, 1, 4. *meam* (orationem) *in illum pueri omnes tam-*
quam dictata perdiscant. Hor. ep. I, 18, 13 fg.), und von dem
Schüler stehend deklamirt, Juv. VII, 152.

> *Nam quaecunque sedens modo legerat, haec eadem stans*
> *Perferet atque eadem cantabit versibus idem.*

S. Jahn, in Abhandl. der Königl. Baier. Akad. München 1856.
VIII, S. 270. Wie etwa bei uns die zehn Gebote auswendig
gelernt werden, so musste in alter Zeit der römische Knabe

die *leges XII tab.* lernen (Cic. de leg. II, 23. *Discebamus enim pueri XII, ut carmen necessarium, quas iam nemo discit*), auch *carmina antiqua in quibus erant laudes maiorum*, die die Knaben in conviviis sangen, Varro bei Non. II, 70. Das Memoriren wurde übrigens später übertrieben, was Quinct. II, 7, 1 ff. beschränken möchte. In jener Zeit schreibt Sen. ep. 33. *ideo pueris et sententias ediscendas damus, et has quas Graeci* χρείας *vocant.* Uebrigens ist der Unterschied zwischen den verschiedenen Arten der Schulen nicht regelmässig beobachtet worden, denn sowie der Grammatikus in das Gebiet des Rhetor übergriff (durch Uebungen im Schreiben und Sprechen, *declamare, disputare*), ebenso zog der Elementarlehrer allerlei an sich, was in den Bereich des Grammatikers gehörte. Desshalb ist aus der Erwähnung der Unterrichtsgegenstände nicht allenthalben zu bestimmen, welche Art von Schule gemeint sei. Suet. de clar. gramm. 4. *veteres grammatici et rhetoricam docebant — secundum quam consuetudinem posteriores quoque existimo — vel retinuisse vel instituisse et ipsos quaedam genera institutionum ad eloquentiam praeparandam, ut problemata, paraphrases, allocutiones* etc. Auch Quinct. II, 1, 1 ff. spricht klar von diesen Uebergriffen, und dass schon der Knabe bei dem Grammatiker die Rhetorik lerne. Ob dieses bereits zu Ciceros Zeit der Fall war, wissen wir nicht und wir können nicht angeben, ob Cic. de orat. II, 30 f. wo er von den *causarum defensiones, quas solent magistri pueris tradere.* spricht, Rhetorenschulen im Sinne hat. Dieser *controversiae scholasticae* gedenkt Quinct. IV, 2, 92. 97. VII, 1, 41. u. s. w. und Auct. dial. de orat. 35. empfiehlt die *controversiae* den reiferen (*robustioribus*), aber die *suasoriae* den jüngeren (*pueris*). S. Bernhardy, röm. Literatur S. 76 ff. Bonnett, de mutata sub primis Caes. eloq. Rom. conditione inprimis de rhet. scholis. Berol. 1836. Wittich, de grammatistarum et grammaticorum apud Rom. scholis. Eisenach 1844. Festprogramm. — Merkwürdig ist, dass die Unterrichtsweise der lateinischen Rhetoren, als sie zu lehren anfingen, die öffentliche Missbilligung oder wenigstens Tadel von Seiten der Staatsgewalten erfuhr.

Im Jahr 662 sprachen die Censoren Cn. Domitius Aenobarbus und L. Licinius Crassus nach SUET. de cl. rhet. 1. ihre Missbilligung folgendermassen aus: *Renuntiatum est nobis, esse homines, qui novum genus disciplinae instituerunt, ad quos iuventus in ludos conveniat. eos sibi nomen imposuisse latinos rhetoras. ibi homines adolescentulos totos dies desidere. Maiores nostri quae liberos suos discere et quos in ludos itare vellent, instituerunt. Haec nova, quae praeter consuetudinem ac morem maiorum fiunt, neque placent neque recte videntur. Quapropter et iis qui eos ludos habent et iis qui eo venire consueverunt, videtur faciendum ut ostendamus nostram sententiam: nobis non placere.* Uebrigens darf man durchaus nicht aus diesen Worten schliessen, dass von Seiten des Staats eine Unterrichtsweise vorgeschrieben gewesen sei. Die Worte *maiores nostri instituerunt* beziehen sich nur auf das Herkömmliche. — Dasselbe Edikt findet sich bei GELL. XV, 11., und dass die Missbilligung vorzüglich durch die sophistische Art des Unterrichts hervorgerufen wurde, ergiebt sich aus AUCT. dial. de caus. cor. eloq. 35. *At nunc adolescentuli nostri deducuntur in scenas scholasticorum, qui rhetores vocantur, quos paulo ante Ciceronis tempora extitisse* (Cicero war 648 geboren und das Edikt erfolgte 662; also stimmt die Zeit sowohl mit dieser als mit SUETONS Angabe, de cl. rhet. 2., vortrefflich überein) *nec placuisse maioribus nostris, ex eo manifestum est, quod L. Crasso et Domitio censs. cludere ut ait Cicero ludum impudentiae iussi sunt.* S. ganz besonders CIC. de or. III, 24. — Dass die heranwachsenden Knaben die Schulen der Rhetoren besuchten, geschah übrigens nicht erst nachdem sie die *toga virilis* angelegt hatten. OVID sagt Trist. IV, 10, 15.

> *Protenus excolimur teneri, curaque parentis*
> *Imus ad insignes Urbis ab arte viros.*
> *Frater ad eloquium viridi tendebat ab aevo.*

und dann erst, 27.

> *Interea tacito passu labentibus annis*
> *Liberior fratri sumta mihique toga est.*

Auch Cicero besuchte eine Rhetorenschule als Knabe, SUET.

clar. rhet. 2. *De hoc* (über L. Plotius Gallus) *Cicero ad M. Ti-*
tinnium sic refert: equidem memoria teneo, pueris nobis primum
latine docere coepisse L. Plotium quendam, ad quem quum
fieret concursus, quod studiosissimus quisque apud eum exerce-
retur, dolebam, mihi idem non licere. Continebar autem doctissi-
morum hominum auctoritate, qui existimabant graecis exerci-
tationibus ali melius ingenia posse.

Endlich mögen noch einige Einrichtungen erwähnt werden, welche sowohl die Elementar- als die höheren Schulen
betrafen. Der Unterricht begann am frühesten Morgen, s. oben
MART. Mehr noch sagt JUV. VII, 222.

> *Dummodo non pereat, mediae quod noctis ab hora*
> *Sedisti, qua nemo faber, qua nemo sederet*
> *Qui docet obliquo lanam deducere ferro.*
> *Dummodo non pereat totidem olfecisse lacernas*
> *Quot stabant pueri, cum totus decolor esset*
> *Flaccus et haereret nigro fuligo Maroni.*

Darauf bezieht sich auch der *matutinus magister* bei MART. IX,
30. und XIV, 223.

> *Surgite! iam vendit pueris ientacula pistor*
> *Cristataeque sonant undique lucis aves.*

Auch bei den Griechen fing der Unterricht in der ersten
Frühe an und Solon sah sich selbst veranlasst, durch ein Gesetz zu verbieten, dass die Schulen vor Sonnenaufgang geöffnet würden. In den Colloq. vet. graec. et lat. in LABBAEI
gloss. p. 423. 426. geht der Knabe zum prandium nach Hause
und kehrt nach demselben in die Schule zurück. Auch PLUT.
Brut. 9. spricht für solche Pausen, denn in der Schulzeit konnte
nicht vorkommen, was Plut. erzählt, nämlich dass Cassius den
Sohn des Sulla geschlagen und Pompeius darüber ein Schul-
gericht gehalten habe.

In manchen Schulen waren die Schüler nach ihren Fä-
higkeiten in Klassen abgetheilt, besonders wohl bei dem
schon etwas höheren Unterricht. QUINCT. I, 2, 23. *Non inuti-*
lem scio servatum esse a praeceptoribus meis morem, qui quum
pueros in classes distribuerent, ordinem dicendi secundum vires

*ingenii dabant; et ita superiore loco quisque declamabat, ut prae-
cedere profectu videbatur.* Die Klassen waren also zwar nicht
getrennt, sondern nur gewisse Abtheilungen gemacht, die
gleichzeitig unterrichtet wurden. Dasselbe sehen wir aus den
Colloq. vet. graec. et lat. in LABBAEI glossar. p. 425 f. Auch
Prämien wurden schon in Augusts Zeiten gegeben. So erzählt
von Verrius Flaccus SUET. de ill. gr. 17. *Namque ad exerci-
tanda (excitanda?) discentium ingenia aequales inter se commit-
tere solebat, proposita non solum materia, quam scriberent, sed
et praemio, quod victor auferret. Id erat liber aliquis antiquus
pulcher aut rarior.*

Zu gewissen Zeiten hatten die Schüler Ferien, namentlich an den Saturnalien und Quinquatrien. Die Saturnalien
wurden ursprünglich nur an einem Tage gefeiert, später aber
auf drei und wie es scheint selbst auf sieben Tage ausgedehnt.
MACROB. Sat. I, 10. Die Quinquatrien im März zu Ehren der
Minerva dauerten fünf Tage. Beide Ferien werden oft erwähnt, z B. MART. V, 84.

> *Iam tristes nucibus puer relictis
> Clamoso revocatur a magistro.*

PLIN. ep. VIII, 7. *tu in scholas te revocas, ego adhuc Saturna-
lia extendo.* HOR. ep. II, 2, 197.

> *Ac potius, puer ut festis Quinquatribus olim,
> Exiguo gratoque fruaris tempore raptim.*

SYMMACH. ep. V, 85. *Nempe Minervae tibi solemne de scholis
notum est, ut fere memores sumus etiam procedente aevo pueri-
lium feriarum.* Ausserdem ist es wohl natürlich, dass auch an
anderen Festen, namentlich bei Spielen, der Unterricht ces-
sirte. Auch ist sehr wahrscheinlich, was K. FR. HERMANN (a.
a. O.) annimmt, dass die römische Jugend in den Elementarschulen viermonatliche Sommerferien gehabt habe. Die Veranlassung zu dieser Meinung gab der mehrgenannte Vers
aus HORAZ: *Ibant octonis referentes Idibus aera.*, aus welchen
Worten H. sehr scharfsinnig schloss, die Knaben hätten nur
für acht Monate Unterricht Honorar gezahlt und vier Monate

von den Iden des Juni bis zu denen des October seien Ferien
gewesen. Dieses finde seine Bestätigung in MART. X, 62.

> *Albae leone flammeo calent luces*
> *Tostamque ferrens Iulius coquit messem.*
> *Cirrata loris horridis Scythae pellis*
> *Qua vapulavit Marsyas Celenaeus,*
> *Ferulaeque tristes, sceptra paedagogorum*
> *Cessent et Idus dormiant in Octobres:*
> *Aestate pueri si valent satis discunt.*

Dazu hatte schon RADER nach Scholiastenweise gesagt: *Nam
a Iulio ad Octobrem usque scholae cessabant.* Gegen diese Erklärung der horazischen Stelle sprachen JAHN in s. neuen
Jahrbüchern XXVII, (1840) S. 411—445., und OBBARIUS in
d. Zeitschrift f. Alterthumswiss. 1841, N. 58. S. 471 ff., worauf
HERMANN seine Ansicht näher begründete in derselben Zeitschrift 1842, März, S. 234—252., während JAHN abermals
dagegen sprach, in s. n. Jahrb. XXXV, (1842) S. 84—101.
Beistimmung fand Hermann bei ORELLI in der Praef. zu s.
Ausg. des Hor., bei WÜSTEMANN in der neuen Bearbeitung der
Satiren von Heindorf und bei BERNHARDY, röm. Literatur S.
47. OBBARIUS und JAHN erkannten zwar die Annahme der
viermonatlichen Ferien als richtig, verwarfen aber jede Andeutung der Schulgeldentrichtung bei Horaz und behaupteten,
(wie früher wenigstens ähnlich schon LAMBIN, CRUQUIUS,
HEINDORF, KIRCHNER u. A.), dass Horaz von Rechnungsauf-
gaben oder von der Berechnung monatlicher Zinsen spreche;
so dass jener Vers die niedere realistische nur auf sordes und
avaritia berechnete Bildung im Gegensatz zu der höheren und
edleren in Rom habe bezeichnen wollen. Demnach übersetzte
JAHN zuerst die Worte: *octonis referentes Idibus aera* durch
„Geldposten von oder über achttägige Iden eintragend" und
später, da bei dieser Uebersetzung die distributive Bedeutung
von *octonis* verloren ging, verbesserte er so: in allen acht
Monaten ihres Schuljahrs, d. h. Jahr aus Jahr ein Geldrech-
nungen machend. Es hat jedoch die Hermann'sche Erklärung
mehr Wahrscheinlichkeit und der Gedanke bei Horaz ist dem-

nach: die Knaben der ländlichen Elementarschulen bringen
an allen acht Iden ihr geringes Honorar (in welcher Bedeutung *aera* auch Iuv. VII, 217. gebraucht ist). Es liegt in diesen Versen eine Andeutung theils der niederen Bildung in der
Landschule (worauf auch *loculi* und *tabula* hindeuten) im Gegensatz zu der höheren Bildung in Rom (*artes, quas doceat
quivis eques atque senator Semet prognatos*), theils der äusseren
ärmlichen Verhältnisse (die Knaben tragen ihre Bündelchen
selbst ohne Begleiter, sie bezahlen das geringe Schulgeld
monatlich, sie haben nur 8 Monate Schule) im Gegensatz zu
den glänzenderen und höheren in Rom, wo die Knaben Begleiter haben, das Honorar jährlich zahlen und nicht vier Monate aussetzen. BAITER und RAUCHENSTEIN in der 3. Ausg.
des Horatius von Orelli erklären *aera referentes* mit HERMANN
als Bezahlen des Schulgeldes, verwerfen aber die 4 Monate
Sommerferien. BAITER nimmt *octonis Idibus* als die Iden des
October, RAUCHENSTEIN als die jedesmaligen Iden, *octonis*
gen., weil sie die 8 Tage nach den Nonen umfassen, so dass
nach Jenem das Schulgeld nur einmal im Jahre, nach diesem
aber monatlich bezahlt worden wäre. Nur von Elementarschulen spricht HORAZ und ebenfalls MARTIAL. In den höheren war keine so grosse Unterbrechung, wie sich sogleich
zeigen wird.

Die ganze Frage hängt genau mit der über das Honorar der Lehrer zusammen. Worin es bestanden, wissen
wir nicht; jedenfalls war es verschieden und in den gewöhnlichen Elementarschulen sehr gering. S. z. B. SUET. de ill.
gramm. 9. (von der Armuth des Orbilius) Iuv. VII, 228 ff.

> *Haec, inquit, cures et, quum se verterit annus,*
> *Accipe victori populo quod postulat aurum.*

Daraus ersieht man, dass das Honorar am Schluss des Lehr-
jahrs auf das ganze Jahr gezahlt wurde. Das war aber nicht
der Schluss des späteren bürgerlichen Jahres, sondern der
Cursus begann wahrscheinlich im März nach den Quinquatribus, wie aus Iuv. X, 114. folgt:

Eloquium ac famam Demosthenis aut Ciceronis
Incipit optare et totis Quinquatribus optat,
Quisquis adhuc uno partam colit asse Minervam,
Quem sequitur custos angustae vernula capsae.

Auch ruft Ovid. Fast. III, 829 fg. an den Quinquatrien den
Lehrern zu:

Nec vos turba Deam censu fraudata magistri
Spernite, discipulos attrahit illa novos.

worin ebenfalls ein Beweis für den Anfang des Schuljahrs im
März liegt. An diesem Termin und nicht im Juni wurde das
Honorar entrichtet, wie auch aus der bekannten Stelle des
Macrob. folgt, wo er I, 12. dieses als Beweis anführt, dass
sonst der März der erste Monat des Jahres gewesen sei: *hoc
mense mercedes exsolvebant magistris, quas completus annus de-
beri fecit.* Jedenfalls hatte Macrob. die Sitte seiner Zeit vor
Augen und wollte dieselbe durch das Zurückführen auf das
romulische Jahr erklären. — Es kann demnach das monat-
liche Bezahlen des Schulgeldes nur für die Landschulen und
die viermonatliche Pause nur für die niederen Schulen angenommen werden. Endlich ergiebt sich aus dem hohen Werthe,
den die Knaben auf die wenigen Tage der Quinquatrus und
Saturnalien den oben erwähnten Aeusserungen zufolge legten,
wohl, dass der Ferien in den römischen höheren Schulen nicht
so viele waren. — Der bei der Bezahlung des Honorars nicht
seltenen Saumseligkeit gedenkt Juv. VII, 228 f.

Rara tamen merces, quae cognitione tribuni
Non egeat. Sed vos saevas imponite leges,
Ut praeceptores verborum regula constet cett.

— Noch ist zu erinnern, um einem Irrthum vorzubeugen, dass
Juv. X, 116. in dem oben erwähnten Verse nicht das Schulgeld, sondern das *Minerval* versteht, d. h. das Eintrittsgeld,
welches der aufgenommene Schüler zu erlegen hat. Varr. R.
R. III, 2. *Axius: Merula mi, inquit, recipe me quaeso discipu-
lum renaticae pastionis. Ille, quin simulac promiseris minerval,
incipiam, inquit* etc. Tertull. de idol. 10. *primam novi disci-
puli stipem Minervae — consecrat.* S. Obbarius a. a. O. S. 478.

und Erxstädt, de honorariis doctorum. Jenae 1838, kurz
und nur die späteren Schulen umfassend, in denen das Honorar sehr bedeutend war. Sen. de clar. gramm. 3. erzählt,
*atque temporibus quibusdam super XX celebres scholae fuisse in
urbe tradantur, pretia grammaticorum tanta mercedesque tam
magnae, ut cett.*

Der Austritt aus den Knabenjahren wurde durch eine
Feierlichkeit (das Vertauschen der practexta gegen die toga
virilis, Gell. XVIII, 4. Sen. ep. 4.) bezeichnet, wie bei den
Griechen, das *tirocinium fori.* Vgl. Hor. Sat. I, 2, 16 fg. Ueber
das Jahr, wo es Statt fand, sind die Meinungen sehr verschieden. Manche nahmen das vollendete vierzehnte und den Anfang des fünfzehnten Jahres als den gewöhnlichen Termin an
(Vales. zu Damasc. de inst. Caes. Aug. exc. Peir. p. 477.
Ferrar. de re vest. II, 1. Dodwell, Praelect. Camden. V,
1—6. v. Savigny, System des römischen Rechts I, S. 60 f.),
indem sie sich auf das Beispiel des Augustus stützten. Allein
dass dieser Beweis unrichtig sei, zeigt unzweifelhaft Norisius,
cenot. Pisan. II, 4. p. 114. Andere, wie Gruchius de comit.
II, 3. Salmas. zu Lampr. Commod. 2. Manut. ep. de toga
Rom., schoben diesen Zeitpunkt bis zum vollendeten sechszehnten Jahre hinaus. Die Meisten erklärten sich für den Anfang des sechszehnten Jahres, wie Noris. a. a. O. Sigon. de
iudic. III, 19. u. A., s. Schott, de lege Vilia ann. L. 1765.
Böttiger, de originibus tirocinii apud Rom. Vimar. 1794. und
in s. opusc. p. 206—220. unterschied die ältere und spätere
Zeit; in jener sei das zurückgelegte sechszehnte, in dieser das
beendigte fünfzehnte Jahr der Termin gewesen. Klotz endlich in d. Rec. von Reins röm. Privatr. (Jahn, Jahrb. 1837,
XIX, S. 85.) glaubt, es sei ein solches Jahr überhaupt nicht
festgesetzt gewesen, sondern die Bestimmung habe jederzeit
vom Vater abgehangen, der nach seinem Ermessen bald früher
bald später den Sohn in das öffentliche Leben eingeführt habe.
Jede dieser drei letzten Ansichten ist in gewisser Hinsicht
wahr. Zuvörderst scheint es, dass man die älteste und die
spätere Zeit unterscheiden müsse. In jener fand das tirocinium

wahrscheinlich nach vollendetem sechszehnten Jahre Statt. Liv. XXII, 57. *Dictator ex auctoritate patrum dictus M. Iunius et Ti. Sempronius magister eq. delectu edicto iuniores ab annis septemdecim et quosdam praetextatos scribunt.* Die *ab annis XVII* sind offenbar die, welche im siebzehnten Jahre stehen, vom siebzehnten Jahre an; die jüngeren waren also noch alle *praetextati;* sonst würden die sechszehnjährigen nicht übergangen und noch jüngere (*praetextati*) ausgehoben worden sein. (Manche lassen die Präposition weg, dann würde nicht *iuniores* sondern *minores* stehen). Mit diesem Jahr begann auch der Kriegsdienst und das öffentliche Auftreten überhaupt. Val. Max. V, 4, 4. III, 1, 3. s. unten. Dagegen am Ende der Republik finden sich viele Beispiele, dass die toga virilis in dem fünfzehnten Jahre genommen wurde, so Q. Cicero, so Virgilius, so Antonius Antyllius, so noch in späterer Zeit Persius und M. Aurelius, Capitol. 4. *Virilem togam sumsit quinto decimo aetatis anno.* S. auch Schol. zu Juv. X, 99. p. 605. ed. Cramer. Oudendorp. zu Suet. Oct. 8. Wenn also in alter Zeit das sechszehnte volle Jahr Regel war, so scheint nachher das begonnene fünfzehnte das gewöhnlichste gewesen zu sein. Schol. zu Pers. V, 30. Damit steht nicht in Widerspruch Cic. p. Sest. 69. *cui superior annus idem et virilem patris et praetextam populi iudicio togam dederit;* denn allerdings hing die Zeit des Tirocinium in so fern von dem *iudicio patris* ab, als dieser den Termin hinausschieben konnte, wie Tiberius seinen Enkel Caligula zwanzig Jahr alt werden liess, ehe er ihm die toga virilis gab. Suet. Cal. 10. Vor dem fünfzehnten Jahre geschah es vor der Kaiserzeit gewiss nicht und noch unter Claudius war es nur eine Ausahme. Tac. Ann. XII, 41. *virilis toga Neroni maturata.,* er war nämlich erst vierzehn Jahr alt. Suet. Claud. 43. — Umgekehrt ist die Auffassung Rossbach's, die röm. Ehe, S. 410 ff. Er hält nämlich den Eintritt der Pubertät mit dem zurückgelegten 14. Jahre für den frühesten Termin des Tirocinium, es früher vorzunehmen sei nicht erlaubt gewesen, aber der Endpunkt habe von andern Bestimmungen abgehängt. Trotz der scharfsinnigen und sorg-

fältigen Beweisführung kann ich rücksichtlich der alten Zeit
nicht beistimmen. Schon der Name tirocinium deutet darauf
hin, dass der Anfang des Kriegsdienstes damit zusammenfiel,
es muss also das 16. Jahr vollendet gewesen sein. In der
späteren Zeit, als die Bedeutung des Kriegsdienstes geschwunden war und das tirocinium für das öffentliche Leben keinen
Werth mehr hatte, kann das von Rossbach aufgestellte Prin-
cip allmälig Eingang gefunden haben, so dass es von dem
Vater abhing, den Termin zu bestimmen, vorausgesetzt dass
die Pubertät eingetreten war. War doch der Jugend damals
eine grössere Frühreife eigen.

Der eigentlich dazu bestimmte Tag waren die *Liberalia*,
der 16. März. Ovid. Fast. III, 771. Cic. ad Att. VII, 1. *Quinto
Liberalibus togam puram cogitabam dare; mandavit enim pater.*
vgl. die Fasten von Antium Orelli Henzen 6445, wo des
Tags gedacht ist, an welchem *Augustus togam virilem sumpsit.*
Die Feierlichkeit begann wahrscheinlich mit einem häuslichen
Opfer am Altare der Laren, wo der Knabe die *insignia pue-
ritiae* ablegte und namentlich die bulla den Laren weihte.
Prop. IV, 1, 131.

> *Mox ubi bulla rudi dimissa est aurea collo,*
>   *Matris et ante deos libera sumta toga.*

Pers. V, 30.

> *Cum primum pavido custos mihi purpura cessit,*
>   *Bullaque succinctis Laribus donata pependit.*

Der Knabe trug dabei eine *tunica recta* oder *regilla*, *ominis
causa*, s. S. 31. Paul. v. regillis p. 286 M. *ut etiam in togis
virilibus dandis observari solet.* Plin. h. n. VIII, 48. Augustus
trug an diesem Tage eine tunica mit latus clavus, Suet. Aug.
94. Nach Properz wurde das Wechseln der Toga im Hause
vorgenommen, doch fand auch auf dem Forum eine Solemnität
Statt, wenn die Feierlichkeit im Hause vollendet war. Sen.
ep. 4. *quantum senseris gaudium, cum praetexta posita sumpsisti
virilem togam et in forum deductus es.* Die Toga virilis, welche
der bisherige Knabe erhielt, unterschied sich von der der

Knaben dadurch, dass sie weiss ohne Purpurstreif war. (PLUT.
Anton. 71. τὸ δὲ ἀπόρφυρον καὶ τέλειον ἱμάτιον — περιτιθείς.)
Sie hiess daher *pura*, CIC. ad Att. V, 20. IX, 17. 19. Phil. II,
18. *vestis pura* CATULL. LXVIII, 15., auch *libera*, weil nun ein
freieres Leben begann. BÖTTIGER a. a. O. S. 217 ff. leitet den
Ausdruck von dem Zusammenhange mit den *sacris Bacchicis*
her. Wenn aber OVID, darüber nachsinnend, warum der Gebrauch an den *Liberalibus* Statt finde, vier Erklärungen versucht, die obige aber nicht kennt, so scheint es sehr gewagt,
dieser beizupflichten. Was er Vs. 777 fg. sagt:

> *Sive quod es Liber, vestis quoque libera per te*
> *Sumitur, et vitae liberioris iter.*

ist das Richtige. Dann heisst die *toga* nicht von den Liberalibus *libera*, sondern weil sie *libera* ist, wird sie an den Liberalibus gegeben. Nur in diesem Sinne konnte auch OVID in der
oben angef. St. der Tristien im Comparativ sagen: *liberior
toga*. Der Ausdruck findet seine Erklärung durch PLUT. περὶ
τοῦ ἀκούειν. c. 1. ὅτε τῶν προστατόντων ἀπήλλαξαι, τὸ ἀν-
δρεῖον ἀπειληφὼς ἱμάτιον. vgl. PERS. V, 30 ff.

> *Cum primum pavido custos mihi purpura cessit*
> *Bullaque succinctis Laribus donata pependit;*
> *Cum blandi comites, totaque impune Subura*
> *Permisit sparsisse oculos iam candidus umbo.*

TERENT. Andr. I, 1, 25. MART. IX, 28. vgl. ROSSBACH, a. a.
O. S. 108 f. der einen inneren Zusammenhang mit dem
Liberalienfest sucht. Der mit dieser Toga bekleidete adolescens (PAUL. v. *resticeps puer, qui iam vestitus est pubertate,
econtra investis, qui necdum pubertate vestitus est, p. 368 M.)
wurde auf das Forum geführt (*deduci in forum*). SEN. ep. 4.
*Tenes utique memoria quantum senseris gaudium, cum prae-
texta posita sumpsisti virilem togam et in forum deductus es.*
SUET. Aug. 26. *ut Caium et Lucium filios — suo quemque tiro-
cinio deduceret in forum.* vgl. Tib. 15. Nero 7. — Wie der
Römer überhaupt einen hohen Werth auf eine zahlreiche Begleitung als Manifestation der Volksgunst legte und bei allen

öffentlichen Angelegenheiten mit Pomp aufzutreten liebte, so
scheint man auch dafür gesorgt zu haben, dass der Knabe mit
einer Menge Begleitender auf das Forum kam, die zum Theil
gar nicht zu der Familie gehörten, sondern darum gebeten
wurden, um den Glanz der Feierlichkeit zu erhöhen (App. b.
civ. IV, 30. σὺν πομπῇ φίλων), und selbst Leute aus der niederen Klasse nahmen die bedeutendsten Männer desshalb in Anspruch. Cic. p. Mur. 23. *qua in civitate rogati infimorum hominum filios prope de nocte ex ultima saepe urbe deductum venire
soleamus.* Dass man hin und wieder das ganze Volk an der
Freude des Hauses Theil nehmen liess, bezeugt ORELLI HEN-
ZEN 6211. *togae vir(ilis die) crustulam et mulsum populo (dedit).* Eine Inschrift *ob honorem togae virilis* s. das. 2701. Ob
der Knabe am Tribunal des Prätor vorgestellt wurde, ist höchst
ungewiss; wenigstens hat das mit der Eintragung in die Bürgerlisten nichts gemein. Letztere Annahme beruht lediglich
auf Dio Cass. LV, 22. *ἐς ἐφήβους* — *ἐνεγράφη* und ebenso LVI,
29. App. b. c. IV, 30. durfte nicht angeführt werden, da die
Worte ἐγγραφέντος τοῖς πίναξιν. sich auf die Einzeichnung des
jungen Atilius in die Proscriptionslisten beziehen, wie aus dem
Zusammenhang erhellt. Auch war es gar nicht nöthig, dass
das Tirocinium in Rom Statt fand. Cic. ad Att. V, 20. *Ego,
cum Laodiceam venero, Quinto sororis tuae filio togam puram
inbeor dare.* IX, 17. *Volo Ciceroni meo togam puram dare. istic
puto* (Romae), aber 19. *Ego meo Ciceroni quoniam Roma care-
mus Arpini potissimum togam puram dedi, idque municipibus
nostris fuit gratum.*

Erst nach dieser Vorstellung auf dem Forum ging, wie
es scheint, der Zug nach dem Capitolium, um dort ein Opfer
zu bringen. App. b. c. IV, 30. Ἀτίλιος δὲ, ἄρτι τὴν τῶν τελείων
περιθέμενος στολὴν, ᾔει μὲν, ὡς ἔθος ἐστὶ, σὺν πομπῇ φίλων ἐπὶ
θυσίας ἐς τὰ ἱερά. ἄρτω δὲ ἐγγραφέντος αὐτοῦ τοῖς πίναξιν, οἱ φί-
λοι καὶ οἱ θεράποντες διεδίδρασκον. ὁ δὲ μόνος καὶ ἔρημος ἐκ δαψι-
λοῦς παραπομπῆς ἐς τὴν μητέρα ἐχώρει. Dass unter den ἱεροῖς das
Capitol zu verstehen ist, lehrt Suet. Claud. 2. *et togae virilis
die — sine solenni sacrificio lectica in Capitolium latus est.* und

Val. Max. V, 4, 4. *Cotta eo ipso die, quo togam sumpsit viri-*
lem, protenus ut e Capitolio descendit, C. Carbonem, a quo pater
eius damnatus fuerat, postulavit. Aus dieser Stelle ergiebt sich,
dass mit dem tirocinium der Eintritt in das öffentliche Leben
Statt fand, und das heisst allerdings *forum attingere* oder *in*
forum venire, Cic. ad Fam. V, 8. XIII, 10. XV, 16. Brut. 88.
Darunter ist indessen keineswegs zu verstehen, dass die Ti-
ronen gleich am öffentlichen Leben einen andern als passiven
Antheil genommen hätten und gleich als Redner u. s. w. aufgetreten wären. Sie hatten zwar das Recht dazu, machten
aber davon nur in seltenen Fällen Gebrauch. So war Horten-
sius neunzehn Jahr alt, als er zuerst auftrat, Cic. Brut. 64.
und doch sagt derselbe 88. *cum admodum adolescens orsus esset*
in foro dicere. Es war vielmehr ähnlich wie in Athen eine
einjährige Uebergangszeit üblich, gewissermassen ein Probe-
jahr, wo das sittliche Benehmen des adolescens genau beobachtet wurde, wo wenigstens in älterer Zeit als Zeichen bescheidenen Betragens ihm das *cohibere brachium* und Uebungen
im Marsfelde vorgeschrieben waren. Cic. p. Cael. 5. *Quem*
ergo ad finem putas custodiendam illam aetatem fuisse? Nobis
quidem olim annus erat unus ad cohibendum brachium toga con-
stitutus et ut exercitatione ludoque campestri tunicati uteremur.
— qua in aetate, nisi qui se ipse sua gravitate et castimonia et
cum disciplina domestica tum etiam naturali quodam bono de-
fenderat, quoquo modo a suis custoditus esset, tamen infamiam
veram effugere non poterat. Sed qui prima illa imperia (?)
aetatis integra atque inviolata praestitisset, de eius fama ac pu-
dicitia, cum is iam se corroborarisset ac vir inter viros esset,
nemo loquebatur. Damit streitet auch, von der späteren Zeit
abgesehen, die oben aus Persius angeführte Stelle keineswegs. Dagegen geschieht es öfter, dass die Redner, welche
den Charakter des Gegners schildern wollen, *a toga pura* an-
fangen. Cic. ad Att. VII, 8. *in qua (concione) erat accusatio*
Pompeii usque a toga pura; so auch Cic. Phil. II, 18.

Dabei aber besuchte der junge Mann das Forum und
wohnte den Gerichtsverhandlungen bei, um zuhörend sich für

das öffentliche Leben zu bilden. Das geschah oft unter Anlei-
tung eines vom Vater gewählten des Vertrauens besonders
würdigen Mannes, dem der Sohn gleichsam als Zögling über-
geben wurde, *deducere*. DIAL. de caus. corr. eloq. 34. *apud
maiores nostros iuvenis ille, qui foro et eloquentiae parabatur,
imbutus iam domestica disciplina, refertus honestis studiis, dedu-
cebatur a patre vel a propinquis ad eum oratorem, qui princi-
pem locum in civitate tenebat. hunc sectari, hunc prosequi, huius
omnibus dictionibus interesse, sive in iudiciis sive in concionibus
assuescebat* etc. So sagt CICERO von sich, de amic. 1. *Ego
autem a patre ita eram deductus ad Scaevolam sumta virili
toga, ut quoad possem et liceret a senis latere numquam disce-
derem.* und von des Caelius Vater, p. Cael. 4. Ueberhaupt trieb
der vorwiegende praktische Sinn des römischen Volkes mehr
zur Benutzung des lebendigen Beispiels und der praktischen
Uebung als zur theoretischen Instruktion. MERCKLIN, im
Philologus 1849, IV, S. 417 ff.

Eben so wenig war mit dem tirocinium der Unterricht
geschlossen, nur dass natürlich das Verhältniss zu den Lehrern von jetzt an mehr das eines Zuhörers als eines Schülers
wurde und die Wahl der Rhetoren und Philosophen ganz von
dem jungen Manne abhängen konnte. So sagt von sich Cic.
Brut. 89. und OVID. Trist. IV, 10, 27 ff.

> *Interea tacito passu labentibus annis*
> *Liberior fratri sumta mihique toga est,*
> *Induiturque humeris cum lato purpura clavo,*
> *Et studium nobis quod fuit ante manet.*

Vgl. PLAUT. Bacch. III, 3, 34 fg. Nach der Unterjochung
Griechenlands wurde es sehr üblich, dass die Väter, welche
ihren Söhnen eine tiefere wissenschaftliche und feinere Bildung geben wollten, dieselben nach Griechenland, namentlich
Athen, schickten, wo sie oft mehrere Jahre blieben. Cic. ad
Att. XII, 32. nennt mehrere, als Bibulus, Acidinus, Messala,
welche gleichzeitig mit seinem Sohne dort waren. So Cicero
selbst, Brut. 91. PLUT. Cic. 4., so Atticus, CORN. 2., so

OVID.. Trist. I, 2, 77. So sagt auch HORAZ von sich Epist.
II, 2, 40 ff.

> *Romae nutriri mihi contigit atque doceri,*
> *Iratus Graiis quantum nocuisset Achilles.*
> *Adiecere bonae paullo plus artis Athenae;*
> *Scilicet ut possem curvo dignoscere rectum,*
> *Atque inter silvas Academi quaerere verum.*

und ebendas. 81 ff.

> *Ingenium sibi quod vacuas desumsit Athenas,*
> *Et studiis annos septem dedit insenuitque*
> *Libris et curis statua taciturnius exit*
> *Plerumque et risu populum quatit.*

Wenn LIV. IX, 36. von dem Jahre 310 v. Chr. spricht: *habeo*
auctores vulgo tum Romanos pueros, sicut nunc Graeci ita
Etruscis literis erudiri solitos. so ist dieses jedenfalls in solcher
Ausdehnung unrichtig.

Literatur. Auf die Erziehung bei den Alten überhaupt
beziehen sich folgende Schriften: GOESS, die Erziehungs-
wissenschaft nach den Grundsätzen der Griechen und Römer.
I. Bd. Ansb. 1808. HEGEWISCH, ob bei den Alten öffentliche
Erziehung war? Altona 1811. (nicht bedeutend). SCHWARZ,
Erziehungslehre, Bd. I. CRAMER, Gesch. d. Erziehung und des
Unterrichts im Alterthume, 2 Bde. Elberf. 1832. 36. Von der
römischen Erziehung handeln: ERNESTI, de disciplina privata
Rom. in s. opusc. BORK, de vet. Rom. in educandis lib. soler-
tia. Giess. 1784. GRAES, praecepta artis paedagog. e Terentio
petita. Viteb. 1801. SCHULZE, Horatii paedagogica 1807.
Ders., Senecae paedag. 1809. v. d. VELDEN, quaenam fuit
apud Rom. — educandorum et instituend. puerorum disciplina.
Trai. und Rh. 1820. ROEDER, de scholastica Rom. institutione.
Bonn 1828. LOZYNSKI, Plautinorum paedag. lineamenta. Culm
1840. HELFREICH, Erziehung und Unterricht bei den Römern.
Zweibrücken II. 1844. 1850. PAULY, Realencykl. III, S. 41—
56., SCHMIDT, Geschichte der Denk- und Glaubensfreiheit im
1. Jahrhundert der Kaiserherrschaft. Berlin 1847, S. 404—44.
KRAUSE, Geschichte der Erziehung, des Unterrichts u. d. Bil-

dung bei den Griechen, Etruskern und Römern. Halle 1851,
S. 215—393. Vortrefflich ist die Uebersicht in BERNHARDY,
Grundriss d. röm. Lit. Halle 1857. 3. Bearbeitung. S. 33—92.
— Leider haben wir von VARRO's Schrift Catus sive de liberis
educandis nur noch wenig Fragmente, s. RITSCHL's Programm.
Bonn 1845.

DRITTER EXCURS.

DIE SKLAVEN.

Der dritte wesentliche Bestandtheil der römischen Familie sind die Sklaven, welche in ihrer Gesammtheit selbst mit diesem Namen bezeichnet werden, d. h. Alle, welche einem und demselben Herrn angehören, PAUL. v. familia p. 86 M. *postea hoc nomine etiam famuli appellari coeperunt, permutata I cum U litera.* ULP. Dig. L, 16, 195. § 3. *servitutum quoque solemus appellare familias* etc. PLAUT. Mil. II, 3, 80. SEN. ep. 47. CIC. Parad. V, 2. Ein Sklave kann nicht familia genannt werden, ebensowenig zwei, ULP. Dig. L, 16, 40. § 3. *ne duo quidem familiam faciunt;* dagegen PAULL. rec. sent. V, 6, 3. *familiae antem nomine etiam duo servi continentur.* welcher scheinbare Widerspruch sich durch CIC. p. Caec. 19. erklärt: *Quid enim facilius est, quam probari iis, qui latine sciant, in uno servulo familiae nomen non valere.* und nachher: *neque dubium est quin si ad rem iudicandam verbo ducimur, non re, familiam intelligamus, quae constet ex servis pluribus, quin unus homo familia non sit. — at vero ratio iuris interdictique vis — respuat hanc defensionem* etc. Ebenso ULP. Dig. XLIII, 16, 1. § 16—18. KELLER, Semestr. I, p. 308.

Der Sklave ist wider seine natürliche Bestimmung aber nichts destoweniger iure in der potestas eines Anderen (*potestas dominica, dominium*). FLORENT. Dig. I, 5, 4. § 1. *Servitus est constitutio iuris gentium, qua quis dominio alieno contra naturam subiicitur.* INST. I, 3. THEOPH. I, 3, 2. DIONYS. IV, 23. Im Gegensatz zu den freien Gliedern der Familie hiessen

7*

die Sklaven *servi*, in Bezug auf ihr dienendes Verhältniss *famuli*, in Bezug auf das Eigenthumsrecht *mancipia* und gewöhnlich *pueri*, wie bei den Griechen δοῦλοι, οἰκέται, θεράποντες, ἀνδράποδα, παῖδες. Wie schon ARISTOT. de rep. I, 3. sagt: οἰκία δὲ τέλειος ἐκ δοῦλων καὶ ἐλευθέρων, so ist auch bei den Römern ein eigentlicher Hausstand ohne Sklaven nicht denkbar und es geht so weit, dass der angesehene Sklave sich selbst wieder ihm eigen zugehörende Sklaven hält. Wenn so bei beiden Völkern die Rechtmässigkeit und Nothwendigkeit der Sklaverei vorausgesetzt wird, so findet doch in der Verwendung der Sklaven ein grosser Unterschied Statt. Der Grieche betrachtet, von der spätesten Zeit abgesehen, wo römische Sitte die griechische verdrängte, die Sklaven, die er besitzt, als ein Zinsen tragendes Kapital. Sie werden vom Herrn zum Erwerbe benutzt, sie müssen als Handwerker u. s. w. arbeiten und der Herr handelt mit ihrer Arbeit oder lässt sich von ihnen eine tägliche Abgabe zahlen oder vermiethet sie an Andere, für welche sie arbeiten müssen. Wenige nur, die eigentlichen οἰκέται, werden zur Bedienung gehalten. Charikles III, S. 22 f. Der Römer, namentlich der Vornehmere, hält dergleichen erwerbende Sklaven, die man oft Fabriksklaven nennen kann, nicht. Er verwendet alle unmittelbar für sich, theils seine Ländereien zu bebauen, theils für alle Bedürfnisse, die der Luxus ins Unglaubliche vervielfältigte, zu sorgen, theils für seine und der Seinigen unmittelbare Bedienung und gerade in der letzten Beziehung erfordert die Einrichtung des römischen Hauswesens eine Dienerschaft, deren unendliche Menge, wie man meinen möchte, eher Unbequemlichkeit und Verwirrung, als Ordnung und Regelmässigkeit in das Hauswesen zu bringen geeignet war. Um dieses bunte Gewühl möglichst übersehen zu können, wird es vortheilhaft sein, nicht besonders von den einzelnen Klassen gelegentlich zu handeln, sondern die ganze *familia* nach ihren verschiedenen Abtheilungen und Geschäften durchzugehen. Es werden indessen die Sklaven hier nur in ihrem Verhältnisse zum Hauswesen, in ihrer Stellung zu der Familie des Herrn und in ihren Geschäften betrachtet; während die allgemeinen privatrechtlichen Verhältnisse, die Erörterung der Begriffe, wie servitus iusta und non iusta, iure gentium und iure civili, manumissio u. s. w. ausser dem Kreise der Betrachtung liegen.

Ueber die Sklavenfamilie aus diesem Gesichtspunkte betrachtet haben Pignorius, de servis et eorum apud veteres ministeriis. Aug. Vind. 1613. Titus Popma, de operis servorum. Antverp. 1606. und Gori (in der Erklärung des Columbarium libertorum et servorum Liviae Augustae.) viel ungesichtet und ungeordnet zusammengestellt. Alle drei Abhandlungen finden sich in Poleni Suppl. z. Graev. thes. antt. Rom. tom. III. In neuerer Zeit erschienen die Abhandl. v. Burigny, in den mém. de l'Acad. des inser. Tom. XXXV. Blair, an inquiry into the state of slavery amongst the Romans. Edinb. 1833. Creuzer, in d. röm. Antiq. S. 34—81. und Blicke auf die Sklaverei im alten Rom, in s. deutschen Schriften, IV, 1, S. 1—74. Biot, de l'abolition de l'esclavage ancien en occident. Paris 1840. Wallon, histoire de l'esclavage dans l'antiquité. III. Paris 1847 f. — Die servi, die den Corporationen, Communen und dem Staat angehören und unserer Untersuchung fern sind, werden behandelt von Schumacher, de serv. publ. pop. Rom. Alton. 1806. und Gessner, de serv. Rom. publ. Berol. 1844. Pauly, Realenc. VI, S. 1102 ff.

Servi aut nascuntur aut fiunt: diese Inst. I, 3. ausgesprochene Distinktion ist zwar dort nur auf die Person des Sklaven, auf die doppelte Entstehung der Sklaverei, inwiefern einer im Sklavenverhältniss geboren oder aus einem Freien ein Sklave werden kann, zu beziehen, kann aber auch von der Art der Erwerbung von Seiten des Herrn gelten, dem er entweder auch durch die Geburt oder vermöge Kaufs angehört. Darüber handelt Wallon II, S. 17—70. (des sources de l'esclavage).

Käuflich wurden sie auf verschiedene Weise erworben, entweder *sub corona,* was nur von den Kriegsgefangenen (iure belli capti) gilt. Liv. V, 22. *Postero die libera corpora dictator sub corona vendidit.,* II, 17. XXIV, 42. XLI, 11. *quinque milla*

capitum sexcenta triginta duo (Istrier) *sub corona venierunt.*
VARRO R. R. II, 10. CAES. b. g. III, 16. CIC. ad Att. IV, 16.
V, 20. JOS. b. Jud. VI, 9. PLUT. Cat. mai. 21. OSENBRÜGGEN,
de iure belli et pacis. Lips. 1836. p. 48 ff. Der Ausdruck *sub
corona* wird von zwei alten Schriftstellern übereinstimmend
und unzweideutig von einem Kranze, den die Verkäuflichen
auf dem Kopfe trugen, erklärt. CAEL. SABIN. bei Gell. VII, 4.
*Sicuti antiquitus mancipia iure belli capta coronis induta veni-
bant et idcirco dicebantur sub corona venire.* Bei demselben
CATO de re mil., aber auch bei FEST. p. 306 M. *Sub corona
venire dicebantur, qui captivi coronati solent venire, ut ait Cato
—: ut populus sua opera potius ob rem bene gestam coronatus
supplicatum eat, quam re male gesta coronatus veneat. id autem
signum est nihil praestari a populo, quod etiam Plautus significat
in Hortulo: Praeco ibi adsit cum corona, quique liceat, veneat.*
Vgl. PLAUT. Menaechm. V, 9, 95 ff.

> *Auctio fiet Menaechmi mane sane septimi.*
> *Vaenibunt servi, supellex, aedes, fundi, omnia*
> *Venibunt, quiqui licebunt, praesenti pecunia.*

Alle anderen Erklärungen (corona militum u. s. w.) werden
dadurch beseitigt; die Bedeutung wird sich aus einem weiterhin anzuführenden Gebrauche erklären. Dass BOEGER, de
mancipiorum commercio apud Rom. Berol. 1841. S. 17 f. den
Verkauf *sub corona* auch auf die Händler überträgt und darin
ein Symbol für das Haften der mangones erblickt, beruht nicht
auf den Quellen. Nur öffentliche Verkäufe wurden *sub corona*
vorgenommen und dabei niemals gehaftet, s. unten und JUG-
LER, de nundinatione servorum. Lips. 1741.

Auf diesem Wege aber kamen in späterer Zeit wenigstens bei weitem in den seltensten Fällen die Sklaven an ihre
bleibenden Herren. Vielmehr waren es Händler *venalitii, mangones,* (AFRICAN. Dig. L, 16, 207. *mangones non mercatores
sed venaliciarios appellari.*) welche die Gefangenen gewöhnlich
in grösserer Zahl kauften, nach Rom brachten und dort damit
einen wahrscheinlich einträglichen aber verachteten Handel

trieben, der von der wirklichen mercatura (mit mercibus) ganz
getrennt wird. So z. B. Plaut. Trin. II, 2, 51.

> *Mercaturam an venales habuit, ubi rem perdidit?*

Dass die Händler von den aus der Fremde — namentlich von
dem Markt in Delos s. Charikles III, S. 16. — eingeführten
Sklaven Eingangszoll erlegen mussten und diesen vielfach zu
umgehen suchten, sehen wir aus Marcian. Dig. XXXIX, 4,
16. § 3. Sueton. de clar. rhet. 1. Quinct. decl. 340. Die
Betrüglichkeit der *mangones* überhaupt s. Quinct. III, 15, 25.
Plin. h. n. XXX, 5, 13. XXIV, 6, 22. XXI, 97 (170). XXXII,
47. XXXI, 97. Von dem mango wurden sie zum Theil öffentlich, auch wohl durch den *praeco* (Lucian. de merc. cond. 23.),
auf dem Markte verkauft. Zu diesem Zwecke stellte man sie
auf einem hölzernen Gerüste, *catasta*, mit weiss übertünchten
Füssen aus. Tib. II, 3, 59.

> *quem saepe coëgit*
> *Barbara gypsatos ferre catasta pedes.*

mit Heyne's und Wunderlichs Anm. Das gilt, wie es scheint,
ausschliesslich von den aus fremdem Lande neu eingeführten
Sklaven. Plin. h. n. XXXV, 17, 58. *Est et vilissima* (creta),
qua circum praeducere ad victoriae notam pedesque venalium
trans mare advectorum denotare instituerunt maiores. 18. *talem*
in catasta videre Chrysogonum Sullae —. tantumque non lau-
reatis fascibus remitti illo, unde cretatis pedibus advenissent. So
Iuv. I, 111.

> *Nuper in hanc urbem pedibus qui venerat albis.*

Ovid. amor. I, 8, 64.

> *Despice gypsati crimen inane pedis.*

Daher ist es ganz falsch, bei Tibull. *saepe* von mehrmaligem
Verkaufe zu verstehen. Vielmehr *regnum ipse tenebit saepe,*
quem. Die Rohheit und schonungslose Gemeinheit (*nudare,*
contrectare), mit der bei diesem Verkaufe verfahren wurde,
lässt sich aus Stellen abnehmen, wie Suet. Oct. 69. *conditiones*
quaesitas per amicos, qui matres familias et adultas aetate vir-
gines denudarent atque perspicerent, tanquam Thoranio mangone
vendente, oder Pers. VI, 77 ff.

Vende animam lucro, mercare atque excute sollers
Omne latus mundi; ne sit praestantior alter
Cappadocas rigida pingues plausisse catasta.

s. Casaub. zu d. St. Böttig. Sab. II, S. 204. Sen. ep. 80. controv. 1, 2. Lucian. vit. auct. 6. und Thl. I, S. 162. — Artig
beschreibt eine Scene der Art Mart. VI, 66., wo der praeco,
um den Käufern Lust zu machen, das verkäufliche Mädchen
bis terque quaterque basiavit, damit aber die entgegengesetzte
Wirkung hervorbrachte. Die Lobeserhebungen des Praeco
bei Hor. epist. II, 2, 3 ff.

hic et
Candidus et talos a vertice pulcher ad imos,
Fiet eritque tuus nummorum milibus octo,
Verna ministeriis ad nutus aptus heriles,
Literulis Graecis imbutus, idoneus arti etc.

und die anmuthige Schilderung bei Lucian. vit. auct. 1 ff.
geben ein anschauliches Bild solcher Verkäufe. Wie etwa bei
uns auf den Rossmärkten, so mussten auch die Sklaven, um
ihre Tüchtigkeit und Gesundheit zu beurkunden, laufen und
Sprünge machen, unstreitig oft durch die Peitsche des Ver-
käufers oder praeco angetrieben. Wie nach griechischem Gebrauche Menand. fragm. p. 69. (auch bei Harpocr. unter
κύκλοι) sagt:

ἐγὼ μὲν ἤδη μοι δοκῶ, ὴ τοὺς θεούς,
ἐν τοῖς κύκλοις ἐμαυτὸν ἐκδεδυκότα
ὁρᾶν κύκλῳ τρέχοντα καὶ πωλούμενον.

so auch Prop. IV, 5, 51.

Aut quorum titulus per barbara colla pependit,
Cretati medio quum saliere foro.

Weniger klar ist, was Stat. Silv. II, 1, 77. meint: *Non te bar-*
baricae versabat turbo catastae. Doch hat man nicht an eine
Maschine zum Drehen zu denken, sondern an ein Herumdrehen
des Sklaven (ebenso bei Pers. Sat. V, 78. *momento turbinis*),
so dass alle Umstehenden den Verkäuflichen von allen Seiten
zu sehen bekamen. Natürlich kamen sie aber auch auf andere
Art durch den praeco zum Verkaufe. So z. B. wurde der

Verkäufliche, wie es scheint, auf eine Erhöhung von Stein ausgestellt (πρατὴρ λίθος bei Poll. III, 78.), *lapis*, davon *de lapide emtus*. Plaut. Bacch. IV, 7. 17.

> *O stulte, stulte! nescis nunc venire te,*
> *Atque in eo ipso adstat lapide, ubi praeco praedicat.*

Col. III, 3. *de lapide noxium comparare.;* und darum nennt Cic. in Pis. 15. die von Clodius erkauften Tribunen *duos de lapide emtos tribunos plebis*. Turn. Adv. X, 3. Dem Verkäuflichen wurde nach einem alten Edikte der Aedilen eine Tafel (*titulus*, Sen. ep. 47.) um den Hals gehängt, worauf besonders angegeben war, ob er gesund sei und von Vergehen frei. Gell. IV, 2. *In edicto aedilium curulium, qua parte de mancipiis vendundis cautum est, scriptum sic fuit: Titulus servorum singulorum utei scriptus sit coerato, ita utei intelligi recte possit, quid morbi vitiive quoique sit, quis fugitivus errove sit noxave solutus non sit.* Hor. Ep. II, 2, 14 ff. Prop. IV, 5, 57. Varr. R. R. II, 10. Sen. contr. IV. Für die Richtigkeit dieser Angaben war der Verkäufer verantwortlich, *praestabat*. Cic. de off. III, 17. *sed etiam in mancipiorum venditione fraus venditoris omnis excluditur; qui enim scire debuit de sanitate, de fuga, de furtis, praestat edicto aedilium; heredum alia causa est.* Daher oben bei Prop. *quorum titulus per barbara colla pependit*. Varro R. R. II, 10. *In horum emtione solet accidere peculium aut excipi et stipulatio intercedere, sanum eum esse furtis, noxisque solutum.* Wollte der Verkäufer diese Garantie nicht geben, so wurde der Sklave *pileatus* verkauft. Dieser pileus hat demnach eine ähnliche Bedeutung wie die corona. Caelius Sabinus bei Gell. VII, 4. *Namque ut ea corona signum est captivorum venalium, ita pileus impositus demonstrabat, eiusmodi servos venumdari, quorum nomine emtori venditor nihil praestaret.* Das galt aber eben auch von Ersteren, *populus nihil praestabat*, wie Festus a. a. O. sagt. Ebenso enthielt jenes Edikt auch die Dig. XXI, 1, 37. 65. angeführte Bestimmung: *ne reterator pro novitio veniret*. und darauf bezieht sich Hor. Epist. II, 2, 11. *Prudens emisti vitiosum, dicta tibi est lex.*

Es waren indessen jedenfalls nur die gemeineren Sklaven,

mancipia vilioria, welche so zum öffentlichen Verkaufe kamen.
Die besseren, die entweder durch Schönheit oder Geschicklichkeit ausgezeichnet waren, wurden aus freier Hand in den Tabernen der Händler verkauft. So sagt MART. IX, 60. vom
Mamurra, der in den septis umherging, Alles besah und nichts
kaufte:

> *Inspexit molles pueros oculisque comedit*
> *Non hos quos primae prostituere casae:*
> *Sed quos arcanae servant tabulata catastae*
> *Et quos non populus nec mea turba videt.*

Primae casae sind der vordere Allen zugängliche Theil der
taberna; dagegen *tabulata arcanae cat.* das Getäfel der im
innern abgeschlossenen Raume der Taberne stehenden Catasta.
Aus dieser Stelle ersieht man auch, dass die Catasta von den
Sklavenhändlern überhaupt gebraucht wurde, um die Sklaven
dem Käufer genau zu zeigen. Keineswegs war diese Maschine
auf den Verkauf der neu eingebrachten Sklaven beschränkt,
wie BECKER glaubte. Noch weniger ist die Erklärung IEG-
LER's, welche WALLON S. 54 annimmt, zu billigen, dass catasta
an dieser Stelle, so wie VI, 29. X, 76. PERS. VI, 77. STAT
Silv. II, 1, 72. einen unter der Plattform befindlichen Raum
zur festen Aufbewahrung der Sklaven bedeute. Das Wort hat
allenthalben denselben oben erwähnten Sinn als hölzernes
Schaugerüste. Uebrigens ersieht man aus Martial, dass überhaupt bei den Händlern Sklaven aller Art zu verkaufen waren,
auch geringere (*quos primae prostituere casae.* SEN. de const.
13. *quorum tabernae pessimorum servorum turba refertae sunt*),
und dass nicht Jeder den Schönsten zu sehen bekam.

Als Ort solchen Verkaufs nennt MART. X, 80. die *Septa.*

> *Plorat Eros, quoties maculosae pocula murrae*
> *Inspicit aut pueros nobiliusve citrum.*
> *Et gemitus imo ducit de pectore, quod non*
> *Tota miser coëmat Septa feratque domum.*

und SEN. l. l. *ad Castoris.* — Solche Sklaven wurden oft zu
enormen Preisen verkauft. Bei HOR. Epist. II, 2, 5. wird ein
sehr angepriesener Sklave zu 8000 HS. (400 Thaler) angeboten.

Denselben Preis erwähnt Col. III, 3. für einen vinitor, und
der ältere Cato gab nie mehr als 1500 Denare für einen Sklaven, welches nicht einmal so viel beträgt, Plut. Cat. mai. 4.
Theurer war ein *Morio* bei Mart. VIII, 13, nämlich 20,000
HS. (1000 Thaler), aber Mart. I, 58. sagt:

Millia pro puero centum me mango poposcit.

Risi ego, sed Phoebus protenus illa dedit.

Eben so viel XI, 70. (d. i. 5000 Thaler) und Plin. h. n. VII,
10, 55, wo der Händler Toranius dem Antonius 2 Sklaven
(angeblich Zwillingsbrüder) für 200,000 HS. (10,000 Thaler)
verkauft. Varro bei Gell. XV, 19. *Si quantum operae sum-
sisti, ut tuus pistor bonum faceret panem, eius duodecimam phi-
losophiae dedisses, ipse bonus iampridem esses factus. Nunc
illum qui norunt volunt emere millibus centum, teque novit nemo
centussis.* Endlich sagt gar Mart. III, 62. *Centenis quod emis
pueros et saepe ducenis.* Vgl. Sen. ep. 27. de ill. gramm. 3.
(200,000 Sest.) Noch unsinnigere Preise erwähnen Plin. h. n.
VII, 40, 128. und Suet. Caes. 47. Damit steht in schroffem
Contrast die frühere Billigkeit Liv. XXII, 58. Dureau de la
Malle, écon. politique des Rom. I, S. 143—159. Wallon
II, S. 160—176.

Die meisten Sklaven scheint wie für Griechenland, so
auch für Rom Asien geliefert zu haben (Juv. V, 56. XI, 147.);
Syrier, Lydier, Karier, Mysier, Phrygier, ganz besonders aber
Kappadozier werden häufig genannt (Cic. p. red. in sen. 6.
Cappadocem modo abreptum de grege venalium diceres. Juv.
VII, 15.) und namentlich für wissenschaftliche Zwecke waren
griechische Sklaven sehr gewöhnlich. Sehr launig schildert
Cicero nicht von der besten Seite die Eigenthümlichkeit der
vier, die eigentliche Asia bildenden Landschaften, p. Flacco
27. *Utrum igitur nostrum est an vestrum hoc proverbium: Phry-
gem plagis fieri meliorem? Quid de tota Caria? Nonne hoc
vestra voce vulgatum est: si quid cum periculo experiri velis, in
Care id potissimum esse faciendum? Quid porro in Graeco sermone tam tritum est, quam, si quis despicatui ducitur, ut Myso-
rum ultimus esse dicatur? Nam quid ego dicam de Lydia? quis*

unquam Graecus comoediam scripsit, in qua servus primarum partium non Lydus esset. Es ist das unverkennbar von den an den Sklaven gemachten Erfahrungen entlehnt. Zur Charakteristik der griechischen Sklaven dient auch, was derselbe de or. II, 66. sagt: *nostros homines similes esse Syrorum venalium: ut quisque optime graece sciret, ita esse nequissimum.* Ausserdem lieferten natürlich alle eroberten Länder Sklaven, namentlich Gallien; s. oben CAESAR (*sub corona*). Auch Cic. pro Quint. 6. von einem L. Publicius: *qui e Gallia pueros venales isti* (Naevio) *adducebat.* Allein diese Sklaven keltischer und germanischer Abkunft scheinen in der Regel nur zur Landarbeit gebraucht worden zu sein. So sagt VARRO R. R. I, 1. *Galli appositissimi, maxime ad iumenta.* Als Luxussklaven hielt man Neger, *Aethiopes*, MART. VII, 87. *fruitur tristi Canius Aethiope,* und VI, 39. *Hic qui retorto crine Maurus incedit Sobolem fatetur esse se coci Santrae.* JUV. V, 52. *cursor Getulus — Maurus* PETRON. 34. Schon bei dem AUCT. ad Herenn. IV, 50. befiehlt der Windbeutel: *ut ab armculo rogetur Aethiops qui ad balneas veniat.* Damit stimmt vortrefflich die Statue eines jungen Negersklaven überein, der den Badeapparat trägt. MUS. PIO-CLEM. III, tav. 35. Unter den Kaisern kamen noch Numidier hinzu, die als Vorreiter gebraucht wurden. Ausserdem waren zahlreich Dacier, Scythen, Sarmaten, Mösier (POLYB. IV, 38, 4. JUV. III, 240. 143.), Indier (HOR. Sat. II, 8, 14. JUV. XI, 125.), Spanier und die Sarden, die rohesten und unbrauchbarsten von Allen; STRABO geogr. V, 2. CIC. ad div. VII, 24. PLUT. qu. Rom. 53. BOEGER, de mancip. commercio apud Rom. p. 24 — 32. HEYNE in opusc. IV, S. 120. e quibus terris mancipia in Graec. et Rom. fora advecta fuerint. Stets wurde die Heimath angegeben beim Verkauf. ULP. Dig. XXI, 1, 31. § 21.

Der Grundsatz, dass ein Römer nicht eines andern Römers Sklave sein könne, wurde noch strenger festgehalten, als dieselbe Ansicht unter den Griechen. Ueber letztere s. Charikl. II, S. 32. In Rom konnte zwar auch der insolvente Schuldner dem Gläubiger zugesprochen werden (*addicere*),

aber sein Sklave konnte er nicht werden, sondern musste ins
Ausland, in der damaligen Sprache *trans Tiberim* verkauft
werden. GELL. XX, 1, 45. *Tertiis autem nundinis capite poe-
nas dabant, aut trans Tiberim venum ibant.* Dasselbe geschah,
wenn ein römischer Bürger vom Staate (wegen nicht erfüllter
Militärpflichtigkeit) verkauft wurde: *quem populus vendidit*
Beispiele VAL. MAX. VI, 3, 4. CIC. de or. 1, 40. p. Caec. 34.
Dagegen scheinen die Römer den bei den Griechen nach und
nach herrschenden Grundsatz nicht in gleichem Masse anerkannt zu haben, dass bei gleicher nationaler Abstammung
gegenseitige Sklaverei unzulässig sei, s. Charikl. II, S. 27.
So konnten die kriegsgefangenen italischen Bundesgenossen
römische Sklaven werden. CIC. p. Cluent. 7. *M. Aurius ado-
lescentulus bello Italico captus* (aus Lavinum) *apud Asculum in
Q. Sergii senatoris manus incidit et apud eum fuit in ergastulo.*
Der Grieche also urtheilte, dass kein Hellene eines Hellenen
Sklave sein dürfe; der Römer, dass kein römischer Bürger
einem anderen dienen dürfe. So bei PLAUT. Trin. II, 4, 144.
die Campaner: und überhaupt geht es aus allen Verkäufen
der Gefangenen hervor.

Im Gegensatze zu diesen käuflich erworbenen Sklaven
hiessen *vernae*, auch wohl *vernaculi* (MART. X, 3.), die aus dem
contubernium der Sklaven hervorgegangenen oder überhaupt
von einer Sklavin dem Herrn geborenen Kinder. Die Ableitung des Namens, welche die Grammatiker geben, ist wie gewöhnlich nur dem Buchstaben nach gemacht. FEST. p. 372.
*Vernae, qui in villis vere nati, quod tempus duce natura feturae
est et tunc rem divinam instituerit Marti Numa Pompilius pacis
concordiaeve obtinendae gratia inter Sabinos Romanosque, ut
vernae viverent ne (neu) vincerent. Romanos enim vernas appellabant, id est, ibidem natos, quod vincere perniciosum arbi-
trium (arbitratum) Sabinis, qui coniuncti erant cum P. R.* Noch
unrichtiger Nox. I, 206. *Vernas veteres appellabant, qui vere
sacro fuerant nati et habebatur nomen hoc pro vitabili maledicto.*
So dunkel die Worte bei FESTUS sind, so sieht man doch, dass

die alte Bedeutung des Wortes die des Heimischen ist im
Gegensatze zum Ankömmling, s. Göttling, Staatsverf. S. 132.
Das wird bestätigt durch die von Servius Ms. Fuld. zu Verg.
Aen. I, 17. angeführte Formel aus den Sacris Tiburtibus: *Iuno
curis tuo curru clypeoque tuere meos curiae vernulas.* In ähnlicher Weise nennt Mart. X, 76. einen aus wirklichem Römer-
blute Stammenden *Numae verna.* Der Name bezeichnet daher
nicht jeden im Sklavenstande als Sklaven geborenen, sondern
nur den, der in der Familie des Herrn selbst geboren ist. Geht
er daraus in eines Andern Besitz über, so hört er natürlich
in Bezug auf die neue familia, in die er eintritt, auf, verna zu
sein. Es ist dasselbe, was bei den Griechen οἰκότριψ, das die
Grammatiker durch δοῦλος οἰκογενής erklären. Aufgewachsen
im Hause, mit den Verhältnissen desselben wie mit den Eigen-
heiten und Gewohnheiten der Herren bekannt, waren sie zur
Bedienung vorzugsweise geschickt und desshalb in gewisser
Hinsicht geschätzt. Daher sagt der Verkäufer bei Hor. Ep.
II, 2, 6. zur Empfehlung seines Sklaven: *Verna ministeriis: ad
nutus aptus heriles.* Aber eben diese Vertraulichkeit und Be-
kanntschaft mit den Schwächen des Herrn führte oft zu grosser Dreistigkeit und die *licentia vernarum* ist sprüchwörtlich
geworden. So nennt sie Hor. Sat. II, 6, 66. *procaces,* so ver-
bindet Mart. X, 3. *vernaculorum dicta* und *foeda linguae pro-
bra circulatricis,* I, 42. Daher bei Tib. I, 5, 26. *garrulus verna.*
und Sen. de provid. 1. *cogita, filiorum nos modestia delectari,
vernaculorum licentia.* Am sprechendsten ist die Erzählung
bei Tacit. Hist. II, 88. *Incuriosos milites vernacula ut reban-
tur urbanitate quidam spoliavere abscisis furtim balteis, an ac-
cincti forent, rogitantes.* Daher werden denn auch *vernilia
dicta* für scurrilia und verniles blanditiae gesagt. Auf Inschriften treffen wir zuweilen *vernae,* Orelli Henzen 2808 ff. und
2812 setzen die emptricii einem verna ein Denkmal und die
Fasten des Collegiums von Antium 6145 gedenken eines *dies
festus vernarum.*

Wenn sonst auf andere Weise, wie z. B. hereditate, Skla-

ven erworben wurden, so wird dadurch nichts in dem Verhältnisse geändert, sondern sie werden immer entweder mit den
emtis oder den vernis auf einer Linie stehen.

Die Gesammtheit der einem Herrn gehörigen Sklaven
theilt sich zunächst ein in die *familia urbana* und *familia
rustica*, nicht nur wegen des verschiedenen Aufenthalts in der
Stadt und auf den Villen, sondern hinsichtlich der verschiedenen Beschäftigung. POMPON. Dig. L, 16, 166. *Urbana familia
et rustica non loco sed genere distinguitur.* ORELLI HENZEN
2857 ff. 2862 ff. 6275. 6283. Daher konnte die familia urbana
den Herrn auf die Villa begleiten, ohne des Aufenthalts wegen
rustica genannt werden zu können. Die familia rustica wird
von dem Herrn zur Bewirthschaftung seiner Ländereien gebraucht, die urbana für seine Bedienung und mannigfaltigsten
Bedürfnisse.

Die Einfachheit der alten Zeit wusste freilich von einem
solchen Sklavenheere (SEN. de tranq. 8.) nichts, und selbst
Consuln zogen mit wenigen Sklaven ins Feld. APPUL. Apol.
p. 430 Oudend. *Itane tandem ne haec quidem legere patroni
tui? M. Antonium consularem solos octo servos domi habuisse?
Carbonem vero illum, qui rebus potitus est, non minus? At enim
M'.Curio tot adoreis longe inclyto, quippe qui ter triumphum una
porta egerit, ei igitur M'. Curio duos solos in castris calones
fuisse? — M. autem Cato — ipse in oratione sua scriptum reliquit, cum in Hispaniam consul proficisceretur, tris servos solos
ex urbe duxisse.* Und von diesen wenigen Sklaven wurde vielleicht nur einer zur eigentlichen nächsten Bedienung gebraucht, woraus sich die Namen: *Caipor, Lucipor, Marcipor,
Publipor, Quintipor* erklären; denn sonst hätten dieselben keinen Sinn. QUINCT. Inst. I, 4, 7. *In servis iam intercidit illud
genus, quod ducebatur a domino, unde Marcipores Publiporesque.*
FEST. p. 257. *Quintipor servile nomen frequens apud antiquos
erat, a praenomine domini ductum.* PLINIUS sagt XXXIII, 1, 6.
wo er vom Versiegeln der Zellen spricht: *Hoc profecere mancipiorum legiones et in domo turba externa ac servorum quoque
causa nomenclator adhibendus. Aliter apud antiquos singuli*

Marcipores Luciporesve dominorum gentiles omnem victum in promiscuo habebant. Mit lebendigen Farben schildert die Bedienung beim Mahle nach alter Sitte JUVEN. XI, 145 ff.

Plebeios calices et paucis assibus emtos
Porrigit incultus puer, atque a frigore tutus;
Non Phryx, aut Lycius, non a mangone petitus
Quisquam erit in magno, cum posces, posce latine.
Idem habitus cunctis, tonsi rectique capilli,
Atque hodie tantum propter convivia pexi.

Die von APPUL. angeführten Beispiele des M. Antonius und Cn. Papirius Carbo fallen schon in die Zeit der sinkenden Republik (Marius und Cinna) und waren vermuthlich damals schon Ausnahmen: denn fast gleichzeitig finden wir (in Cicero's Zeit) grosse Schwärme von Sklaven, die nur zur Bedienung und zum Gefolge des Herrn und seiner Familie gehören. So erzählt Asc. argum. p. Mil. p. 32 Or. von Clodius und Milo: *vehebatur Clodius equo, servi XXX fere expediti, ut illo tempore mos erat iter facientibus, sequebantur. — Milo reda vehebatur cum uxore —. Sequebatur eos magnum servorum agmen, inter quos gladiatores quoque erant* etc. und so spricht CIC. selbst c. 10. von *magno — ancillarum puerorumque comitatu.* und 21. *Milo tum casu pueros symphoniacos uxoris ducebat et ancillarum greges.* So reiset auch Vedius, CIC. ad Att. VI, 1. s. PLUT. Crass. 2. Diesen ausserordentlichen Aufwand in der Bedienung tadelt indirekt CIC. de leg. agr. II, 28. *neque istorum pecuniis quidquam aliud deesse video, nisi eiusmodi fundos, quorum subsidio familiarum magnitudines et Cumanorum ac Puteolanorum praediorum sumtus sustentare possint.* Abgesehen von einem solchen Luxus und einer übertriebenen Zahl von Sklaven, scheint indessen doch Cicero selbst für einen anständigen Haushalt eine ziemliche Anzahl zu fordern, und es konnte selbst zum Vorwurfe gereichen, für die einzelnen Geschäfte nicht besondere Sklaven zu haben. So sagt CICERO (in Pis. 27.), wo er das liederliche Hauswesen des Piso beschreibt: *idem coquus, idem atriensis,* und HOR. Sat. I, 3, 12. scheint als geringste Zahl für einen in leidlichen Umständen Lebenden

zehn Sklaven anzunehmen, ja er rügt sogar, Sat. I, 6, 107 ff.
die Unschicklichkeit des Prätor Tullius, dem nicht mehr als
fünf Sklaven von der Tiburtinischen Villa nach Rom gefolgt
waren. — Aus der folgenden Zeit werden uns fast unglaubliche Zahlen genannt. So erzählt Plinius XXXIII, 10.
C. Caecilius Claudius Isidorus testamento suo edixit (a. U. 744),
*quamvis multa civili bello perdidisset, tamen relinquere servorum
quatuor millia centum sedecim.* Tac. Ann. III, 53. XIV, 43.
44. Sex. de tranq. 8. epist. 17. Ath. VI, 7. ἀλλὰ Ῥωμαίων
ἕκαστος — πλείστους ὅσους κεκτημένους οἰκέτας, καὶ γὰρ μυρίους
καὶ δισμυρίους καὶ ἔτι πλείους δὲ πάμπολλοι κέκτηνται etc. Das
sind indessen noch nicht die grössten Zahlen. Wenn auch die
ganze Tendenz der Schrift Petrons erwarten lässt, dass er
auch in der Angabe der familia Trimalchionis absichtlich über-
trieb, so haben doch diese Uebertreibungen selbst keinen Sinn
ohne Voraussetzung ausserordentlicher Zahlen und wie vieles
dort Erzähltes, das auch nur Erfindung scheinen könnte, wird
nicht anderweit bestätigt. Dort heisst es c. 37. *Familia vero
babae! non me Hercules puto decimam partem esse, quae herum
suum novit.* 47. fragt Trimalchio einen der Haussklaven: *ex
quota decuria es?* und er antwortet: *e quadragesima.* und 53.
liest ein actuarius vor, was auf den Gütern des Trimalchio
vorgefallen war, und darunter: *VII. Kal. Sext. nati sunt pueri
XXX, puellae XL.* Das ist allerdings lächerliche Uebertrei-
bung; wenn man aber bedenkt, dass noch zur Zeit der Republik Crassus den nicht für reich erkannte, der nicht *reditu
annuo legionem tueri posset,* so lässt sich in Petrons Zeit allerdings ein wahrhaft monströser Reichthum und in Folge desselben eine ungeheure Sklavenzahl als möglich denken. S.
endlich Vor. Proc. 12. und Dureau de la Malle, écon. polit.
I. p. 230—289. Wallon II, p. 72—89. 142—159. Auch das
findet sich, dass den einzelnen Dekurien der Sklaven *Decu-
riones* vorstanden. So wird Suet. Dom. 17. ein *decurio cubi-
culariorum* genannt, und ebenso mehrmals auf Inschriften,
Orelli Henzen n. 2785. und p. 512. Gewöhnlich bezieht es
sich auf die domus Augusta, doch wird es auch in andern

Häusern solche Decurionen gegeben haben. Siehe die Pompejanische Mauerschrift in AVELLINO, bullet. Nap. II, 2, N. 19.
quaeres Fabium et Fallacem (zwei Sklaven) *in decuria Cotini.*
Auch der Name *cubicularius III vir* deutet diese Eintheilungen an. ORELLI n. 2863.

Die ausserordentliche Menge, von der natürlich die Mehr-
zahl auf den Landgütern verwendet wurde (PLIN. h. n. XVIII,
6. SEN. de ben. VII, 10.), aber auch Hunderte der familia
urbana angehörten, machten nun eben solche Eintheilungen
nothwendig, wie überhaupt eine förmliche Organisation, um
eine Uebersicht zu gewinnen und einige Ordnung in dieses
Sklavenheer zu bringen. In dieser Hinsicht lassen sich gewisse Klassen festsetzen, die nach Massgabe ihrer Beschäftigung einen höheren oder niederen Rang einnahmen. Diese
Klassen sind: *ordinarii* (mit ihren *vicariis*), *vulgares, media
stini, qualesquales.* So unterscheidet wenigstens ULP. Dig.
XLVII, 10, 15. *Multum interest, qualis servus sit; bonae frugi,
ordinarius, dispensator, an vero vulgaris, vel mediastinus, an
qualisqualis.*

Ordinarii

scheinen die angeseheneren (*honestior,* CIC. Parad. V, 2.) Sklaven genannt worden zu sein, welche über gewisse Theile des
Hauswesens die Oberaufsicht führten und daher anderen vor-
gesetzt waren, auch ihre eignen Sklaven oder *vicarios* haben
durften. Es waren demnach Leute, die das besondere Ver-
trauen des Herrn genossen, denen die Verwaltung des Vermögens mit Einnahme und Ausgabe übertragen war, und die
im Hause wie auf der Villa die übrige Familie beaufsichtigten,
anstellten und in Ordnung erhielten. Nun werden eigentlich
von ULPIAN nicht ausdrücklich die verschiedenen Klassen angegeben und es kann selbst zweifelhaft scheinen, ob nicht die
Worte *ordinarius dispensator* zu verbinden sind, da es auch
bei SUET. Galb. 12. heisst: *ordinario dispensatori breviarium
rationum offerenti* etc., indessen versteht es sich von selbst,
dass es in der Familie solche geben musste, welche *caeteris
praefecti erant* und solche, die frei von niederen gewöhnlichen

Sklavendiensten waren. Diese scheinen allerdings *ordinarii* genannt worden zu sein. SEN. ep. 110. *Unicuique nostrum paedagogum dari deum, non quidem ordinarium, sed hunc inferioris notae ex eorum numero, quos Ovidius ait de plebe deos.* Daher sagt ders. de ben. III, 28. *quo te isti efferunt? ad ostium alicuius ostiarii; ad hortos alicuius ne ordinarium quidem habentis officium.* Namentlich wird der Ausdruck *ordinarius* im Gegensatze zu dem *vicarius* gebraucht. So hiess nämlich eines Sklaven Sklave. Wie überhaupt der Grundsatz: *quodcunque per servum acquiritur, id domino acquiritur.*, nicht streng festgehalten wurde, und der Sklave durch Ersparnisse oder auf andere Weise zu einem Eigenthume, *peculium*, gelangen konnte, so durfte auch der Angesehenere sich zu seiner Unterstützung eigne Sklaven halten, die zu seinem *peculium* gehörten. HOR. Sat. II, 7, 79. *Vicarius est, qui servo paret.* und in gleichem Sinne MART. II, 18, 7. wo der Dichter dem Patron die *opera togata* aufkündigt, weil dieser selbst wieder einen rex habe.

> *Esse sat est servum; iam nolo vicarius esse.*
> *Qui rex est, regem, Maxime, non habeat.*

Oft kommen vicarii auf Inschriften vor, ORELLI HENZEN 362. 2820 ff. 2860. 5362. 6277. 6279. u. a. Das waren nun eben, wenigstens in früherer Zeit, nur *ordinarii*, welche einen vicarius hielten. ULP. Dig. XV, 1, 17. *Si servus meus ordinarius vicarios habeat, id, quod vicarii mihi debent, an deducam ex peculio servi ordinarii?* und XIV, 4, 6. Diese Stellvertretung gehört nicht nur der späteren Zeit an, wo wir allerdings Sklaven finden, die es nur dem Namen nach sind, ihre eigne Wohnung, eignen Haushalt und grosses Vermögen haben; vielmehr gedenkt ihrer schon PLAUT. Asin. II, 4, 28., wo sich der Pseudo-Atriensis Saurea mit seinem angeblichen Vicarius brüstet:

> — *Vah, delenire adparas: scio mihi vicarium esse*
> *Neque eo esse servom in aedibus eri, qui sit pluris quam illest.*

Ia CIC. Verr. III, 28., wo er die vilitas des Diognotus (eines servus publicus) hervorheben will, sagt: *vicarium nullum habet, nihil omnino peculii.* und von dem Demetrius, Freigelassenen des Pompeius, führt Sen. de tranq. 8. an, dass er zwei vicarios gehabt habe und cella laxior. — Ein ähnliches Verhältniss fand Statt, wenn der Herr einem der Sklaven, welche dem Hauswesen vorstanden, einen untergeordneten Sklaven zur Hülfe beigab. Der Unterschied ist dann nur der, dass der ordinarius dem Herrn für seinen vicarius verantwortlich ist, dagegen der vom Herrn gegebene ihm unmittelbar. Daher Plaut. Mil. III, 2, 12.

> *Deprompsit nardini amphoram cellarius.*
> *Eho tu, sceleste, qui illi suppromu's: eho.*

und 25.

> *Bono subpromo et promo cellam creditam.*

und so wird derselbe 55. *subcustos* genannt. In gleichem Sinne nennt sich Pseud. (II, 2, 13.) *Subballio* als angeblicher atriensis des Ballio.

Die erste Stelle in der ganzen familia, wenigstens der urbana, nimmt der *procurator* ein, wahrscheinlich der, dem der Herr die Verwaltung des Vermögens oder einen Theil desselben übertrug. Mit diesem procurator ist der in den Rechtsquellen unter diesem Namen oft vorkommende Generalbevollmächtigte, welcher nur ein Freier sein konnte, nicht zu verwechseln. Rein, römisches Privatrecht S. 880. Keller, Semestr. I, p. 117 ff. Von diesem handelt Dig. III, 3. und Cic. p. Caec. 20. (in Bezug auf die Worte des Interdikts: unde tu, aut familia tua, aut procurator tuus): *De liberis autem quisquis est, procuratoris nomine appellatur: non quo omnes sint aut appellentur procuratores, qui negotii nostri aliquid gerant etc.* Dann weiterhin: *utrum me tuus procurator deiecerit is, qui legitime procurator dicitur omnium rerum eius, qui in Italia non sit absitve reipublicae causa, quasi quidam paene dominus, h. e. alieni iuris vicarius.* Endlich: *Tam restitues, si tuus me libertus deiecerit nulli tuo praepositus negotio, quam si procurator deiecerit: non quo omnes sint procuratores, qui aliquid nostri negotii gerunt, sed quod in hac re quaeri nihil attinet.* Dagegen sind die zum Hause gehörenden procuratores Sklaven oder Freigelassene, welchen der Herr die Aufsicht über irgend einen

Theil des Hauswesens anvertraut hat. Auch in dieser Bedeutung kommt der Name bei CICERO, besonders in Bezug auf die Verwaltung der Landgüter vor: de or. 1, 58. *si mandandum aliquid procuratori de agricultura aut imperandum villico sit.* ad Att. XIV, 16. *cum Piliae nostrae villam ad Lucrinum villicosque et procuratores tradidissem.* PLIN. ep. III, 19. von der vortheilhaften Lage zweier Landgüter: *posse utraque eadem opera eodem viatico invisere, sub eodem procuratore ac paene iisdem actoribus.* COL. 1, 6. S. ferner PLAUT. Pseud. II, 2, 13. *procurator peni,* VARRO R. R. III, 6. von dem über die Pfauenzucht gesetzten (wenn nicht *procurator villae* gemeint ist), so *procuratores hortorum* u. s. w. In der Bedeutung aber dessen, dem die gesammte Verwaltung übertragen ist und dem die gesammte familia untergeben ist, kommt das Wort erst spät vor. PETR. 30. *Iam ad triclinium veneramus, in cuius parte prima procurator rationes accipiebat.* SEN. epist. 14. *Rationes accipit, forum conterit, calendarium versat, fit ex domino procurator.* QUINCT. decl. 345. *Satis sit vobis, o divites, hos vestras praestare fortunas, quod per dispensatores foeneratis, quod familiam per procuratores continetis.* Vgl. JORDAN zu Cic. p. Caec. 253 fg. Die procuratores der Inschriften sind von diesen ganz verschieden oder sind kaiserliche Freigelassene, wie *proc. villae Alsiensis,* ORELLI HENZEN 5144.

Neben dem *procurator* werden zunächst der *actor* und der *dispensator* genannt. Der actor (ORELLI 1233. 1590. 1773. *act. praediorum Tublinatium.* 2695. 2731. 2788. 4141. 4688. 4809. 4913. 5307. 6143. meistens Freigelassene) scheint vorzüglich in die familia rustica zu gehören und bedeutet fast so viel als villicus. COLUM. I, 7. *ita fit, ut et actor et familia peccet.* ib. 8. *Idemque actori praecipiendum est, ne convictum cum domestico, multo minus cum extero habeat.* Wenn SCAEV. Dig. XXXIII, 7, 20. unter dem *instrumentum fundi* beide, den *actor* und den *villicus,* neben einander aufführt und so die Namen in verschiedenem Sinne nimmt, so lässt sich das daraus erklären, dass es auf den Landgütern oft neben dem villicus, dem rein die Landwirthschaft oblag, einen besonderen

Rechnungsführer geben mochte; es konnte aber der villicus zugleich actor sein. Dann hatte dieser noch einen procurator über sich; in keinem Fall aber bestanden villicus, actor und procurator neben einander. Das lehrt die Vergleichung der Stellen, wie PLIN. ep. III, 19. s. oben, COLUM. I, 6. *Villico iuxta ianuam fiat habitatio, ut intrantium exeuntiumque conspectum habeat: procuratori supra ianuam ob easdem causas.*

Der *dispensator* ist der Kassirer und Rechnungsführer vorzüglich in der familia urbana. CIC. Att. XI, 1. *nihil scire potui de nostris domesticis rebus, de quibus acerbissime afflictor, quod qui eas dispensarit, neque adest istic, neque ubi terrarum sit scio.* PAUL. DIAC. p. 72 M. *dispensatores dicti, qui aes pensantes expendebant.* Doch giebt es auch dispensatores der familia rustica. POMPON. Dig. L, 16, 166. *Potest enim aliquis dispensator non esse servorum urbanorum numero; veluti is, qui rusticarum rerum rationes dispenset ibique habitet, non multum abest a villico.* ORELLI 103. *dispens. villae Mamurranae* (Freigelassene). Beide stellt auch zusammen CIC. de rep. V, 3. *ut villicus naturam agri novit, dispensator literas scit* etc. Seine angesehene Stellung s. PETRON. 30., wo sich derselbe einen eignen capsarius hält und SUET. Ner. 44. — Wenn eine Unterordnung des *dispensator* unter den *procurator* angenommen wird, so kann das in einzelnen Fällen Statt gefunden haben, aber gewöhnlich legt der dispensator dem Herrn selbst Rechnung ab. SUET. Galb. 12. *ordinario dispensatori breviarium rationum offerenti.* Vesp. 22. *admonente dispensatore, quemadmodum summam rationibus vellet referri, Vespasiano, inquit, adamato.* So auch CIC. Fgmt. bei NON. III, 18. *Quid tu, inquam, soles cum rationem a dispensatore accipis, si aera singula probasti, summam, quae ex his confecta sit, non probare?* vgl. MART. V, 42. IUV. I, 91. VII, 219. ORELL. inscr. 2782. Etwas Aehnliches und in älterer Zeit wohl ganz dasselbe, was procurator und dispensator, war der *atriensis.* ORELLI HENZEN 2784. 2891. 2966. 6285. 6305. 6445. So in den klassischen Stellen bei PLAUT. Asin. II, 4. wo der Pseudo-Saurea als atriensis Gelder einnimmt und ausleihet, Wein und Oel verkauft, Ge-

schirre verborgt, und die Aufsicht über das ganze Hauswesen
führt, *cui omnium rerum herus summam credidit.* Darum kann
er auch Pseud. II, 2, 13 ff. mit dem *cellarius* oder *promus* ver-
wechselt werden:

H. *Tune's Ballio?* Ps. *Immo vero ego eius sum Subballio.*

H. *Quid istuc verbist?* Ps. *Condus promus sum, procurator*
peni.

H. *Quasi te dicas atriensem.* Ps. *Immo atriensi ego impero.*
Man sieht daraus, dass der atriensis die Aufsicht über das
ganze Haus und Hauswesen führte: in späterer Zeit aber mag
es besondere atrienses gegeben haben, die für die Ordnung im
Atrium und die imagines und überhaupt für Reinlichkeit und
Ordnung im ganzen Hause als Oberaufseher der dazu bestimmten Sklaven zu sorgen hatten. — Zu den ordinariis
gehörte auch der *cellarius* oder *condus promus*, welcher die
Aufsicht über die *cella penaria* und *vinaria*, überhaupt den
sämmtlichen Bedarf an Lebensmitteln hatte, täglich das Nöthige herausgab, und das Uebriggebliebene wieder in Verwah-
rung nahm, daher *procurator peni.* Plaut. Pseud. II, 2, 13.
condus promus etc. s. oben. Capt. IV, 2, 115.

Sume, posce, prome quidvis; te facio cellarium.
worauf der Parasit IV, 3, 1. sagt: *mihi rem summam credidit*
cibariam. Vgl. Mil. III, 2, 11. 24. wo auch ein *suppromus* erwähnt wird, ungefähr wie die Dispensatoren *amanuenses* hatten.
Colum. XI, 1. *Ut cibus et potio sine fraude a cellariis prae-*
beantur. Vielleicht war er auch, wie diese Stelle zeigt, zugleich der, welcher der familia das *demensum, cibum demensum*
austheilte, s. unten. — Unter die *ordinarios* mögen auch die
negotiatores gerechnet werden, unter denen man Sklaven versteht, welche im Auftrage und für Rechnung ihres Herrn in
den Provinzen Geldgeschäfte (nicht Handel, *mercaturam* s.
Ernesti Clav. s. v. *negotiator.*) trieben. S. Obbar. ad Hor.
Ep. I, 1, 45. p. 63 sq. Dass dies in einzelnen Fällen und in
späterer Zeit geschehen sein kann, mag nicht geleugnet werden. Früher war für den *ordo senatorius* jeder *quaestus inde-*
corus, s. Vind. comoed. Rom. p. 74. und die *equites* bedienten

sich nicht der Sklaven, sondern waren die *negotiatores* selbst. In dieselbe Kategorie fallen die *institores* (Dig. XIV, 3, 18. *institor est, qui tabernae locove ad emendum vendendumve praeponitur*) und *exercitores* (IUST. IV, 7, 2. *cum quis servum suum magistrum navis praeposuerit.*), welche für den Herrn alle Arten von Handelsgeschäften und zwar selbständig besorgten, unsern Faktoren analog; oder auch Gastwirthschaft betrieben. Dig. IV, 9, 1, §. 5. XXXIII, 7, 13 pr. 15 pr. Die ersteren handelten theils in Buden, theils als Hausirer und Colporteurs. Dig. XIV, 3, 5, §. 1 ff. zeigt, dass das Wort im weitesten Sinne gebraucht wurde. Beispiele s. Thl. I, S. 148 f. OVID, a. amat. I, 421. JUV. VII, 221. ORELLI 4202 f.

Die grosse Anzahl vermuthlich nicht immer ruhiger Sklaven machte sogar eigene *silentiarios* nöthig, welche über die Ruhe im Hause wachten. So sagt SALVIAN. de gub. dei IV, 3. *Servi quippe pavent actores, pavent silentiarios, pavent procuratores; ab omnibus caeduntur.* Zwar ist das im fünften Jahrhundert geschrieben, allein schon SENECA gedenkt ihrer ep. 47. (d. h. der Sache, nicht des Namens) und mehrere Inschriften nennen sie bei FABRETTI p. 206. n. 54—56. und ORELL. n. 2956. (freilich ein kaiserlicher Freigelassener).

Wie die Sklaven, welche als Künstler und für wissenschaftliche Zwecke gebraucht wurden, angesehen worden seien, und ob man sie zu den ordinariis zu rechnen habe, ergiebt sich nicht bestimmt. Jedenfalls gelten sie als *honestiores* und *lautiores*. CIC. Parad. V, 2. *ut in magna familia sunt alii lautiores, ut sibi videntur, servi, sed tamen servi, atrienses ac topiarii.* Ihnen setzt er dann entgegen *qui non honestissimum locum servitutis tenent.* Wenn man aber ferner festhält, dass *ordinarius* und *vicarius* Correlata sind, so können auch solche Sklaven *ordinarii* heissen; denn der Fall, dass sie vicarios hatten, war gewiss häufig. Ein Beispiel bei CIC. Verr. I, 36. wo Verres sich die Sklaven seines Mündels Malleolus angeeignet hat: *servos artifices pupilli cum haberet domi, circum pedes autem homines formosos et literatos, suos esse dicebat* etc. Dann: *homines, posteaquam reus factus est, alii redditi, alii*

etiamnunc retinentur, peculia omnium vicariique retinentur. Von
solchen Sklaven spricht Cic. p. Rosc. Am. 41. *omnium deliciarum et omnium artium puerulos ex tot elegantissimis familiis
lectos — horum literas adamavit aut humanitatem.* Diese
Klasse nun ist in der römischen familia sehr gross, allein nur
wenige sollen hier näher besprochen werden, denn Manche erklären sich von selbst, von Anderen ist passender da zu sprechen, wo von den Bedürfnissen, für die sie sorgten, ausdrücklich gehandelt wird. Der Uebersicht wegen sollen die Namen
aller hier Platz finden. Zuerst die eigentlichen Künstler: *archi-
tecti, fabri, parimentarii, marmorarii, figuli, tectores, tegularii,
statuarii, pictores, caelatores, plumarii, topiarii* (ab hortorum
cultura), *viridarii, aquarii* (s. über die drei letzten den Excurs
über die Gärten), *gemmarii, sculptores, margaritarii, sandarii
caratarii;* daran schliessen sich die zur Belustigung dienenden
symphoniaci, ludiones, mimi, funambuli oder *schoenobatae, petauristae, saltatrices, gladiatores;* tiefer herab: *moriones, fatui*
und *fatuae, nani* und *nanae* oder *pumiliones.* Ferner die Aufseher über Bibliothek und Kunstsachen: *a bibliotheca, a statuis*
(Gori, columb. Liv. Aug. p. 178.), *a pinacotheca* (Orell. inscr.
n. 2417.) und die zahlreiche Klasse der literati, als *anagnostae,
librarii* (vieldeutig), *notarii, a studiis, a manu* oder *ab epistolis,*
an die sich die *tabellarii* reihen mögen. Endlich sind zu nennen
die *medici* mit ihren Abstufungen, von denen zuerst zu sprechen
ist. S. Gevers, de servilis conditionis hominibus, artes, literas
et scient. colentibus. Lugd. Bat. 1816.

Medici, chirurgi, iatraliptae.

Die Arzneikunde erlangte spät erst zu Rom Ansehen und
wurde fast nur von Ausländern betrieben. Plin. XXIX, 1, 6.
erzählt, dass nach Angabe des Cassius Hemina im Jahre der
St. 535. der erste griechische Arzt, Archagathus, aus dem Pe-
loponnes nach Rom gekommen sei. Allein die Bewunderung,
welche anfänglich ihrer Kunst zu Theil wurde, verwandelte
sich bald in Misstrauen und theilweise selbst Abscheu. Cato
warnte seinen Sohn ernstlich vor den griechischen Aerzten
und dem Studium der Arzneikunde, und es mochte allerdings

in der damaligen Praxis manche Gewissenlosigkeit vorkommen, und den Aerzten wenigstens ein bedeutendes Maass
Charlatanerie vorgeworfen werden können. So darf man sich
denn nicht wundern, wenn PLAUTUS mit derbem Spotte sie
geisselt, Menaechm. V, 3. 6 ff.

> *Lumbi sedendo mi oculi spectando dolent,*
> *Manendo medicum, dum se ex opere recipiat.*
> *Odiosus tandem vix ab aegrotis venit.*
> *Ait se obligasse crus fractum Aesculapio,*
> *Apollini autem brachium. nunc cogito,*
> *Utrum me dicam medicum ducere, an fabrum.*

Man lese die folgenden Scenen, und man wird finden, dass
dieser Arzt das Original zu allen den pedantischen médecins
und Charlatans Molières geworden ist. Daher sagt denn auch
ATHENAEUS XV, p. 666. A. εἰ μὴ ἰατροὶ ἦσαν, οὐδὲν ἂν ἦν τῶν
γραμματικῶν μωρότερον. S. auch GALEN. de methodo med. I, 1.
— Die Römer selbst befassten sich noch zu Plinius Zeit wenig
damit, so einträglich die Kunst auch war, wovon Plinius Beispiele anführt. Das war es aber auch eben, was sie in den
Augen der alten Römer herabsetzte. *Non rem antiqui damna-
bant, sed artem. Maxime vero quaestum esse immani pretio
vitae, recusabant.* Es ist sehr interessant, von Plinius über das
Verhältniss des Kranken zum Arzte ein Urtheil zu lesen, das
in der Natur der Sache begründet, eben so gut auch auf unsere
Zeit Anwendung leidet. Er sagt, nachdem er bemerkt hat,
dass die Römer nicht mit demselben Vortheile, *non in tanto
fructu,* die Kunst übten: *immo vero auctoritas aliter quam
graece eam tractantibus, etiam apud imperitos expertesque linguae non est. Ac minus credunt, quae ad salutem suam pertinent, si intelligunt. Itaque in hac artium sola evenit, ut cui-
cunque medicum se professo statim credatur.* — *Nulla
praeterea lex est, quae puniat inscitiam, capitale nullum exemplum vindictae. Discunt periculis nostris et experi-
menta per mortes agunt, medicoque tantum hominem occi-
disse impunitas summa est.* Während also die Aerzte von Pro-
fession nicht immer mit den günstigsten Augen angesehen

waren, bediente man sich zuverlässiger Sklaven und Freigelassener als Hausärzte, und verständige sorgsame Hausväter
sammelten sich wohl auch Notizen über die in bestimmten
Fällen anzuwendenden Mittel. So hatte Cato eine Art Recept-
buch, *commentarium, quo mederetur filio, servis, familiaribus.*
Diese Sklaven wurden ebenfalls *medici* genannt, und es kommen selbst *medicae* auf Inschriften vor. ORELL. inscr. 2792.
servus medicus 4230. 4231. DIG. XLI, 5, 41. §. 6. SUET. Cal.
8. Nero 2.

Die *Chirurgie* wurde von den medicis zugleich mit geübt,
wie man schon aus der angeführten Stelle des PLAUTUS sieht;
doch mögen manche vorzugsweise sich damit beschäftigt haben,
die daher *vulnerum medici, vulnerarii* genannt wurden. PLIN.
h. n. XXIX, 6, 12. Aus Tibers Zeit kommen jedoch auf Inschriften eigene *chirurgi* vor, ORELL. inscr. 4228. und CELSUS
lib. VII, Praef. giebt die dazu erforderlichen Eigenschaften,
als mittleres Alter, feste Hand, gutes Auge etc. an. Ueberhaupt aber fing damals die Arzneikunde an, sich in Zweige
zu theilen; es werden besondere Augenärzte, *ocularii* oder *medici ab oculis* genannt, und Zahnärzte so wie andere in Behandlung einer bestimmten Krankheit berühmte (z. B. *auricu-
larii*) MART. X, 56. ORELL. inscr. 2983. 4288. Interessant
sind die steinernen Stempel der römischen Augenärzte, deren
es an 80 giebt und welche grösstentheils den Namen der
Aerzte sowohl als den der Heilmittel enthalten. Sie rühren
aus dem ersten und zweiten Jahrhundert n. Christ. her und
dienten zur Versiegelung der Arzneiflaschen. ZUMPT, in Ger-
hards archäol. Zeitung 1851, N. 38 f. GROTEFEND, Epigra-
phisches. Hannover 1857. und in Philologus XIII. 1858.
ORELLI HENZEN, 4233 f. Bei dieser Gelegenheit gedenken
wir des römischen Arzneikästchens (mit Gewichten, Büchsen
oder Instrumenten), welches URLICHS in den Jahrbüchern des
Vereins von Alterthumsfreunden im Rheinland. Bonn 1849,
XIV, S. 33 ff. beschrieben hat.

Die *intraliptae* aber waren vermuthlich ursprünglich Gehülfen der Aerzte, welche Einreibungen und dergl. besorgten.

Späterhin erscheinen sie als eine eigene Klasse von Aerzten. S. Plin. XXIX, 1, 2. So sagt auch der jüngere Plinius ep. X, 4. *Proximo anno, domine, gravissima valetudine ad periculum vitae vexatus iatralipten assumsi.* — Ueber die *tabernas medicorum* oder *medicinas* (wie *tonstrinae*) s. Heind. zu Hor. Sat. I, 7, 3. Für uns sind zunächst nur die als medici gebrauchten Sklaven bemerkenswerth. Maternus v. Cilano, de servo medico, in s. röm. Alterthüm. IV, S. 1226—1252. Auch die freigelassenen Aerzte hatten *servos eiusdem artis* zu ihrer Unterstützung Julian. Dig. XXXVIII, 1, 25. §. 2. S. auch Wallon, hist. de l'esclav. III, S. 223—233. Eine zweite bedeutende Klasse wissenschaftl. gebildeter Sklaven waren die

Literati,

natürlich hier in ganz anderem Sinne als bei Plaut. Cas. II, 6, 49. Hier werden darunter überhaupt die verstanden, deren wissenschaftliche Bildung und Kenntnisse der Herr für seine Zwecke benutzte. Was das Wort im Allgemeinen bedeutete, sagt Suet. de ill. gramm. 4. *Appellatio grammaticorum graeca consuetudine invaluit; sed initio literati vocabantur.* Dann führt er die Distinktion zwischen *literatus* und *literator* an, indem er sich auf Orbilius beruft: *nam apud maiores, cum familia alicuius venalis produceretur, non temere quem literatum in titulo, sed literatorem inscribi solitum esse; quasi non perfectum literis, sed imbutum.* Vorher aber giebt er die von Obigem abweichende Erklärung des Corn. Nep. an: *Cornelius quoque Nepos in libello, quo distinguit literatum ab erudito, literatos quidem vulgo appellari ait eos, qui aliquid diligenter et acute scienterque possint aut dicere aut scribere. caeterum proprie sic appellandos poetarum interpretes, qui a Graecis γραμματικοί nominentur; eosdem literatores vocitatos.* Man sieht, dass für die *servos literatos* die Erklärung des Orbilius die passendere ist. Sie wurden erstlich gebraucht als

Anagnostae,

auch *lectores* genannt, Vorleser. Der wissenschaftlich gebildete Mann liess sich über Tische, oder wenn er sonst geistig unbeschäftigt war, selbst im Bade vorlesen. So erzählt der jüngere

Plinius von seinem Oheime, ep. III, 5. *Super coenam liber legebatur, adnotabatur, et quidem cursim. Memini quendam ex amicis, quum lector quaedam perperam pronunciasset, revocasse et repeti coëgisse* etc. Dann aber: *In secessu solum balinei tempus studiis eximebatur. Quum dico balinei, de interioribus loquor; nam dum distringitur tergiturque, audiebat aliquid, aut dictabat.* Derselbe sagt von sich IX, 36. *Coenanti mihi, si cum uxore vel paucis, liber legitur.*, und vom Atticus erzählt Corn. Nep. c. 16. *Nemo in convivio eius aliud ἀκρόαμα audivit, quam anagnosten —, neque unquam sine aliqua lectione apud eum coenatum est.* Sehr oft gedenkt dieser Sitte Martial, der indessen auch zuweilen darüber klagt, dass Manche ihn nur desshalb einlüden, um ihre schlechten Gedichte vorzulesen, z. B. III, 50. — August liess auch, wenn er nicht schlafen konnte, *lectores* oder *confabulatores* kommen. Suet. Aug. 78. Cic. ad Att. I, 12. schreibt, wie betrübt er über den Tod seines Vorlesers Sositheus sei. Ein anderer entfloh ihm, Cic. ad div. V, 9. — Sodann gehören hierher die sämmtlichen

Librarii,

die Klasse derer, welche zum Schreiben gebraucht wurden, daher auch *scribae* genannt, aber durchaus zu unterscheiden von den *scribis publicis*, die bekanntlich *liberi* waren, und einen eigenen Ordo ausmachten; ferner von den *bibliopolis*, welche ebenfalls librarii hiessen. Vgl. Eschenbach, de scribis vett. in Pol. thes. t. III. (wenig brauchbar) Ernesti, Clav. Cic. — Die *librarii* hiessen nun wieder, je nachdem sie für verschiedene Geschäfte gebraucht wurden: *ab epistolis; a studiis; a bibliotheca; notarii.* Es wird aber zweckmässiger sein, die Erklärung dieser Ausdrücke nicht von den Excursen über die Bibliothek und den Brief zu trennen.

Ueber die *paedagogi* s. oben S. 71 fg. Daneben gab es in der Kaiserzeit noch eine andere Art *paedagogi*, nämlich die Aufseher und Lehrer der schönen jungen Sklaven, welche Ganymedes- und andere Dienste versahen und einen wesentlichen Bestandtheil des kaiserlichen Hofstaats sowie anderer reicher Haushaltungen ausmachten (*delicatus* und *deliciae* gen.

Orelli Henzen 2801 ff. 1724. 4394. 4958.) Andeutungen
dieser Sitte giebt schon Cic. p. Rosc. Am. 41. *ut inter suos
omnium deliciarum atque omnium artium puerulos ex tot elegantissimis familiis lectos* (von Chrysogonus). p. Mil. 10. *magno
— ac delicato ancillarum puerorumque comitatu.* Unter den
Kaisern bildete sich dieses weiter aus, Sen. de tranq. an. l.
apparatus — paedagogii cett. ep. 123. *paedagogia oblita facie
rehuntur, ne sol neve frigus teneram cutem laedat.* Plin. ep.
VII, 17. h. n. XXXIII, 12, 54. Lipsius exc. ad Tac. Ann.
XV, 69. Noch in später Zeit kommen die kaiserlichen *pueri
paedagogiani* vor, Amm. Marc. XXVI, 6. *tunica auro distincta
— in paedagogiani pueri speciem.* XXIX, 3 (ihr Dienst auf
der Jagd). *Paedagogi* auf Inschriften s. bei Orelli Henzen
2938 ff. 5467. Böcking, zur Notitia dignit. occid. p. 402 f.
Krause, Gesch. d. Erziehung S. 408 ff.

Endlich sind noch zu erwähnen die, welche — oft auf
eine keineswegs edle Weise — zur eigentlichen Belustigung
dienten, namentlich bei der Tafel, wo die Geschäfte für den
Tag als gänzlich geschlossen betrachtet wurden, und alles sich
zusammendrängte, was zur Erholung dienen konnte. Freilich
wusste die früheste Zeit auch von solchen Vergnügungen
nichts, und erst nach dem Kriege mit Antiochus, als überhaupt die frühere Einfachheit asiatischem Luxus wich, fing
man an, den einfachen Genuss des Mahls nicht nur durch
das Raffinement der Köche, sondern auch durch allerhand
Schauspiele und ἀκροάματα zu erhöhen. Das führte denn auch
dazu, dass man nicht blos dergleichen Künstler miethete, sondern sie in der familia eigenthümlich besass. Liv. XXXIX, 6.
*Luxuriae peregrinae origo ab exercitu asiatico invecta in Urbem
est. Ii primum lectos aeratos, vestem stragulam pretiosam, pla-
gulas et alia textilia et quae magnificae supellectilis habebantur,
monopodia et abacos Romam advexerunt. tunc psaltriae sambu-
cistriaeque et convivalia ludionum oblectamenta addita epulis.*
Der Art waren die *symphoniaci,* die musikalische Hauskapelle, deren häufige Erwähnung auf einen sehr allgemeinen
Gebrauch schliessen lässt. Cic. Mil. 21. *Milo, qui nunquam,*

*tum casu pueros symphoniacos uxoris ducebat et ancillarum
greges.* Man sehe PETR. c. 33. 47. und öfter SEN. ep. 54. *in
comissationibus nostris plus cantorum est, quam in theatris olim
spectatorum fuit.* CIC. Verr. III, 44. div. 17. ULP. Dig. VII,
1, 15. § 1. Darauf bezieht sich auch das *aliud ἀκρόαμα* in d.
angef. Stelle CORN. S. 123. Vgl. BAEHR zu Plut. Alcib. p.
230 fg.

Zu diesen musikalischen Sklaven kommen nun in späterer
Zeit ferner noch *ludiones*, *mimi*, *funambuli* oder *schoenobatae*,
petauristae, *saltatrices*, *gladiatores* und dgl. Sie alle finden
sich, um nur eines Beispiels zu gedenken, im Hause des Trimalchio. Einer Erklärung bedürfen sie nicht; nur wegen der
Petauristen möge die Stelle PETR. c. 53. hier stehen. *Petau-
ristarii tandem venerunt: baro insulsissimus cum scalis constitit,
puerumque iussit per gradus et in summa parte odaria saltare;
circulos deinde ardentes transire et dentibus amphoram sustinere.*
Man siehet, es waren die Künste unserer Equilibristen, die
viele auch für Geld sehen liessen, wie denn auch damals schon
nicht weniger als unsere modernen Herkules, Mancher die
Wunder seiner Riesenstärke dem staunenden Volke zeigte;
z. B. nach MART. V, 12. Linus, der sieben oder acht Knaben
auf seinen Armen stehen liess. Vgl. TERENT. Hecyr. Prol. I.
v. 4. II. v. 26. BECKMANN, Beitr. z. Gesch. der Erfind. IV,
S. 64 ff. ROUX und BARRÉ, Hercul. IV, 12 — 15., ROULEZ,
melanges de philol. Bruxelles 1846, V, n. 5. PAULY, Real-
Encykl. V, S. 1390.

Noch sonderbarer und unwürdiger war der Geschmack,
den man an missgestalteten und blödsinnigen Menschen, *moriones*, *fatui* und *fatuae*, fand. Die *moriones* sind ursprünglich
vielleicht eigentliche Cretins, wenigstens kommt nicht nur der
Blödsinn, sondern auch die Gestalt in Betracht, und MART. VI,
39. beschreibt einen: *acuto capite et auribus longis, quae sic
moventur, ut solent asellorum.* Aber der Blödsinn war allerdings die Hauptsache, und je einfältiger einer war, desto mehr
Werth hatte er, weil er die meiste Gelegenheit zum Lachen
gab. Daher sagt MART. VIII, 13.

Morio dictus erat: viginti millibus emi.

Redde mihi nummos, Gargiliane: sapit.

Vgl. XIV, 210. Fehlten sie doch selbst in Seneca's Hause nicht. ep. 50. *Harpasten, uxoris meae fatuam, scis heredita-rium onus in domo mea remansisse. ipse enim aversissimus ab istis prodigiis sum. si quando fatuo delectari volo, non est mihi longe quaerendum: me video.* Mit ihnen rangiren auch so ziemlich *nani* und *nanae*, auch *pumiliones* (Zwerge, welche namentlich Favoriten der Damen waren). Gell. XIX, 13. erklärt ῥάτους *brevi atque humili corpore homines paulum supra terram exstantes.* Stat. Silv. I, 6, 57 ff.

> *Hic audax subit ordo pumilonum,*
> *Quos natura brevi statu peractos*
> *Nodosum semel in globum ligavit.*

Von August sagt zwar Suet. Aug. 83. *pumilos atque distortos — ut ludibria naturae malique ominis abhorrebat.* allein gleichwohl hatte er einen Hofzwerg Canopas, den Liebling seiner Enkelin Julia, Plin. h. n. VII, 16., wo besondere Futterale für diese kleinen Menschen erwähnt werden. Suet. Tib. 61. Verschieden von den nani sind die *distorti,* Suet. l. l. Quinct. decl. 298. *habent hoc quoque deliciae divitum, malunt quaerere omnia contra naturam. Gratus est ille debilitate, ille ipsa infe-licitate distorti corporis placet.* und Inst. II, 5. Clem. Alex. Paed. III, 4. p. 231. Diese Monstra lernten gewöhnlich tanzen und mit den Kastagnetten klappern, Broukh. zu Prop. IV, 8, 48. Später hielten sie sogar lächerliche Kampfspiele, Stat. l. l. Dio Cass. LXVII, 8. Einige Bronzestatuen solcher kleinen Scheusale haben sich erhalten, Ant. Ercol. VI, 91. 92. Gori, Mus. Etr. I, 76. Auch kommen sie auf mehrern Pompejanischen Wandgemälden vor. Vgl. Casaubon. zu Suet. Oct. 83. Böttiger, Sabina II, p. 42 ff. — Endlich würden auch hierher zu rechnen sein die *Graeculi* oder griechischen Hausphilosophen, wenn überhaupt der Gebrauch, von dem Böttiger Sab. II, S. 36 ff. spricht, sich als begründet nach-weisen lässt. Sie würden dann etwa die Stelle der Parasiten vertreten.

Von dieser Klasse unterscheiden sich wesentlich die, welche mit dem Namen

Vulgares

bezeichnet zu werden scheinen, d. h. welche im Hause eine bestimmte gemeine Verrichtung hatten, oder ausserhalb desselben gebraucht wurden. Dahin gehört zuerst der *ostiarius* oder *ianitor*, welcher beständig den Eingang des Hauses bewachen musste. In alter Zeit, und auch später noch oft, versicherte man sich ihrer Aufsicht, indem man sie an einer Kette am Eingange anschloss. AUCT. de clar. rhet. 3. *L. Otacilius Pilitus servïsse dicitur, atque etiam ostiarius veteri more in catena fuisse.* COLUM. r. r. I, praef. *catenato — ianitore.* OVID. Amor. I, 6, 1.

> *Ianitor, indignum, dura religate catena,*
> *Difficilem moto cardine pande forem.*

Vgl. SAGITTAR. de iannis vett. c. XVI, 19. Später indessen war sein gewöhnlicher Aufenthalt die *cella ostiaria.* S. SUET. Vitell. 16. PETR. c. 29. Der von SUET. erwähnte Hund gehörte ganz eigentlich zum ianitor, aber ausserdem führte dieser wie der moderne Portier seinen Staatsstock, eine *virga* oder *arundo*, wohl nicht als blosses Insigne, sondern um nöthigen Falls Zudringliche zurückzutreiben. SEN. de const. sap. 14. *Ille pusilli animi est, qui sibi placet, quod ostiario libere respondit, quod virgam eius fregit.* PETR. c. 134. *arundinem ab ostio rapuit.* cf. c. 98. BROUKH. ad Prop. IV, 7, 21. Dass sich ein solcher nicht wenig in die Brust warf, schildert sehr artig SEN. de ira III, 37.

Wenn WUESTEMANN, Palast des Scaurus S. 35. auf Plautus und Tibull sich berufend anführt, man habe auch Sklavinnen, *ianitrices*, dazu gebraucht, so ist das zu berichtigen. Bei PLAUTUS Curc. I, 1, 76. *Anus hic solet cubitare custos, ianitrix.* ist von dem Hause eines leno die Rede, der seine meretrices durch eine lena bewachen lässt. Ebenso wenig würde man APPUL. Met. I, p. 112 Elm. anführen können, wo Fotis als einzige Magd des Hauses natürlich auch die Hausthüre öffnen muss. Die Stelle TIBULLS aber I, 7 (8), 76. ist

sehr flüchtig angesehen. Es ist nur von der verriegelten Thüre
die Rede:

> — *nunc displicet illi,*
> *Quaecunque apposita est ianua dura sera.*

oder sollte vielleicht I, 6, 61. gemeint sein, so ist dort von der
Mutter der Delia, von keiner ianitrix gesagt:

> *Haec foribusque manet noctu me affixa.* —

In einer römischen Domus, wo zahlreiche Clienten zur Salutatio und Viri amplissimi zur Besprechung sich versammelten,
müsste eine ianitrix sich sonderbar ausgenommen haben. —
Eben so unstatthaft ist es, wenn Böttiger Sab. I, S. 17. 45.
im Vorzimmer der Hausfrau eine ianitrix annimmt. So wenig
der *cubicularius ianitor* genannt werden kann, denn nur die
Hausthüre hiess *ianua*, eben so wenig würde eine solche
Sklavin *ianitrix* heissen können.

Ferner gehören hierher die *cubicularii* und *a cubiculo*, d. i.
Kammerdiener (Liv. III, 57. tropisch *ministro cubiculi*), welche
die Aufsicht über die Wohn- und Schlafzimmer führten, und
vermuthlich, wenn der Herr anwesend war, in dem Vorzimmer
(*procoeton*) sich aufhielten. Suet. Tib. 21. Dom. 16. wo sie
auch *cubiculo praepositi* genannt werden. Orelli Henzen
2863. 2885. 2905 f. 2945. 4411. 6344. 6651. Sie hatten zugleich die Obliegenheit, die Besuchenden anzumelden. Diese
cubicularii gehören nicht erst unter die officia domus Augustae,
sondern sie werden schon von Cic. erwähnt. Verr. III, 4.
Hunc vestri ianitores, hunc cubicularii diligunt; hunc liberi
vestri, hunc servi ancillaeque amant. hic cum venit, extra ordi-
nem vocatur. hic solus introducitur, caeteri saepe frugalissimi
homines excluduntur. woraus sich zugleich zu ergeben scheint,
dass in der Regel die Besuchenden in der Reihenfolge vorge-
lassen wurden, in welcher sie gekommen waren, ad Att. VI, 2.
Bei den Kaisern gab es in der Folge neben den cubiculariis
eigene *servos ab officio admissionum* (oder Freigelassene *ab*
admissione, Orelli Henzen 2888. 5416.), vermuthlich auch
in anderen vornehmen Häusern, von denen wenig verschieden
die auf Inschriften vorkommenden *velarii* gewesen sein mögen,

ORELLI, 2967. LAMP. Scv. Alex. 4. *salutaretur vero — patente velo, admissionalibus remotis aut solis iis, qui ministri ad fores fuerant.*

Gross war die Zahl der Sklaven, welche ausser dem Hause, beim Ausgange gebraucht wurden. Auch in den älteren Zeiten ging der Römer, wie meistens auch der Grieche, nicht leicht ohne Begleitung wenigstens eines Sklaven aus, der daher *pedisequus* oder *a pedibus* genannt wurde. Dass diese eine eigene Klasse von Sklaven ausmachten, und nicht jeder den Herrn begleitende mit diesem Namen genannt wurde, ergiebt sich aus den zahlreichen Inschriften. S. GORI, de columb. Liv. Aug. und CORN. NEP. Att. 13. *Namque in ea* (familia) *erant pueri literatissimi, anagnostae optimi et plurimi librarii, ut ne pedisequus quidem quisquam esset, qui non utrumque horum pulchre facere posset.* CIC. ad Att. VIII, 5. *a pedibus meis.* Verr. 1, 36. *circum pedes.* SCAEVOLA Dig. XL, 4, 59. pr. ORELLI HENZEN 789. 6327. 6369. 6445. 6651. — Wie sehr es zum guten Tone gehörte, Sklaven bei sich zu haben, und sich auch der leichtesten Mühen zu überheben, ersieht man aus MARTIAL IX, 60, 22.

Asse duos calices emit et ipse tulit.

Ausserdem brauchte der vornehmere Römer einen *nomenclator*. Der Mann, der in der Republik etwas gelten und zu hohen Aemtern gelangen wollte, hatte eine Menge Rücksichten gegen Vornehme nicht nur, sondern auch die gemeinen Bürger zu beobachten. Sein Haus stand dem Besuche Aller offen, und ging er aus, so musste er sie beim Namen zu nennen, auch wohl etwas verbindliches zu sagen wissen. Unmöglich konnten ihm jeden Augenblick die Namen und Verhältnisse aller gegenwärtig sein, und so hielt man sich Sklaven, deren eigenes Geschäft und Verdienst es war, die Namen Aller zu wissen und dem Herrn beim Ausgehen anzugeben. CIC. Att. IV, 1. *ad urbem ita veni, ut nemo ullius ordinis homo nomenclatori notus fuerit, qui mihi obviam non venerit.* p. Mur. 36. Ihr Gedächtniss wurde daher zum Sprüchworte; aber sehr oft mochten sie sich auch damit helfen, dass sie falsche Namen nannten. SEN. ep. 27. *vetulus nomenclator, qui nomina non reddit, sed imponit.* de ben. I, 3. In Häusern, wo die salutatio sehr zahlreich zu sein pflegte, wurde der *nomenclator* ebenfalls gebraucht, um die Besuchenden zu nennen, während der patronus sie zu kennen fingirte. SEN. epist. 19. *habebas convivas, quos e turba salutantium nomenclator digesserit.* — Eine andere Funktion hat der nomenclator bei PETRON c. 47. und PLIN. XXXII, 6, 21. durch die Prahlerei und die Schwelgerei der späten Zeit erhalten, nämlich die, den Gästen die einzelnen Speisen und ihre Vorzüge zu nennen. Wenn nicht PLIN. in allem Ernst der Sache gedächte, so würde man es für eine vom Schriftsteller dem Trimalchio aufgebürdete Absurdität halten. Ihr Vorbild findet sich übrigens schon bei HOR. Sat. II, 8, 25 ff. Der Unterschied ist nur der, dass hier ein Freund des Wirths den übrigen Gästen die Explikation der Speisen giebt.

Wichtig sind auch die *lecticarii* (ORELLI HENZEN 2871. 6285. 6323. DIG. XXXII, I, 49 pr.); denn die besonders in der letzten Zeit der Republik immer herrschender werdende Sitte, sich ausser der Stadt (Frauen auch innerhalb derselben) und in den *gestationibus* auf einer lectica tragen zu lassen, erheischte besonders dazu taugliche und geübte Sklaven, die auch durch die Tracht sich auszeichneten. S. I, S. 65 f. Man nahm natürlich dazu die stärksten und durch ihre Grösse imponirendsten: Syrer, Germanen, Kelten, später aber vorzugsweise Kappadozier (PETRON 63.), bald sechs (JUV. I, 64. *sexta cervice ferri.* MARTIAL. VI, 77.), bald acht (JUV. VII, 142.): *lectica hexaphoros* oder *octaphoros*. Die Sitte wird hinlänglich geschildert durch LUCIAN. Cynic. p. 722. ὑμεῖς, οἳ τοῖς ἀνθρώποις ἅτε ὑποζυγίοις χρῆσθε, κελεύετε δὲ αὐτοὺς ὥσπερ ἁμάξας τὰς κλίνας τοῖς τραχήλοις ἄγειν. αὐτοὶ δ' ἄνω κατάκεισθε τρυφῶντες καὶ ἐκεῖθεν ὥσπερ ὄνους ἡνιοχεῖτε τοὺς ἀνθρώπους ταύτῃ ἀλλὰ μὴ ταύτῃ τρέπεσθαι κελεύοντες. SEN. ep. 31. *turba servorum lecticam per itinera urbana ac peregrina portantium.* JUV. III, 239. VI, 350. Andere Stellen s. bei TIT. POPMA, de op. serv. in Pol. thes. III, p. 1336. vgl. LIPS. Elect. I, 19. BÖTTIG. Sab. II, S. 202.

Wie dem Herrn Sklaven folgten, so gingen vor ihm oder
vor der lectica *anteambulones*, um im Gedränge Platz zu
machen. Zwar sind diese eigentlich nicht Sklaven, sondern
aus der Klasse der Dienst thuenden Clienten; so sagt MARTIAL
III, 46., der, um nicht beständig die *opera togata* zu leisten,
seinem *rex* seinen Freigelassenen anbietet, der selbst den
lecticarius oder anteambulo machen könne:

> *Non est, inquis, idem. Multo plus esse probabo:*
> *Vix ego lecticam subsequor; ille feret.*
> *In turbam incideris; cunctos umbone repellet;*
> *Invalidum est nobis ingenuumque latus.*

Allein die Sache wird auch hinsichtlich solcher Sklaven erwähnt. ACRON zu Hor. Ep. I, 18, 74. *servos quoque officiosos
in turba hunc et illum in latus fodiendo dicere solitos: date locum
domino meo.* Darauf bezieht sich die Anekdote bei PLIN. ep.
III, 14. *Eques Romanus a servo eius* (Largii Macedonis), *ut
transitum daret, manu leviter admonitus convertit se, nec servum,
a quo erat tactus, sed ipsum Macedonem tam graviter palma
percussit, ut paene concideret.* vgl. LUC. Nigr. 34.

. So ging man in der Stadt; aber auf Reisen war überhaupt
das Gefolge grösser und schon unter den ersten Kaisern wurde
ein luxuriöses Gepränge mit Vorreitern und Läufern üblich,
cursores und *Numidae*, welche vor der Reda oder Carruca
herliefen und ritten. So sagt SENECA ep. 87. *O quam cuperem
illi* (Catoni) *nunc occurrere aliquem ex his Trossulis in via diri-
tibus, cursores et Numidas et multum ante se pulveris agentem.*
Ders. ep. 123. *Omnes iam sic peregrinantur, ut illos Numidarum
praecurrat equitatus, ut agmen cursorum antecedat.* SUET. Ner.
30. Tit. 9. S. ELM. ad Appul. Met. X, p. 688. Bat. — Daher
sagt MART. III, 47. von einem, der die Erzeugnisse des Landes aus der Stadt mit auf das Land nimmt: *Nec feriatus ibat
ante carrucam, Sed tuta foeno cursor ora portabat.* und von
sich selbst XII, 24. *Non rector Libyci niger caballi, Succinctus
neque cursor antecedit.* — Wie indessen schon erwähnt worden
ist, war solcher Luxus in den Zeiten der Republik etwas Un-
erhörtes; denn aus der figürlichen Rede CICERO's, Verr. V. 41.

*quem iste in decumis, in rebus capitalibus, in omni calumnia,
praecursorem habere solebat et emissarium.* lässt sich nichts folgern. Etwas Aehnliches indessen erwähnt Cic. de rep. I, 12.
*Dixerat hoc ille, cum puer nuntiavit, venire ad eum Laelium
domoque iam exisse.* Das ist auch ein vorausgelaufener Sklave,
der die Ankunft seines Herrn meldet.

Noch kann man vielleicht den Sklaven, welche beim Ausgange gebraucht wurden, die *capsarios* hinzufügen. Das Wort
hat indessen verschiedene Bedeutungen, in wiefern die *capsa*
selbst verschieden gebraucht wurde: 1) hiess *capsarius* der,
welcher in den Bädern die Kleider der Badenden in Verwah-
rung nahm und in die capsa that, weil nirgends die Diebstähle
häufiger waren. S. die Erklärer zu Petr. 30 Burm. — 2) der
Sklave, welcher den Kindern, wenn sie in die Schule gingen,
die Dinge, welche sie beim Unterrichte brauchten, in der capsa
nachtrug. Juven. X, 117. *Quem sequitur custos angustae vernula capsae.* Daher werden sie mehrfach mit den Pädagogen
erwähnt. Suet. Ner. 36. *Constat quosdam cum paedagogis et
capsariis uno prandio necatos.* Vgl. oben S. 66. — 3) waren es
auch wohl die, welche dem Herrn das *scrinium* (*capsa.* Cic.
div. in Caec. 16.) nachtrugen. Dann sind sie vielleicht so viel
als die *scriniarii*, welche auf Inschriften bei Gruter u. a. mehrfach vorkommen, wiewohl darunter auch die verstanden werden können, welche *custodes scriniorum* waren.

Dagegen sind *adversitores* mit Unrecht als eine besondere
Klasse von Sklaven angeführt. Der Name kommt überhaupt
nur in dem Personenverzeichnisse der Mostellaria vor und
scheint für diesen besonderen Fall geschaffen. Der Herr ent-
liess, im fremden Hause angelangt (wenn das wirklich auch
von römischer Sitte gilt), die *pedisequos* und liess sich von
ihnen wieder abholen. Klar ist Plaut. Mostell. I, 4, 1. wo
Callidamatas den Philolaches besucht, und zu dem Sklaven,
der ihn begleitet hatte, sagt: *Advorsum veniri mihi ad Philo-
lachetem volo tempori.* Daher sagt dann Phaniskus (der eben
desshalb im Verzeichnisse der Personen mit dem sonst nicht
vorkommenden Namen *adversitor* bezeichnet wird) IV, 4, 24.

Nunc eo advorsum hero ex plurimis servis. vgl. Menaechm. II,
3, 82. TER. Ad. I, 1, 2. Ueber Terenz hinaus scheint der
Sitte keine Erwähnung mehr zu geschehen. Unzweifelhaft ist,
dass man später die Sklaven auch im fremden Hause bei sich
behielt, zumal bei der coena, um die Kleider und soleas aufzubewahren und hinter dem Herrn zu stehen. Für die Sitte
ist anzuführen MARTIAL, XII, 88.

> *Bis Cotta soleas perdidisse se questus,*
> *Dum negligentem ducit ad pedes vernam.*

obwohl der verna möglicherweise auch dem Gastgeber angehören konnte, und SENECA, Benef. III, 26. und 27., wo zwei
Beispiele sich finden, erstlich das des Paullus, der den Kopf
Tibers, welchen er als Cameo im Ringe trug, *matellae admo-
verat.* Das war für den Vestigator Maro hinreichendes Verbrechen, um eine Anklage darauf zu gründen; der Sklave des
Paullus aber hatte seine Absicht bemerkt und dem Herrn den
Ring vom Finger gezogen (*servus eius, cui nectebantur insidiae,
ei ebrio anulum extraxit*). Und dann von Rufus einem *vir ordinis senatorii,* der gegen August gesprochen hatte: *Ut primum
diluxit, servus qui coenanti ad pedes steterat, narrat, quae inter
coenam ebrius dixisset.* Auch hier kann die coena im Hause
des Rufus gewesen sein, WÜSTEMANN, Rec. des Gallus p. 148.
Andere Beispiele s. im 1. Excurs zur 9. Scene.

Dass man auch eigene *laternarios* gehabt habe, wird sich
aus CIC. in Pis. 9., wo Piso *Catilinae laternarius* genannt wird,
nicht folgern lassen; dass man indessen sich beim Heimwege
von den erwähnten abholenden pedisequis Fackeln oder Laternen vortragen liess (bekannt ist die Auszeichnung des Duillius),
erhellt aus mehreren Stellen. VAL. MAX. VI, 8, 1. *M. Antonius incesti reus agebatur; cuius in iudicio accusatores servum in
quaestionem perseverantissime postulabant, quod ab eo, cum ad
stuprum iret, laternam praelatam contenderent.* S. besonders
IUVEN. III, 285 ff. PETR. 79. Auch SUET. Aug. 29. nennt
einen *servum praelucentem.*

Noch sind als Sklaven, die ausser dem Hause gebraucht
wurden, zu erwähnen die von PLAUT. Aul. III, 5, 26. genann-

ten *salutigeruli pueri* oder Trin. II, 1, 22. *nuncii, renuncii*,
Sklaven, die gebraucht wurden, um gewissermassen mit Anderen eine mündliche Correspondenz zu führen, und die *tabellarii*, von denen bei Gelegenheit des Briefs gesprochen wird.
Vocatores bildeten entweder eine besondere Classe, oder waren
nuncii oder andere Sklaven, die den Auftrag erhielten, die
Gäste einzuladen, MARTIAL. VII, 86, 11. SUET. Cal. 39. *com-
pererat, — locupletem ducente sestertia numerasse vocatoribus ut
per fallaciam convivio interponeretur.* SEN. de ira III, 37. PLIN.
XXX, 10, 36. Dahin gehören auch die *viatores*, PETRON. 47.
te iubebo in decuriam viatorum coniici.

Die Namen der übrigen zahlreichen *vulgares*, welche bestimmte Hausgeschäfte hatten, erklären sich theils durch sich
selbst, theils finden sie ihre Erklärung bei Erörterung der
Theile des Hauswesens, für die sie beschäftigt sind. Dahin
gehören alle, welche *für die Bedürfnisse der Tafel sorgen und
sie bedienen*, als: *pistores, dulciarii, lactarii, coqui, fartores,
placentarii, tricliniarii* mit dem *tricliniarcha, structores*, auch
carptores und *scissores, obsonatores, pocillatores* und *a cyatho*
oder *a potione*, später *praegustatores* u. s. w., oder *für Haus-
und Tafelgeräthe: a supellectile, ab auro escario, ab argento,
lampadarii*, oder *für Kleidung und Schmuck: vestiarii, vestifici,
lanipendiae, lanificae, lanistae, paenularii, a veste* und *ad vestem,*
auch *vestispici, vestiplici, ab ornamentis, ad margaritas, custodes
auri, ornatrices, cosmetae, tonsores, ciniflones* oder *cinerarii, ad
unguenta, unctores, unguentarii, perfusores, balneatores* u. a.
Von ihnen wird gelegentlich die Rede sein.

Sehr unklar ist es, ob und wie man von der Klasse der
vulgares die der

Mediastini

zu unterscheiden habe. In dem angeführten Fragmente ULPIANS
werden sie mit den vulgaribus durch ein *vel* verbunden, nicht
diesen durch *an* entgegengesetzt; es fragt sich daher, in wie
fern sie gleichwohl von ihnen verschieden waren. Am häufigsten kommen sie in der familia rustica vor. CIC. Cat. II, 3.
exercitus collectus ex rusticis mediastinis. COLUM. II, 13. *posse*

agrum ducentorum iugerum subigi duobus iugis boum, totidemque bubulcis et sex mediastinis. id. I, 9. *separandi sunt vinitores ab aratoribus, iique a mediastinis.* und dann *longissimum quemque aratorem faciemus. mediastinus qualiscunque status potest esse, dummodo perpetiendo labori sit idoneus.* Allein auch in der urbana gab es solche Sklaven. So sagt HORAZ zu seinem Villicus, der früher in der Stadt mediastinus war, epist. I, 14, 14 fg.

> *Tu mediastinus tacita prece rura petebas:*
> *Nunc urbem et ludos et balnea villicus optas.*

DIG. IV, 9, 1. *Caeterum si quis opera mediastini fungitur, non continetur* (edicto), *ut puta atriarii, focarii et his similes.* ORELLI HENZEN 6325. Ferner ULP. Dig. VII, 7, 6. *Cum de servi operis artificis agitur, pro modo restituendae sunt; sed mediastini secundum ministerium.* Daraus folgt, dass es eben auch vulgares sind, aber von der niederen Klasse, die zu jedweder gemeiner Verrichtung gebraucht wurden, in der rustica fast wie geringe Knechte oder Handlanger, in der urbana gemeine Hausssklaven, z. B. *fornicarii* und *fornicatores*, s. 1. Excurs zur 2. Scene. Sie scheinen auch bei CIC. Par. V, 2. gemeint zu sein: *Sed ut in familia qui tractant ista, qui tergunt, qui ungunt, qui verrunt, qui spargunt, non honestissimum locum servitutis tenent* etc. Daher ist die von ACRO und dem SCHOLIASTEN des CRUQUIUS zu Hor. epist. I, 14, 14. gegebene Etymologie: *qui in medio stat ad quaevis imperata paratus*, wenn auch nicht richtig, doch nicht unpassend, dagegen die zweite: *in media urbe* (ἄστει) *riventes* absurd. — NON. II, 573. sagt: *mediastrinos* (sic) *non balnearum, sed ministros et curatores aedium legimus. Lucilius l. XVII. Villicum Aristocratem, mediastrinum atque bubulcum. Cato in praeceptis ad filium: Illi imperator tu, ille ceteris mediastrinus.* Dagegen erklärt sie PRISCIAN. p. 1244. für *balneatores*, was sie als eine der niedrigsten Klassen auch oft sein konnten. Auf Inschriften bei GRUTER 577, 3. 4. steht einmal *mediastinus balnearis*, auf der anderen hält ein Sklave einen Besen, *scopae*, und einen Korb: *Cornelius servus mediastinus.* Also auch dieses zeigt die allgemeinere Verwendung der mediastini. Vgl. übrigens DUENTZER zu Hor. a. a. O.

Noch viel unklarer ist es, was man sich bei den von ULPIAN genannten

Quales - Quales

zu denken habe: *utrum ordinarius — an vulgaris vel mediastinus — an qualisqualis.* Entweder heisst es: der Erste Beste, jeder beliebige Sklave, da nach den mediastinis kaum noch eine tiefere Klasse übrig bleibt; oder es war eine Art Strafklasse: *qualiquali conditione viventes.* Darunter würden jedoch die nicht begriffen sein, welche *vincti, compediti* in den *pistrinis, lapicidinis, ergastulis* oder *ruri* arbeiten mussten, denn sie werden gleich darauf genannt und es stehen die ergastula der übrigen Familie entgegen. APPUL. Apol. p. 504 Bip. *Quindecim liberi homines populus est; totidem servi familia; totidem vincti ergastulum.* Vgl. LIPS. El. II, 15.

Von den *ancillis* oder *servabus* kommen hauptsächlich die *ornatrices* oder die, welche für Kleidung und Schmuck, und bei der Toilette ihrer Gebieterin beschäftigt waren, in Betracht. Allein ihr Dienst erklärt sich besser bei der Tracht selbst und überdiess hat von ihnen BÖTTIGER sehr erschöpfend gehandelt. Nur sei gleich hier gegen ihn erinnert, dass weder die *cosmetae*, wie es I, S. 22., noch die *ciniflones*, wie es I, S. 144. heisst, weibliche Sklaven waren. Vgl. HEINDORF zu Hor. Sat. I, 2, 98. — Die verschiedenen Beschäftigungen der Sklaven auf dem Lande und in der Stadt behandelt WALLON II, p. 94— 139. Ein ungeordnetes Material bieten PIGNORIUS und POPMA.

Lage und Behandlung der Sklaven.

Die Lage der römischen Sklaven war überaus hart und hierin bleibt die römische Sitte bedeutend hinter der griechischen Humanität zurück. Es ist zwar eine durch das ganze Alterthum hindurchgehende Grundansicht, dass der Sklave wie jede andere Sache als völliges Eigenthum des Herrn gilt, der ihn zu jedem beliebigen Zwecke gebrauchen, über ihn nach Gefallen verfügen, ihn nach Befinden auch tödten darf; allein der Grieche, wenn ihm auch bürgerlich der Sklave ohne

allen Rechtsstand war, erkannte doch nach allgemeinem Men-
schenrechte ihm Personalität zu und die Gewalt des Herrn
hatte eine bestimmte Grenze. Wenn daher GAI. Inst. I, 52.
sagt: *apud omnes peraeque gentes animadvertere possumus, dominis in servos vitae necisque potestatem esse, et quodcunque per
servum acquiritur, id domino acquiritur.*, so ist diess z. B. in
Bezug auf Athen nicht wahr. Dort hatte allerdings der Herr
auch ein sehr ausgedehntes Züchtigungsrecht, allein keineswegs das Recht, den Sklaven eigenmächtig zu tödten. ANTIPH.
de caede Herod. p. 727. Ja auch der willkürlichen grausamen
Behandlung war eine Schranke gesetzt, dass in solchem Falle
der Herr gezwungen werden konnte, den Sklaven zu verkaufen, s. Charikl. II, S. 34 f.

In Rom war das anders. Durch die ganze Zeit der Republik und (mit geringen Beschränkungen) im Grunde bis in
die Zeit der Antonine stand dem Herrn die unbeschränkteste,
rechenschaftslose Gewalt über seine Sklaven zu. Er durfte
ungestraft die grausamsten Martern an ihnen verüben und
eigenmächtig sie tödten. So galt der Sklave nur als Sache,
und es konnte wirklich bei tyrannischen harten Gebietern in
Zweifel kommen, ob er als Mensch zu betrachten sei. Trefflich schildert den Widerstreit der vernünftigeren Ansicht mit
der tyrannischen Willkür das Zwiegespräch bei IUVEN. VI,
218 ff.

Pone crucem servo. — Meruit quo crimine servus
Supplicium? quis testis adest? quis detulit? audi,
Nulla unquam de morte hominis cunctatio longa est. —
O demens! ita servus homo est? nil fecerit, esto:
Hoc volo; sic iubeo; sit pro ratione voluntas.

Nicht weniger bezeichnend ist es auch, wenn bei PETR. 71.
Trimalchio (selbst einst Sklave) seinen Gästen versichert:
Amici, et servi homines sunt et aeque unum lactem biberunt.
Wenn demungeachtet der den Herrn zunächst bedienende
Sklave schlechthin sein *homo* genannt wird, wie bei CIC. p.
Quinct. 19. *hominem P. Quinctii deprehendis in publico.* und
öfter bei PLAUTUS, so hat das mit seinem Rechte als Mensch

nichts gemein. Zwar hat man neuerlich ein doppeltes Element
des römischen Sklavenverhältnisses angenommen, ein sach-
liches und persönliches, s. REIN, röm. Privatrecht S. 552 f.;
allein man legt wohl zu viel Gewicht auf die philosophische
Ansicht, die allerdings die Personalität und das ius commune
dem Sklaven nicht absprechen konnte. Wenn also SEN. de
clem. I, 18. sagt: *cum in servum omnia liceant, est aliquid, quod
in hominem licere commune ius vetet.* so ist das eine Appellation
an Vernunft und Gefühl, beweist aber nicht das faktische Bestehen eines solchen Verhältnisses, das vielmehr erst durch
spätere, die Sklaven schützende Gesetze hervorgerufen wurde.
S. auch MACROB. Sat. I, 11. Freilich wurde jenes strenge
Recht zu verschiedenen Zeiten und in verschiedenen Familien
verschieden geübt, und durch billige Denkungsart des Herrn
wie durch Brauchbarkeit des Sklaven gemildert, aber es gab
doch immer dem härteren Herrn Gelegenheit, ungestraft grau-
sam zu sein. Darum schildert PETRUS CHRYSOLOGUS, Serm.
141. gewiss wahr: *Quidquid dominus indebite, iracunde, libens,
nolens, oblitus, cogitans, sciens, nescius circa servum fecerit, iudicium, iustitia, lex est.*

Auch übrigens war die Lage der römischen Sklaven
drückender als die der griechischen, und zwischen dem Herrn
und ihnen lag dem Ernste und der Gemessenheit des römischen Charakters gemäss eine Kluft, die jede Annäherung ver-
hinderte. Charakteristisch ist es, was PLUT. de garrul. 18.
III, p. 59 W. von dem Sklaven des Piso erzählt. Er setzt
hinzu: Οὕτως μὲν Ῥωμαϊκὸς οἰκέτης. ὁ δὲ Ἀττικὸς ἐρεῖ τῷ δε-
σπότῃ σκάπτων, ἐφ' οἷς γεγόνασιν αἱ διαλύσεις.

Jene Strenge des Rechts milderte sich allerdings im Leben und namentlich fand in ältester Zeit, wo die ganze Familie, die nur wenige Haussklaven zählte, in engerem Ver-
bande lebte, trotz dem strengen Rechte ein vertrauliches Verhältniss Statt. MACROB. Sat. I, 11. *maiores nostri omnem dominis invidiam, omnem servis contumeliam detrahentes, dominum
patremfamilias, servos familiares appellaverunt.* Die ganze
Familie ass gemeinschaftlich. PLUT. Coriol. 24. καὶ γὰρ ἐχρῶντο

πολλῇ πρὸς τοὺς οἰκέτας ἐπιεικείᾳ τότε, δι' αὐτουργίαν καὶ τὸ κοι-
νωνεῖν διαίτης ἡμερώτερον ἔχοντες πρὸς αὐτοὺς καὶ συνηθέστερον.
Cat. mai. 21. SEN. ep. 47. Indessen lagen die Sklaven nie mit
bei Tische, sondern zu den Füssen der *lecti* waren *subsellia*,
Bänkchen, und auf diesen sassen die Kinder, Leute geringeren
Standes, auch die Sklaven. Daher begnügen sich die Parasiten
mit diesem Platze: PLAUT. Capt. III, 1, 11. *Nil morantur iam*
Lacones imi subselli viros Plagipatidas. Stich. III, 2, 32. *Haud*
postulo equidem in lecto med accumbere. Scis tu med esse unum
imi subselli virum. vgl. V, 4, 21. Daher auch Terenz an der
Tafel des Cäcilius, VIT. Terent. *Ad coenantem cum venisset,*
dictus est initium quidem fabulae, quod erat contemtiore vestitu,
subsellio iuxta lectulum residens legisse. post paucos vero versus
invitatus ut accumberet, coenasse una. So sassen selbst an der
kaiserlichen Tafel des Claudius Kinder. SUET. Claud. 32.
Adhibebat omni coenae et liberos suos cum pueris puellisque nobi-
libus, qui more veteri ad fulcra lectorum sedentes vescerentur.
Endlich werden die *subsellia* als Platz für die Sklaven ausdrücklich bezeichnet von SEN. de tranquill. II, 15. *Non acci-*
piet sapiens contumeliam, si in convivio regis recumbere infra
mensam, vescique cum servis ignominiosa officia sortitis iubebitur.
Das gehört aber nur in die Zeit jener *horridi barbati,* wie CI-
CERO sie nennt und diese Art Familienleben hörte frühzeitig
auf. Der Sklave ass nicht mehr mit dem Herrn, sondern er
erhielt bald monatlich, bald täglich ein gewisses Maass der
unentbehrlichsten Lebensmittel, *menstrua* oder *diaria cibaria.*
Dieses Deputat wurde *demensum* genannt. Wie viel es betragen habe, wissen wir nur unvollkommen. Zwar sagt DONAT.
zu Ter. Phorm. I, 1, 9. *Servi quaternos modios accipiebant*
frumenti in mensem, et id demensum dicebatur. und SENECA ep.
80. *servus est, quinque modios accipit.* Er spricht aber von
Schauspielern, und was DONAT sagt, ist jedenfalls aus Cato's
Vorschriften entlehnt, der nur von der familia rustica spricht,
und natürlich wird es in der urbana anders gehalten worden
sein, wie denn auch sicher hier ein Sklave mehr und bessere
Kost erhielt, als der andere. CATO nun R. R. 56 ff. bestimmt

nach Verhältniss der schwereren oder leichteren Arbeit nicht
nur in Anschung der verschiedenen Beschäftigung, sondern
auch der arbeitsvolleren Jahreszeit, für den Monat 4—5 modii
Getraide. Wein: zunächst nach der Weinlese lora (ohne
Maass), im vierten Monat täglich 1 hemina = $2^1/_2$ congii (etwa
$8^3/_4$ Dr. K.), im fünften bis achten Monate täglich 1 sext. =
5 cong., im neunten bis zwölften täglich 3 hem. = 1 amphora
(nicht ganz). Ausserdem an den Saturnalien und Compitalien
jedem 1 cong., im ganzen Jahre 8 amphorae oder quadr., für
die compeditos 10 quadrantalia. An Oel monatlich 1 sext.
und an Salz 1 mod. Dazu kommen noch Feigen, Oliven, halec
und Essig. — Dass das Deputat monatlich gegeben wurde,
sieht man aus PLAUT. Stich. I, 2, 2.

Vos meministis quot kalendis petere demensum cibum:
Qui minus meministis, quod opust facto, facere in aedibus?
Darauf bezieht sich auch der Scherz des Sykophanten, der im
Olymp gewesen sein wollte. PLAUT. Trin. IV, 2, 102.

CHARM. *An tu etiam vidisti Iovem?*

SYC. *Eum alii di isse ad villam aibant servis depromptum cibum.*
Ein Beispiel, dass auch für die *familia rustica* das demensum
und sogar das Futter für das Vieh in der Stadt gefordert wurde,
findet sich Mostell. I, 1, 59. *Ervom daturin' estis, bubus quod*
feram? Date aes, si non estis. Tranio antwortet darauf: *Ervom*
tibi aliquis cras faxo ad villam adferat. Dass indessen auch eine
tägliche Vertheilung nicht ungewöhnlich war, beweist der Ausdruck *diaria.* MART. XI, 108. *pueri diaria poscunt.* HOR. ep.
I, 14, 40. Sat. I, 5, 67 ff.

— *Rogabat*
Denique cur unquam fugisset, cui satis una
Farris libra foret, gracili sic tamque pusillo?
woraus wir zugleich sehen, dass die allzusparsame Kost die
Sklaven oft zur Flucht veranlasste. — Ebenso erhielt der
Sklave Kleidung, *tunica* und *sagum*, musste aber die alte wie-
der abliefern; als Schuhe *sculponeae.*

Konnte der Sklave an diesem Deputate Ersparnisse
machen, so bildete sich daraus ein kleines Vermögen, auf das,

wie es scheint, der Herr keinen Anspruch machte, wie denn
überhaupt der Grundsatz: *quodcunque per servum acquiritur,
id domino acquiritur*. nicht streng festgehalten wurde, sondern
dem Sklaven erlaubt wurde, sich ein *peculium* zu erwerben.
wovon er sich auch häufig loskaufen mochte. Das erhellt am
deutlichsten aus TERENT. Phorm. I, 1, 9 ff.

> *Quod ille unciatim vix de demenso suo*
> *Suum defrudans genium comparsit miser,*
> *Id illa universum abripiet, haut existumans,*
> *Quanto labore partum.*

und dazu die ganz ähnliche Stelle SEN. ep. 80. *Peculium suum,
quod comparaverunt ventre fraudato, pro capite numerant*. Vgl.
REIN, röm. Privatrecht, S. 566 f. Natürlich konnte dann der
Sklave auch auf andere Weise zu Vermögen kommen. So bei
PLAUTUS macht der Herr auf das, was der Sklave etwa gefunden hat oder gefunden zu haben vorgiebt, wie im Rudens und
der Aulularia, keinen Anspruch, sondern der Sklave will sich
davon loskaufen. — In den Zeiten gänzlich verfallender Zucht
gab es oft sehr reiche Sklaven. S. PLIN. XXXIII, 10. SEN. de
benef. III, 28. und bei PETRON im Hause des Trimalchio.

Die Namen der Sklaven waren theils dem Vaterland
derselben entnommen, wie Phryx, Geta, Paphlago, Cappadox,
Syrus, oder mit grausamer Ironie alten Helden und Königen
entlehnt, wie Iason, Achilles, Priamus, Midas, Croesus, Castor,
Pollux, Lucifer, Hesperus, Ptolemaeus, Pharnaces, Semiramis,
Arsinoe, u. a. (so wie auch noch heute in den Sklavenländern
Namen wie Cäsar, Pompeius, Iupiter u. a. gewöhnlich sind).
Seltener gab man ihnen die Namen von Pflanzen, Blumen,
Kräutern und Steinen, wie Amiantus, Beryllus, Narcissus, Hya-
cinthus, Sardonyx u. a. Am seltensten waren römische Na-
men, wie Fabius und Fallax auf einer Inschrift in Pompeii,
AVELLINO, bullet. Napol. II, 2, N. 19. Doch sagt GELL. IV,
20. *Statius — servile nomen fuit. Plerique apud veteres servi eo
nomine fuerant*. S. CREUZER, Antiq. S. 51. 60. deutsche Schr.
S. 15 ff. ORELLI-HENZEN 2782 ff. 6253 ff. JAHN, spec. 99.

Die Kleidung der Sklaven unterschied sich von der der

gemeinen Freien nicht. SEN. de clem. I, 24. *dicta est aliquando
in senatu sententia, ut servos a liberis cultus distingueret. deinde
apparuit, quantum periculum immineret, si servi nostri numerare
nos coepissent.* LAMPR. Sev. Alex. 27. *In animo habuit, omnibus officiis genus vestium proprium dare —, et omnibus servis,
ut in populo possent agnosci — ne servi ingenuis miscerentur.
Sed hoc Ulpiano Paulloque displicuit* etc. Zwar sagt TAC. Ann.
XIII, 25. *veste servili,* allein das heisst weiter nichts, als in
grober Kleidung, wie sie die Sklaven und die armen Freien
zu tragen pflegten. Das Hauptstück war die Tunica, denn
von der Toga konnte die ganze arbeitende Klasse keinen Gebrauch machen und darum steht im DIAL. de caus. corr. eloq. 7.
tunicatus populus für gleichbedeutend mit *vulgus,* ebenso HOR.
epist. I, 7, 65. *tunicato — popello.* PLAUT. Amph. I, 1. 213.
tunicis consutis. SEN. de brev. vit. 12. In Stoff und Farbe
stand die Tunica der Gemeinen der der Vornehmen nach, vielleicht war sie auch kürzer, um bei der Arbeit weniger zu hindern (*colobium*). Gegen diese von P. FABER, REIZ, BÖTTIGER
und zuletzt von CREUZER, deutsche Schrift. S. 30 fg. 45—58.
vertheidigte Behauptung beweist SCHOL. zu IUV. I, 3. nichts,
zumal da die Lesart unsicher ist. WEISS, Kostümkunde, Stuttg.
1860, II, S. 1000 f. behauptet zwar in der Anmerkung gegen
Becker „ein besonders bestimmtes Sklavenkleid", sagt aber
im Text doch nichts anderes, als wir, nämlich dass die Kleidung „vorherrschend nur in der Tunica bestand und in mehr
oder minder rohen Sandalen" und dass die Sklaven längeres
Haupthaar und Bart trugen. — Die Livrée der Sänftenträger
s. im ersten Excurs zur vierten Scene.

Was die Ehe der Sklaven betrifft, so gab es allerdings
solche Verbindungen, die jedoch nur nach dem Naturrecht
galten, und im strengen Gegensatz zu den Ehen der Freien
standen. Darum hiessen sie nicht matrimonium, sondern *contubernium* und die Gatten *contubernales.* ORELLI-HENZEN
2807. 2826. 2834 fg. 4158. 4161. 5725. 6134. 6262 f. 6291.
6296. Auch *conserva* hiess eine Sklavengattin, ORELL. 2788.
2794. 2820. 6294. 6668. selten *coniux,* 2841 ff. Nur der Herr

hatte zu bestimmen, welche Sklaven zusammenleben sollten, s. COL. I, 8. *qualicunque villico contubernalis mulier assignanda est.* Er war dabei sehr interessirt und sah daher wohl auch auf gegenseitige Zuneigung oder wenigstens Wohlgefallen. VARR. R. R. I, 17. *Praefectos alacriores faciundum praemiis, dandaque opera, ut habeant peculium et coniunctas conservas, e quibus habeant filios. eo enim fiunt firmiores ac coniunctiores fundo.* ganz abgesehen von dem ihm aus der Geburt der *vernae* entspringenden Vortheil. Der ältere Cato nahm sogar Geld von seinen Sklaven, die mit einer Sklavin zusammenleben wollten, PLUT. Cat. mai. 21. — Zuweilen mochte das Loos die Contubernalen zusammenführen, ORELL. inscr. 2834. S. noch PETRON. 57. PLAUT. Cas. prol. 66—74. mit ROSTS Abh. darüber in opusc. p. 64—71.

Die Strafen für die Vergehen der Sklaven waren mannigfaltig, natürlich durchaus körperlich, da hierin der Römer mit den Griechen übereinstimmt, dass der Sklave im Gegensatze zum Freien allemal mit dem Leibe büsset, daher er auch bei gerichtlicher *quaestio* stets gefoltert wird. Diese Strafen waren an sich sehr streng, wären indessen bei gesetzmässiger Anwendung noch erträglich gewesen: allein das Harte des Verhältnisses lag besonders darin, dass der Herr mit völliger Willkür nach Laune verfahren konnte. Man schaudert, wenn man liest, welche Behandlung die Sklaven oft wegen geringer Vergehen erfuhren; aber man darf auch nicht übersehen, dass, nachdem Jahrhunderte hindurch, man möchte sagen systematisch, die Demoralisation und tiefe Erniedrigung dieser Menschen bewirkt worden war, man eine, den Freien an Zahl weit überlegene, durchtriebene und verwegene Klasse vor sich hatte, die nur durch äusserste Strenge in Ordnung erhalten werden konnte. TAC. Ann. XIV, 44. — Zu den gelinderen Strafen gehört zuerst die Verweisung aus der familia urbana in die rustica, in das *ergastulum*, wo sie gewöhnlich *catenati* und *compediti* arbeiten mussten. PLAUT. Most. I, 1, 17.

Cis hercle paucas tempestates, Tranio,
Augebis ruri numerum, genus ferratile.

Daher sagt Geta, TERENT. Phorm. II, 1, 17. mit komischer Resignation:

> *O Phaedria, incredibile quantum herum anteeo sapientia.*
> *Meditata mihi sunt omnia mea incommoda, herus si redierit:*
> *Molendum est in pistrino, vapulandum, habendum compedes,*
> *Opus ruri faciundum. horum nihil quidquam accidet animo*
> *novum.*

Das sind die oft erwähnten *vincti compede fossores*, z. B. OVID. Trist. IV, 1, 5. TIB. II, 6, 25. Sie bilden eine eigene Abtheilung in der Familie, das ergastulum. COL. I, 8, 16. *Ergastuli mancipia vincta compedibus.* IUV. VIII, 180. SEN. de ira III, 32. PLIN. h. n. XVIII, 3. Doch wird man es nicht bloss als Strafklasse zu betrachten haben, sondern man versicherte sich auf solche Weise derer, die etwa hätten entlaufen können. Daher bewohnen sie auch einen Raum unter der Erde. COLUM. I, 6, 3. *Vinctis quam saluberrimum subterraneum ergastulum plurimis idque angustis illustratum fenestris atque a terra sic editis, ne manu contingi possint.* Zwar wurden diese Bagnos in der Kaiserzeit oft verboten, SPART. Hadr. 18., jedoch nie ganz unterdrückt. BRISSON. sel. ex iure civ. ant. II, 9. DIRK-SEN, d. scriptores hist. Aug. S. 139—143. Dass übrigens diese compediti nach CATO's Vorschrift c. 56. besser verpflegt werden, d. h. mehr Rationen bekommen, geschieht, weil sie erstlich die schwerste Arbeit verrichten müssen, dann aber auch, weil sie nicht nebenbei sich etwas verschaffen können. Darum erhalten sie Brot, die Uebrigen Getraide. — Die compes ist entweder ein mit Kette am Bein befestigter Holzklotz oder, und zwar gewöhnlicher, ein eigentliches Beineisen. Daher das Sprüchwort: *compedes, quas ipse fecit, ipsus ut gestet faber.* (Wer Anderen eine Grube u. s. w.). Ausserdem wurde oft ein Halseisen angelegt, *collare* (ähnlich dem griechischen κλοιός), und Handschellen, *manicae.* LUCIL. bei Non. I, 162. *cum manicis, catulo, collarique ut fugitivum deportem.* IV, 313. PLAUT. Capt. II, 2, 107.

> *Hoc quidem haud molestum est iam, quod collus collari caret.*

Daher ist Trin. IV, 3, 14.

Oculicrepidae, cruricrepidae, ferriteri, mastigiae.
unzweifelhaft zu corrigiren: *collicrepidae.* Der von Lucil. genannte *catulus* war auch eine Fessel, wahrscheinlich von catena abzuleiten, indem man mit höhnischer Ironie statt catella *catellus*, dann *catulus* sagte. Plaut. Curc. V, 3, 13.

Delicatum te hodie faciam, cum catello ut adcubes:
Ferreum ego dico.

Dann ging man noch weiter und brauchte in demselben Sinne *canis.* Cas. II, 6, 37.

Tu quidem hodie canem et furcam feras.

Paul. p. 45. *Catulus genus quoddam vinculi, qui interdum canis appellatur.*

Schläge waren sehr häufig, bald mit *fustibus* oder *virgis*, namentlich *ulneis;* daher facere aliquem *ulmeum.* Plaut. Asin. II, 2, 96. *ulmitriba*, Pers. II, 4, 7. *ulmorum Acheruns*, (i. e. in cuius tergo moriuntur ulmeae) Amph. IV, 2, 9. oder mit *loris*, daher bei Plautus eigene *lorarii;* auch *habenis*, Hor. epist. II, 2, 15. Darum nennt Libanus Plaut. Asin. I, 1, 21. das *pistrinum*, die Stampfmühle, die dem *ergastulum* gleichsteht, wo gewöhnlich die zu Bestrafenden schwere Arbeit verrichten mussten: *ustitudines, ferricrepinas insulas, ubi vivos homines mortui incursant boves.* Daher kamen auch die eigenen Schimpfwörter: *verbero* oder *verbereum caput.* Pers. II, 2, 2. *verbera statua.* Capt. V, I, 31. Pseud. IV, 1, 7. und das sehr gewöhnliche *mastigia.* Diese Strafe war so alltäglich, dass sie von Vielen nicht besonders gefürchtet, und selbst darüber gescherzt wurde. So sagt Chrysalus, Bacchid. II, 3, 131. *Si illi sunt virgae ruri, at mihi tergum domist.* So Libanus, Asin. II, 2, 53.

Habeo opinor familiarem tergum, ne quaeram foris.

Diese virtus und firmitudo animi wird sehr launig geschildert: eb. III, 2, 3 ff. wo zugleich eine Menge anderer Strafen aufgezählt werden:

Scapularum confidentia, virtute ulmorum freti, ...
Qui advorsum stimulos laminas crucesque conpedisque
Nervos catenas carceres numellas pedicas boias,
Inductoresque acerrumos gnarosque nostri tergi.

und so oft bei PLAUTUS, aus dem man überhaupt das Sklaven-
leben von allen Seiten kennen lernt. — Auch wurde der
Sklave an den Händen aufgehängt, während an die Füsse
zugleich Gewichte gebunden wurden, wozu gleichzeitig
Schläge kamen. PLAUT. Asin. II, 2, 31.

Ad pedes quando adligatumst aequom centupondium,

Ubi manus manicae complexae sunt atque adductae ad trabem.
Daher häufig *pendere* und *ferire pendentem.* Trin. II, 1, 19.
Most. V, 2, 45. Asin. III, 3, 26. TER. Phorm. I, 4, 42. Eun.
V, 6, 20.

Härtere Strafen waren: die Brandmarkung, namentlich für die *fugitivos* und *fures.* Es wurden dann Buchstaben
zur Bezeichnung des Vergehens auf die Stirne gebrannt, und
eben darum werden solche Gebrandmarkte *literati* genannt.
PLAUT. Cas. II, 6, 49. und vielleicht bezieht sich darauf auch
Aul. II, 4, 46. *trium literarum homo.* (entweder *fur* oder es
heisst ein mehrmals Gebrandmarkter) oder *stigmosi,* PETR. 109.
denn *stigmata* ist der eigentliche Ausdruck für diese *notas.*
Auch *notati, inscripti.* MART. VIII, 75, 9. SENEC. de ira III, 3.
PLIN. XVIII, 3, 4. HESYCH. γράμματα δραπέτα (für die fugitivos). — Ob das Zeichen ein einzelner Buchstabe F gewesen
oder mehrere, ist zweifelhaft; denn PETR. 103. kann nichts
entscheiden. Das Letztere könnte desshalb wahrscheinlicher
sein, weil ausserdem *fur* und *fugitivus* nicht zu unterscheiden
waren. Allein derselbe Buchstabe K bezeichnete auch *Kalen-
dae, Kalumnia, Kaput,* ohne unterscheidendes Merkmal. Vgl.
LONG. de orthogr. p. 1218 Putsch. und von dem Zeichen für
die Calumniatores sagt CIC. p. Rosc. Am. 20. ausdrücklich:
*literam illam, cui vos usque eo inimici estis, ut etiam omnes
calendas oderitis, ita vehementer ad caput affigent* etc. Die *stigmata* blieben für das ganze Leben sichtbar (VAL. MAX. VI, 8, 7.
inexpiabilis literarum nota), und mancher späterhin frei und
reich gewordene musste sie unter Schönpflästerchen, *spleniis,*
zu verstecken suchen. MART. II, 29.

Et numerosa linunt stellantem splenia frontem.

Ignoras, quis sit? Splenia tolle: leges.

Indessen führt derselbe Dichter einen Arzt, Eros, an, der die Spuren der früheren Brandmarkungen zu vertilgen wusste. X, 56, 6.

Eine sehr häufige Strafe war das Tragen der *furca*. Sie sollte in früherer Zeit nur zur Beschämung dienen. DONAT. zu Ter. Andr. III, 5, 12. *qui ob leve delictum cogebantur a dominis ignominiae magis quam supplicii causa circa vicinos furcam in collo ferre, subligatis ad eum manibus.* PLUT. Cor. 24. ἦν δὲ μεγάλη κόλασις οἰκέτου πλημμελήσαντος, εἰ ξύλον ἁμάξης, ᾧ τὸν ῥυμὸν ὑπερείδουσιν ἀράμενος διεξέλθοι παρὰ τὴν γειτνίασιν. Ὁ γὰρ τοῦτο παθὼν καὶ ὀφθεὶς παρὰ τῶν συνοίκων καὶ γειτόνων οὐκέτι πίστιν εἶχεν. Ἐκαλεῖτο δὲ φουρκίφερ. ὃ γὰρ Ἕλληνες ὑποστάτην καὶ στήριγμα, τοῦτο Ῥωμαῖοι φούρκαν ὀνομάζουσιν. Die *furca* hatte ungefähr die Form eines V, und wurde über den Nacken und die Schultern gelegt, während die Arme an ihren beiden nach vorn stehenden Schenkeln festgebunden wurden. PLAUT. Cas. II, 6, 37.

> *tu quidem hodie canem et furcam feras.*

Ein weit härterer Grad der Strafe war es, wenn an dem so Gefesselten körperliche Züchtigung vollzogen wurde, PLAUT. Most. I. 1, 53. LIV. II. 36. *sub furca caesum.* Ferner wurde die furca angewandt bei Sklaven, welche gekreuzigt werden sollten, DIONYS. VII, 69. VAL. MAX. I, 7, 4. *Cum — quidam paterfamilias — servum suum verberibus mulcatum sub furca ad supplicium egisset.* An vielen Stellen ist *patibulum* (eigentlich das Querholz des Kreuzes, SEN. ep. 101. *patibulo pendere destrictum.*) gleichbedeutend mit furca. PLAUT. Mil. II, 4, 7.

> *Credo ego istoc exemplo tibi esse pereundum extra portam,*
> *Dispessis manibus patibulum quom habebis.*

Most. I, 1, 53. *Ita te forabunt patibulatum per vias stimuleis.* Es gingen nämlich *carnifices* hinterher u. schlugen oder stachen. Ebenso NON. III, 184. u. LUCIL. *deligat ad patibulos, deligantur et circumferuntur, cruci defiguntur. Plaut. Carbon. Patibulum ferat per urbem, deinde affigat cruci.* Ueber die anderen Bedeutungen und Anwendungen von furca und patibulum s. PAULY, Realencykl. III, S. 549 fg. u. V, S. 1255. Wenn PLAUTUS a. a. O.

sagt: *extra portam*, so erklärt sich dieses dadurch, dass alle
supplicia ausserhalb der Stadt vollzogen wurden. Es ist aber
darunter nicht die fabelhafte *porta Metia* zu verstehen, welche
in zwei Stellen des PLAUT. Cas. II, 6, 2. und Pseud. I, 3, 97.
hineingetragen worden war (die Codd. haben *mi etiam*, wie
gelesen werden muss, s. RITSCHL, index schol. in univ. Frid.
Guil. Rhen. Bonn 1842.), sondern die *Esquilina*, vor welcher
auf dem campus Esquilinus der Hinrichtungsplatz und der
allgemeine Begräbnissort war. TAC. Ann. II, 32. *in P. Mar-
cium Coss. extra portam Esquilinam — more prisco advertere.*
SUET. Claud. 25. Derselbe Platz ist gemeint TAC. Ann. XV,
60. *raptus in locum servilibus poenis repositum.* SCHOL. CRUQ.
zu Hor. Sat. 1, 8, 14. — *ubi certus erat locus* (nämlich vor der
Esquilina) *sepulcrorum ad corpora pauperum aut sceleratorum
viliumque comburenda aut canibus proiicienda.* vgl. PLUT. Galb.
28. BECKER, Handb. der röm. Alterthüm. I, S. 554 ff.

Die Strafe des Kreuzes (*crux, in crucem agere, tollere,
figere* etc.) war sehr gewöhnlich und ursprünglich nur für
Sklaven angewandt, so dass crux und servile supplicium dasselbe bedeuteten, s. die Stellen in PAULY, Realencykl. II, S.
769. Komisch sagt Sceledrus bei PLAUT. Mil. II, 4, 19.

Noli minitari: scio crucem futuram mihi sepulcrum:
Ibi mei sunt maiores siti, pater, avos, proavos, abavos.
HOR. epist. I, 16, 47 ff.

Nec furtum feci nec fugi, si mihi dicit
Servus: habes pretium, loris non ureris, aio.
Non hominem occidi: non pasces in cruce corvos.

s. Iuv. VI, 216 ff. auf S. 140. In einzelnen Fällen wurden besonders grausame Strafen verhängt, wie Abhacken der Hände
(besonders wegen Diebstahl), PLAUT. Epid. I, 1, 11. SUET.
Cal. 32. Claud. 15. BECKER, antiq. Plaut. p. 11. Bekannt ist
die Schandthat des Vedius Pollio. SEN. de ira III, 40. *Fregerat
unus ex servis eius crystallinum. rapi eum Vedius iussit nec vulgari quidem periturum morte. Muraenis obiici iubebatur, quas
ingens piscina continebat.* Augustus begnadigte ihn und liess
alle crystallina zerschlagen. Auch wird erwähnt, dass Skla-

ven in den Vivarien den wilden Thieren zum Frasse vorgeworfen wurden und bekannt sind die Thiergefechte, zu denen
Privatleute ihre Sklaven hergaben. Dass der Herr keine
Rechenschaft von seinem Verfahren schuldig war, führte gewiss häufig dazu, dass man sich solcher Sklaven, die Zeugen
von Verbrechen gewesen waren, entledigte. Ein entsetzliches
Beispiel bei Cic. p. Clu. 66. *nam Stratonem quidem, iudices, in
crucem actum esse exsecta scitote lingua.* Ein zweiter war heim-
lich bei Seite geschafft worden. Ein furchtbares Gesetz war
es auch, dass, wenn der Herr des Hauses durch einen seiner
Sklaven ermordet worden war, die ganze Sklavenfamilie ster-
ben musste. Tac. Ann. XIV, 41. Daraus erklärt sich, was
Sulpicius schreibt, Cic. ad Fam. IV, 12. (nach Marcellus' Er-
mordung): *Ego tamen ad tabernaculum eius perrexi. inveni duos
libertos et pauculos servos. reliquos aiebant profugisse, metu
perterritos, quod dominus eorum ante tabernaculum interfectus
esset.* Rein, röm. Criminalrecht S. 421 fg. Wallon, II, S.
239—253.

Jene Beispiele besonderer Grausamkeit können nun freilich nicht als Regel gelten, wenn sie auch gewiss nicht eben
Seltenheiten waren; allein von solchen Extravaganzen abgesehen, lag das Unerträgliche des Verhältnisses besonders in
der rücksichtslosen Unfreundlichkeit und lieblosen Härte, mit
welcher die Sklaven im Allgemeinen behandelt wurden. Lehr-
reich ist in dieser Beziehung Sen. ep. 47. *infelicibus servis
movere labra ne in hoc quidem, ut loquantur, licet. virga mur-
mur omne compescitur et ne fortuita quidem verberibus excepta
sunt, tussis, sternutamentum, singultus. magno malo ulla voce
interpellatum silentium luitur. nocte tota ieiuni mutique perstant.*
Das ist keineswegs übertrieben, vielmehr lässt es sich durch
zahlreiche Beispiele belegen, dass sehr häufig wegen der ge-
ringfügigsten Versehen die raffinirtesten Misshandlungen Statt
fanden. Besonders zeichneten sich darin die Damen aus, von
deren Toilette die schmückenden Dienerinnen, wie noch heute
in Brasilien und anderwärts, selten anders als geschlagen, zer-
kratzt, zerrauft und mit Nadeln zerstochen kamen. Iuv. VI, 490 ff.

Disponit crinem laceratis ipsa capillis
Nuda humero Psecas infelix, nudisque mamillis.
Altior hic quare cincinnus? Taurea punit
Continuo flexi crimen facinusque capilli.

S. Ovid. Am. I, 14, 13. Art. III, 235. Mart. II, 66. Böttig.
Sab. I, S. 310 ff. 323 ff.

Bei dieser Behandlungsweise lässt es sich erwarten, dass
im Allgemeinen die Gesinnung der Sklaven gegen den Herrn
in der Regel eine feindliche, Anhänglichkeit und Treue
wenigstens in der späteren Zeit selten war. Niemand spricht
das bestimmter aus als Seneca l. l. (ebenso Macrob. Sat. I,
11.), der, die alte lobend, ein Sprüchwort anführt, das gerade
desshalb, weil es Sprüchwort ist, als lautredendes Zeugniss
gelten muss. *At illi quibus non tantum coram dominis, sed cum*
ipsis erat sermo, quorum os non consuebatur, parati erant pro
domino porrigere cervicem, periculum imminens in caput suum
avertere. In conviviis loquebantur, sed in tormentis tacebant.
Deinde eiusdem arrogantiae proverbium iactatur: totidem esse
hostes, quot servos. Non habemus illos hostes, sed facimus. Die
von Sen. allgemein genannten Aussagen auf der Folter sind
nur auf bestimmte Fälle zu beschränken; denn es war Grundsatz, von dem Sklaven gegen den Herrn keine Aussagen zu
erpressen. Cic. p. Mil. 22. *de servis nulla quaestio in dominos,*
nisi de incestu. — Sed tamen maiores nostri in dominum de servo
quaeri noluerunt, non quia non posset verum inveniri, sed quia
ridebatur indignum. p. rege Dejot. 1. part. orat. 34. So führt
auch Val. Max. VI, 8, 1. nur das Beispiel des M. Antonius
(or.) an, dessen Sklave wegen Incest des Herrn gefoltert
wurde; denn dass dasselbe mit dem Sklaven des Munacius
Plancus geschah, kann der Zeit der Bürgerkriege wegen nicht
in Betracht kommen. Nicht selten erwies es sich, wie wahr
Ovid sagt Met. XVI, 489. *sors ubi pessima rerum, sub pedibus*
timor est. und mehrmals wurde Italien ein Schauplatz furchtbarer Gräuelscenen durch Empörungen und Verschwörungen
der Sklaven, s. Creuzer, deutsche Schriften S. 40 ff. Ein
Beispiel furchtbarer Sklavenrache erzählt Plin. ep. III, 14.

Rem atrocem Largius Macedo, vir praetorius, a servis suis passus est, superbus alioqui dominus et saevus, et qui servisse patrem suum parum, immo minimum meminisset. Lavabatur in villa Formiana. repente eum servi circumsistunt: alius fauces invadit, alius os verberat, alius pectus et ventrem, atque etiam (foedum dictu) verenda contundit, et quum exanimem putarent, abiiciunt in ferrens pavimentum, ut experirentur, an viveret. Leider lebte das Ungeheuer noch lange genug, um noch das *solatium ultionis* (wie Plinius selbst es nennt!) zu haben. Auf der anderen Seite fehlte es indessen auch nicht an Beispielen der treuesten Anhänglichkeit und edler Aufopferung für den Herrn, namentlich in den Schrecknissen der bürgerlichen Kriege, und VAL. MAX. hat in einem besonderen Kapitel, VI. 8. verschiedene Fälle der Art der Vergessenheit entrissen. Er sagt aber selbst: *fides quo minus exspectata, hoc laudabilior.* S. auch Beispiele bei MACROB. Sat. I, 11.

Noch ist hinzuweisen auf das besondere Verhältniss, das seit den letzten Zeiten der Republik durch die unzüchtige Liebe zu schönen Sklaven und Sklavinnen entstand, wo auf der einen Seite der Sklave zum Werkzeuge viehischer Lust herabgewürdigt wurde, auf der anderen derselbe eine bedeutende Gewalt über den Gebieter und Einfluss auf das Hauswesen erhielt. Doch es sei auch nur darauf hingedeutet, und wer diese Schattenseite des Sklavenlebens näher kennen zu lernen wünscht, der wird in den Gedichten Martials und Invenals und auch anderwärts Zeugnisse genug von der Verworfenheit der Zeit finden, z. B. SEX. ep. 47. 95.

Im Allgemeinen wird man sich also die römischen Sklaven als eine tief herabgewürdigte und sittlich erniedrigte Menschenklasse zu denken haben. Den Herrn hatten sie oft eben so viel Grund zu verachten als zu hassen. Die täglichen Misshandlungen machten sie gegen gewöhnliche Strafen gleichgültig. Es ist gewiss Denkweise römischer Sklaven, die sich bei PLAUT. Bacch. II, 3, 131. oder Asin. II, 2, 53. ausspricht, vgl. III. 2, 3 ff. S. oben S. 147.

Von ältester Zeit her hatte der Herr das Recht, seinen

Sklaven frei zu lassen, wodurch dieser, wenn die Freilassung
in gesetzlicher Weise geschehen war, Civität erlangte. Die
Bedingungen und Formen der Freilassung gehören nicht hierher, s. Pauly, Realencykl. IV, S. 1504 ff. Es blieb nach derselben ein der Clientel ähnliches Pietätsverhältniss gegen die
Familie des Herrn, dessen Namen der Freigelassene auch gewöhnlich annahm, wie überhaupt der, welcher durch einen
Römer das Bürgerrecht erlangte, s. Thl. I, S. 18. Sehr häufig
blieben die Freigelassenen in dem Hause des Herrn, der
überhaupt eine Art Schutzherr war und auch in dieser Beziehung patronus genannt wurde. Die Behandlung änderte sich
natürlich, indessen führten in alter Zeit die Herren doch ein
strenges Regiment über die Freigelassenen. Das sagt ausdrücklich Cic. ad Qu. fr. I, 1, 4. *Accensus sit eo numero, quo
eum maiores nostri esse voluerunt, qui hoc non in beneficii loco,
sed in laboris et muneris non temere nisi libertis suis deferebant,
quibus illi quidem non multum secus ac servis imperabant.*

VIERTER EXCURS.

DIE VERWANDTEN, FREUNDE UND CLIENTEN.

Die ganze Organisation der römischen Familie lässt es
erwarten, dass auch die entfernter stehenden Glieder eines
Hauses mit demselben und untereinander durch ein engeres
Band verknüpft waren und dass sich um einen paterfamilias,
wenn er namentlich an der Spitze des Geschlechts stehend erschien, die ganze Familie wie um ihren Mittelpunkt sammelte.
Die Verwandtschaft war aber meistens sehr ausgebreitet und
ihre Verzweigung wurde namentlich in der Nobilitas durch
die imagines im Andenken erhalten, welche einen vielästigen
Stammbaum bildeten. Die rechtliche Bedeutung der Agnaten,
Cognaten und Affinen ist hier nicht zu erörtern, s. PAULY,
Realencykl. I, S. 257 fg. II, S. 488 fg. Abgesehen von dieser
rechtlichen Seite zeigt die alte Heiligkeit der verwandtschaft-
lichen Bande auch unter Cognaten und Affinen sowohl das
jährliche Fest der Charistia, VAL. MAX. II, 1, 8. *Convivium
etiam solenne maiores instituerunt idque Charistia appellaverunt,
cui præter cognatos et affines nemo interponebatur.* OVID. Fast.
II, 616 ff., als die Pflicht um gestorbene Cognaten und Affinen
zu trauern; ebenso das Eheverbot zwischen Cognaten und
Affinen, s. PAULY, Realencykl. IV, S. 1651. und zuletzt das
ius osculi, welches darin bestand, dass die verheirathete Frau
von ihren und ihres Mannes Cognaten geküsst werden durfte.
Der Kuss wurde nämlich als ein symbolisches Zeichen des
engen Familienkreises angesehen. PLUT. qu. Rom. 6. καὶ τοῦτο μόνον ἀπελείφθη σύμβολον καὶ κοινώνημα τῆς συγγενείας. Vgl.

VAL. MAX. III, 8, 6. Die Alten erklärten diese Sitte sehr
mannigfaltig und zum Theil komisch, indem sie dieselbe auf
das alte Verbot des Weintrinkens für Frauen bezogen. Es
hätten sich nämlich durch den Kuss die nächsten Anverwandten überzeugen sollen, ob die Frau Wein getrunken
habe oder nicht. PLUT. a. a. O. CATO bei Plin. h. n. XIV, 13.
GELL. X, 23. POLYB. VI, 2. aus Athen. TERTULL. apol. 6.
S. noch PLUT. Rom. 1. FEST. v. Osculana p. 197 M. und überhaupt die sehr verdienstliche Abhandlung von KLENZE in Savigny's Zeitschr. für gesch. Rechtswiss. VI, S. 1 ff.

Den Verwandten schlossen sich dann andere Freunde
an, die gemeinschaftliche Erziehung (Unterricht) oder die
tausendfältigen Berührungen im öffentlichen Leben zugeführt
hatten und endlich die auswärtigen Bekannten oder *hospites*,
die der bedeutendere Römer in der ganzen Welt zerstreut
hatte. Es findet sich nämlich auch in Italien (so wie in Griechenland, Charikles I, S. 61. 95.) seit den ältesten Zeiten
das schöne Institut des Gastrechts, welches die beiden durch
dasselbe verbundenen Freunde nicht allein zu gegenseitiger
gastlicher Aufnahme, sondern auch zu Schutz und Hülfe in
allen politischen und Privatangelegenheiten verpflichtet. Nach
der gewöhnlichen von GELL. V, 13. mitgetheilten Ansicht
waren die Pflichten gegen die Aeltern und die anvertrauten
Mündel die ersten und heiligsten. Darauf heisst es: *secundum
eos proximum locum clientes habere —. tum in tertio loco esse
cognatos affinesque. — Masurius autem Sabinus — antiquiorem
locum hospiti tribuit quam clienti. Verba ex eo libro haec sunt:
in officiis apud maiores ita observatum est, primum tutelae, deinde hospiti, deinde clienti, tum cognato, postea affini.* Es stand
demnach fest, dass die Verwandten den Gastfreunden nachstehen sollten. In diesem Geiste sagt CIC. div. 20. *Clarissimi
viri nostrae civitatis temporibus optimis hoc sibi amplissimum
pulcherrimumque ducebant, ab hospitibus clientibusque suis* (dieselbe Verbindung s. bei LIV. III, 16. IV, 13.) *iniurias propul-
sare eorumque fortunas defendere.* PLIN. ep. III, 4. Erwähnungen dieses Verhältnisses sind sehr häufig, z. B. LIV. I, 45.

Cic. p. Flacc. 20. p. Deiot. 14. Caes. b. g. II, 25. Suet. Caes. 73. mit den Anm. Tib. 62. und die Nachkommen hielten das von ihren Vorfahren geschlossene hospitium auf das heiligste. Daher wird so oft *paternus amicus et hospes* genannt, z. B. Cic. div. 20. ad Fam. XIII, 29. 36. Liv. XLII, 38. Plut. Cat. min. 12. Bei dem Schlusse eines solchen Bündnisses wurden gewöhnlich *tesserae* gewechselt (σύμβολα), welche als Erkennungszeichen für die späteren Nachkommen aufbewahrt wurden. Bei Plautus Poen. V. 1, 22 ff. sagt der Punier Hanno:

Sed hic mihi antehac hospes Antidamas fuit.
Eum fecisse aiunt, sibi quod faciundum fuit.
Eius filium hic praedicant esse Agorastoclem.
Deum hospitalem ac tesseram mecum fero.

2, 87 ff.

AG. *Antidamae gnatum me esse.* HA. *Si ita est, tesseram*
Conferre si vis hospitalem, eccam attuli.

AG. *Agedum huc ostende. est par probe, nam habeo domi.*

HA. *O mi hospes, salve multum, nam mihi tuus pater.*
Pater tuus ergo, hospes Antidamas fuit,
Haec mihi hospitalis tessera cum illo fuit.

AG. *Ergo hic apud me hospitium tibi praebebitur etc.*

vgl. Pseud. I, 1, 53. 55. II, 2, 53. 57. Der Bund erlosch nur durch Aufkündigung von der einen Seite. Cic. Verr. II, 36. *Iratus iste vehementer Sthenio et incensus hospitium renunciat, domo eius emigrat atque adeo exit, nam iam ante migrarat.* Vgl. Sell, die Recuperatio der Römer. Braunschweig 1837. S. 119 ff. Tomasius, de tessera hospit. u. A. in Fabricii bibliographia antiq. p. 890.

Aber eine Hauptklasse der zu einer römischen domus gehörigen Personen bildeten die Clienten. Die Clientel ist ein Staatsinstitut; ihre Entstehung, ihre politische und sittliche Bedeutung sowie die privatrechtlichen Folgen kommen hier nicht in Betracht (s. darüber Becker, röm. Alterth. II, 1, S. 121 133. 157— 161. Pauly, Realencykl. II, S. 455 ff. V. S.

1245 ff.), sondern nur ihre äussere Erscheinung im Hause des Patronus. Ohnehin hatte sich dieses Institut mit dem Untergang der Republik ganz umgestaltet. Die alte Patriarchalität und die Idee der engen Zusammengehörigkeit war dahin geschwunden und das Verhältniss bestand bloss äusserlich fort, durch unedle Motive gestützt, auf der einen Seite nämlich durch die Eitelkeit, indem der Reiche mit seinen zahlreichen Clienten glänzen wollte, auf der anderen durch Egoismus, indem der Arme auf diese Weise Mittel gewann, ein träges Leben zu führen. Nicht der verdiente, beliebte und vornehme Mann allein, sondern auch der verdienstlose aber reiche wollte sich von einer dienstfertigen Schaar (*clientum turba* Sen. ep. 68.) umgeben sehen, die ihm den Hof machten. Daher kam es denn, dass in Rom eine Menge Menschen lebten, die gegen eine Vergütung sich gleichsam zum Hofstaate nicht eines, sondern mehrerer Vornehmen oder Reichen hergaben und sich oft bloss davon nährten wie Juv. I, 119. sagt: *quibus hinc toga, calceus hinc est, et panis fumusque domi.* Mancher kam wohl nur in der Hoffnung solchen Erwerbs weither nach Rom, wie der von Mart. III, 14. verspottete esuritor Tuccius, der aus Spanien gekommen, als er hörte, dass die sportula kein Geld mehr eintrage, am pons Mulvius, kurz vor Rom umkehrte. So fragt derselbe Dichter nach Abschaffung der sportula den Gargilianus: *Quid Romae facis? Unde tibi togula est et fuscae pensio collae?* — Auch insofern war die neue Clientel der alten ganz unähnlich, als der Arme das Verhältniss nach Belieben lösen oder auch gleichzeitig mit Mehrern knüpfen konnte, was mit dem exclusiven Wesen der früheren unverträglich war. Dieser Umgestaltung entsprechen auch die neuen Bezeichnungen. Der bedeutsame Name des patronus genügte nicht mehr, sondern der Reiche liess sich lieber rex und dominus nennen, wenn er auch selbst Client eines Andern war. So schliesst Martial an Maximus II, 18. mit den Versen:

> *Sum comes ipse tuus tumidique anteambulo regis,*
> *Tu comes alterius, jam sumus ergo pares.*

Esse sat est servum, jam nolo ricarius esse.
Qui rex est regem Maxime non habeat.

II, 68. sagt er zu Olus:

> *Quod te nomine jam tuo saluto,*
> *Quem regem est dominum prius vocabam,*
> *Ne me dixeris esse contumacem,*
> *Totis pilea sarcinis redemi.*

d. i. das Recht dich nicht rex zu nennen (pilea die Freiheit)
habe ich dadurch erkauft, dass ich auf dein Geschenk (sarcina)
verzichtete. Ein anderer Caecilianus entzog dem Dichter sogar das übliche Geschenk, weil er von ihm vero nomine be-
grüsst worden war, nicht als dominus. VI, 88. Umgekehrt
hiess die bettelhafte antichambrirende Schaar der Clienten
jetzt *comites, anteambulones, togati, turba togata* oder *salutatrix,*
auch *amici* s. unten. Der Name *togati* rührt natürlich davon
her, dass die Clienten in der toga d. h. im Staatskleid, gleichsam in der Uniform (als Zeichen des Respekts gegen die
Höheren) erscheinen mussten. Darum sagt MARTIAL. XII, 18,
17. von dem Privatleben in Bilbilis *ignota est toga* und ver-
bindet X, 51. *tunicata quies* als Gegensatz zu dem lästigen
Hofdienst des togatus. Diese Ausartung schildert vortrefflich
HEUERMANN, über die Clienten unter den ersten römischen
Kaisern. Programm von Burgsteinfurt, Münster 1856. —
Unter die officia des Clienten (überhaupt *opera togata* genannt) gehörte vorzüglich die *salutatio matutina* (*officia ante-
lucana* bei PLIN. ep. III, 12. zu welcher Stelle HEUSINGER
eine Schrift herausgab: de salutat. Rom. matut. Isen. 1740.)
und die *anteambulatio.* Der Client machte sich in der Frühe
des Morgens auf, um bei Zeiten in dem Hause des dominus
anzukommen, und um Mehrere zu besuchen, da sie von Einem
nicht wohl leben konnten. Dieses Herumrennen durch Dick
und Dünn schildert SENECA de brev. vit. 14. *Isti qui per officia discursant, qui se aliosque inquietant, cum bene insanierint,
cum omnium limina quotidie perambulaverint, nec ullas apertas
fores praeterierint, cum per diversas domos meritoriam saluta-*

tionem circumtulerint etc. Luc. Nigrin. 22. MARTIAL. I, 81. XII, 26, 3. 7 ff.

> *Quod non a prima discurram luce per urbem. —*
> *At mihi, quem cogis medios obrumpere somnos,*
> *Et matutinum ferre patique lutum* cett.

VII, 39.

> *Discursus rarios vagumque mane*
> *Et fastus et ore potentiorum*
> *Cum perferre patique iam negaret* cett.

IX, 93, 5.

> *Caius a prima tremebundus luce salutat*
> *Tot dominos, at tu Condyle nec dominum.*

X, 10.

> *Cum tu, laurigeris annum quo fascibus intras,*
> *Mane salutator limina mille teras,*
> *Hic ego quid faciam? quid nobis Paulle relinquis,*
> *Qui de plebe Numae densaque turba sumus?*
> *Qui me respiciet, dominum regemque vocabo?*

Juv. V, 19 ff.

> *— habet Trebius, propter quod rumpere somnum*
> *Debeat et ligulas dimittere, sollicitus ne*
> *Tota salutatrix iam turba peregerit orbem.*

An dem vestibulum des Patronus wartete der Client (Manche leiten sogar den Namen vestibulum von diesem Stehplatz der *salutantes* her, s. den ersten Excurs zur zweiten Scene), bis die Thüre geöffnet wurde. Dann trat er in das Atrium und wartete abermals bis der Herr erschien, dem der Nomenclator die Namen der Besuchenden nannte. Nun erst brachte er sein *Ave* an, SENECA de ben. VI, 34. *cuius vulgare et publicum verbum et promiscuum ignotis Ave, non nisi suo ordine emittitur? Ad quemcunque itaque istorum veneris, quorum salutatio urbem concutit, scito, etiamsi animadverteris obsessos ingenti frequentia vicos et commeantium in utramque partem catervis itinera compressa, tamen venire te in locum hominibus plenum, amicis vacuum. In pectore amicus, non in atrio quaeritur.* MARTIAL. VII, 39, 1.

IV, 8. *Prima salutantes atque altera continet hora.*

IX, 100. *et mane togatum Observare iubes atria.*

III, 38, 11 ff.

> *Atria magna colam. Vix tres aut quatuor ista*
> *Res aluit, pallet cetera turba fame.*

Hor. epist. I, 5, 31.

> *Atria servantem postico falle clientem.*

Iuv. VII, 91. *tu nobilium magna atria curas?*

Sen. ep. 68. *pulsare superbas potentiorum fores.*

Dieses thaten jedoch auch Andere, um einem Manne ihre Hochachtung zu bezeigen, wenn sie auch keineswegs im Verhältniss der Clienten zu ihm standen, ja selbst zu den Angesehensten gehörten. Cic. ad Fam. IX, 20. *Mane salutamus domi et bonos viros multos, sed tristes et hos laetos victores, qui me quidem perofficiose et peramanter observant. Ubi salutatio defluxit, literis me involvo.* ad Att. I, 18. *Nam illae ambitiosae nostrae fucosaeque amicitiae sunt in quodam splendore forensi, fructum domesticum non habent. Itaque quum bene completa domus est tempore matutino, quum ad forum stipati gregibus amicorum descendimus, reperire ex magna turba neminem possumus* etc. Sen. ep. 29. *turba salutantium — errat autem qui amicum in atrio quaerit, in convivio probat.* vgl. ep. 22. *atrium vacuum.* Unter den Besuchenden gab es verschiedene Klassen, die nach Gruppen eingetheilt und in verschiedenen Zeiten vor den Herrn gelassen wurden. Sen. de ben. VI, 33. *Non sunt isti amici, qui agmine magno ianuam pulsant, qui in primas et secundas admissiones digeruntur.* 34. *Apud nos primi omnium C. Gracchus et mox Liv. Drusus instituerunt segregare turbam suam et alios in secretum recipere, alios cum pluribus, alios universos.* Das sind eben die verschiedenen admissiones, unter denen die sog. *amici* oben an stehen, welche als Günstlinge reichere Wohlthaten empfangen, als die andern Clienten, sonst aber sich von denselben nicht unterscheiden. Sie sind nichtsnutzige Schmarotzer, die nur auf die Freigebigkeit des hohen Freundes spekuliren. Martialis, „ein würdiger Repräsentant dieser Menschenclasse" (Heuermann a. a. O. S. 30 u. ff.), lässt

in vielen seiner Gedichte deutlich hervortreten, dass sich das
ganze Verhältniss nur um Geschenke dreht. II, 3. VI, 11, 42.
XIII, 14. Mitunter waren diese sehr beträchtlich, wie der ton-
sor Cinnamus so viel empfing, um den Rittercensus zu besitzen

> *Et post hoc dominae munere factus eques.*

MART. VII, 64. oder er selbst III, 95. Wie unverholen und
sogar unbescheiden er selbst fordert, zeigt II, 41. V, 25. VII,
36. VIII, 28. Daher war es kein Wunder, wenn die Herrn
solche Ansprüche nicht erfüllten und sich auf mannichfache
Weise entzogen, MARTIAL. II, 44. VII, 92. IX, 46. Meistens
wurden die Freunde mit Kleidern beschenkt, MARTIAL. II, 46.
V, 82. VII, 53 (von den Gaben an den Saturnalien). X, 11.
73. XII, 36. HEUERMANN, a. a. O. S. 30 ff. Siehe die fernere
anschauliche Schilderung bei SENECA und vgl. STUCK, antiq.
conviv. II, 31. 32. KRETZSCHMAR, de pietate clientis Rom. in
patron. Dresd. 1754 fg. sect. 5 — 7. (salutatio und deductio).
Die opera togata des Clienten bestand ferner darin, dass er
ihn beim Ausgange als anteambulo (S. 133) begleitete. SEN.
ep. 22. *nudum latus, incomitata lectica, atrium vacuum.* de brev.
v. 7. *quot* (dies abstulit) *ille potentior amicus, qui vos non in
amicitia, sed in apparata habet?* Dieses gilt aber nur von denen,
die bei der salutatio dazu aufgefordert worden waren und des-
halb das Geschenk empfingen oder die Einladung zum Mahl.
Dies geschah während der zwei Stunden dauernden Audienz,
denn MART. IV, 8. sagt

> *Prima salutantes atque altera continet hora.*

Bei dem Ausgange zogen die Clienten vor der Sänfte einher,
wo sie von dem Gedränge der Strasse viel zu leiden hatten
(MARTIAL. III, 36.) und begleiteten ihren Herrn nach allen
beliebigen Orten. X, 56. z. E. in das Bad. MARTIAL. III, 36.
Wenn derselbe Sachwalter war, so gingen sie mit auf das Forum und liessen ihren Beifallsruf fleissig ertönen. MARTIAL.
III, 46.

> *Exigis a nobis operam sine fine togatam.*
>   *Non eo libertum sed tibi mitto meum.*
>   *Non est, inquis, idem. Multo plus esse probabo.*

Vix ego lecticam subsequar, ille feret.
In turbam incideris, cuneotos umbone repellet;
Invalidum est nobis ingenuumque latus.
Quidlibet in causa narraveris, ipse tacebo:
At tibi tergeminum mugiet ille sophos. —
Ergo nihil nobis, inquis, praestabis amicus!
Quidquid libertus, Candide, non poterit.

MARTIAL. VI, 48.

Quod tam grande sophos clamat tibi turba togata,
    Non tu, Pomponi; coena directa (oder diserta) tua est.

Der Herr schickte die Clienten sogar zu den Reden seiner
Freunde, MART. II, 74.

Hos illi amicos et greges togatorum
    Fuficulenus praestat et Faventinus.

oder zu Vorlesungen derselben, Iuv. VII, 43.

Scit dare libertos extrema in parte sedentes
    Ordinis et magnas comitum disponere voces.

Endlich sehen wir aus MARTIAL. IX, 100., dass der Client
auch zu allen Besuchen mitgeschleppt wurde:

Denariis tribus invitas, et mane togatum
    Observare iubes atria, Basse, tua;
Deinde haerere tuo lateri, praecedere sellam,
    Ad vetulas tecum plus minus ire decem.

Vgl. X, 74. Gewiss ein saurer Erwerb, täglich einer kargen
sportula wegen die oben geschilderten Mühseligkeiten zu er-
tragen und den anteambulo tumidi regis zu machen. Darum
sehnt sich MARTIAL nach dreissigjährigem Dienst (*tempora
longi servitii*, Iuv. III, 124.) nach Ruhe, X, 74.

Iam parce Roma gratulatori
Lasso clienti. Quamdiu salutator
Anteambulones et togatulos inter
Centum merebor plumbeos die toto.

Und wie glücklich fühlt er sich, nachdem er endlich in den
ersehnten Hafen eingelaufen ist, XII, 18. Trotzdem drängten
sich so Viele zu diesem niedrigen und mühevollen Leben, dass
es Anstrengungen kostete, zugelassen zu werden. So erwäh-

nen Iuv. III, 188. und Petron. 30. Bestechungen der Sklaven
und Freigelassenen oder wenigstens Geschenke, die man ihnen
machen musste. Auch die niedrigsten Schmeicheleien durften
nicht gespart werden, Martial. XII, 40. und meisterlich verstanden sich die Griechen darauf, Iuv. III, 100 ff. Heuermann S. 10 ff. — Uebrigens machten viele, welche die Salutatio ihrer Clienten annahmen, wiederum bei anderen den salutator, und nahmen wohl auch die sportula mit. S. Iuv. I, 99 ff.
117 ff. Mart. II, 18. s. oben X, 10.

  Cum tu laurigeris annum qui fascibus intras,
   Mane salutator limina mille teras.

XII, 26. In welcher Weise nun aber die *sportula*, d. h. die
Vergütung verabreicht wurde, das ist nicht völlig klar. S. darüber Kretzschmar, de sportulis. Dresd. 1758. Buttmann in
der Kritischen Bibliothek 1821. I, S. 390 ff. Schmieder, de
sportula. Brieger Programm von 1836 und Heuermann a. a.
O. S. 14 ff. In alter Zeit wurde der Client vom Patron zur
Tafel gezogen. Bei der späteren ausgearteten Sitte war das
nicht nur lästig, sondern ganz unstatthaft; daher fand statt der
coena recta eine Vertheilung von Speisen (jedoch nicht zum
Mitnehmen, wie Buttmann will; denn an der einzigen Stelle,
welche dafür angeführt werden könnte, Hesych. I, p. 485 Alb.,
ist die Lesart unsicher), wahrscheinlich in Körbchen Statt,
daher der Ausdruck sportula (s. g. von *spartium*, Genista oder
Pfriemenkraut, aus dem die Körbe meistens geflochten wurden) Non. Marc. II, 833. Gloss. zu Petron. 113. Isidor.
XX, 9. Ps. Asc. ad Verr. II, 8, S. 135. Orell.). Allein auch
das war noch zu unbequem und man verwandelte daher die
coena in Geld (τὸ ἀντὶ δείπνου ἀργύριον, Hesych. l. l.), wobei es
auch — abgesehen von der durch Domitian gemachten Aenderung — im Ganzen für immer blieb. Mit Hülfe der Nachrichten bei Sueton und Martial lassen sich die Zeiten dieser
Veränderungen ziemlich genau angeben. Unter den ersten
Kaisern wurden die Clienten gespeist, sei es in vollständiger
coena recta oder in einer kleineren gewöhnlich kalten und
improvisirten Mahlzeit. Dass Letzteres sportula bedeute, sehen

wir aus SUET. Claud. 21. wo die sp. als *subita coenula* bezeichnet wird. Es heisst: *ibidem extraordinarium et breve (munus)
dierumque paucorum, quod appellare coepit sportulam, quia
primum daturus edixerat, velut ad subitam condictamque coenu-
lam invitare se populum.* Dasselbe ergiebt sich aus der sogleich
anzuführenden Stelle bei MART. VIII, 50. Zu Nero's Zeit kam
die Sitte auf, Geld statt des Mahls zu verleihen, wozu der Kaiser
Veranlassung gab, indem er dieses in Beziehung auf die publicae coenae verordnete. SUET. Ner. 16. *adhibitus sumtibus
modus, publicae coenae ad sportulas redactae.* Diese Anordnung
hatte natürlich auch auf die Privatverhältnisse Einfluss, und
sowohl die Clienten als die Patronen fanden die Geldvertheilung vortheilhafter als die bisherige Speisung. DOMITIAN
führte die alte Sitte wieder ein, SUET. Dom. 7. *multa etiam in
communi rerum usu notavit, sportulas publicas sustulit, revocata
coenarum rectarum consuetudine.* Aber für öffentliche Festmahle dauerte die frugale Sportelspeisung (sportulae) fort, wie
SUET. Claud. 21. und Domit. 4. sagt: *septimontiali sacro quidem senatui equitique panariis plebeiisque sportellis cum obsonio
distributis, initium vescendi primus fecit.* Auf solche Feste bezieht sich MART. VIII, 50., wo er zum Kaiser sagt:

> *Vescitur omnis eques tecum populusque patresque
> Et capit ambrosias cum duce Roma dapes.
> Grandia pollicitus quanto maiora dedisti!
> Promissa est nobis sportula, recta data est.*

Es ist ein Verdienst HEUERMANNS S. 16 ff., die Nachrichten
über die Speisungen der Clienten und die grossen öffentlichen
Festmahle scharf geschieden zu haben, so wie wir überhaupt
seinen sorgfältigen Forschungen Manches verdanken. Dem
Kaiser folgten die Patrone und begannen wieder die Clienten
zu speisen. Auf diese Zeit bezieht sich MART. III, 7.

> *Centum miselli iam valete quadrantes,
> Anteambulonis congiarium lassi,
> Quos dividebat balneator elixus.
> Quid cogitabis, o fames amicorum?*

Regis superbi sportulae recesserunt.

Nihil stropharum est: iam salarium dandum est.

d. h. da die Geldsportula wegfällt, so sollte ein bestimmter Lohn (*salarium*) von dem Patron ausgeworfen werden, von welchem die Dienste thuenden Clienten leben können (bisher hatten sie diesen nicht bedurft). Dieses war aber nur eine Hoffnung des Dichters, die nicht in Erfüllung ging. Martial. III, 30.

Sportula nulla datur; gratis conviva recumbis.

Iuv. V, 14. *Fructus amicitiae magnae cibus, imputat hunc rex.* Die Stellen, welche Schmieder angeführt hat, um zu zeigen, dass neben der coena auch Geldvertheilung Statt fand, wie Martial. IV, 68. X, 27. VII, 86., beweisen es nicht. Heuermann, S. 26 f. — An der coena recta theilnehmend erhielten die Clienten zwar alle Gerichte und fühlten sich als Tischgenossen gehoben, doch hatten sie pekuniären Nachtheil, wie oben erwähnt ist und litten nicht selten durch die Insolenz der Herren und der Diener. Heuermann, S. 28 f. S. die oben cit. Stellen desselben Dichters III, 14. 60.

Cum vocer ad coenam, non iam venalis ut ante,

    Cur mihi non eadem, quae tibi, coena datur?

Ostrea tu sumis stagno saturata Lucrino,

    Sumitur inciso mitulus ore mihi.

Sunt tibi boleti, fundos ego sumo suillos. —

Cur sine te coeno, cum tecum Pontice coenem?

    Sportula quod non est, prosit: edamus idem.

Es gab nämlich der geizige Patron den Clienten ordinäre Speisen, während er selbst feinere Gerichte ass. Dieselbe Klage s. IV, 68. VI, 11. vgl. Plin. epist. II, 6. Aus allen Stellen ergiebt sich aber, dass der Client im Hause des Patron gespeist wurde, von einem Abholen der Speisen ist nirgends die Rede. Nach Domitian wurde aber die den Patronen bequemere und den Clienten angenehmere Geldsportula wieder allgemein, wie wir aus allen späteren Erwähnungen sehen und darum erklärt Ps. Asc. zu Cic. Verr. I, 8. p. 135. *sportulae* sogar als *numorum receptacula.* wenn auch die coena recta bei einzelnen Patronen nicht ganz abkam. So sagt Iuv. I, 119 ff. unter Traianus:

Vestibulis abeunt veteres lassique clientes
Votaque deponunt, quamquam longissima coenae
Spes homini. Caules miseris atque ignis emendus.

Der gewöhnliche Betrag der sportula war bekanntlich 100 Quadranten oder 25 Asses, 10 HS. (15 Sgr.), wie MARTIAL an vielen Stellen sagt IV, 68. I, 60. III, 7. VI, 88. VIII, 42. X, 70. 74. 75. Iuv. I, 120 fg., wenn auch manche eine bedeutendere *sportula* (*maior sp.* VIII, 42.) zahlten. So heisst es bei MART. IX, 101.

Denariis tribus invitas, et mane togatum
Observare iubes atria, Basse, tua.

und X, 27. an Diodorus an dessen Geburtstag:

Et tua tricenos largitur sportula nummos.

Das wären nach altem Werthe 300 Quadranten oder 7½ Denar. Vgl. XII, 26. IV, 24. Dass der Client von der sportula nicht blos die einfache Mahlzeit bestritt, sondern auch für Miethe, Kleidung u. s. w. etwas übrig behielt, sehen wir aus Iuv. I, 119. MARTIAL. III, 30. Wie sich die Clienten bei der popina drängen, um für die sportula ihr Mahl zu kaufen und wie die Sklaven die Gerichte auf einem Feuerbecken nach Hause tragen, schildert Iuv. III, 249 ff. HEUERMANN, S. 22. f. 25. — Die Sportula wurde im Vestibulum oder Atrium (Iuv. I, 100. 95 fg.

Nunc sportula primo
Limine parva sedet, turbae rapienda togatae;
Ille tamen faciem prius inspicit et trepidat, ne
Suppositus venias ac falso nomine poscas).

Abends von denen abgeholt, die früh dem *rex* die *opera togata* geleistet und die Einladung zum Empfang der sportula erhalten hatten. MART. X, 70, 13.

Balnea post decimam lasso centumque petuntur
Quadrantes.

Es war gerade die Zeit der coena, MART. X, 27. Iuv. III, 249 ff. Wenn daher Iuv. I, 128. sagt:

Ipse dies pulcro distinguitur ordine rerum:
Sportula, deinde forum etc.

so ist das abweichend und vielleicht effectum pro efficiente.
Ueberhaupt ist bei Iuv. I, 117 ff. viel Eigenthümliches. Un-
erhört ist es wenigstens sonst, dass auch Frauen in der lectica
die Sportula holen. Dass aber, wie Buttmann und Ruperti
zu Juvenal. I, 95. meinen, dieses Geld wirklich in Körbchen,
sportellis ausgetheilt worden sei, das ist unrichtig, und nur der
Name war von der alten Sitte auf die Geldvertheilung übertragen worden. Dagegen ist gewiss, dass, sobald keine salutatio und opera togata Statt gefunden hatten, auch keine sportula erfolgte. (Darum kamen die Clienten oft mehrmals, wenn
sie nicht sogleich zugelassen wurden. Mart. IX, 8.

Non vacat aut dormit, dictum bis terque reverso.

Cic. Verr. III, 4.) Martial. IX, 85.

Languidior nostri si quando est Paulus, Atili,
    Non se convivas abstinet ille suos.
Tu languore quidem subito fictoque laboras;
    Sed mea porrexit sportula, Paule, pedes.

Der erste Vers des Epigramms scheint verderbt zu sein; aber
mit Buttmann zu glauben, es seien zwei verschiedene Epigramme aus Irrthum verbunden, dazu ist kein Grund vorhanden. Die Stelle ist aber noch in so fern wichtig, als man daraus sieht, dass ohne die täglichen Dienste — nicht bloss das
matutinum ave — auch keine Sportula gegeben wurde, was
Buttmann nur in Frage stellt, weil er bloss an die *salutatio*
dachte und nicht die *officia anteambulonis* etc. erwog, mit
denen eigentlich die *centum plumbei* verdient wurden. X, 74.
Demnach war es dem Clienten unmöglich, an einem Tage
mehre sportulae von mehren Herrn zu erlangen, denn er konnte
zwar die salutatio bei vielen anbringen, die opera togata aber
nur bei Einem verrichten. Vgl. noch Martial. III, 36. X, 56.
Nur Mart. I, 80. scheint für die Möglichkeit mehrer sportulae
zu sprechen:

Sportula, Cane, tibi suprema nocte petita est.
    Occidit, puto te Cane, quod una fuit.

Jedenfalls spielt der Dichter auf Personalien an, über welche
wir uns nicht vergewissern können. So mag Canus vielleicht
einigemal unter verschiedenen Prätexten im Hause seines dominus mehre sportulae (für einen Sohn, als angeblicher Beauf-
tragter eines Freundes oder sonst) erhalten und zu diesem Behufe die Dunkelheit gewählt haben, wo ein Betrug leichter
auszuführen war. Die Sache kam aber heraus und Canus wird
nun verspottet. Oder war Canus ein Mensch, der zu viel
brauchte und mit der sportula seine Bedürfnisse nicht decken
konnte und damit geneckt wird? Fielen diese *officia* weg
(auch ohne Schuld des Clienten, z. B. wenn der Herr, wie eben
Paulus, krank war), so gab es natürlich auch keine Sportula.
Darauf bezieht sich auch IV, 26.

> *Quod te mane domi toto non vidimus anno,*
> *Vis dicam quantum, Posthume, perdiderim?*
> *Tricenos, puto, bis, vicenos ter, puto, nummos.*
> *Ignosces; togulam, Posthume, pluris emo.*

Aus diesen Versen ergiebt sich aber auch, dass die Patroni die
sportula nicht täglich an alle Clienten gaben. Manche theilten
nur an gewissen Tagen aus, Andere machten einen Unterschied
unter den Clienten, und wählten aus der grossen Zahl derselben je nach dem Bedürfniss einige für die Dienstleistungen
aus und verabreichten die sportula häufiger oder seltener, stets
aber nach vorausgegangener Einladung, wie das oft vorkommende *invitare* zeigt. Bei IUVENAL. V, 14. wird der Client
duo post si libuit menses. zu Tisch gezogen, also sehr selten.
An besonderen Familienfesten mag das Vertheilen der sportula
ganz regelmässig und allgemein gewesen sein, z. B. bei Hochzeiten, APPUL. apol. p. 416. 329 Elm. *Quippe ita placuerat,*
in suburbana villa potius ut coniungeremur, ne cives denuo ad
sportulas convolarent, cum haud pridem Prudentilla de suo quin-
quaginta millia nummum in populum expunxisset ea die, qua
Pontianus (ihr Sohn) uxorem duxit et hic puerulus toga est in-
volutus. Die hochzeitliche sportula erhielt sich bis in die

späteste Zeit und betrug ein Goldstück für Jeden, Symmach. ep. IV, 55. IX, 97. Die sportula an dem Tage der Anlegung der toga virilis erwähnt ausser Appul. l. l. Plin. ep. X, 117., wo noch andere Festtage genannt werden. Die sportula an dem Geburtstage s. Martial. X, 27.

EXCURSE ZUR ZWEITEN SCENE.

DAS RÖMISCHE HAUS.

ERSTER EXCURS.

DIE BAULICHE EINRICHTUNG.

Zu den schwierigsten Untersuchungen in dem ganzen Kreise der auf das häusliche Leben Bezug habenden römischen Alterthümer gehört unstreitig die Erörterung der verschiedenen Theile des Hauses selbst, ihrer Bestimmung, ihrer Lage und Einrichtung, ihres Verhältnisses zu einander. Man könnte glauben, dass durch die Ausgrabungen in Herculanum und besonders Pompeji, nachdem die Gebäude offen vor uns liegen, gerade über diesen Punkt das hellste Licht verbreitet sei; allein man würde sehr irren, wenn man von den Wohngebäuden letzterer Stadt einen Schluss auf das eigentliche römische Haus machen wollte. Zwar haben sie mit demselben vieles gemein, wie denn überhaupt die Wohnhäuser im Alterthume durchaus nicht so verschiedene Anlagen hatten, wie die unsrigen, sondern in Lage und Einrichtung gewisser Theile sich durchgängig glichen; allein die Bewohner kleiner Provinzialstädte bedurften mancher Theile gar nicht, die wesentlich zum grossen römischen Hause gehören, und so ist denn, weil man glaubte, jene Ueberreste gäben ein treues Bild desselben, wenn auch in kleinerem Maassstabe, nur noch

A.   *Plan von Becker.*

[insofern unrichtig, als das Tablinum *T* mit den beiden *fauces f f* zwischen dem
Atrium *A* und dem Cavaedium *C* liegen müsste.]

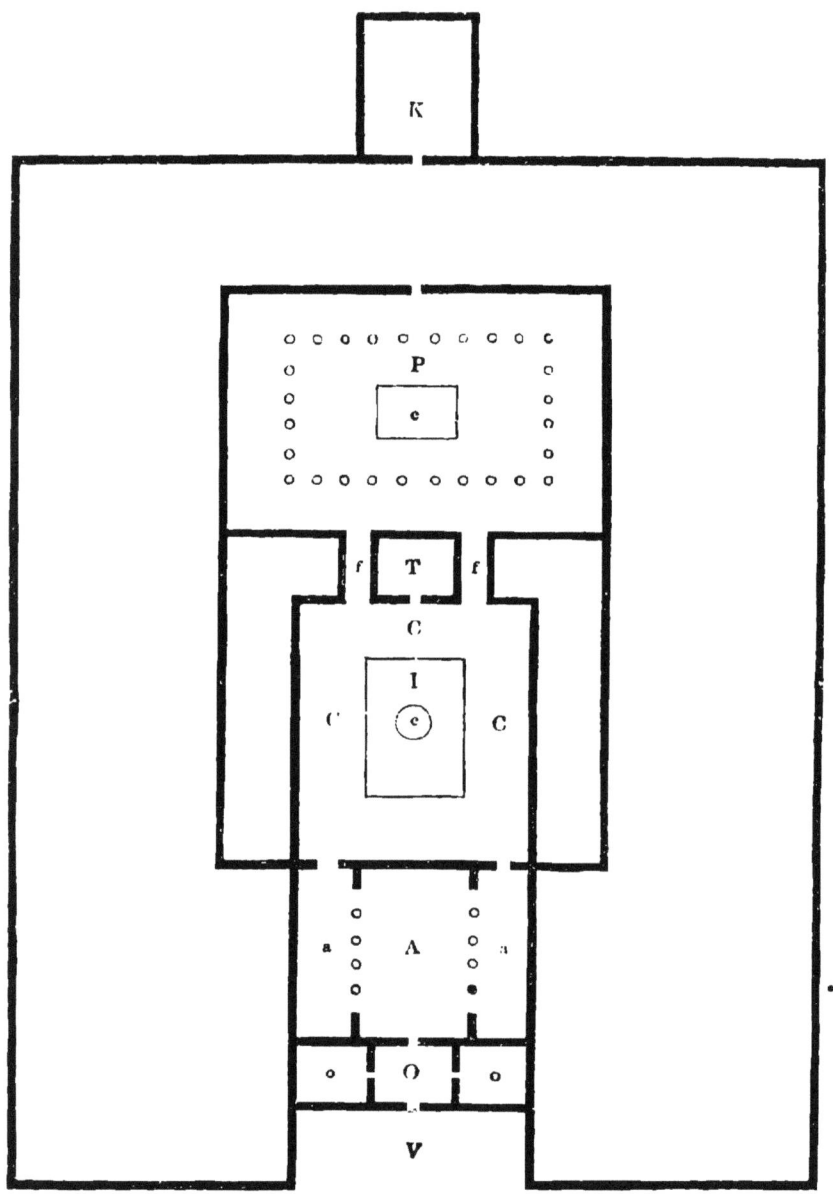

B. *Haus des tragischen Dichters in Pompeji, nach Zahn.*

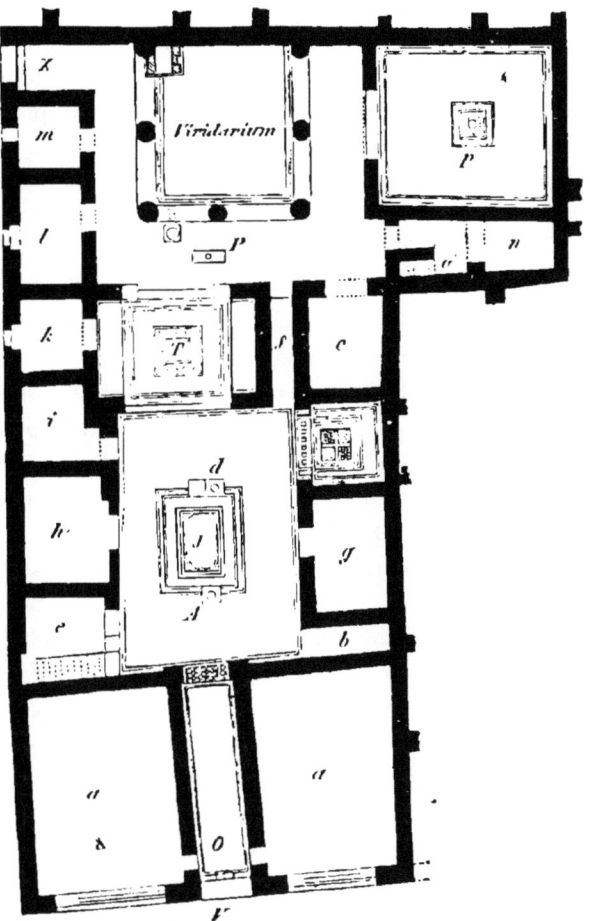

mehr Irrthum in die Sache gebracht worden. Vgl. Hirt,
Geschichte der Baukunst III, S. 323 ff. [Jedenfalls geht der
treffliche Becker zu weit, wenn er hier und in seinen nachgelassenen Papieren sagt, „dass kein Haus in Pompeji uns
den Plan einer eigentlichen römischen domus liefere und dass
gerade die wesentlichsten Theile, welche das Charakteristische
der römischen domus ausmachten, in Pompeji fehlten: indem
eben jene Theile nur Bedürfniss des vornehmen Römers in

Rom selbst, der Mittelklasse aber und den Municipalbürgern ganz entbehrlich gewesen wären." Dagegen ist zu bemerken, dass es auch in den Municipien einzelne Gebäude gab, welche einer grossen römischen domus nicht viel nachstanden, z. B. das Haus des Faun, der Dioskuren, der bunten Capitäler, des Pansa in Pompeji und noch mehrere in Herculanum, wo Alles grossartiger war als in Pompeji. Ferner können wir doch nur die allen bürgerlichen Gebäuden gemeinsamen Theile als wesentliche bezeichnen: atrium, tablinum, fauces, cavum aedium, peristylium, und in dieser Beziehung sind die Häuser Pompeji's allerdings den römischen Prachtpalästen ganz gleich — wenn auch in kleinerem Maassstabe. Es finden sich nämlich in allen pompejanischen Häusern das tablinum und die fauces, ächtrömische Räume und dem griechischen Hause ganz fern, so dass wir schon aus diesem Grunde das pompejanische Haus nicht für griechisch, sondern nur für römisch halten können. Die Veranlassung, welche BECKER zu jener Behauptung führte, war seine auf die Spitze gestellte Ansicht über den Unterschied der Atrien und Cavädien. Da er in Pompeji keine Atrien nach seinem Sinne fand, so stellte er die Aehnlichkeit mit Rom überhaupt in Abrede und ging dadurch der bedeutendsten Resultate verlustig, welche sich aus den pompejanischen Ausgrabungen ergeben, indem wir z. B. ohne dieselbe die Lage des tablinum und der fauces nicht bestimmen könnten. — Die auf unsere Zeiten gekommenen Ueberreste römischer Gebäude in und ausser Italien gehören sämmtlich der Glanzperiode an, welche etwa gegen das Ende der Republik unter griechischem Einfluss begann, wo manche Räume mit griechischen Namen (oeci, exedrae, bibliothecae, pinacothecae u. a.) hinzugekommen waren und wo die dem socialen Verkehr gewidmeten Räume überhaupt viel grössere Dimensionen erhalten hatten. Die für den Privatgebrauch der Familie und für das Hauswesen bestimmten Lokalitäten behielten die kleinen Proportionen der alten Zeit und änderten sich nur rücksichtlich einer glänzenderen dekorativen Ausstattung.]

Dazu kommt, dass kein alter Schriftsteller uns eine ge-

naue Beschreibung und gleichsam einen Plan eines eigent-
lichen römischen Wohnhauses geliefert hat. Die Hauptquellen
sind VITRUV im sechsten Buche und die Briefe des jüngeren
PLINIUS. Daneben gelegentlich in einzelnen Stellen: VARRO,
GELLIUS, FESTUS, PLAUTUS, CICERO, SENECA, PETRON u. A.
— Allein VITRUV lehrt nur, wie man bauen solle, und in
welchen Verhältnissen. Was die einzelnen Theile für eine
Bestimmung und Lage hatten, darüber konnte in seiner Zeit
Niemand in Zweifel sein. Wie hätte es ihm einfallen können,
sich darüber in Erklärungen einzulassen. — PLINIUS aber beschreibt ep. II, 17. und V, 6. keine *domus urbana*, sondern
zwei Villen, wenn auch die Anlage der einen wenig von der
eines gewöhnlichen Hauses abzuweichen scheint. Es ist also
die Aufgabe, durch Combination der zerstreuten Nachrichten
Licht über den Gegenstand zu verbreiten, und danach einen
Plan des römischen Hauses zu entwerfen.

Von neueren Schriftstellern kommen hier vorzüglich in
Betracht: SCAMOZZI, Archit. trad. p. Du Ry. Leid. 1713. fol.
WINCKELMANN, Schriften über die herculanischen Entdeckun-
gen, Werke B. II. [MARQUEZ, delle case di città degli antichi
Romani. Roma 1795. PIRANESI, antiq. de Pomp. II. Paris 1806.
SCHIASSI, degli edifici di Rom. antichi. Bologna 1817.] STIEG-
LITZ, Archäol. der Bauk. III, S. 150 ff. und Archäol. Unter-
haltungen. S. 103 ff. HIRT, Gesch. der Bauk. Berlin 1827.
III, S. 267 — 327. MAZOIS, Essai sur les habitations etc. in
dem Prachtwerke: Les ruines de Pompéi. P. II, p. 3 ff. Der-
selbe, Le palais de Scaurus. Deutsch von WÜSTEMANN. GELL,
Pompeiana. Lond. 1817. und neue Folge. Lond. 1836. 2 Bde.
Auch GORO VON AGYAGFALVA, Wanderungen durch Pompeji.
Wien 1825. — Unter diesen Schriften ist, Winckelmanns
Redlichkeit abgerechnet, keine, die nicht auffallende Irr-
thümer enthielte; einige zeichnen sich ausserdem durch eine
überlebhafte Phantasie aus, welche Träume nie gewesener
Dinge für baare Wahrheit nimmt und giebt. — Wichtiger
sind die Anmerkungen der Herausgeber Vitruvs; namentlich
die Ausgaben von SCHNEIDER, STRATICO, Utin. 1828. IV tmi.

4. und die neueste von MARINI, Rom. 1836. IV tomi fol., auch die englische Uebersetzung von NEWTON. Endlich GENELLI's Briefe über Vitruv. 1. Heft am Schlusse. Am unbefangensten und darum am richtigsten scheinen die Ansichten STRATICO's und des englischen Uebersetzers zu sein. MARINI hat zwar manches besser getroffen, aber in den wichtigsten Punkten ist es ihm nicht gelungen, die Wahrheit zu finden. Sein Urtheil über Schneider ist zu hart, aber im Ganzen nicht ungegründet. Nur hätte gerade er nicht sollen den Styl tadeln. [In neuerer Zeit sind erschienen: A. DE JORIO, notizie sugli scavi di Ercol. Nap. 1827. u. derselbe, guida di Pompei. Nap. 1836. RAOUL-ROCHETTE et ROUCHET, choix d'édifices inédits de Pompéi. Paris 1828. worüber Raoul-Rochette in einen Streit mit seinem Recensenten LAGLANDIÈRE gerieth, s. Annali dell' inst. di corr. arch. 1829. p. 370—375. 415—426. 427 ff. Pompeiana, the result of excavations since 1819. Lond. 1835. II. AVELLINO, descrizione di una casa Pomp. con capitelli figurati dissotterata 1831. 1832. 1833. Nap. 1837. Ders., Desc. di una casa disott. 1832. 33. 34. la seconda alle spalle del tempio tella Fortuna (s. g. Haus der Bronzen). Nap. 1840. Später (1843) erschien noch eine dritte Beschreibung von dems. (sehr gründlich und genau gearbeitet). SCHULZ, rapporto gli scavi Pomp. in Annali dell' inst. di corr. arch. 1838. p. 148—201. und im bulletino 1841. p. 97—108. 113—124. BECHI, rapporto degli scavi Pomp. am Ende eines jeden Bandes des Mus. Borb. (mit Plänen). FIORELLI, giornale degli scavi di Pomp. Napol. 1850. I. (die Akten und Ausgrabungsberichte) F. e F. NICCO-LINI, le case ed i monumenti di Pompei. Napoli 1854—60 in 25 fascic. Von deutschen Arbeiten sind zu nennen: ENGEL-HARD, Beschreibung der in Pomp. ausgegrabenen Gebäude, Berlin 1843. (Aus Crelle's Journal). ZUMPT über die bauliche Einrichtung des römischen Wohnhauses. Berlin 1844. Pompeji von WACKERNAGEL, Basel 1851. und von STIER. Wittenberg 1853., viel umfassender OVERBECK, Pompeji. Leipzig 1856. S. 179—270. Endlich sind von Wichtigkeit die dem Prachtwerke von ZAHN, die schönsten Ornam. 2. Folge, bei-

gegebenen Grundrisse der Pompejanischen Häuser, nämlich
Tafel 63. 80. 90. 98.]

Insulae.

Vor Allem ist wohl zu bemerken, dass, wenn es eine
Untersuchung über das römische Wohnhaus gilt, nur von der
eigentlichen *domus*, *aedibus privatis*, die Rede sein kann. Die
insulae oder Miethhäuser, mehrere Stockwerke hoch und bestimmt, mehrere, ja wohl viele Familien und einzelne Personen aufzunehmen, mussten, indem sie aus vielen Parzellen
bestanden, auf ganz andere Art gebaut sein, und waren gewiss in der Anlage so verschieden, als die unsrigen. [Die
grossen hatten mehrere Höfe und viele Zugänge, wie FEST.
p. 371. sagt: *ut in eo aedificio pervium sit, quo itinere habita-
tores ad suam quisque habitationem habeat accessum.* Auch
waren sie sehr hoch und leicht gebaut, wie viele Stellen bezeugen. Auf sie bezieht sich VITRUV. II, 8. *In ea maiestate
urbis et civium infinita frequentia innumerabiles habitationes
opus fuit explicare. Ergo cum recipere non posset area plana
tantam multitudinem ad habitandum in urbe, ad auxilium alti-
tudinis aedificiorum res ipsa coegit devenire.*] Die eigentliche Bedeutung des Wortes *insula* lässt sich überhaupt schwer bestimmen. Wahrscheinlich hiess *insula* eigentlich sowohl ein
isolirt stehender Complex mehrerer Häuser, als ein in sich ab-
geschlossenes Haus, wenn rings herum ein Weg führte. PAUL.
DIAC. p. 111. M. *Insulae dictae proprie quae non iunguntur
communibus parietibus cum vicinis circuituque publico aut privato cinguntur, a similitudine videlicet earum terrarum, quae
fluminibus ac mari eminent suntque in salo.* Die zweite Bedeutung wurde die gewöhnlichste und zwar in dem Sinn als ein
abgeschlossener Complex von Miethwohnungen, d. i. ein aus
vielen einzelnen Miethwohnungen bestehendes einzelnes Gebäude. S. Thl. I, S. 15. CIC. p. Cael. 7. *triginta millibus di-
xistis eum habitare. Nunc demum intelligo, P. Clodii insulam
esse venalem, cuius hic in aediculis habitat, decem ut opinor millibus.* Caelius bewohnte also nur einen Theil der Insula. Dasselbe sagen auf das Deutlichste mehrere Inschriften, zuerst

aus Pompeji. ORELL. 4324. *Insula Arriana Polliana Cn. Alifi*
Nigidi Mai. locantur ex I. Iuliis primis tabernae cum pergulis
suis et coenacula equestria et domus. Conductor convenito pri-
mum Cn. Alifi Nigidi Mai ser(vum). Dann die rothe Mauerschrift 1819 zu Rom im Velabrum entdeckt. OR. 4331. *In his*
praediis insula Sertoriana rolo esse Aur. Cyriacetis filie meae,
cinacula n. VI. tabernas n. XI. et repossone subiscalire (?).
Feliciter. [DIG. XIX. 2, 30. 58 pr. und öfters. Der in der
ersten Inschrift erwähnte *servus* ist der *insularius*, welcher von
dem Herrn des Hauses mit der Aufsicht über die insula, mit
der Vermiethung u. s. w. beauftragt war.] Später verstand
man aber unter insula auch jede einzelne Miethwohnung, jede
Parzelle, welche Bedeutung dem Worte auch insofern entspricht, als jede solche Parzelle für sich abgeschlossen ist.
Daraus erklärt sich, wie es in Rom so viele insulae und so
wenig domus geben konnte; nämlich über 44000 insulae und
etwa 1780 domus (z. B. in regio X waren 2742 insulae, 89
domus). In demselben Sinne sagt SUET. Ner. 38. *praeter im-*
mensum numerum insularum domus priscorum ducum arserunt.
Es wurde also in späterer Zeit anders gezählt, etwa wie jetzt
noch in Rom und mehr noch in Neapel. Neapel zählt auch
über 40,000 Hausnummern, indem jede Thüre (auch der Boutiquen) eine besondere Nummer hat. Daher zählt oft ein Haus
für fünf, sechs und mehr. Vgl. NIEBUHR, röm. Gesch. II, S.
340. welcher auf DIONYS. X,32. verweist. [Am besten handelt
von den insulis PRELLER, die Regionen der Stadt Rom. Jena
1846. S. 86 ff.

Die Mauern und das Haus von aussen.

Hier ist der passendste Ort, über den Bau der Mauern
der Häuser die Hauptsache mitzutheilen (*structurarum genera*
bei VITRUV. II, 8.). Am regelmässigsten war der dem modernen gleiche Backsteinbau (*opus latericium*, COL. IX, 6.) aus
gebrannten Ziegeln (*later testaceus*, VITRUV. II, 3.), welche
sich von den unsrigen durch feineres Korn, dunklere Farbe
und grössere Festigkeit unterscheiden, VITRUV. II, 8, 15 ff.
Vielfach findet man eine ährenförmige Lage der Ziegeln, die

an den Ecken durch Quadersteine eingefasst oder eingerahmt waren, was man jetzt nach der Analogie der ähnlich angelegten Fussböden (s. unten) *opus spicatum* nennt. Welche Bezeichnung die Römer dafür hatten, wissen wir nicht. Es gab aber auch steinerne Häuser, und zwar 1) mit *opus incertum* oder *antiquum*, wenn die Mauer aus unregelmässigen kleinen Bruchstücken bestand, die dick mit Mörtel verbunden waren. VITR. II, 8. *incerta — caementa, alia super alia sedentia inter seque implicata, non speciosam sed firmiorem quam reticulata praestant structuram.* Ob man den Bau aus kleinen regelmässig zugehauenen und in langen regelrechten Reihen zusammengefügten Steinen, wie in dem Amphitheater zu Trier auch zu dem opus incertum rechnete, wage ich nicht zu entscheiden. 2) Unter *opus reticulatum* verstand man die eigenthümliche Verbindung von kleinen schachbretförmig geordneten Quadraten, die auf der Spitze standen, so dass die Fugen ein diagonales Netz bildeten, die dem Ganzen den Namen gaben. Die Ecken wurden der grösseren Festigkeit halber mit horizontalen Steinlagen eingerahmt. Diese beiden Arten nebst dem Bau aus kleinen regelmässigen Steinen benutzte man nur zu Futtermauern d. h. zu einer äusseren und inneren Lage (crusta), deren Zwischenraum man ausfüllte (*fartura.* ἐμπλεκτον, VITR. II, 8, 3. 4. 7. *in medio farciunt fractis separatim cum materia caementis*) mit Mörtelguss, Sand, Kalkstückchen, Backstein-, Ziegel- und Thongefässscherben (testa tusa) u. s. w., dass das Ganze Felsenhärte erhielt, wie man noch jetzt an den römischen Ueberresten bewundert. Auch das sog. opus spicatum benutzte man zur Ausfüllung. 3) Der Ausdruck *opus isodomum* bezieht sich auf Mauern ohne Füllung und bezeichnet den Bau aus Steinschichten (choria oder ordines der saxa quadrata) von gleicher Höhe, welche durch die ganzen Mauern hindurchgehen, z. B. bei der porta nigra in Trier, wo die kolossalen Werkstücke auf einander geschliffen sind, dass man die Fugen kaum wahrnimmt. Sind die Steine von ungleicher Höhe (*impares et inaequales ordines*), so heisst es opus *pseudoisodomum* VITRUV, II, 8, 5 f. An den

Bädern von Badenweiler hat man in den zwischen den unre
gelmässigen Steinen befindlichen Mörtel Längen- und Quer-
linien sorgfältig eingeritzt und so ein künstliches *isodomum*
geschaffen. Auch nahm man gemischte Strukturen, Backstein-
und Steinlagen abwechselnd (wie bei dem Kaiserpalast oder
den sog. Bädern in Trier), oder Backstein und Mörtel in regelmässigen Schichten (ebendaselbst), oder Backsteine auf massivem Fundamente, Varro bei Non. I, 236. Das opus isodomum fand nur bei öffentlichen Prachtbauten, Tempeln,
Brücken, Triumphbogen u. s. w. Anwendung, (gewöhnlich
ohne Mörtel, aber durch eiserne Klammern verbunden), dagegen das opus incertum und reticulatum auch bei Privat-
bauten, desgleichen das opus latericium. So besteht die Basi-
lika in Trier nur aus Backsteinen. Vgl. Schmidt, röm. Baudenkmale von Trier. Heft 2. Trier 1845. Wenn die Wand ein
unregelmässiges Ansehen darbot, was bei opus incertum und bei
ungleichen Backsteinbauten der Fall war, so pflegte man nach
aussen ebenso wie es im Innern der Häuser immer geschah
einen Ueberzug von Mörtel (gewöhnlich in mehren Lagen) auf-
zutragen. Dieses Verfahren war in Pompeji das regelmässige
und hiess *tectorium imponere* oder *inducere*, Stuck oder Putz auftragen, Vitruv. V, 10. VII, 2. Varro r. r. III, 8. *parietes mu-
nitae tectorio*. Pallad. I, 11. Dig. XV, 3, 3. VII, 1, 41. Die
Wand strich man dann mit einer hellen Farbe an oder fügte auch
hin und wieder Pfeiler- und Säulenstellungen hinzu, wie Pompejanische Wandgemälde und Wandüberreste erkennen lassen.
Mörtel und Stuck wurden mit der höchsten Sorgfalt zubereitet,
indem man auch Puzzolanerde (*pulvis Puteolanus*), Marmor-
staub u. s. w. dazu verwendete, Vitruv. II, 5. 6. de la Faye,
recherches sur la préparation que les Rom. donnaient à la
chaux. Paris 1777. Krieg von Hochfelden, Geschichte der
Militärarchitektur, S. 121 ff.]

Theile des Hauses.

In der römischen *domus* aber — wir haben das Haus eines
vornehmen Bürgers im Sinne — unterscheiden wir zunächst:
1) solche Theile, welche nothwendig da sind und deren Lage

in der Hauptsache durchaus und überall dieselbe war, und die
daher gleichsam das Gerippe des Hauses bildeten, an das sich
die übrigen anschlossen. Solche Theile sind: *Vestibulum.
Ostium (πρόθυρον). Atrium. Cavum aedium. Tablinum. Fauces.
Peristylium.*

Vestibulum.

Man kann mit Recht fragen, ob es überhaupt angemessen
sei, das Vestibulum unter den Theilen des Hauses anzuführen,
da es eigentlich keinerlei Art Gebäude war. Indessen gehörte
es doch zu dem Areal des Hauses, und ist überdies oft genug
in dem Hause selbst gesucht worden. Ja noch MARINI hat auf
dem seiner Ausgabe beigefügten Risse Tab. CVI. die eigentliche Flur innerhalb des Hauses als Vestibulum bezeichnet
[auch OVERBECK, s. unten bei ostium]! Auf dem Plane,
welchen STRATICO nach Newton [und MARQUEZ auch an MA-
ZOIS, Palast des Scaurus angefügt] geliefert hat, scheint es
anders gemeint zu sein; doch ist es auch dort ein von allen
Seiten eingeschlossener Raum. Dagegen haben RODE, STIEG-
LITZ und HIRT es allerdings vor dem Hause angenommen,
aber seltsam genug — die Fronte des Hauses bildete eine
gerade Linie, und das Vestibulum liegt davor, bedeckt durch
ein von Säulen getragenes Dach. Dadurch entsteht nun zu
beiden Seiten vor dem Hause ein leerer Raum, mit dem man
nichts anzufangen weiss. Diese Vorstellung ist durchaus unrichtig. [ZUMPT endlich vermittelt S. 14 die verschiedenen
Ansichten insofern, als er vestibulum theils für den Raum vor
dem Hause, theils für den schlichten Gang zwischen den beiden Wänden von der Hausthüre bis zum Atrium hält. —
Dass das Vestibulum vor dem Atrium lag und den ersten zum
Hause gehörenden Theil bildete, sehen wir aus Stellen, wie
QUINCT. Inst. XI, 2, 20. *Primum sensum vestibulo quasi assignant, secundum atrio* etc. oder IX, 4, 10., wo das Ohr mit
dem Vestibulum verglichen wird, oder Cic. Verr. V, 66., wo
Italien vestibulum Siciliae heisst.] Was wir aber eigentlich
darunter zu verstehen haben, lehrt uns GELLIUS und MACRO-
BIUS. Ersterer sagt XVI, 5. *Animadverti quosdam haudqua-*

quam indoctos viros opinari, vestibulum esse partem domus primorem, quam vulgus atrium vocat. C. Caecilius Gallus in libro de significatione verborum, quae ad ius civile pertinent, secundo vestibulum esse dicit non in ipsis aedibus neque partem aedium, sed locum ante ianuam domus vacuum, per quem a via aditus accessusque ad aedes est, cum dextra et sinistra inter ianuam tectaque, quae sunt viae iuncta, spatium relinquitur, atque ipsa ianua procul a via est, area vacanti intersita. So trat also das Vestibulum nicht vor die Fronte hinaus, sondern vielmehr zurück, und war ein auf drei Seiten, von dem Mittelgebände, wo die *ianua*, und den beiden bis an die Strasse vorstehenden Flügeln, *tecta, quae sunt viae iuncta*, eingeschlossener, nach der Strasse hin offener und übrigens freier Platz vor dem Hause; *dextra et sinistra* ist mit Rücksicht auf die *ianua* zu verstehen. [Doch bezieht sich diese Beschreibung auch auf die gewöhnlichen bürgerlichen Häuser, welche keine vorspringende Flügel hatten, deren Hausthüre aber einige Schritte einwärts gerückt war, so dass dadurch ein kleiner Vorplatz entstand, wie z. B. in dem sog. Hause des Pansa, des Faunus, des Centauren und vielen andern zu Pompeji der Fall war.]

Dasselbe sagt Macrob. Sat. VI, 8. mit denselben Worten, nur zuletzt kürzer: *Ipsa enim ianua procul a via fiebat, area intersita, quae vacaret.* [und Varro L. L. VII, 81. *ideo qui exit in vestibulum, quod est ante domum, prodire et procedere (dicitur).* Dass aber die Grammatiker das Vestibulum ganz richtig erklären, ergiebt sich aus vielen anderen Stellen, s.] Plaut. Most. III, 2, 132.

Viden hoc ante aedis vestibulum et ambulacrum quoiusmodi? Cic. p. Caec. 12. *si te hodie domum tuam redeuntem coacti homines et armati non modo limine, sed primo aditu vestibuloque prohibuerint, quid acturus sis.* 13. *tam te in aedes restitui oportere, si e vestibulo, quam si ex interiore aedium parte dejectus sis.* p. Mil. 27. *qui parietem sic per vestibulum sororis instituit ducere, sic agere fundamenta, ut sororem non modo vestibulo privaret, sed omni aditu et limine.* de or. I. 45. *Testis est huiusce*

Q. Mucii ianua et vestibulum, quod in eius infirmissima valetudine — maxima quotidie frequentia civium ac summorum hominum splendore celebratur. (Die Besucher werden nämlich nicht eingelassen, weil er krank war.) ad Att. IV, 3. *Clodii vestibulum vacuum sane mihi nuntiabatur.* COLUM. VIII, 3. 8. IX, 12. Auch diejenigen Stellen, welche von der Ausschmückung des Vestibulum sprechen, lassen eine andere Annahme nicht zu; so CIC. Phil. II, 28. *An tu illo in vestibulo rostra quum adspexisti, domum tuam te introire putas?* PLIN. XXXV, 2. s. Thl. I, S. 18. [dazu VIRG. Aen. II, 504.

Barbarico postes auro spoliisque superbi.]
Ausser den Spolien standen auch Reiterstatuen und Quadrigen auf dem Vestibulum, IUV. VII, 125.

huius enim stat currus aëneus, alti
Quadrijuges in vestibulis, atque ipse feroci
Bellatore sedens etc.
VERG. Aen. VII, 177 ff.

Quin etiam veterum effigies ex ordine avorum

— —

Saturnusque senex Ianique bifrontis imago
Vestibulo adstabant, aliique ab origine reges.
(wo LERSCH in Zeitschr. f. d. Alterthumswiss. 1838. N. 72. falsch erklärt „*vestibulo adstabant* heisst: sie standen im Atrium nach dem Vestibulum zu." Theils die erwähnten Stellen, theils die Grammatik spricht gegen diese Erklärung. Auch sagt VERGIL sogleich darauf

Multaque praeterea sacris in postibus arma,
Captivi pendent currus curraeque secures etc.
In dem Vestibulum des Neronischen Hauses stand sogar ein Coloss von 120 Fuss Höhe, daneben lange Säulenhallen, ein grosses Bassin, *maris instar,* und zwar — ganz nach GELLIUS Beschreibung — von den Flügeln des Palastes eingeschlossen, wie SUET. Ner. 31. berichtet: *circumseptum aedificiis.* Nichts anders als einen so grossen Vorhof hat SUETON im Sinn, wenn er z. B. von Caligula sagt: *stetitque in vestibulo aedium* etc. Cal. 12. oder von Vespas. 25. *in media parte vestibuli Pala-*

linae domus.] — Gegen diese gewichtigen Zeugnisse vermögen
einzelne Stellen nichts, in denen wir vestibulum entweder
metaphorisch oder ungenau gebraucht finden, welche aber zu
dem Wahne geführt haben, dass es den Eingang selbst, oder
den ersten Raum im Hause bedeute. [So braucht VERGIL mit
einer dem Dichter zu gestattenden Freiheit vestibulum von
dem Platz für die Thüre und für die Hauswächter, welcher
sich unmittelbar hinter der Thüre befand, Aen. II, 469.

> *Vestibulum ante ipsum primoque in limine Pyrrhus.*

oder VI, 273.

> *Vestibulum ante ipsum primisque in faucibus Orci.*

ähnlich 555 fg. und 573 ff.

> *Tum demum horrisono stridentes cardine sacrae*
> *Panduntur portae. Cernis, custodia qualis*
> *Vestibulo sedeat, facies quae limina servet?*

(wo das Vestibulum erst nach dem Oeffnen der Thüre im Innern sichtbar wird). LIV. V, 41. sagt von den Greisen, welche
bei dem Ueberfalle der Gallier nicht auf das Capitol geflüchtet
waren, zuerst *medio aedium eburneis sellis sedere.* und dann *in
aedium vestibulis sedentes.* indem er unter *med. aed.* den Platz
zwischen den beiden Flügeln, also das Vestib. verstand; denn
dass LIV. wohl wusste, wo das Vestib. ist, zeigt er II, 48. *Iuss
armati ad limen consulis adesse* und 49. *Consul egrediens in
vestibulo gentem videt.* Endlich scheint es ungenau gesagt,
wenn SUET. Oct. 100. von Augusts Leiche erzählt: *A Bovillis
equester ordo suscepit urbique intulit atque in vestibulo domus
collocavit;* denn der Platz für die Leichen war das Atrium.
Allein SUET. sagt ja nur, dass die Ritter die Leiche im Vestibulum abgesetzt hätten, nicht dass die Leiche daselbst stehen
geblieben wäre.]— Es bleibt also die einzig richtige Annahme
übrig, dass das Vestibulum ein freier in der Regel unbedeckter
Raum vor der Hausthüre war, s. auf Plan A. und B. unter V.
Bedeckt waren höchstens nur einzelne Theile desselben und
zwar soweit an dem Hause Säulenhallen über dem Vestibulum hinliefen (z. B. SUET. Nero 31., ebenso im Kleinen im
Hause der vier Mosaiksäulen zu Pompeji und in Herculanum),

welcher Luxus aber erst der späteren Zeit angehört. Auch an vergitterte Schranken, durch welche das Vestibulum von der Strasse abgesondert wäre, darf man — wenigstens ursprünglich — nicht denken. Cic. ad Att. IV, 3. spricht nicht dafür: *cum sacra via descenderem, insecutus est me cum suis. — discessimus in vestibulum Tettii Damionis, qui erant mecum, facile operas aditu prohibuerant.*

Vitruv giebt keine Vorschriften über das Vestibulum, aber er nennt es zweimal c. 5 (8.) als wesentlichen Theil des Hauses eines Vornehmen, und dagegen für das der Leute, *qui communi sunt fortuna*, als *non necessaria magnifica vestibula.* Ein derartiges Vestibulum ist in Pompeji bis jetzt noch nicht gefunden.

Ueber die unsichere Etymologie des Wortes, nach Sulpicius Apollinaris von *re* und *stabulum* = *lata stabulatio*, s. Gellius (*ab illa grandis loci constitione et quasi quadam stabulatione —. spatia — grandia ante fores aedium relicta, in quibus starent qui venissent priusquam in domum intromitterentur.* und Macrobius a. a. O. [Non. I, 263. — *vestibula — dicta, quod in his locis ad salutandos dominos domorum quicunque venissent stare solebant, dum introeundi daretur copia.*] Von *Vesta* Ovid. Fast. VI, 303. [*quod ianuam vestiat*, nach Serv. zu Verg. II, 469. VI, 273. Non. a. a. O. s. v. a. *non stabulum, quod nullus illic stet* (wie *resanus* s. v. a. *non sanus*)] vgl. Isidor. Orig. XV, 7. [Mommsen, Röm. Gesch. I, S. 229. und nach ihm Weiss, Kostümkunde II, S. 1168. erklären *vestibulum* (von *vestis*) als Ankleideplatz, indem man erst bei dem Hinaustreten die Toga umgeworfen habe, denn im Hause sei man nur mit der Tunika bekleidet gewesen. Woher weiss man aber, dass man erst vor der Thüre die Toga umlegte?] — Wenn es unleugbar ist, dass wie *prostibulum* von *prostare* so *vestibulum* von *vestare* abgeleitet werden muss, so gilt es nur die Bedeutung der Partikel *ve*. Diese scheint aber ursprünglich ausserhalb zu sein, wie in gewissen Fällen das griechische παρά. So ist *vecors* so viel als *excors*, παράφρων, und ebenso *vesanus*. Nicht weniger ist *vegrandis*, was aussergewöhnliches Maass hat, und es begreift sich leicht, wie die Partikel dann bald verstärkenden, bald verneinenden Sinn haben kann. Vgl. HEIND. zu Hor. Sat. I, 2, 129. *repallida* ist ebenfalls aussergewöhnlich, das ist, ungewöhnlich blass. Wie vortrefflich diese Bedeutung auf *vestibulum* passt, ist offenbar.

Ostium.

Der Name *ostium* bezeichnet den Eingang des Hauses [*proprie per quod ab aliquo arcemur ingressu*, VITRUV. bei Serv. zu Verg. Aen. VI, 43. und ISIDOR. XV, 7.] und kann daher mit *ianua, fores* gleichbedeutend sein. [Nur der Haupteingang hiess eigentlich *ianua*. Darum sagt CIC. p. red. in sen. 6. *non ianua receptis, sed pseudothyro intromissis voluptatibus.*] CIC. Nat. Deor. II, 27. *Fores in liminibus profanarum aedium ianuae nominantur.* Dieser Eingang befand sich gerade in der Mitte des Hauses [und hatte zuweilen mehrere Stufen, SEN. ep. 84. *gradus divitum et magno aggestu suspensa vestibula. non in praerupto tantum istic stabis, sed in lubrico.* So im Palatium, SUET. Ner. 8. Vit. 15. TAC. Hist. I, 29. DIO CASS. LXVIII, 5. und in mehreren pompejanischen Häusern, AVELLINO, descr. di una casa p. 4. ENGELHARD, Beschr. S. 58.] Die einzelnen Theile desselben sind: *limen inferum et superum* (die Schwelle und der Sturz). PLAUT. Merc. V, 1. 1.

Limen superumque inferumque salve, simul autem vale.
[Nov. bei Non. IV, 278. *Limen superum, quod mihi misero saepe confregit caput, inferum autem ubi ego omnes digitos defregi meos.* ISIDOR. XV, 7. PLIN. XXXVI, 14, 21. *in limine ipso, quod foribus imponebat.* — Die Schwelle war von Stein, bei Aermeren auch von Holz: AVELLINO descr. — la seconda p. 12.; die Thürbekleidung aber (*antepagmenta*) stets von Holz, lex par. fac. bei HAUBOLD p. 72. *antepagmenta abiegnea.* PAUL. DIAC. p. 8. M. *valvarum ornamenta, quae antis appinguntur i. e. affiguntur.* VITRUV. IV, 6. In Pompeji gewahrt man noch jetzt an sehr vielen Thüren um die postes herum kleine Vertiefungen in der Schwelle, in welche die antepagmenta eingelassen wurden, AVELLINO, descr. di una casa p. 4 fg.

Die beiden pfeilerähnlichen Vorsprünge im Ostium, an welche sich die postes und limina anlehnten, hiessen *antae*, welcher Name im weitern Sinne jeden Eckwandpfeiler bezeichnet (also auch die vor dem Ostium zu beiden Seiten des Hauses stehenden Pfeiler oder Säulen, z. B. im Hause der mit Figuren geschmückten Capitäler, der Vestalin u. A. S. auch die Lampe bei PASSER. lucernae fict. III. 44 fg. ISIDOR. XV. 7. *quia ante stant vel quia ante ad eas accedimus priusquam domum ingrediamur).* PAUL. DIAC. p. 16 M. erklärt sie *latera ostiorum* (über welche Stelle GENELLI, Briefe über Vitruv. I, S. 45. ganz im Irrthum ist), SERV. zu Verg. Georg. II. 417. *eminentes lapides vel columnae ultimae.* NON. I, 124. *quadrae columnae.* VITRUV. III, 1. IV, 4. 6. S. noch lex parieti fac. bei HAUBOLD. *in eo pariete medio ostii lumen aperito — ex eo pariete antas duas ad mare vorsum proiicito — insuper id limen robustum inponito.* AVELLINO, descr. di una casa p. 33 ff. S. jetzt noch SERG. IVANOFF, varie specie di soglie in Pompei ed indagine sul vero sito della fauce, in Annali dell' instit. di corrisp. arch. Roma 1859, XXXI. p. 82–108.] — Schön war die Sitte, durch ein auf der eigentlichen Schwelle, Unterschwelle, in Mosaik ausgeführtes *Salve* den Eintretenden zu begrüssen. Solche Thürschwellen sind in Pompeji gefunden worden. S. GORO v. AGYAGF. Wand. durch Pomp. S. V. [Hin und wieder fand man Inschriften über der Thüre oder am Hause, z. B. bei Tabernen, s. unten und im 2. Excurs zur 4. Scene. Eine andere s. ORELLI HENZEN 7287. *hic habitat. nihil intret mali.* Die Sprüche gegen Feuersgefahr sind Thl. I, S. 14. erwähnt.]

Selbst über die Thüre, *super limen*, hing man wohl gar einen Vogel, der das Wort des Grusses sprechen gelernt hatte, auf. PETRON. 28. *Super limen autem cavea pendebat aurea, in qua pica varia intrantes salutabat.* In dem Hause des Trimalchio ist allerdings vieles zu finden, was anderwärts nicht leicht vorkommen möchte, indessen gedenkt der *pica salutatrix* auch MARTIAL. VII, 87. und XIV, 76. und die Papageyen lehrte man besonders das Wort χαῖρε. PERS. Prol. 8.

Die *postes* (s. FORCELLINI lex. h. v.) hier im eigentlichen

Sinne als die zu beiden Seiten stehenden Thürpfosten (während die Dichter das Wort häufig für die Thüre überhaupt, und selbst für *valvae* gebrauchen. S. Gesn. zu Claud. de raptu Pros. III, 174.), waren von kostbarem Marmor oder auch künstlich geschnitztem Holze. [Stat. Silv. I, 3, 35. *Mauros postes.*] Plaut. Most. III, 2, 133 ff. Simo sagt dort: *Tres minas pro istis duobus praeter recturam dedi.* Die hölzernen wurden auch ebenso wie die *fores* und *valvae* mit Schildplatt belegt. Diese letzteren, die auch mit Elfenbein und Gold verziert wurden, *bullae*, Plaut. Asin. II, 4, 20. cf. Cic. Verr. IV, 56., öffneten sich nach innen, während an öffentlichen Gebäuden sie auswärts schlugen, was nur dem Poplicola und angeblich seinem Bruder M. Valerius (Ascon. zu Cic. Pis. 22. p. 13 Orell.) als eine besondere und einzige Auszeichnung zugestanden wurde. S. Plut. Poplic. 20. Dionys. V, 39. Plin. XXXVI, 15, 24. Dass dieser Unterschied später nicht mehr Statt gefunden habe, ist eine irrige Meinung von Fea zu Winck. W. I, S. 48. 471. Dig. VIII, 2, 41. (Scaevola, also in Cicero's Zeit) steht zwar: *L. Titius aperto pariete domus suae, quatenus stillicidii rigor et tignorum protectus competebat, ianuam in publico aperuit.* Allein hier ist gar nicht von dem Auswärtsschlagen die Rede, sondern nur die Frage, ob Titius dort eine Thüre habe durchbrechen dürfen. Dagegen sagt Dionys. ausdrücklich vom Hause des Valerius: ταύτης τῆς οἰκίας — αἱ κλισιάδες θύραι (ianua) μόναι τῶν ἐν τῇ Ῥώμῃ δημοσίων τε καὶ ἰδιωτικῶν οἴκων (?) εἰς τὸ ἔξω μέρος ἀνοίγονται. Vgl. Cuiac. observ. XIII, 27. [Ivanoff, S. 97 f. macht wahrscheinlich, dass im Hause des Faun zu Pompeji die Thüre nach aussen aufschlug.] Anders war es bei den Tabernen, die vielleicht, wie heutzutage in Italien aus- und einwärts zugleich schlugen. Der von Isid. Orig. XV, 7, angegebene Unterschied: *fores dicuntur, quae foras; valvae, quae intus revolvuntur.* wird durch den Gebrauch in keiner Weise bestätigt. Die Thüren der Tempel öffneten sich nach aussen, und doch nennt sie Cicero *valvas* [Cic. Verr. I, 23. IV, 43. 56. de div. I, 34.]; die der Wohnhäuser nach innen, und doch heissen sie überall

fores. — Auch scheint der Unterschied zwischen *fores*, Flügelthüren, und *valvae*, Klappthüren, wenig beachtet zu werden.
Vgl. Sagitt. de ian. vett. [Serv. zu Verg. Aen. I, 453. *Valvae sunt quae revolvuntur et se velant*. Isid. l. l. *valvae —
duplices complicabilesque sunt*. Es waren also eigentlich Klappthüren zum Zusammenschlagen und bestanden aus mehreren
Abtheilungen, welche durch Metallbänder zusammenhingen,
die den modernen ganz gleich sind, *cardines securiclati*, schwal-
benschwanzförmige genannt, Vitruv. X, 15. Ivanoff, S. 101.
105. Dergleichen brauchte man in solchen Räumen, welche
nur durch die Thüre Licht empfingen und viel Licht bedurften,
wie im Tablinum und grossen Tabernen. S. bei Tablinum und
in dem folgenden Excurs.]

Zu bemerken ist, dass die Thüren nicht wie bei uns in
den Angeln hingen. Es befanden sich an der beweglichen
Thüre selbst keilförmige Angelzapfen, welche in eine Höhlung in der oberen und in der unteren Schwelle (*limen superum et inferum*) eingelassen waren oder auch in bronzenen
und eisernen Ringen sich drehten. Das war namentlich wohl
der Fall bei grösseren Thüren und Thoren. Daher sagt Plin.
XVI, 40, 77. *Rigorem fortissime servat ulmus, ob id cardinibus
crassamentisque* (oder *axamentis*) *portarum utilissima*. Aber
auch bei den Thüren der inneren Gemächer waren die *cardines*, die Zapfen [die Enden der sog. *scapi cardinales* oder
Thürschenkel, Vitruv. IV, 6, 4 fg.] an den Thürflügeln, und
die Höhlungen oder Ringe befanden sich in der Schwelle oder
an den festen Seitenpfosten. Das sieht man aus Appul. Met.
I, p. 49. *fores ad pristinum statum integrae resurgunt, cardines
et foramina resident, postes ad repagula redeunt* [und aus den
pompejanischen Ueberresten. S. Winckelmann, Sendschreiben
über die hercul. Entdeck. Dresden 1762. S. 53. Avellino,
deser. di una casa p. 5. Beide geben Abbildungen erhaltener
Erzkapseln (rund oder viereckig geformt) „die inwendig einen
spitzigen Vorsprung hatten, um zu verhindern, dass sich das
Holz in denselben nicht drehen konnte." Ivanoff, S. 104 f.
Wenn Hertzberg, Rec. des Gallus, N. 289. S. 2309 fg. be-

hauptet, dass auch die Bäume, welche den Thürflügeln als Axe dienten und aus denen die verlängerten cardines hervorragten, *postes* genannt worden seien, und sich dafür auf VERG. Aen. II, 480. *postesque a cardine vellit aeratos.* 492. *ianua et emoti procumbunt cardine postes* beruft, so liegt darin kein schlagender Grund; denn warum soll *postes* hier nicht s. v. a. Thüre überhaupt heissen? Auch kann man nicht sagen, dass VITRUV. X, 20. die *cardines* als eine Verlängerung der Pfosten betrachte: *postes compactiles, praeter cardines pedum novem;* denn hier ist von den Stockwerken einer *testudo*, nicht von Thüren die Rede und cardo ist einfach als Zapfen zu nehmen, welcher sich an dem Ende eines Balken befindet.]

Die Thüre war den Tag über zwar geschlossen, aber in der Regel nicht verschlossen, und die Fremden klopfen bei PLAUTUS nur der Schicklichkeit wegen an. Niemand aber, weder Herr noch Sklave klopft am eigenen Hause, auch Dorippa und Syra nicht, die doch unerwartet vom Lande kommen. Merc. IV, 1. Eben so wenig Stichus. III, 1. oder Mnesilochus. Bacch. III, 4. Ja Theuropides wundert sich, die Thüre verschlossen zu finden. Most. II, 2, 14.

> *Set quit hoc? occlusa ianuast interdius?*

und ebenso Dinacium, Stich. II, 1, 36. *Quit hoc! Occlusam ianuam video.* Darum befiehlt auch Alcesimarchus besonders, dass sie verschlossen werden soll. Cist. III, 18.

> *Ubi estis, servi? occludite aedes pessulis, repagulis,*
> *Ubi hanc ego tetulero intra limen.*

Beispiel verschlossener Thüren APPUL. Met. p. 112 Elm. *ostium accedo et ianuam firmiter oppessulatam pulsare incipio.*

Was die Thürklingeln betrifft, so ist zwar unleugbar, dass man sich der *tintinnabula* bediente, um einer zerstreuten Menge ein Zeichen zu geben, sich zu einem bestimmten Zwecke zu versammeln, und von dem Gebrauche in den Bädern ist im Excurs zur siebenten Scene die Rede; für Klingeln an der Hausthüren aber, durch welche die ausserhalb Stehenden den Ianitor zum Oeffnen veranlasst hätten, ist kein Beweis be-

kannt. Auch die Stelle SUET. Aug. 91. *Cum dedicatam in
Capitolio aedem Tonanti Iovi assidue frequentaret, somniavit
queri Capitolinum Iovem, cultores sibi abduci, seque respondisse,
Tonantem pro ianitore ei appositum; ideoque mox tintinnabulis
fastigium aedis redimivit, quod ea fere ianuis dependebant.* beweiset es nicht gerade hin, und die Beispiele, welche Casaubonus aus DIO CASSIUS und LUCIAN beigebracht hat, sprechen
nur davon, dass man durch das Läuten mit der Klingel oder
Glocke die Familie geweckt oder versammelt habe. Da in der
Regel an der Hausthüre ein Ianitor sich aufhielt, so war auch
ein solches weitschallendes Zeichen nicht nöthig und vermuthlich bediente man sich auch nur der metallenen Klopfer oder
Ringe, die von den Griechen κορώνη, κόραξ, ῥόπτρον genannt
wurden. Charikles I, S. 105 fg. [Man sieht sie deutlich auf
einer Lampe, welche die Flügelthüre eines Grabmahls darstellt, bei PASSER. lucern. fictil. III. t. 45. — Ueber das Verschliessen der Thüren s. den besonderen Excurs. Ueber den
Schmuck der postes bei Hochzeiten s. S. 20. — Sehr selten
waren Thüren zum Einfahren, da man in der Stadt nicht zu
fahren pflegte, s. den ersten Excurs zur vierten Scene; desto
häufiger aber *postica*, kleine Hinterthüren, welche in eine
Nebengasse (*angiportus*) führten und dem Wirthschaftsverkehr
dienten. PAUL. DIAC. p. 220 M. *posticum ostium dicitur in po-
steriore parte aedium.* NON. III, 158. (vgl. *postici muri* bei
VARRO L. L. V, 42.) PLAUT. Stich. III, 1, 40 ff.

> *est etiam hic ostium*
> *Aliud posticum nostrarum harunce aedium* etc.

HOR. ep. I, 5, 31. S. FORCELLINI lex. h. v. und AVELLINO,
descr. — la seconda p. 30 ff.]

Die Frage, ob hinter der ianua eine Hausflur gewesen,
oder ob man unmittelbar durch dieselbe in das Atrium getreten sei, ist schwer zu beantworten. Wenigstens findet sich
keine besondere Benennung dafür und VITRUV, der VI, 7 (10).
von der Hausflur des griechischen Hauses spricht, scheint sie
fast als etwas diesem Eigenthümliches zu bezeichnen: *hic
autem locus inter duas ianuas graece θυρωρεῖον appellatur.* Im

römischen erwähnt er keine. Indessen sagt PLUT. qu. Rom.
111. wo er davon spricht, dass an gewissen Tagen das Haus
des Flamen Dialis eine Art Asyl gewesen sei: διὸ ϰλειϑτον μὴ
ἦν αὐτοῦ ϰείμενον ἐν τῷ ϑυρῶτι τῆς οἰϰίας. Schon darum lässt
sich das Haus nicht ohne Hausflur denken, indem hinter der
Thüre die *cella ostiarii* oder *ianitoris* war, der doch nicht im
Atrium angeschlossen sein konnte. SUET. Vit. 16. PETRON.
29. Hier lag auch der Hund mit der humanen Warnung: *cave
canem*, auch zuweilen ein gemalter Hund, wie PETRON. a. a. O.
erzählt, und wie man es in Pompeji im Hause des tragischen
Dichters gefunden hat. S. MUS. BORB. II. tav. 56. GELL. Pompei. 1835. l. p. 142. Man möchte daher vermuthen, der wahrscheinlich nicht grosse Raum von der äusseren Thüre bis zur
ianua interior [die jedoch keineswegs regelmässig war] sei
unter dem Namen Ostium begriffen gewesen. [ISID. XV, 7.
caetera intra ianuam ostia vocantur. OVERBECK, Pompeji S.
189. u. WACKERNAGEL S. 39. nannten diesen locus inter duas
iannas vielmehr *restibulum*, SERG. IVANOFF a. a. O. nimmt den
Namen *fauces* in Anspruch. In diesem Raum waren nicht
selten Abzugslöcher, damit bei einem Regenguss das Wasser
nicht im Innern des Hauses stehen bleiben möchte und desshalb war auch das Innere des Hauses gewöhnlich abschüssig
angelegt, s. AVELLINO, descr. di una casa p. 10. 77. und la
seconda p. 12. FORCELL. lex. s. v. colluviarium.]

Atrium.

Die wichtigste Frage bei der ganzen Untersuchung über
das römische Haus ist die, was wir unter dem Namen *atrium*
uns zu denken haben. Sie ist die eigentliche Lebensfrage,
von deren Beantwortung die Richtigkeit jeder Vorstellung von
dem ganzen Hause abhängt, und wer über das Atrium irrt,
der muss nothwendig einen falschen Plan liefern, da von der
Lage und Beschaffenheit desselben die Anordnung der meisten
übrigen Theile abhängig ist. Und gerade hier stehen sich
zwei entgegengesetzte Meinungen in verschiedenen Modifica-
tionen gegenüber, deren sorgfältiger, unbefangener Prüfung

sich der nicht entziehen kann, der über die Anlage des Hauses
urtheilen will.

Die bei Weitem gewöhnlichste Meinung ist, der Name
atrium sei nur verschiedene Benennung des sonst *cavum aedium*
genannten inneren Hofes. Dahin erklären sich, um Anderer
nicht zu gedenken, GALIANI, ORTIZ, RODE, STIEGLITZ, HIRT
[III, S. 271 ff. erst in der spätern Zeit sei Atrium von dem
Cavaed. verschieden gewesen und habe einen Vorbau bezeichnet — was ganz unrichtig ist], O. MUELLER (Etrusker. I. S.
255. und Archäol. v. Welcker S. 400.), MARINI, [MARQUEZ,
FUSS, ZUMPT, ENGELHARD. OVERBECK, Pompeji S. 190.]. Nicht
bedeutend weicht davon in der Hauptsache die Erklärung
SCHNEIDERS [zu Vitruv. tom. II. p. 432—450: gebilligt von
LERSCH, in Zeitschr. für die Alterthumswiss. 1838. N. 72.] ab,
dass *cavum aedium* den ganzen inneren Raum, *atrium* die bedeckten Theile bezeichne, während umgekehrt MAZOIS [auch
MOMMSEN, röm. Gesch. I, S. 229.] s. unten, unter *atrium* das
Ganze, unter *cavum aedium* den in der Mitte des *atrium* liegenden unbedeckten Raum versteht. [BÖTTICHER, der Hypäthraltempel. Potsdam 1847. S. 6. 19. hält wie Schneider *cavum
aedium* mit seinen Hallen für das Ganze, *atrium* aber im eigentlichen Sinne für den unbedeckten Theil desselben (s. v. a. impluvium). Von diesem atrium nun habe das ganze cavum
aedium den Namen erhalten, pars pro toto. Nach DE CAU-
MONT, Abécédaire ou rudiment d'archéol. Paris 1853, S. 4. ist
atrium der Hof mit der Gallerie und den daran stossenden
Zimmern, *cavaedium* aber nur die Gallerie im Atrium. Ueberhaupt hat dieser sonst sehr verdiente Archäologe ganz ver-
kehrte Ansichten über die Anlage des Hauses.] — Diese Annahme der Identität beider gründet sich hauptsächlich auf
unrichtig erklärte Stellen aus VARRO und VITRUV und den
Wahn, dass die Häuser in Pompeji eigentliche Atrien haben
müssten. [Auch WESTEMANN Rec. d. Gall. S. 136 f. stimmt
rücksichtlich der griechischen Bauart Pompeji's BECKER bei,
s. unten, weicht aber sonst ab, indem er *atrium* und *cavaedium*
für identisch hält. HERMANN, Rec. d. Gall. S. 716 f. pflichtet

im Ganzen BECKER bei, mit der Modifikation, dass schon in
Cicero's Zeit auch römische Häuser die griechische Bauart
angenommen hätten, wo das Cavaedium an die Stelle des
Atrium getreten sei. Ganz unbegreiflich ist, wie STIER, Pompeji
S. 34., welcher auch die Identität von cavum aed. und atrium
anzunehmen geneigt scheint, sagen kann: „Becker und Rein
verstehen unter *caraedium* den Hof, unter *atrium* den Gang,
den wir oben *andron* nannten, unter *alae* Parallelhallen des
letztern." Davon stand in Gallus auch nicht eine Silbe, und
es gilt davon dasselbe, wie von der Aeusserung auf S. 43., dass
das Pompeianum in Aschaffenburg eine treue Nachahmung
der Villa des M. Arrius Diomedes sei!] Die Hauptstelle,
gleichsam das Palladium aller Verfechter dieser Meinung, ist
bei VARRO Ling. Lat. V, 161. *Cavum aedium dictum, qui
locus tectus intra parietes relinquebatur patulus, qui esset ad
communem omnium usum. In hoc locus si nullus relictus erat,
sub divo qui esset, dicebatur testudo a testudinis similitudine, ut
est in Praetorio in castris. Si relictum erat in medio ut lucem
caperet, deorsum, quo impluebat, impluvium dictum, et sursum,
qua compluebat, compluvium: utrumque a pluvia. Tuscanicum dictum a Tuscis, posteaquam illorum cavum aedium simu-
lare coeperunt. Atrium appellatum ab Atriatibus Tuscis; illinc
enim exemplum sumtum. 162. Circum cavum aedium erant
uniuscuiusque rei utilitatis causa parietibus dissepta: ubi quid
conditum esse volebant, a celando cellam appellarunt; penariam ubi penus; ubi cubabant cubiculum; ubi cenabant cenaculum vocitabant* etc. Die vorzüglich hierher gehörigen
Worte: *Atrium appellatum* etc. übersetzt man nun so: A t r i u m
wurde es (nämlich das cavum aedium) genannt. Es fragt
sich, mit welchem Rechte? VARRO erklärt die Benennungen
aller einzelnen Theile des Hauses und weiset ihre Etymologie
nach. Er erklärt, wie vorher *domus* und *aedes* und nachher
tablinum etc., die Namen: *cavum aedium* und dessen Species:
*testudinatum, Tuscanicum, impluvium. compluvium. atrium. cella.
penaria. cubiculum. coenaculum.* Was berechtigt uns aber
irgend, den Namen *atrium* auf das *cavum aedium* zu beziehen?

Was hindert uns, nicht vielmehr zu übersetzen: Das Atrium
hat seinen Namen von den Atriaten? Im Gegentheile
ist Varro mit Erklärungen des cavum aedium, seiner Species
und Theile fertig und geht nun zum atrium über. Dass darauf
das cavum aedium noch einmal erwähnt wird, beweiset keinesweges, dass er bis dahin davon gesprochen habe; denn wie
wollte er die Lage der cellae anders angeben? [Auch wird man
nicht behaupten wollen, dass die Vorrathskammern das Atrium
umgeben hätten, da sie bekanntlich den innern Räumen angehörten.] In dieser Stelle liegt also durchaus kein Beweis für
die Identität des *atrium* und *cavum aedium*, sondern sie spricht
vielmehr dagegen.

Sodann beruft man sich auf VITRUV, der mehrmals *cavum
aedium* und *atrium* für einen und denselben Raum gebraucht
haben soll. Ich übergehe das auch von MARINI wieder aufge-
tischte Argument, welches man aus den Worten VI, 3, 1. *in
atrii latitudine* entnimmt. Schneider hat schon hinlänglich gezeigt, dass es absurd sein würde, zu sagen *in atrii latitudine*
statt *in latitudine*, wenn atrium das cavum aedium selbst bedeutete. Allein eine andere Stelle hat mehr Scheinbarkeit.
VITRUV. sagt c. 8 Stratie. (Schneid. und Marin 5.): er wolle
angeben, *quibus rationibus privatis aedificiis propria loca patri-
bus familiarum et quemadmodum communia cum extraneis aedi-
ficari debeant. Namque ex his quae propria sunt, in ea non est
potestas omnibus introeundi, nisi invitatis; quemadmodum sunt
cubicula, triclinia, balneae ceteraque, quae easdem habent usus
rationes. Communia autem sunt, quibus etiam invocati suo iure
de populo possunt venire, i. e. restibula, cava aedium, peristylia, quaeque eundem habere possunt usum. Igitur his, qui
communi sunt fortuna, non necessaria magnifica restibula, nec
tablina, neque atria, quod* etc. Da folgert man nun, weil
das erste Mal *cava aedium* genannt sind, das zweite Mal *atria*,
dieses stehe für Ersteres. Der Schluss ist ganz falsch. Erstlich steht der Satz: *Igitur his* etc. gar nicht im Verhältnisse
der Folgerung mit dem, was unmittelbar vorhergeht. Dort
hat VITRUV nur erklärt, was er *propria* und *communia loca*

13*

nenne. Nun, indem er den Uebergang mit *igitur* macht, beginnt er die oben angekündigten Vorschriften, wie jeder seinem Stande und Geschäfte angemessen das Haus anlegen solle.
— Wenn aber auch eine unmittelbare Verbindung der Sätze Statt fände, würde doch nicht daraus folgen, dass *atria* für *cava aedium* stehe. Denn Vitruv hat ja nicht alle *loca communia* nennen wollen, und sagt selbst: *quaeque eundem possunt habere usum.* Und hier nennt er *tablina,* die keineswegs unter die *loca communia* gehörten, wohl aber unter die, welche der gemeine Mann nicht braucht, weil er keine *tabulas, codices, monumenta rerum gestarum in magistratu* aufzubewahren hatte. Dahin gehören nun ebenfalls die *atria,* die oben auch nicht genannt waren. Wie aber auch die *cava aedium* hätten wegfallen können, ist nicht zu begreifen; denn was wäre dann vom ganzen Hause geblieben? — Dagegen sagt Vitruv c. 4. oder 3, 3. nachdem er den Bau der verschiedenen Cavädien beschrieben hat: *Atriorum vero longitudines et latitudines tribus generibus formantur.* und setzt damit die *atria* den *cavis aedium* entgegen. Denn sonst hätte er sagen müssen: *Latitudines vero atriorum.* [Vitruv unterscheidet hier drei symmetrische Abstufungen der Länge und Breite, nämlich wo die Breite $3/5$ und $2/3$ der Länge beträgt und endlich, wo sich die Breite zur Länge wie eine Seite des gleichseitigen Quadrats zu der Diagonale desselben verhält. Die Höhe aber solle regelmässig $3/4$ der Länge betragen. Hier sieht man klar, dass Vitruv nur bedeckte Atrien, nicht offene Cavädien mit vier bedeckten Seitenhallen im Sinne hatte; denn wollte man letzteres annehmen (nach der gewöhnlichen Ansicht von der Identität der Atrien und Cavädien), so würden die absurdesten Proportionen entstehen. Z. B. bei einem Atrium von 80′ Länge und $53 1/3′$ Breite (die Breite zu $2/3$ der Länge gerechnet) müsste das Impluvium doch $1/3$ der Breite und eben so viel jede Halle erhalten (d. i. jeder $17 7/9′$ Breite). Wie würden dazu 60′ Höhe passen? Oder, wenn das Atrium 40′ lang und 24′ breit wäre (zu $3/5$ der Länge), so müsste das Impluvium doch wenigstens 6′ ($1/4$ der Breite) und jede der beiden Seitenhallen 9′ Breite

erhalten. Wie vertrüge sich damit die normale Höhe von 30′,
zumal da VITRUV selbst über die Säulenhöhe sagt VI, 3, 7.
columnae tam altae quam porticus latae fuerint. Uebrigens
treffen die von VITRUV angegebenen Verhältnisse mit den in
Pompeji gefundenen ganz überein, z. B. im Hause des Pansa
ist das Atrium 47′ 4 Zoll lang und 31′ 6 Zoll breit, also zu ²/₃.
— Auch zeigt VITRUV VI, 7. die richtige Ansicht: *Atriis
Graeci quia non utuntur neque aedificant*, wie BECKER in der
Recension der römischen Alterthümer von Ruperti bemerkt
hat. Die römischen Atrien waren demnach von der griechischen αὐλή ganz verschieden, denn αὐλή war s. v. a. cavum
aedium. Wären atrium und cavum aedium gleich gewesen, so
hätte VITRUV diese Aeusserung nicht thun können.]

Nehmen wir nun andere Beweise für die Verschiedenheit
hinzu. QUINCTILIAN sagt von den Mnemonikern, welche sich
die Localität eines Hauses einprägen wollen, Inst. or. XI, 2.
20. *Primum sensum [vel locum] vestibulo quasi assignant, secundum atrio, tum impluvia circumeunt, nec cubiculis modo aut
exedris, sed statuis etiam similibusque per ordinem committunt.*
Was ist hier *circumire impluvia* anders, als in den bedeckten
Gängen um das impluvium umhergehen, von wo aus die Thüren nach den verschiedenen Gemächern führen, und wo in den
Intercolumnien Statuen stehen. (CIC. Verr. I, 19. 23.) — SE-
NECA sagt epist. 55. von zwei künstlichen Grotten in der Villa
des Vatia: *Speluncae sunt duae magni operis, laxo atrio pa-
res, manu factae: quarum altera solem non recipit, altera usque
in occidentem tenet.* Was haben aber Grotten für Aehnlichkeit
mit einem cavum aedium, dessen innerer Raum unbedeckt war.
Oder dachte SENECA vielleicht an ein *testudinatum?* Aber diese
waren nie *laxa,* sondern im Gegentheile *ubi non erant magni
impetus.* VITR. c. 3. [Diese Stelle SENECA's ist von keinem
Gewicht; denn wir können uns das atrium doch nicht so bedeckt
vorstellen, als BECKER will. Zweifelhaft ist, ob VERGIL. Aen.
II, 483 ff. einen Gegensatz zwischen Atrium und dem cavum
aedium in der domus interior aussprechen wollte:

Apparet domus intus et atria longa patescunt,
Apparent Priami et veterum penetralia regum,
Armatosque vident stantes in limine primo.
At domus interior gemitu miseroque tumultu
Miscetur penitusque cavae plangoribus aedes
Femineis ululant.]

Endlich giebt uns Plinius epist. II, 17. eine Beschreibung
seiner *villa Laurentina*, die städtisch gebaut war, und wo
atrium und *cavaedium* gänzlich von einander verschieden, ja
getrennt erscheinen. Er sagt: *Villa — in cuius primo parte*
atrium frugi, nec tamen sordidum: deinde porticus in D (oder O)
literae similitudinem circumactae, quibus parvula, sed festiva area
includitur. — Est contra medias cavaedium hilare, mox tricli-
nium satis pulcrum, quod in litus excurrit. — Undique valvas
aut fenestras non minores valvis habet, atque ita a lateribus et a
fronte quasi tria maria prospectat; a tergo cavaedium, porticum,
aream, porticum rursus, mox atrium, silvas et longinquos respi-
cit montes. Gelegentlich sei bemerkt, dass Schneider die
Stelle ganz missversteht, indem er glaubt, dass hinter dem
oecus Cycizenus dieselben Piècen in umgekehrter Ordnung
gelegen hätten, also alle doppelt, und so ein Atrium an beiden
entgegengesetzten Endpunkten gewesen sei. Aber das Triclinium reichte ja bis ans Meer, und nur rückwärts sah man
durch alle diese Räume hindurch. — Weil nun hier atrium
und cavum aedium von einander getrennt sind, hat man sich
nicht anders zu helfen gewusst, als anzunehmen, zu Plinius
Zeit sei das atrium etwas ganz anderes gewesen als zu Vitruvs
Zeit! Schneider führt dafür die Worte aus der Beschreibung
der zweiten Villa, des Tusculanum an, epist. V, 6. *Multa in*
hac membra; atrium etiam ex more maiorum. und meint, hier
sei ein Atrium nach alter Bauart, im Laurentinum dagegen
eines novo more. [Ganz richtig!] Aber aus den Worten *ex*
more maiorum lässt sich höchstens schliessen, dass es zu Plinius
Zeit nicht mehr gebräuchlich war, Atrien, wenigstens in den
Villen, zu bauen. — Solche Hypothesen, die nur geschaffen

sind, um eine eigensinnig festgehaltene Meinung, die man nicht rechtfertigen kann, zu unterstützen, verdienen eigentlich gar keine Beachtung. — Uebrigens weicht Plinius' Villa von der Angabe Vitruvs ab. Dieser nämlich sagt VI, 5, 3. *Earum autem rerum non solum erunt in urbe aedificiorum rationes, sed etiam ruri, praeterquam quod in urbe atria proxima ianuis solent esse, ruri vero pseudourbanis statim peristylia, deinde tunc atria habentia circum porticus pavimentatas* (so ist zu lesen, wie auch or. p. dom. 44. hat) *spectantes ad palaestras et ambulationes.*

Es bleibt nur eine sehr schwierige Stelle übrig — denn was Festus [Paul. Diac. p. 13.] sagt: *Atrium proprie est genus aedificii ante aedem, continens mediam aream; in quam collecta ex omni tecto pluvia descendit.* ist, wie Schneider selbst bemerkt, durchaus falsch, und zeugt von einer ganz unklaren Vorstellung, auch vermuthlich einer Verwechselung mit vestibulum, s. oben b. Gellius. Zu Festus Zeit mochten freilich wohl die alten Atrien ganz ausser Gewohnheit gekommen sein; denn schon nach dem grossen Brande unter Nero nahmen die Häuser eine ganz andere Gestalt an. Suet. Ner. 16. [An dieser Unklarheit ist jedoch Festus ganz unschuldig, sondern sie rührt vermuthlich allein von dem Epitomator Paulus her. Festus hat sicherlich gesagt, das atrium befinde sich in dem vorderen Theil des Hauses und enthalte mediam aream, d. h. das offene impluvium, wie es später ganz allgemein war. Paulus verderbte die Stelle und machte aus *anterior pars aedium, anterior domus* oder dergl. das sinnlose *ante aedes.* Abgesehen von diesen Worten enthält das Excerpt nichts Unrichtiges.] — Jene zum Theil verderbte Stelle aber ist bei Plin. H. N. XIV, 1, 3. *Eadem* (vites) *modici hominis altitudine adminiculatae sudibus horrent vineamque faciunt, et aliae improbo reptatu pampinorumque superfluitate, peritia domini amplo discursu atria media complentes.* Plinius will offenbar eine ausserordentliche Wucherkraft beschreiben und die beiden Gränzpunkte des Wachsthums angeben. Es fragt sich nun, ob es das Aeusserste ist, wenn ein

Weinstock ein ganzes *impluvium*, denn dafür nimmt man wohl
atria media, überzieht. Er hat vorher schon gesagt: *populis
nubunt — atque per ramos — scandentes cacumina aequant, in
tantum sublimes, ut vindemiator auctoratus rogum ac tumulum
excipiat. Nullo fine crescunt, dividique aut potius avelli ne-
queunt. Villas et domos ambiri singularum palmitibus ac se-
quacibus loris memoria dignum inter prima Valerianus quoque
Cornelius existimavit. Una vitis Romae in Liviae porticibus
subdiales inambulationes umbrosis pergulis opacat, eadem duo-
denis musti amphoris foecunda* etc. Nach so ausserordentlichen
Beispielen ist es etwas sehr Unbedeutendes, wenn ein Weinstock ein impluvium überzieht. Nehmen wir einmal an, *atrium*
sei so viel wie *cavum aedium*, und denken wir uns ein grösseres Atrium von 60′ Länge, so war dessen Breite nach VITR.
40′. Der unbedeckte Raum erhielt dann höchstens ¹/₃ der
Breite: *ne minus quarta, ne plus tertia parte*, also etwa 13′
Breite, bei 20′ Länge, was den höchst unbedeutenden Flächen-
inhalt von 65 □ Ellen giebt. Was ist darin Ausserordentliches?
— Sodann möchte man fragen, was nun eben für eine besondere *peritia domini* dazu gehört habe, da pergulae allenthalben
gewöhnlich waren? Ueberdiess ist das Wort gerade in dieser
Verbindung, *peritia domini*, besonders auffällig; denn die Reben so zu ziehen war doch wohl das Geschäft des Viridarius,
nicht aber des Herrn. — Diese Bedenken müssen gegen die
Stelle sehr misstrauisch machen; überdiess variiren die Handschriften sehr, und mehrere haben ohne Sinn: *pampinorumque
peritiam damna reptata a. m. c.*, so dass man glauben darf, es
sei in diesen corrupten Worten etwas ganz anderes zu suchen.
(Viell. *per itinera domus?*) [HERTZBERG, Recens. S. 2300.
conjicirt *pernicie domuum*, indem die Reben im impluvium,
welche sich durch die Zwischenwände durchdrängen und im
atrium wieder zum Vorschein kommen, die Wände auflockerten
und verdürben. — Dass die Stelle corrupt ist, unterliegt
keinem Zweifel, allein die beiden Conjecturen BECKERS und
HERTZBERGS sind verfehlt, wie hier nicht näher gezeigt werden kann. Auch geht Becker von dem falschen Gesichtspunkt

aus, dass PLINIUS die ausserordentliche Wucherkraft beschreiben wolle und dass nur von einem Weinstock die Rede sei. Die Absicht des PLINIUS liegt in den folgenden Worten: *Tot differentias rei sola tantum Italia recipit.* Er will also nur zeigen, wie verschieden der Weinstock in Italien wachse und beginnt mit den am höchsten steigenden, schildert sodann die an Pfählen wachsenden (*hominis altitud.*) und zuletzt die in dem Impluvium wahrscheinlich am Fuss der Säulen hin wuchernden Stöcke. Ueber die W. *improbo raptatu* vgl. CIC. Cato m. 15. *multiplici lapsu et erratico.* — Am meisten Wahrscheinlichkeit hat die scharfsinnige Emendation des Hrn. Hofr. BERGK, durch freundschaftliche Mittheilung desselben an mich gelangt. Er erkennt in den corrupten Worten *peritia domini* das trefflich Passende: *peristylia domus.* Zugleich verwandelt er *amplo* in *amplae*, schiebt *et* vor *atria* ein und schreibt *complent*, wie unstreitig gelesen werden muss. Nur *discursu* erregt dann noch Bedenklichkeit. Eine andere weniger entsprechende Conjectur ist: *super* (statt *que superfluitate*) *peristylia domus amplae discursu atria media complentes.*] In keinem Falle aber wird man durch diese dunkle Stelle die klaren Argumente für die gänzliche Verschiedenheit des *atrium* und *cavum aedium* entkräften können.

Noch ist zweierlei nicht zu übersehen. Erstlich stand in dem Atrium der *lectus genialis* oder *adversus*, so genannt, weil dieses symbolische Brautbett der *ianua ex adverso* stand. S. die Erklärer zu PROP. IV, 11, 85. OBBARIUS zu HOR. epist. I, 1, 87. p. 92. und oben S. 6. 26. [LIPSIUS elect. I, 17.] Wo sollen wir uns diesen lectus denken, wenn das Atrium der innere Hof war? — Zweitens standen *vetere more* im Atrium die Webstühle, *telae*, der dort arbeitenden Sklavinnen. ASCON. zu Cic. Mil. 5. *Omni vi ianua expugnata et imagines maiorum deiecerunt et lectulum adversum uxoris eius Corneliae, cuius castitas pro exemplo habita est, fregerunt, itemque telas, quae ex vetere more in atrio texebantur, diruerunt.* [S. S. 7. und LAMPR. Sev. Alex. 13.] Diese hätten aber in den Gängen um das Impluvium schwerlich Platz finden können, zumal da

von dort aus die Thüren in die verschiedenen Cellen und Cubicula führten.

Noch zwei Bemerkungen mögen der Schneiderschen Erklärung besonders entgegengesetzt werden. Erstlich wäre für
die vier Gänge oder Hallen, die das Impluvium umgaben,
atrium eine sonderbare Gesammtbenennung gewesen; dann
aber passen bei dieser Annahme alle von VITRUV angegebenen Verhältnisse nicht mehr. Denn das Impluvium war
länger als breit, folglich auch zwei der Gänge. Nach der Länge
bestimmte sich die Breite; also wären auch je zwei Gänge
breiter oder schmäler gewesen. — Oder soll der ganze Raum,
das Impluvium in der Mitte, gemeint sein, so entsteht eine
andere Inconvenienz. VITRUV spricht von Atrien von 30′
Länge, also 20′ höchstens Breite. Davon geht $1/_3$ für das Impluvium ab. So bleiben auf jeder Seite nur $6^2/_3′$ für den
Gang! [Vgl. oben.] — Doch man muss cap. 3—10 in VITRUV
ganz nachlesen, um alle die Widersprüche zu finden, die bei
der gewöhnlichen Erklärung entstehen.

Es scheinen daher NEWTON und nach ihm STRATICO [am
ersten GRAPALDUS, de partibus aedium p. 8. 11., in neuester
Zeit RAOUL-ROCHETTE, choix d'édifices etc., sowie KRAUSE in
Pauly, Realencykl. I, S. 925. u. RUPERTI, röm. Alterthüm. I,
S. 277 ff.] mit vollem Rechte anzunehmen, *atrium* sei ein von
dem *cavum aedium* ganz verschiedener Theil des Hauses. Es
ist der erste oder vorderste (*proxima ianuis.* VITR. c. 8. [vgl.
QUINCT. XI, 2, 20. VAL. MAX. V, 8, 3. *in prima aedium parte,*
ebenso SEN. de ben. III, 28. VERG. Aen. II, 485. *primo limine.*]
und zugleich der grösste bedeckte Saal im Hause, wovon sogleich bei Erklärung der *alae* mehr gesagt werden soll.

Die Etymologie des Namens *atrium* wird sehr verschieden
angegeben. VARRO leitet ihn, wie wir oben sahen, von den
Atriaten ab, was schwerlich einen anderen Grund als die zu-
fällige Aehnlichkeit des Namens haben mag, etwa wie Festus
histrio von *Histria* herkommen lässt. FESTUS giebt daneben
noch an: *vel quia a terra oriatur, quasi aterreum.* Als wenn
nicht das ganze altrömische Haus ein Erdgeschoss gewesen

wäre! SERVIUS zu Aen. I, 730. leitet es gar vom Rauche ab:
atrium enim erat ex fumo. [Auch ISIDOR. XV, 3. erwähnt diese
Ableitung, sagt aber vorher; *dictum est eo, quod addantur ei
tres porticus extrinsecus.* Dass *atrium* von ater abzuleiten sei
u. s. v. a. schwarzer Saal bedeute, billigen SCHWEGLER, röm.
Geschichte I, S. 275. MOMMSEN, röm. Gesch. I, S. 229. WEISS.
Costümkunde II, S. 1168. Jedenfalls ist diese Ableitung einer
griechischen vorzuziehen, vorausgesetzt, dass man nicht sowohl an die durch den Rauch verursachte Schwärze denkt,
als an die Dunkelheit des Raums überhaupt, wie es bei einer
verhältnissmässig kleinen Lichtöffnung nicht anders möglich
ist.] Die seltsamste Erklärung, mit der es dem gelehrten Herrn
Verfasser kaum Ernst sein kann, giebt OTTFR. MUELLER.
Etrusk. I, S. 256. Er sagt mit Bezug auf Varro's Etymologie:
„Wie der Atrias am adriatischen Meer ursprünglich das Land
der zusammenfliessenden Ströme (Athesis, Tartarus, Padus
u. s. w.) und der Sammelplatz aller Gewässer Ober-Italiens
ist: so ist das Atrium der Theil des Hauses, wo das Wasser,
welches auf das Dach herabregnet, im compluvium und impluvium zusammenfliesst." Sie fällt ohnehin, wenn *atrium* nicht
dasselbe ist, was *cavum aedium.* — Die gewöhnlichste Annahme ist, dass es von ἄθριον stamme, und das ist nicht unpassend; denn das Atrium hatte in der Decke eine weite
Oeffnung, *lumen,* durch welche das Licht, wie auch in anderen
Theilen des Hauses, von oben hereinfiel. S. VITRUV. VI, 4.
(3, 6 Schn.) WINCKELM. W. I, S. 551. — Wenn indessen ein
griechischer Stamm angenommen werden soll, so würde ich
eher glauben, dass es so viel sei als αἴθριον, denn es ist der
Theil des Hauses, wo die ganze Familie sich versammelte, gemeinschaftlich sich aufhielt, arbeitete, auch in früherer Zeit
speisete. Indessen ist es sehr gewagt, bei solchen der ältesten
Zeit angehörenden Worten über die Etymologie entscheiden
zu wollen, da oft ein Stamm zu Grunde liegen mag, den wir
gar nicht ahnen können. [Aus der scharfsinnigen und gründ-
lichen Beweisführung BECKERS geht auf das Entschiedenste
hervor, dass *atrium* und *cavum aedium* zwei verschiedene

Theile des Hauses waren und dass das erste unserem Saal,
das zweite unserem Hof entspricht. Aber Becker geht zu weit,
indem er die Zeiten nicht unterscheidet und das Atrium für
immer als oben geschlossen annimmt, oder wenigstens nur
eine Dachöffnung, *lumen*, zulässt. Da sich nun aber mit dieser
Theorie keines der in Pompeji ausgegrabenen Gebäude zu
vertragen schien, so wird BECKER zu einem anderen Irrthum
geführt, nämlich dass er den in Pompeji sogleich hinter dem
Ostium regelmässig befindlichen offenen Raum nicht für ein
Atrium, sondern für das cavum aedium erklärt, obgleich dann
die pompejanischen Häuser gewöhnlich mehrere Cavädien
und niemals ein Atrium gehabt haben müssten. — Wenn wir
auch zugeben wollen, dass der arme Städter und der Land-
mann kein Atrium brauchten, so müssen wir doch in dem
Hause des nur einigermaassen Bemittelten regelmässig ein
Atrium annehmen, da dieser Raum als der ursprüngliche Sitz
und Mittelpunkt des gesammten häuslichen Lebens anzusehen
ist (etwa wie die Schlosshalle des mittelalterlichen Ritters)
und da sich die wichtigsten Lebensmomente von der Wiege
bis zur Bahre an diesen Saal knüpfen. Auch die Pompejaner
können denselben nicht entbehrt haben, und wenn sie ihm
später eine andere mehr hofähnliche Form gaben, so folgt daraus nicht, dass das Atrium dem Hofe habe weichen müssen,
sondern dass sich mit der Veränderung ihrer Bestimmung
auch die Form der Atrien überhaupt verändert habe. Die
Richtigkeit des Gesagten wird sich aus Folgendem ergeben.
In dem alten Atrium stand der Heerd (*focus*), welcher sowohl
dem profanen Zwecke der Zubereitung der Speisen diente,
als die schützenden Laren und Penaten trug. SCHOL. zu HOR.
epod. II, 43. *Iuxta focum Dii Penates positi fuerunt.* PLAUT.
Aul. II, 8, 15 fg.

> *Tusculum emi et hasce coronas floreas.*
> *Haec imponentur in foco nostro Lari.*

Gewöhnlich befanden sie sich in kleinen Schränken (*aedicula*)
TIB. I, 10, 20.

> *Stabat in exigua ligneus aede deus.*

Iuv. VIII, 110 fg. Petron. 29. Darum erwähnt Ovid. Fast. I,
136. *Larem* ganz in der Nähe der Hausthüre, also im Atrium.
Der Platz hiess *penetralia* (Verg. Aen. II, 485, 513 ff. VII,
59 fg. Paul. Diac. p. 208. *penetralia sunt penatium deorum
sacraria.* Stat. Silv. I, 3, 59.) und der Heerd selbst *foci pe-
netrales*, z. B. Verg. Aen. V, 660. or. de har. resp. 27. Hertzberg, de diis Rom. patriis. Halae 1840. p. 64 ff. In der Nähe
der traulichen Flamme wurde auch das gemeinsame Mahl genommen, Cato bei Serv. zu Verg. Aen. I, 730. *et in atrio et
duobus ferculis epulabantur antiqui.* und Serv. fügt hinzu —
ibi et culina erat. Serv. zu IX, 648. *Illic et epulabantur et deos
colebant.* Ebenso Hor. Sat. II, 6, 65. obgleich er von dem
Landleben spricht:

> *O noctes coenaeque deum! quibus ipse meique*
> *Ante Larem proprium vescor vernasque procaces*
> *Pasco.*

Auch Livius erwähnt das Mahl in dem Atrium, braucht aber
den Ausdruck *in propatulis* und *propatulo*, XXV, 12. *apertis
ianuis in propatulis epulati sunt.* XXIV, 16. *in propatulo aedium* im Gegensatz zu *in publico* d. h. vor der Thüre. V, 13.
Zweifelhafter ist, ob er auch XXVI, 13. *rogo in propatulo aedium accenso.* das Atrium oder den inneren Hof meint. Hier
thronte die waltende Hausfrau in der Mitte ihrer arbeitenden
Dienerinnen, s. S. 7.; hier stand der thalamus nuptialis, s. S.
6. und 34 fg. und die Kasse des Hausvaters in einer besonderen Kiste, Serv. zu Verg. Aen. I, 730. *Ibi etiam pecunias
habebant.* und zu IX, 648. In Pompeji sind mehrere dergleichen ausgegraben worden, s. den folgenden Excurs. Hier
wurden alle Besuche empfangen und die Clienten angehört,
welche bei dem Patronus Rath und Hülfe suchten (darauf bezieht sich Cic. de leg. I, 3. *more patrio sedens in solio consu-
lentibus responderem* und de or. III, 33.); hier lag die Leiche
der Familienglieder auf dem Paradebett, bis der letzte Weg
angetreten wurde, s. den Excurs zur zwölften Scene; hier
endlich hingen die theueren Erinnerungen an die Ahnen, die
Wachsmasken oder imagines, s. Thl. I. S. 33 ff. Des Lichts

und des Rauchs halber war oben eine nach Verhältniss des
Raums grössere oder kleinere Dachöffnung, jedoch nicht so
gross, dass der Raum den Charakter eines geschlossenen Saals
hätte verlieren können. Die Construktion haben wir uns ganz
analog der des cavaedium Tuscanicum zu denken, nur dass
bei dem letzteren die Oeffnung weiter war, als bei dem eigentlichen Atrium.

Als aber die alte einfache Sitte erlosch, als die frugalen
Familienmahle grossen Gastgeboten gewichen waren, als statt
weniger vertrauter Freunde und näher stehenden Clienten
ganze Schaaren auf- und abwogten, konnte die alte Einrichtung des Atriums nicht mehr passen. Der alte Familienheerd
wurde in einen entfernten Theil des Hauses verwiesen und
die bisherige Verbindung seiner doppelten irdischen und religiösen Bedeutung aufgelöst, indem die Laren in ein besonderes Sacrarium, der Kochheerd aber in eine geräumige Küche
kam (s. unten). Auch die arbeitenden Sklavinnen mussten
nach hinteren Theilen des Hauses auswandern und für die
cenae wurden besondere Speisesäle von verschiedener Grösse
angelegt, s. unten. Das Atrium blieb nur noch der Warteplatz
und Empfangssaal für die Clienten und Freunde bei allen
Gelegenheiten, s. Hor. ep. I, 5, 31. und die anderen Stellen
S. 134. So hat Vergil die Sitte seiner Zeit vor Augen, wenn
er Aen. III, 353. von Helenus sagt:

> *Illos porticibus rex accipiebat in amplis.*
> *Aulai in medio libabant pocula Bacchi* etc.

denn *aula* steht für *atrium*. Ebenso blieb das Atrium der Platz
für die Leiche. Die Ahnenbilder behielten natürlich ihre
Stelle, — nur dass statt unscheinbarer Wachsmasken *aerei
clypei, argenteae facies surdo figurarum discrimine* aufkamen
— ebenso der lectus genialis, der jetzt aber nur symbolische
Bedeutung hatte, s. oben S. 6.

Eine geschlossene Decke war aber jetzt nicht mehr nothwendig, man bedurfte im Gegentheil, je grösser die Atrien geworden waren, um so weitere Dachöffnungen, damit es weder
an frischer Luft, noch an hinlänglichem Lichte fehlte ($^1/_4$ oder

$^1/_3$ der Breite des Atriums breit, VITR. VI, 3, 6.) Eine solche
grosse Oeffnung war jedoch, namentlich wenn das Dach sich
nach der Mitte senkte, nach der Construktion des cavaedium
Tuscanicum nicht möglich. Daher wurden aus technischen
Gründen stützende Säulen untergezogen, die dann auch bald
zur Erhöhung der Schönheit dienen mussten, indem man sie
aus dem kostbarsten Marmor nahm. Vier solcher herrlichen
Säulen hatte Scaurus und andere der reiche Crassus in seinem
Atrium (indem für jede der vier Ecken eine Säule nöthig
war) Asc. zu Cic. p. Scaur. p. 27 Or. *quatuor columnae marmoreae insigni magnitudine.* und zwar von hymettischem Marmor und 38′ hoch, PLIN. h. n. XVII, 1. XXXVI, 2. XXXV, 2.
Zwischen den Säulen wurden Statuen errichtet, PLIN. XXXIV.
9. XXXV, 2. wo die älteren und neueren Atrien entgegengesetzt werden: *Aliter apud maiores in atriis haec erant quae
spectarentur, non signa externorum artificum nec aera aut marmora.*, sondern die wächsernen imagines. Nach diesen bestimmten Nachrichten können die Schriftstellen nicht auffallen, wo von den Säulen und Hallen des Atrium oder von
dessen grosser Ausdehnung und Pracht die Rede ist, z. B.
CLAUD. in Ruf. II, 135. *purpureis effulta columnis atria.* Lu-
CAN. II, 238. MART. XII, 50. SEN. cons. ad Marc. 10. VERG.
Aen. I, 725. XII, 475. IV, 665. II, 483. 528. VITR. VI, 5, 2.
atria ampla, alta, longa. mit *longis porticibus* verbunden. Au-
SON. Id. X, 49. *laqueata.* OVID. Met. XIV, 260. *marmore tecta*
APPUL. Met. II, p. 115 f. Elm. *Atria — pulcerrima, columnis
quadrifariam per singulos angulos stantibus.* Die Atrien waren
aber nicht allein in dieser Beziehung den Cavädien, welche
im Verlaufe der Zeit ebenfalls glänzende Säulenreihen erhalten hatten, ähnlich geworden, sondern sie erhielten auch wie
jene ein Basin und Brunnen (PAUL. DIAC. s. oben S. 199.),
desgleichen kleine Rasenplätze und Zierpflanzen. So sagt
OVID. Met. VIII, 563. vom Atrium: *molli tellus erat humida
musco.* AUSON. Mos. 335 fg.

> *Atria quid memorem viridantibus adsita pratis
> Innumerisque super nutantia tecta columnis.*

PLIN. h. n. XIV. 1, 3. (s. oben von den Weinreben). PROP.
IV, 8, 35.

> *Unus erat tribus in secreta lectulus herba.*

Denn dass vom Atrium die Rede ist, zeigt HERTZBERG aus
v. 49 ff., wo der bezeichnete Platz sogleich hinter der Hausthüre liegt. Ob aber VERG. Aen. XII, 476 fg.

> *Et nunc porticibus vacuis, nunc humida circum*
> *Stagna sonat* (nämlich die Schwalbe).

von dem Wasserbecken des Atrium spricht, ist sehr ungewiss,
obgleich *alta atria* vorausgeht, denn die Schwalbe kann ja
auch in die Hallen des Cavädium zu dem dort befindlichen
Wasserbecken fliegen. Uebrigens gilt von diesen Bassins und
Brunnen ganz dasselbe, was darüber bei dem Cavädium gesagt ist, nur hatte das Bassin in der Regel eine oblonge recht-
eckige Form ohne weiteren Schmuck. Weniger unsicher ist
es, ob VERGIL. Aen. II, 512 ff., wo er von einem Lorbeerbaum
an dem Altar der Penaten spricht, die Atrien seiner Zeit vor
Augen hatte. Wegen dieser Aehnlichkeit des späteren Atrium
mit dem Cavädium wird atrium auch αὐλή genannt, was in
früherer Zeit unmöglich gewesen wäre. So sagt HORAT. epist.
I, 1. 87. aula statt *atrium*, ebenso VERG. Aen. III, 354. und
and. S. SERV. zu Verg. l. l. LERSCH a. a. O. X. 72. RAOUL-
ROCHETTE und LAGLANDIÈRE in den S. 176. angeführten
Schriften. HERTZBERG, de diis Rom. patr. p. 67. Der Gegensatz der älteren Atrien, welche mehr einem Saal, und der
neueren, welche mehr einem Cavum aedium ähnlich waren,
wozu auch noch der reichere Schmuck kommt, mit welchem
man die letzteren ausstattete, wird wiederholt von den Alten
ausgesprochen. So sagt PLIN. ep. V, 6. *atrium ex more vete-*
rum. II, 17. *atrium frugi, nec tamen sordidum.* also ein beschei-
denes Atrium nach alter Weise. Wichtig ist die oben mitgetheilte Stelle von PLIN. XXXV, 2. *aliter apud maiores* etc.
Damit man mir aber nicht vorwerfe, dass diese Ansicht blos
auf Muthmassung beruhe, ohne je der Wirklichkeit entspro-
chen zu haben, so berufe ich mich auf das Beispiel eines alten
bescheidenen säulenlosen Atrium zu Pompeji, welches das

Haus Nr. 57 der strada Stabiana darbietet. Hinter demselben
befindet sich ein ansehnliches Cavaedium mit Säulen (Peristyl.). NICOLINI. Pomp. fascie. 3. Von dem neuen Atrium
spricht HOR. od. III, 1, 46. *et novo sublime ritu moliar atrium?*
Diese Abweichung der alten und neuen Zeit zeigt auch VARRO
L. L. VIII, 28 fg., wo er gegen die Analogie spricht, d. h.
gegen die Uebereinstimmung in der Wortbildung und Wort-
biegung. Er verlangt, das *usu receptum* solle gelten, und
wenn auch seine Beispiele noch so unpassend sind, so ergiebt
sich doch aus den Worten: *in aedificiis quum non videamus habere atrium ad περίστυλον similitudinem et cubiculum ad equile.*
auf das Unzweideutigste, dass ein Atrium mit einem Peristyle
nicht mehr Aehnlichkeit hatte, als ein cubiculum mit einem
Pferdestalle. Dieses passt vollkommen auf das alte saalähn-
liche Atrium, welches VARRO also im Sinne hatte. Welche
aber glauben, VARRO halte cavum aedium und atrium für
identisch, werden durch diese Stelle ganz widerlegt; denn ein
cavum aedium hat die grösste Aehnlichkeit mit einem Peristyle, ja wenn es rings um Säulen hat, so ist es ganz ein Peristyl. Denn das wird doch Niemand bezweifeln, dass man zu
Varro's Zeit die cava aedium mit Säulenstellungen gebaut
habe. — Um nun zu den späteren Atrien zurückzukehren, so
hatten die Häuser damals freilich gleichsam zwei Cavädien
(wie das griechische Haus zwei aulas, VITR. VI, 7, 5.) allein
das erste unterschied sich durch mindere Ausdehnung und
kleinere Dachöffnung von dem zweiten und durch seine eigenthümliche Bestimmung. Wenigstens zeigen alle pompejanischen Grundrisse, dass der erste offene Raum im Hause
(atrium) allemal viel kleiner ist als der zweite, säulenlos,
nach alter tuscanischer Construktion und ebenso die Dachöffnung des ersten wenn auch grösser als in alter Zeit, doch be-
schränkter als die des zweiten. Raum für einen Garten war
darin nicht vorhanden, wenn auch kleine Rasenplätzchen anzubringen waren. Der Unterschied war also gross genug und
desshalb hiess der erste Raum auch später noch fortwährend
atrium und der zweite grössere *carum aedium.* Dieses freilich

schmolz fast ganz mit dem peristylium zusammen, s. bei cavum
aedium. Die pompejanischen Häuser haben fast nur Atrien
der späteren Zeit (eine Ausnahme s. oben bei dem Hause No.
57.) mit einem Becken und Brunnen, seltener mit Säulenstellung, und diese Atrien wurden wie in Rom später nur zum
Empfang der Clienten, früher als Hauptzimmer des ganzen
häuslichen Lebens gebraucht. Alle Colonien und Municipien
waren nämlich kleine Bilder der weltbeherrschenden Metro-
polis und können das dem Römer in Rom unentbehrliche
Atrium unmöglich entbehrt haben. Zum Clientenempfang
waren auch in Pompeji Atrien nothwendig, denn die lebhafte
ambitio in Pompeji kann zum Ueberfluss durch zahllose
Mauerschriften bewiesen werden. Endlich zeigt die Uebercin-
stimmung der Häuser zu Pompeji mit den auf dem Fragment
eines alten Plans von Rom im capitolinischen Museum befindlichen Grundrissen auf das klarste, dass die Bauart in Pompeji
nicht griechische war und dass es in Pompeji so wenig als in
Rom an Atrien fehlte. — Nach dem Gesagten wird man nicht
zugeben, dass man in Pompeji keine Atrien gehabt habe und
dass es dort kein treues Abbild eines römischen Hauses gäbe.
S. die trefflichen Bemerkungen bei HERTZBERG a. a. O. und
Recension des Gallus N. 288. — RIVA, dei cavedi e degli atri,
con un nuovo comment. sopra Vitruvio. Vicenza 1828. ist mir
nur dem Titel nach bekannt. Mit Recht sagt IVANOFF a. a. O.
S. 88—93. dass atrium seinem eigentlichen Sinn (oder lieber
seiner Construktion) nach identisch gewesen sei mit der ältesten bei allen italischen Völkern gebräuchlichen Art des cavaedium, nämlich des tuscanicum; wenn er aber hinzusetzt,
dass man missbräuchlich den Namen atrium auch auf die anderen neueren Arten des cavaedium, wie tetrastylum und
corinthium übergetragen habe und dass beide Ausdrücke identisch geworden seien, so geht er jedenfalls zu weit. Wenn man
es in der späteren Zeit mit dem Sprachgebrauch auch nicht
immer ganz genau nahm, so blieb doch im Ganzen atrium der
Name für den ersten Raum im Haus (Saal) und cavaedium
für den inneren Hof. Bei der Annahme der Identität, dass

cavaedium auch das atrium bezeichnet, hätte man ja gar
keinen Ausdruck für den inneren Hof gehabt, was man doch
unmöglich glauben darf.

Am Schlusse wird es der leichteren Uebersicht halber
zweckmässig sein, unsere auch bei der Philologenversamm-
lung in Frankfurt ausgesprochene Ansicht noch einmal kurz
in einigen Thesen zusammenzufassen:

1) atrium und cavaedium sind stets zwei verschiedene Räume
   im römischen Hause gewesen (s. oben namentlich PLIN.
   ep. II, 17.),

2) die Häuser Pompeji's sind nicht griechisch wie die sonstige
   römische Anlage, tablinum, fauces u. s. w. beweist und
   haben daher schon aus diesem Grunde Atrien, wie kein
   römisches Haus derselben entbehrte,

3) das alte saalartige atrium hat sich im Verlauf der Zeit
   dergestalt umgeformt, dass es dem cavaedium ähnlich geworden ist, wesshalb die meisten pompejanischen Atrien
   — abgesehen von der Grösse — den Cavädien gleichen.

Die letztere von mir ausgesprochene Behauptung, dass man
das atrium der früheren und späteren Zeit unterscheiden
müsse, billigen MOMMSEN und WEISS — obwohl nicht ohne
Modifikationen —. MOMMSEN, röm. Gesch. I, S. 229 nahm für
die alte Zeit Identität des atrium und cavaedium an, d. h. dass
das cavaedium der freie Raum in der Mitte des atrium sei,
aber S. 940 sagt er, dass mit der Periode des beginnenden
Luxus sich allmälich Wohnsaal (atrium), Hof (cavaedium),
Garten und Gartenhallen (peristylium) u. s. w. geschieden
hätten. WEISS, Costümkunde II, S. 1173 ff. „So aber (in der
neueren Zeit) bildete es (das Atrium) bei echt römischen Häusern nun nicht mehr, wie früher, nur einen einzigen Saal, sondern zwei getrennte Gemächer, die eigne Pforten (?) mit
einander verbanden", nämlich das eigentliche uralte atrium
und den Mittelhof cavaedium. Hinter dem letzten habe das
tablinum gelegen, die Alae des Atrium hätten zu den genannten Mittelhofpforten geführt u. s. w. Alles dieses beruht
nur auf Beckers Plan A. und ermangelt jeder Begründung

14*

durch Belegstellen oder antike Pläne. — Die weite Oeffnung
des Atrium und auch des Cavum aedium wurde zum Schutz
vor Sonne, Wind und Regen mit grossen Teppichen zuge-
hängt. Diese hiessen *vela*, Isidor. XIX, 26. *quod obiectu suo
interiora domorum velent.* Sie werden genannt von Ulp. Dig.
XIX, 1, 17. § 4. und XXXIII, 7, 12. § 16. *umbrae causa*
§. 17. *Vela autem cilicia instrumenti esse Cassius ait, quae ideo
parantur, ne aedificia vento vel pluvia laborent.* § 20. *De velis,
quae in hypaethris extenduntur, item de his, quae sunt circa columnas.* wo die horizontal gespannten Hypäthral- oder Implu-
vialteppiche von den vertikal herabhängenden Vorhängen
zwischen den Säulen geschieden werden. Dieselben erwähnt
Plin., s. Thl. I, S. 108. Varro bei Serv. zu Verg. Aen. I, 697.
(*vela suspendi* gegen den Staub), und Ovid. Met. X, 595. hat
jedenfalls die Mode seiner Zeit vor Augen, wenn er sagt:

Haud aliter, quam cum super atria velum
Candida purpureum simulatas inficit umbras.

Das purpurne velum färbt nämlich das marmorne Atrium.
Vgl. Lucret. IV, 73 ff., wo sich ein ähnlicher Gedanke findet,
nur in Bezug auf die vela des Theaters, s. Thl. I, S. 74 fg.
S. noch Iavol. Dig. L, 16, 242. § 2. *quod hypaethri tegendi
causa poneretur.* Auf horizontale vela bezieht man gewöhnlich
Hor. Sat. II, 8, 54 fg.

Interea suspensa graves aulaea ruinas
In patinam fecere, trahentia pulveris atri etc.

s. Heindorf. Wuestemann versteht darunter den vor die
Thüre gezogenen Vorhang oder die statt der Tapeten an den
Wänden aufgehängten Teppiche.

Im Winter konnten auch bewegliche breterne Dächer
über das Impluvium geschoben werden. Wenigstens scheint
Iavol. a. a. O. § 8. so verstanden werden zu müssen: *Structuram loci alicuius ex tabulis factam, quae aestate tollerentur et
hieme ponerentur, aedium esse ait Labeo* etc. Doch konnten
auch breterne Schieber zwischen den Säulen darunter mit begriffen sein. S. Bötticher, Hypäthraltempel S. 12 fg. und
Hermann, Hypäthraltempel S 32.

Atriolum

wird nur von Cic. ad Att. I, 10. und ad Qu. fr. III, 1. 1. erwähnt. Cic. schreibt: *Quo loco in porticu te scribere aiunt ut atriolum fiat, mihi, ut est, magis placebat. Neque enim satis loci videbatur esse atriolo, neque fere solet nisi in iis aedificiis fieri, in quibus est atrium maius, nec habere poteras adiuncta cubicula et eiusmodi membra.* Es ergiebt sich daraus, 1) dass atriola nur in grösseren Häusern waren, in denen sich noch ein Hauptatrium befand, 2) dass sie als Vorsäle zu einer grösseren Halle (peristylium mit porticus) dienten.]

Alae.

Mit der Annahme, dass das Atrium ein von dem Cavädium verschiedener Theil des Hauses gewesen, stimmt nichts besser überein, als die Vorstellung, die wir uns einzig von den *alis* machen können. Wer das Atrium für den inneren Hof nahm, der konnte natürlich auch von ihnen keinen richtigen Begriff haben, und daher ist denn die seltsame Meinung entstanden, die *alae* seien die mit dem Cavädium seiner Länge nach parallel laufenden Seitengebäude, wo die verschiedenen *cellae, cubicula, triclinia, occi* u. s. w. sich befanden. So Galeani, Perrault, Stieglitz (Archäol. d. Bauk. III, S. 175.), Hirt, Böttiger (Sab. II, S. 86. 102.), Wuestemann (Pal. de Scaur. S. 55. 56.) Das ist aber mit dem was Vitruv. VI,3,4. darüber sagt, völlig unvereinbar. Zuerst begreift man nicht, warum Vitruv die Breite der *alae* im Verhältniss zur Länge des *atrium* bestimmt. [Bei einem Atrium von 80—100′ Länge sollte die Breite der alae ⅕ davon, also 20′, bei 50—60′ Länge nur ¼, also 15′, bei 30—40′ Länge ⅓, also 10′ betragen.] Die alae (in diesem Sinne) gehörten aber nicht zu dem cavum aedium; sie waren durch Wände von den Gängen gesondert, und konnten eine beliebige Breite, d. i. für jede einzelne cella oder Abtheilung die Tiefe erhalten. Ferner bestimmt Vitruv, dass die Höhe der alae ihrer Breite gleich sein solle, während er von den anderen Gemächern sagt, dass sich ihre Höhe nach ihren Längen- und Breitenverhältnissen richte. § 8. *Altitudines omnium conclaviorum, quae oblonga fuerint, sic habere debent rationem, uti longitudinis et latitudinis mensura componatur et ex ea summa dimidium sumatur, et quantum fuerit, tantum altitudini detur.* Ebenso spricht sich die enge Beziehung der alae zu dem atrium auch § 6. aus: *Imagines item alae cum suis ornamentis ad latitudinem* (soll vielleicht *ad altitudinem* heissen?) *alarum sint constitutae.* — Endlich widerspricht die bisherige Annahme ganz dem Gebrauche des Worts. Die *alae* werden zwar im Wohnhause nicht weiter erwähnt, allein wir haben die Analogie des toskanischen Tempels — das Atrium ist ja auch tuskischen Ursprungs — wo über die Beschaffenheit derselben kein Zweifel ist. Der toskanische Tempel konnte *drei*, oder auch nur *eine* Cella haben. Von ihm sagt VITRUV IV, 7. *Latitudo dividatur in partes decem: ex his ternae partes dextra ac sinistra cellis minoribus, sive ibi alae futurae sint, dentur, reliquae quatuor mediae aedi attribuantur.* Die *alae* waren also in dem einzelligen Tempel an der Stelle der kleineren Cellen rechts und links von der grossen Cella befindliche schmälere Seitenhallen, die vermuthlich nur durch eine Säulenstellung von der Cella geschieden wurden. Gerade so haben wir uns die *alas* im *atrium* zu denken, nur dass das Verhältniss ihrer Breite (man sieht nun, warum es nach der *Länge* des Atrium, die ja auch die Länge der *alae* war, bestimmt wird) geringer war. Es war also ein ähnlicher Bau wie in den Basiliken und vielen unserer Kirchen, die in ein grosses Mittelschiff und zwei Seitenhallen abgetheilt werden.

Dass die *alae* etwas der Art sein müssten, haben auch MAZOIS und MARINI gefühlt; nur hat sie die falsche Ansicht vom Atrium verhindert, ihnen ihren wahren Platz anzuweisen. Sie nehmen sie zu beiden Seiten des Tablinum an der hinteren Seite des Atriums an. Richtiger hatten schon PERRAULT, NEWTON [und MARQUEZ] darüber geurtheilt. S. Plan A. a. a.

Nun sieht man auch, was die Säulen im Atrium für eine Anwendung gehabt haben. PLIN. XXXVI,3. Denn die Decke war viel zu hoch um von ihnen getragen zu werden; die *trabes liminares* aber der alae waren nicht höher als die alae breit. Früher mochten blosse Pfeiler die Stelle der Säulen vertreten. [In den pompejanischen Häusern bilden die alae nicht Seitenhallen des Atrium (wie BECKER u. WEISS, Costümkunde II, S. 1174. wollen), sondern regelmässige Quadrate am hinteren Ende desselben, und auch so ist leicht zu erkennen, warum sich ihre Breite nach der Länge des Atrium richtete. Uebrigens waren sie kein durchaus nothwendiger Theil des Hauses, sondern man findet auch einige Häuser ohne alae und im Haus des tragischen Dichters, im Haus der zweiten Fontaine u. s. w. war wegen Mangel an Raum nur eine ala am rechten Ende des Atrium. Die Construction der alae, wie sie MAZOIS annahm und durch Pompeji bestätigt wird, ist jetzt allgemein als richtig anerkannt, s. AVELLINO, descr. di una casa p. 18 ff. ZUMPT, S. 16 fg. OVERBECK, S. 192.]

Tablinum.

Sehr unsicher ist die Bestimmung der Lage, welche das *tablinum* gehabt haben mag. [Es wird überhaupt, ausser von VITRUV VI, 3, 5. nur zweimal genannt und VITRUV sagt von der Lage gar nichts, sondern giebt nur seine Grösse im Verhältnisse zur Breite das Atrium bald auf $^2/_3$ (wenn das Atrium 20' breit ist), bald auf $^1/_2$ (wenn das Atrium 30—40' breit ist), bald auf $^2/_5$ (bei einer Breite von 40—60' an.] FESTUS sagt p. 356 M. *Tablinum proxime atrium locus dicitur, quod antiqui magistratus in suo imperio tabulas* ... und PAUL. DIAC. p. 357 M. *Tablinum locus proximus atrio a tabulis appellatus.;* allein, wie man auch das Atrium sich denken mag, so ist dieser Ort nicht zu ermitteln. Für die, welche unter Atrium das Cavädium verstehen, passt es nicht, weil dann eine Menge Gemächer, die um das Cavum aedium umherlagen, *proxime atrium* genannt werden müssten; nimmt man aber das Atrium in dem oben angegebenen Sinne, so lässt sich gar kein geeigneter Ort auffinden, wo es könnte gelegen haben. Wenn wir indessen bedenken, dass FESTUS entschieden von dem Atrium selbst eine ganz unrichtige Vorstellung hatte, so wird auf diese Erklärung überhaupt nicht viel ankommen. Gewöhnlich wird es als dem Ostium, oder nach unserer Annahme dem Atrium gegenüber,

jenseits des Cavädium angenommen, und so ist es auch auf
dem Plane Taf. I. u. 1. T. angegeben. [Nach MARQUEZ ist
das Tablinum links von dem Atrium und zwar von gleicher
Länge mit demselben, was einer Widerlegung nicht bedarf. —
Aber auch BECKERS Ansicht ist sehr unwahrscheinlich und
willkürlich (wie derselbe später selbst erkannt hat), da sie,
abgesehen von anderen Gründen, weder zu VITRUVS noch zu
FESTUS Angabe passt. Aus VITRUV geht wenigstens so viel
mit Bestimmtheit hervor, dass das Tablinum an der schmalen
Seite des Atrium lag, denn sonst wäre es verkehrt gewesen,
die Ausdehnung des Tablinum von der Breite des Atrium abhängig zu machen. Damit harmonirt auch FESTUS vollkommen, welcher keineswegs eine falsche Ansicht hatte (wohl
aber sein Epitomator), wie bereits S. 165. bemerkt worden ist.
Er sagt freilich sehr kurz *proxime atrium*, allein Jeder, der
die Lage des Atrium kannte, wusste, dass dieses *proxime*
weder auf die vordere schmale Seite, noch auf die beiden
Längenseiten des Atrium zu beziehen sei; denn im ersten
Falle hätte das Tablinum zwischen dem Ostium und dem
Atrium liegen müssen, was unmöglich ist, und im zweiten
Falle wäre kein Platz für die Alae dagewesen. Es blieb also
nur die vierte oder hintere Seite des Atrium übrig, an welche
sich das Tablinum anschloss, wie auch alle Ausgrabungen in
Pompeji zeigen, wo ein viereckiger Raum und zwar mit einer
sehr breiten Thüröffnung (des Lichts halber) regelmässig an
der hinteren Seite des Atrium liegt und dieser Raum kann
nur das Tablinum sein, s. auf dem Plane B. unter T. Durch
diesen Platz erhalten auch die sogleich zu besprechenden
fauces ihre richtige Stelle und einzig mögliche Erklärung.
AVELLINO, deser. di una casa p. 23 ff.]

Dass das Wort tablinum von tabula abzuleiten ist, scheint
keinem Zweifel unterworfen zu sein, indem die *tabulae rationum* und dergl. zu vertehen sind. Ausser FESTUS zeugt dafür
namentlich PLIN. XXXV, 2, 2. Indem er die alte Zeit rühmt,
sagt er: *Tablina codicibus implebantur et monumentis rerum in
magistratu gestarum.* Es war also gewissermaassen das Archiv

des Hauses, das, was in Bezug auf die res publica *tabellarium* hiess. Damit ist Dionys. I, 74. zu vergleichen: τῶν καλουμένων τιμητικῶν ὑπομνημάτων, ἃ διαδέχεται παῖς παρὰ πατρὸς καὶ περὶ πολλοῦ ποιεῖται τοῖς μεθ᾽ ἑαυτὸν ἐσομένοις, ὥςπερ ἱερὰ πατρῷα, παραδιδόναι. — Gar nicht hierher gehört das Fragment des Varro de vita p. R. bei Non. II, 112. *Ad jocum hieme ac frigoribus cenitabant, aestivo tempore in propatulo, rure in corte, in urbe in tabulino, quod maenianum possumus intellegere tabulis fabricatum.* Denn das ist ein Söller über dem Hause (*maenianum*).

Fauces.

Was, oder mehr noch, wo die *fauces* gewesen, darüber sind die Meinungen sehr verschieden, und im Grunde müssen wir gestehen, dass wir über sie so gut als nichts wissen. Daher haben denn Perrault, Rode, Schneider, [Genelli und Stieglitz, sowie Wuestemann, im Pal. des Scaurus S. 65. und Ivanoff, a. a. O. S. 83 ff.] sie für die Flur zwischen Vestibulum und Atrium genommen, die wir oben mit unter dem Ostium begriffen. Indessen wird auch durch Stellen wie bei Verg. Aen. VI, 273.

Vestibulum ante ipsum primisque in faucibus Orci.

nicht erwiesen, dass nicht andere Durchgänge im Hause den Namen gehabt haben könnten, und Vitruv nennt gerade im griechischen Hause den Gang, der die Stelle der Flur vertrat, *iter*, nicht *fauces*. — Galiani, Ortiz und Stratico verstehen darunter „aperturam, per quam transitus habetur ab atrio ad tablinum," was ziemlich dunkel ist; [Marquez, delle casa di citta etc. p. 91. Durchgänge zwischen den Säulen oder Pfeilern aus den Alis in das Atrium, wogegen schon der Umstand spricht, dass diese Zwischenräume viel zu breit sind, als dass man sie *fauces* nennen könnte]; Mazois, Hirt, Marini [und Overbeck S. 193.] zu beiden Seiten des Tablinum gelegene Durchgänge nach dem grösseren Peristyl. Und bei dieser Annahme bin ich darum stehen geblieben, weil Vitruv die Breite der *fauces* im Verhältnisse zum *tablinum* bestimmt, was unnöthig wäre, wenn sie nicht auf irgend eine Weise mit ihm in

Verbindung gestanden hätten. Dass übrigens dort solche
Durchgänge sein mussten, ist offenbar. So lange wir also das
tablinum an die angegebene Stelle setzen, werden auch die
fauces am wahrscheinlichsten dort angenommen. [Die Ansicht,
dass *fauces* einen schmalen Verbindungsgang oder Corridor
neben dem Tablinum bezeichne, ist allein richtig (obgleich
BECKER in seinen nachgelassenen Papieren davon abgewichen
und zu der Meinung zurückgekehrt ist, dass *fauces* die Hausflur, den ϑυρὼν PLUTARCHS, bedeute), wie namentlich VITRUV.
VI. 3, 6. zeigt: *fauces minoribus atriis e tablini latitudine dempta
tertia, maioribus dimidia constituantur.* Da aber das Tablinum
nicht hinter dem Cavädium, sondern vor demselben lag (siehe
oben), so führten die fauces nicht aus dem Cavädium zu dem
grösseren Peristyl (wie Plan A, f f angiebt), sondern aus dem
Atrium in das Cavädium (s. Plan B, f). Diese Erklärung
findet die vollste Bestätigung in den pompejanischen Ueberresten, wo sich regelmässig (denn unter einer grossen Menge
von Häusern findet man kaum eins ohne fauces, z. B. das nach
dem Grossfürsten Michael genannte, weil hier das Tablinum
ausnahmsweise auf der rechten Seite des Atrium lag, wo
eigentlich eine ala sein sollte) neben dem Tablinum entweder
zu beiden Seiten (also zwei fauces, nämlich in grösseren Gebäuden), oder nur auf der einen Seite des Tablinum (also nur
ein Corridor, d. h. in kleineren Häusern) Durchgänge finden,
auf welche ihrer geringen Breite wegen unter allen Theilen
des Hauses der Name fauces allein passt. Allemal liegen Tablinum und fauces an dem oberen Ende des Atrium, füllen
aber höchst selten (wie es z. B. auf unserem Plan B. der Fall
ist) die ganze Breite des Atrium aus, sondern lassen in der
Regel noch Raum übrig, welcher stets zu einem neben dem
Tablinum liegenden Zimmer geschlagen ist. Diese aus fast
allen pompejanischen Grundrissen zu erkennende Praxis hält
sich ganz an die von VITRUV angegebene Theorie. Nach demselben muss bei einem Atrium von 60' Breite das Tablinum
(zu $^2/_5$) 24' und die beiden fauces (zu $^1/_2$) jeder 12' breit sein,
im Ganzen 48', so dass noch 12' für andere Benutzung übrig

bleiben. Ist das Atrium nur 40' breit, so kommt auf das Tablinum (zu $^2/_5$) 16', auf die beiden fauces (zu $^1/_2$) je 8', in
Summa 32', und es bleiben noch immer 8' übrig. Ist aber das
Atrium nur 24' breit, so hat das Tablinum (zu $^2/_3$) 16' und
die fauces sollten eigentlich auch 16' bekommen (zu $^1/_2$). Da
würde sich aber die Summe von 32' ergeben, während doch
nur 24' disponibel sind und diese dem Usus nach nicht einmal
ganz aufgehen dürfen. Diese Schwierigkeit ist aber bloss
scheinbar; wir müssen nur bedenken, dass bei einem schmä-
leren Atrium doppelte fauces nicht nothwendig sind, sondern
dass hier ein einziger Durchgang genügte, welcher höchstens
8' oder wegen der kleineren Proportionen überhaupt nur 6'
beanspruchte, und dann bleiben immer noch 2' von der Breite
des Atrium übrig, wie es bei den meisten Atrien der Fall
war. — Nach IVANOFF S. 84 f. würde dieser Durchgang andron heissen.]

Cavum aedium.

Was das cavum aedium — so schreiben jederzeit VARRO
und VITRUV, während PLINIUS in den Briefen caraedium
sagt — der Hauptsache nach war, ergiebt sich schon aus
dem, was über das Atrium gesagt worden ist. Es ist der innere Hof, das eigentliche Herz des Hauses, um den die übrigen Theile [„die Privatgemächer der Familie"] umherliegen
[„eine Wiederholung des Atrium", aber weiter offen]. VARRO
l. l. s. S. 160. s. Plan A. unter C C C. In der Mitte war ein
unbedeckter Raum, area, mit dem eigentlichen Namen implu-
rium, der auf allen vier Seiten von bedeckten Gängen eingeschlossen wurde. [Das Traufendach über den Hallen hiess
compluvium, s. VARRO l. l. Ebenso unterscheiden impluvium
und compluvium HIRT und LAGLANDIÈRE, dagegen MAZOIS
und RAOUL-ROCHETTE p. 11. verstehen unter compluvium die
Oeffnung im Dach, unter impluvium das Wasserbecken. Siehe
noch PAUL. DIAC. p. 108 M. Impluvium, quo aqua impluit collecta de tecto. Compluvium, quo de diversis tectis aqua pluvialis
confluit in eundem locum. Ps. Asc. zu Cic. Verr. I, 23. p. 177.
Impluvium locus sine tecto in aedibus, quo impluere imber in do-

mum possit. SERV. zu Verg. Aen. I, 505. II, 512. Dass impluvium der offene Raum hiess, ergiebt sich auch aus PLAUT.
Mil. II, 2, 3 ff. *per inpluvium intro spectant* (vicini). 3, 16 ff.
per inpluvium huc despexi in proxumum. 70 ff. *Scin tu nullum
commeatum huc hinc esse a nobis? — nisi per inpluvium.*] Siehe
I. auf dem Plan A. Je nachdem die Bedachung dieser Gänge
verschieden angelegt war, unterschied man nach VITRUV:

1) *Tuscanicum.* Hier waren in der Breite des Atriums,
in latitudine atrii, Balken gelegt, die auf den sich entgegen-
stehenden Mauern auflagen. In diese waren zwei andere in
gleichem Abstande von der Wand eingezapft oder eingehan-
gen, die *interpensiva* VITRUVS. Auf diesen ein Viereck bildenden Balken lagen die *asseres,* die Sparren, auf, welche die
Bedachung trugen. S. HIRT, Gesch. der Bauk. III, S. 271 fg.
GENELLI, Briefe über Vitruv I, S. 62. — Vermuthlich war
diess der älteste Bau, der für sehr grosse Cavädien nicht
passte. [Vgl. MARINI zu Vitruv. DIODOR. V, 40.]

2) Des *Tetrastylum* war von diesem ersten in nichts
verschieden, als dass in den vier Ecken, wo die *interpensiva*
auf den Hauptbalken auflagen, Säulen untergestellt waren,
vermuthlich bei grösseren Cavädien, um den Balken nicht zu
viel Last zuzumuthen. [HIRT a. a. O.]

3) In dem *Corinthium* hingegen lagen die Balken nicht
auf den Mauern, *a parietibus recedunt,* sondern sie wurden
von einer rings um das Impluvium gehenden Säulenstellung
getragen.

4) Bei dem *Displuviatum* senkte sich die Bedachung
nicht einwärts nach dem Impluvium, sondern nach den Wänden, wo Rinnen das Regenwasser aufnahmen und herab-
führten. Sie hatten den Vortheil, dass im Winter und bei
trüben Tagen kein tief herabgehendes Dach den umliegenden
Gemächern das Licht benahm; [aber auch den Nachtheil, dass
die Wände litten, wenn die Röhren das Wasser nicht schnell
genug hinableiten konnten, VITRUV.]

5) Das *Testudinatum* endlich war bedeckt und hatte kein
Impluvium. [VARRO: *locus si nullus relictus erat, sub divo qui*

esset, dicebatur t e s t u d o ab testudinis similitudine.] Die *testudo*
aber war kein Gewölbe, *camera*, sondern eine gewöhnliche
Balkendecke, *lacunar*, s. VITR. V, 1. HIRT. a. a. O. S. 273.
Auf welche Weise einem solchen *cavum aedium* die nöthige
Helle gegeben wurde, wird nicht angegeben.

[Dass das Cavädium später mehr in die Form des Peristyls überging (als Tetrastylum und Corinthium) ist bereits
bemerkt, und zwar geschah dieses in denjenigen Häusern fast
regelmässig, welche nur zwei offene Haupträume (Atrium und
Cavädium) hatten, also eines Raums für das eigentlich sog.
Peristyl entbehrten. Solche Cavädien, die zugleich die Stelle
des Peristyls vertreten und die man ebenso gut mit dem ersten
als mit dem zweiten Namen bezeichnen kann, waren im Hause
des tragischen Dichters (s. B. unter P.), des Pansa, des Meleager (links vom Atrium), der Dioskuren (rechts vom Atrium),
der Bronzen u. s. w. Die Säulenstellung war entweder vollständig, das heisst vierseitig, wie im Hause des Meleager, wo
die vorzüglich prächtige Halle aus vierundzwanzig Säulen besteht, s. ENGELHARD, Beschreib. S. 40., oder nur auf drei Seiten, wie auf unserem Plan und im Hause des Sallust, weil
sich die vierte Seite an eine Mauer anlehnt, ja sogar auf zwei
oder einer Seite, wie mehrere kleinere Häuser in der Merkur-
strasse zu Pompeji zeigen. Die Säulen selbst waren meist aus
Backsteinen oder gewöhnlichen Steinen aufgeführt, mit Stuck
bekleidet und mit mannigfaltigen oft phantasiereichen Capi-
tälen geschmückt.]

In der Mitte des *impluvium* befand sich fast regelmässig
eine Cisterne [c. auf dem Plane A, welche gewöhnlich mit
einer am Fuss der Säulen hinlaufenden und zur Aufnahme
des Regenwassers bestimmten Wasserrinne in Verbindung
stand; am Hause des tragischen Dichters ist die Rinne vorhanden, aber keine Cisterne, sondern in der Mitte ist nur ein
Gärtchen; denn wegen der Kleinheit des Hauses genügte die
Cisterne des Atrium, s. Plan B], auch wohl ein von den öffentlichen Wasserleitungen abgeleiteter Springbrunnen [*salientes*,
VARRO R. R. I, 13. *interius compluvium habeat lacum, ubi sa-*

liat aqua.] deren bald runde, bald und meist viereckige Becken mit Reliefs geschmückt wurden, *putealia sigillata.* Cic. Att. I, 10. [Ulp. Dig. XIX, 1, 17. §. 9. *sigilla, columnas quoque et personas, ex quarum rostris aqua salire solet.* Sehr oft hat man dergleichen prächtige Brunnen von Marmor und von Bronze in Pompeji gefunden. Ihre Form ist äusserst mannigfaltig. So z. B. sind auf dem oberen Ende einer Marmorsäule kleine Thiere angebracht (wie Enten), welche das Wasser herabträufeln lassen, Mus. Borb. IX, t. A., oder ein Tigerkopf speit das Wasser aus, Mus. Borb. XII, 13. ein bronzener Hirsch (im Hause des Sallust, jetzt im Museum zu Palermo), eine bronzene Maske (im Haus des Meleager). Vorzüglich schön ist der Brunnen mit Silen, welcher in einer reich verzierten Mosaiknische steht und sich auf das Brunnenrohr stützt, aus dem das Wasser über vier Stufen in das Bassin herablief, Mus. Borb. XI, t. A. B. (ähnlich in den Häusern der Springbrunnen, wo die Nischen der Brunnen ihre Pilaster und Giebel haben). S. noch Mus. Borb. V, 41. Roux und Barré, Herk. und Pomp. VI, t. 64. Ueberhaupt liebte man es, wenn das Wasser einen kleinen Sturz bildete, zu welchem Behuf man Stufen anlegte. Sen. ep. 86. *quantum aquarum per gradus cum fragore cadentium?* Im Haus des Meleager träufelte das Wasser von einer marmornen Bank in das grosse Becken des Atrium und in dem Peristyl des Cavädiums über mehrere Stufen hinab. Das grosse Wasserbecken war meistens von Marmor eingefasst und von verschiedener Gestalt; so in dem genannten Hause aus Kreisabschnitten und Rechtecken zusammengesetzt. Daneben gab es auch kleine Becken von Stein und Erz, so Iavol. Dig. XXXIII, 10, 11. *vasa aenea salientis aquae posita.* Nicht selten stand neben dem Brunnen ein marmorner Tisch, wie im Hause des Meleager und des Centauren. Eine Art dieser Tische erwähnt Varro L. L. V, 125. *Altera vasaria mensa erat lapidea quadrata oblonga, una columella: vocabatur cartibulum. Haec in aedibus ad compluvium apud multos me puero ponebatur et in ea et cum ea aenea vasa. A gerendo cartibum, unde cartibulum post dictum.* Auch brachte man an der Cisterne einen kleinen Fischkasten an, wie man in dem erstgenannten Hause sieht, oder Wasserbehälter, um mit grösserer Bequemlichkeit daraus schöpfen zu können, z. B. Plan B. bei d im Atrium und an der vorderen Säulenreihe des Cavädiums. Zahlreich sind die Ueberreste der alten *fistulae et canales et crateres et si qua sunt alia ad aquas salientes necessaria*, wie sich Ulp. Dig. XXXIII, 7, 12. § 24. ausdrückt.

Die Intercolumnia des Cavädium wurden seit den letzten Zeiten des Freistaats mit Statuen geschmückt. Cic. Verr. I, 19. *Quae signa nunc, Verres, ubi sunt? illa quaero, quae apud te nuper ad omnes columnas, omnibus etiam intercolumniis, in silva denique sub divo videmus. 23. ne haec quidem duo signa pulcherrima quae nunc ad impluvium tuum stant* (von demselben Platz hatte er c. 19. gesagt *in mediis aedibus). 56. Ostendam, in aedibus privatis longa difficilique vectura columnas singulas ad impluvium HS quadragenis millibus non minus magnas locatas.* In derselben Zeit fing man auch an, in den sich immer mehr ausdehnenden und den Peristylien ganz gleich gewordenen Cavädien Gartenanlagen zu machen mit schönen Bäumen und Zierpflanzen. Hor. epist. I, 10, 22.

Nempe inter varias nutritur silva columnas.

und Obbarius zu der Stelle. (Od. III, 10, 5 fg.

Audis quo strepitu ianua, quo nemus
Inter pulchra satum tecta remugiat
Ventis etc.

Tib. III, 3, 15. Juv. IV, 7. Rutil. I, 111. vgl. Liv. XLIII, 13. Plin. h. n. XVII, 1. Suet. Aug. 92. Ueber das Moos im Impluvium s. Thl. I, S. 100. Nicht selten findet man noch metallene Blumenäsche zwischen den Säulen, Iavol. Dig. XXXIII, 7, 26. pr. *Dolia fictilia item plumbea, quibus terra aggesta est, et in his viridaria posita aedium.*]

Peristylium.

Hinter dem cavum aedium quer vor [s. den Plan A. unter P., oder auch in gerader Linie fortlaufend, wie im Hause der bunten Capitäle und des Faun,] lag das grössere Peristyl, das

wie ersteres ein längliches Viereck bildete, und dessen Länge
um $1/3$ mehr betragen sollte als die Breite. VITR. c. 4. (3,
7 Schn.) *Peristylia autem in transverso tertia parte longiora
sint, quam introrsus.* d. h. es soll sich seine Länge in der Breite
des Hauses ausdehnen, während die Breite hier die Tiefe ist:
introrsus. Warum es von dem cavum aedium unterschieden
wird und nicht als zweites gilt, das erklärt sich daraus, dass
das cavum aedium der wesentlichste Theil des Hauses ist, der
die anderen um sich vereinigt, während bei dem Peristyle es
gar nicht nöthig ist, dass Gemächer umherliegen. Zweitens,
dass das Peristyl jederzeit Säulen haben muss, während das
cavum aedium ohne alle Säulen sein kann und ursprünglich
gewiss so war. — Die rings um laufenden *porticus*, deren
Säulen nicht über vier Durchmesser von einander abstehen
durften und deren Höhe nach VITRUV ihre Breite war, schlossen eine grössere *area* ein, die gewöhnlich in der Mitte einen
Wasserbehälter oder Springbrunnen hatte, und mit Blumen,
Sträuchern und Bäumen bepflanzt war (*viridarium*), [ganz wie
in dem Cavädium, nur Alles in einem grösseren Maasstabe.
Auch hier waren Bildsäulen aufgestellt und zwischen den
Säulen nicht selten ein niedriges Geländer mit Gitterwerk,
um den Garten zu schützen. VITR. IV, 4, 1. *Intercolumnia —
pluteis marmoreis sive ex intestino opere factis intercludantur.*
AVELLINO, descriz. — la seconda p. 25 fg. ENGELHARD, Be-
schreib. S. 52. An dem Gesims über den Säulen waren auch
Verzierungen (*antefixa*, PAUL. DIAC. p. 8 M.) angebracht, wie
bei Tempeln, nämlich Löwenköpfe, VITR. IV, 4., z. B. in dem
Hause der Bronzen, s. AVELLINO ebend. p. 25 fg. — Das
grösste Peristyl zu Pompeji im Hause des Faun wird von 44
dorischen Säulen getragen. Das Peristyl im Hause der bunten
Capitäle (aus 21 Säulen bestehend) umschloss einen grossen
Gartenraum, dessen zierliche Eintheilung noch lange nach der
Ausgrabung zu erkennen war. — Die aus Ziegeln zusammengesetzten Säulen in Pompeji stehen zum grossen Theil noch
jetzt, während die marmornen verschwunden sind. Dieses erklärt sich dadurch, dass die Bewohner bald nach der Ver-

schüttung zurückkehrten und Nachgrabungen anstellten, um
von ihrem Eigenthum so viel zu retten als möglich war.]

II) Theile des Hauses, die eine verschiedene Anordnung
erhalten konnten.

Während die bisher genannten Theile in allen ächt römischen Häusern im Ganzen dieselbe Lage hatten, und also ein
allgemeiner Plan angenommen war, von dem man in der
Hauptsache nicht abging, konnten natürlich die übrigen Abtheilungen, welche für den täglichen Gebrauch bestimmt waren
oder dem Luxus dienten, sehr verschieden und nach dem Gefallen der Besitzer geordnet werden.

Die Theile, welche hier vorzüglich noch in Betracht kommen würden, sind: *Cubicula. Triclinia. Oeci. Exedra.*
Pinacotheca. Bibliotheca. Balineum u. a. Von den Bädern indessen und der Bibliothek wird in besonderen Excursen
gehandelt werden, um die Erörterung der übrigen Sitte nicht
von der Beschreibung ihrer Anlage zu trennen oder zweimal
von derselben Sache sprechen zu müssen.

Cubicula

heissen alle die kleineren Gemächer, die zu eigentlichen Wohn-
und Schlafzimmern dienen: *cubicula diurna et nocturna.* PLIN.
ep. I, 3. Die Letzteren werden auch wohl *dormitoria* genannt.
id. V, 6. PLIN. h. n. XXX, 6, 17. S. auf Plan B. e, g, h, i, k, l.
Ueber ihre Anlage ist nichts besonders zu bemerken, als dass
sie zuweilen für den Cubicularius ein kleines Vorzimmer hatten, welches man mit griechischem Namen προκοιτὼν nannte.
PLIN. ep. II, 17. Man hatte *cubicula aestiva* und *hiberna* und
die Schlafzimmer lagen so viel als möglich fern von allem
Geräusch. S. MAZOIS, Pal. d. Sc. S. 68. — [In einigen pompejanischen Häusern, z. B. im Hause des Meleager, hat man
grössere Gemächer gefunden, in welche kleinere alkovenartig
hineingebaut sind und welche oft *dormitoria* waren. Der Name
für diese Alkoven oder Cabinette war *zotheca*. PLIN. ep. II,
17. *zotheca perquam eleganter recedit, quae specularibus et velis*
obductis reductisque modo adiicitur cubiculo modo aufertur.
PLIN. V, 6. SIDON. ep. VIII, 16. *zothecula.*]

Triclinia.

Ueber die Triklinien haben CIACCONI und ORSINI viel in alter Weise e re und a re zusammengetragen. Es waren kleinere Speisesäle oder Zimmer, nach VITRUV noch einmal so lang als breit. Ihre Höhe betrug die Hälfte der zusammengerechneten Breite und Länge; also bei 16′ Breite und 32′ Länge 24′ Höhe. VITRUV. VI, 3, 8. 4, 1. 2. Doch heissen sie auch dann triclinia, wenn sie mehr als ein Triclinium fassten. In Pompeji sieht man mehrere nur für ein Triclinium bestimmte, und dieses ist selbst aufgemauert. [OVERBECK, S. 197.] — Wie man für die verschiedenen Jahreszeiten verschiedene cubicula hatte, so auch Triklinien. [VARRO R. R. 1, 13. L. L. VIII, 29. *hiberna triclinia et aestiva non item valvata ac fenestrata faciemus*. SIDON. APOLL. ep. II, 2. *hiemale triclinium*.] VITRUV. VI, 4. schreibt vor, dass die *verna* und *auctumnalia* nach Morgen, die *hiberna* nach Abend, die *aestiva* nach Mitternacht liegen sollten. Natürlich musste sich hier vieles nach der Beschaffenheit des vorhandenen Raumes, nach den Wünschen des Bauherrn und nach anderen Verhältnissen richten. [Ueber die verschiedenen Speisesäle des Lucullus s. PLUT. Luc. 41. Auf unserem Plane B. ist wahrscheinlich p ein Triclinium.] — Dagegen waren die

Oeci

grössere und in der Bauart verschiedene Prachtsäle, die ebenfalls, wenn auch nicht ausschliessend wie Triklinien gebraucht wurden. VITRUV. VI, 3, 8 ff. (c. 6.) führt verschiedene Arten solcher Säle an:

1) Den *Tetrastylos*, der keiner besonderen Erklärung bedarf. Vier Säulen stützten in ihm die Decke.

2) Den *Corinthius*. Dieser hatte auf allen vier Seiten von der Wand abstehende Säulenreihen, so dass zwischen ihnen und der Wand ein Gang blieb. Die Säulen waren durch ein Epistylium mit darüber hinlaufender *corona* verbunden, und darauf ruhete die mässig gewölbte Decke.

3) Prächtiger noch war der *oecus Aegyptius*. Er hatte ebenfalls auf allen vier Seiten in gleicher Art, wie der Korin-

thische, Säulen; allein von ihrem Gebälke zur Wand wurde eine flache Decke gemacht, so dass die Höhe der Gänge nicht mehr als die der Säulen mit dem Gebälke betrug. Ueber die unteren Säulen wurde dann eine zweite Reihe (ad perpendiculum) gestellt, deren Höhe um $\frac{1}{4}$ geringer war, als die der unteren. Auf ihrem Epistyl ruhte endlich die Felderdecke. So ragte der mittlere Raum über den äusseren Theil hinaus (etwa wie in den Basiliken, die in dieser Art gebaut waren) und indem über den äusseren Gängen ein Estrich gemacht wurde, so konnte man ausserhalb um den mittleren höheren Saal umhergehen, und durch die zwischen den Säulen angebrachten Fenster in denselben hineinsehen.

4) Die vierte Art, der *oecus Κυζικηνός*, scheint zu Vitruvs Zeit noch neu und selten gewesen zu sein; denn er nennt solche Säle *non Italicae consuetudinis*. Ihr Eigenthümliches war, dass sie auf drei Seiten (Vitruv sagt nur: dextra et sinistra) Fensterthüren, oder den Thüren gleiche, bis auf den Boden herabreichende Fenster hatten, so dass die auf den Tri- Triklinien Gelagerten allenthalben ins Grüne hinaussehen konnten. Solche Säle hatte Plinius auf beiden Villen. Sie mussten, um auf drei Seiten die Aussicht ins Freie zu haben, über den Umfang des übrigen Hauses hinausgebaut sein.

Exedra.

Mit den *oecis* — und zwar den *quadratis*, denn die oben genannten hatten die Verhältnisse der Triklinien — stellt Vitruv die *exedra* zusammen, und es nicht zu bezweifeln, dass darunter eigentliche Gesellschafts- oder Conversationszimmer verstanden werden müssen. Man kann sie nur in gewisser Hinsicht mit den *exedris* in den öffentlichen Gymnasien vergleichen. Diese waren halbrunde Erweiterungen der Säulengänge mit Sitzen. Vitr. V, 11. *Constituuntur in porticibus exedrae spatiosae, habentes sedes, in quibus philosophi, rhetores, reliquique, qui studiis delectantur, sedentes disputare possint.* [Vgl. Gothofred. zu Cod. Theod. XV, 1, 53. Tom. V, p. 367 fg. über die öffentlichen exedrae der späteren Zeit. Orel. 3283. 3303.] Diese waren natürlich unter freiem Himmel.

Vitr. VII, 9. *apertis locis, id est peristyliis aut exedris, quo sol et luna possit splendores et radios immittere.* Allein mit Unrecht schliesst daraus Wuestemann, Pal. d. Sc. S. 126., dass sie auch im Privathause unbedeckt gewesen seien. Wie unstatthaft diess sei, ergiebt sich schon daraus, dass Vitruv ihnen gemeinschaftlich mit den *oecis quadratis* ihre Höhe anweiset. c. 5. (3, 8 Schn.) *Sin autem exedrae aut oeci quadrati fuerint, latitudinis dimidia addita altitudines educantur.* Vgl. VII, 3. *Exedrae* hiessen sie nach Mazois S. 119. darum, weil sich auf zwei Seiten eben solche halbkreisförmige Erweiterungen befanden, vielleicht indessen auch nur von dem gleichen Gebrauche und von den Sitzen. Denn Sitze [steinerne an den Wänden hinlaufende, s. Charikles II, S. 75 f. Gronov. zu Suet. ill. gramm. 17.], nicht *lectos* zum Liegen, hatten sie gewiss. Cic. Nat. D. I, 6. *Nam cum feriis Latinis ad eum* (Cottam) *ipsius rogatu arcessituque venissem, offendi eum sedentem in exedra et cum C. Velleio senatore disputantem.* Daher heisst es auch de or. III, 5. *cum in eam exedram venisset, in qua Crassus lectulo posito recubuisset* etc. — Nicht zu verwechseln sind damit die *hemicyclia*, Cic. de amic. 1. *domi in hemicyclio sedentem.* Plin. ep. V, 6. Es sind unbedeckte halbkreisförmige Sitze, wie in Pompeji mehrere vorkommen. Sie werden auch in Athen erwähnt.

[Diaeta.

Mit diesem griechischen Namen wird nicht etwa eine besondere Art von Zimmer bezeichnet, sondern es ist ein allgemeiner Ausdruck für Wohnzimmer und Wohnung überhaupt. In dem ersten Sinne ist diaeta gebraucht von Stat. Silv. II, 2, 83,

Arte tamen cunctas procul eminet una diaetas.

von Plin. ep. VII, 5. II, 17. Ulp. Dig. XXIX, 5, 1. § 27. Suet. Claud. 10. Plut. Poplic. 15. Als ein Complex von mehreren Zimmern (etwa wie unser Logis) oder auch als ein Nebenflügel des Hauses findet sich diaeta bei Plin. ep. V, 6. *hac* (nämlich durch einen porticus) *adeuntur diaetae duae, quarum in altera cubicula quatuor, altera tria, ut circuit sol, aut*

sole utuntur aut umbra. In diesem Sinne ist auf einer Inschrift
bei ORELL. 4430. verbunden: *cum suis meritoriis* (Miethzim-
mern) *et diaeta quae est iuncta huic monumento cum suis parietibus.* Die Heizung der diaeta erwähnt ULP. Dig. XXXII, 1,
55. § 3. Vermöge dieser allgemeinen Bedeutung des Wortes
kann diaeta für alle Arten von Zimmern gebraucht werden,
z. B. für Speisezimmer. SIDON. epist. II, 2. *Ex hoc triclinio fit
in diaetam sive in coenatiunculam transitus;* für cubiculum mit
einem procoeton, PLIN. ep. II, 17. *In hanc ego diaetam cum
me recipio;* ebenso für Gartensalon und Gartenhaus, z. B.
SCAEV. Dig. VII, 1, 66. § 1. und ORELLI inscr. 4373. *hortus
qui est cinctus maceria et diaeta adiuncta ianuae* etc. s. auch
4430. 4509. Nicht an allen der genannten Stellen wird von
Villen, sondern auch von städtischen Häusern gesprochen, so
dass die Theil I, Seite 109. gemachte Bemerkung zu beschränken ist.

Hauskapelle.

Als der Heerd aus dem Atrium entfernt wurde, erhielten
die Laren und Penaten eine besondere Kapelle und der Heerd
ging in einen Altar über (in den Häusern der Armen und der
Landleute blieben diese Götter stets mit dem wirklichen Heerd
verbunden, s. CATO R. R. 143. und nach dieser alten An-
schauung werden *arae, foci, dii penates* etc. noch immer zu-
sammengenannt, s. or. p. dom. 40.) Diese Kapelle hiess *lararium* oder *sacrarium,* welches eigentlich eine weitere Bedeutung hatte und Heiligthum überhaupt — ohne Beschränkung
auf die Laren — bedeutete. In noch anderem Sinne sagt ULP.
Dig. I, 8, 9. § 2. *sacrarium est locus, in quo sacra reponuntur,
quod etiam in aedificio privato esse potest.* Als Hauskapelle
lesen wir *sacrarium* CIC. ad Fam. XIII, 2, Verr. IV, 2. *Erat
apud Heium sacrarium magna cum dignitate in aedibus —, in
quo signa pulcherrima quatuor.* p. Mil. 31. *Lararium* findet
sich LAMPR. Sev. Alex. 29. 31. wo ein doppeltes Lararium
dieses Kaisers erwähnt wird, ein grösseres und kleineres.
CAP. Ant. Phil. 3. Aus beiden Stellen ergiebt sich, dass die
Lararien ausser den Laren auch anderer Götter und verehrter

Männer Bilder aufnahmen. Auf letztere bezieht sich Suet.
Vit. 2. Der Platz dieser Kapelle war nicht fest bestimmt, sondern entweder im Cavum aedium, wie Suet. Oct. 92. an-
deutet: *Enatam inter iuncturas lapidum ante domum suam pal-
mam in complurium deorum Penatium transtulit*. (s. Plan B.
an der linken Seite des Viridarium hart an der Mauer), oder
in dem Garten des Peristyls, wie im Hause der Dioskuren,
Avellino, deser. di una casa p. 29.; selten im Atrium, wie in
dem grossen Hause der bunten Kapitäler (in der linken Ala).]

Pinacotheca.

In dem alten römischen Hause gab es eine Pinakothek
freilich nicht, so wenig als die Intercolumnien des Cavädiums
oder Peristyls, das Gymnasium und der Garten mit Bildsäulen
geschmückt waren. Durch Marcellus, Flaminius, Aemilius
Paullus und besonders Mummius war zwar eine grosse Anzahl Kunstwerke nach Rom gekommen, aber sie wurden nur
zur Verzierung öffentlicher Gebäude und Plätze angewendet,
und Cicero rühmt von diesen Männern Verr. I, 21. *quorum
domus, cum honore et virtute florerent, signis et tabulis pictis
erant vacuae*. War doch bei den Griechen selbst das Verlangen nach Privatbesitz von Kunstwerken erst spät eingetreten,
als der Gemeinsinn allmählig verschwand, und man sich mehr
und mehr entwöhnte, das, was dem Gemeinwesen angehörte,
als sein Eigenthum zu betrachten und in dem Glanze des
Vaterlandes seinen eigenen Ruhm zu suchen. Wie viel mehr
nicht in Rom, wo selbst der Sinn für Kunst fehlte, und auch
später noch mehr Eitelkeit und Mode als Liebe und Kenner-
schaft Sammlungen anzulegen geboten. S. meine Abh. Anti-
quitatis Plautinae gen. ill. P. I, p. 28 sq.

Zu Vitruvs Zeit aber und späterhin gehörte es zum guten
Tone, eine Pinakothek zu haben, s. Plin. XXXV, 2. und Ersterer giebt die Vorschrift, wie sie angelegt werden soll, wie
für jeden anderen Theil des Hauses. Man wählte für sie die
Mitternachtseite, damit das Sonnenlicht den Farben nicht
nachtheilig werde. Die *tabulae*, denn auf Holz wurde am Gewöhnlichsten gemalt, obschon Cic. Verr. IV, 1. auch Gemälde

auf Leinwand, *in textili* erwähnt, die *tabulae* also wurden entweder in die Wand eingelassen oder an derselben aufgehängt. Cic. Verr. IV, 55. Plin. XXXV, 10, 37. *quae ex incendiis rapi possent.* [Plin. XXXV, § 9. *marmoribus incluserat parvas tabellas*, und 10. *duas tabulas impressit parieti.* Ulp. Dig. XIX, 1, 17, 3. *tabulae pictae pro tectorio includuntur*.] Vgl. Antiq. Plaut. p. 47. Von Rahmen, in welche die Bilder gefasst gewesen, erinnere ich mich gegenwärtig, so natürlich die Sache ist, nicht etwas gelesen zu haben; denn in der von Mazois angeführten Stelle, Plin. XXXV, 2. steht davon nichts. Indessen haben manche Wandgemälde rahmenartige Einfassungen, wie z. B. die sogenannte Aldobrandinische Hochzeit und A. Vgl. Winckelmann, W. V, S. 171. Vitruv. II, 8, 9. spricht aber von Holzrahmen zum Transport ausgesägter Wandgemälde.

Von der Bibliothek und den Bädern wird, wie bereits gesagt worden ist, in besonderen Excursen gehandelt werden.

[Sklavenzimmer.

Die *cellae familiares* oder *familiaricae, servorum cellae*, Colum. I, 6. Cic. Phil. II, 27. Vitruv. VI, 7. Cat. R. R. 14. waren sehr kleine schmucklose Gemächer in den hinteren und abgelegenen Theilen des Hauses, Avellino, deser. di una casa p. 30 fg., auch in dem oberen Stockwerk, ausgenommen die cella des ostiarius oder ianitor, welche sich am Ostium befand, s. S. 107. und vielleicht auch die des atriensis. Die meisten Gebäude in Pompeji zeigen deutlich diese Räume an, z. B. auf unserem Plan B. wird c. die cella des ostiarius und atriensis gewesen sein und die Treppe führte ebenfalls zu Sklavenzimmern, so wie die bei o. vor der Küche befindliche Treppe. In grossen Haushaltungen waren der zahlreichen Sklaven wegen sehr viele Räume dieser Art nothwendig und man könnte sich sonst die Bestimmung der massenhaften kleinen Zellen gar nicht erklären. S. übrigens I, S. 108 f.

Küche.

Die *culina*, nach Non. I, 273. ursprünglich *coquina* genannt, war in den Zeiten der alten Einfachheit von dem

Atrium nicht getrennt, sondern der grosse Familienheerd diente auch zur Bereitung der Speisen. SERV. zu Verg. Aen. I, 726 s. S. 169 fg. Auf dem Lande blieb man der alten Sitte treu und hier war das gemeinsame Versammlungs- und Wohnzimmer zugleich Küche und Speisesaal. VARR. R. R. I, 13. *culina videnda, ut sit admota, quod ibi hieme antelucanis temporibus aliquot res conficiuntur, cibus paratur ac capitur.* COL. I, 6. *magna et alta culina ponetur, ut — in ea commode familiares omni tempore anni morari queant.* In der Stadt dagegen wurde in allen ansehnlichen Häusern die Küche in den hinteren Theil des Hauses verwiesen. VARRO bei NON. l. l. *in postica parte erat culina* etc. LUCIL. bei NON. III, 158. *pistrinum appositum, posticum, sella, culina.* Sie war in den grossen Palästen ganz dem Luxus der Gastmähler angemessen, also sehr geräumig und nicht selten gewölbt. Auf einer Inschrift von ACKERBLAD wird eine Küche von 148' Länge erwähnt. SEN. ep. 114. *Adspice culinas nostras et concursantes inter tot ignes coquos nostros.* ep. 64. Ja, es gab sogar hier mitunter Wandgemälde, z. B. in dem Hause der Dioskuren und des Meleager in Pompeji; sehr häufig war das Bild der Schlange über dem Heerde. Die gemauerten Heerde und Gusssteine der Küchen (*coquinae fusorium,* PALL. R. R. I, 37. oder *confluvium,* VARRO bei NON. XV, 10. *Sed quae necessitas te iubet aquam effundere domi tuae? si vasa habes pertusa, plumbum non habes? ad quam rem nobis est confluvium?*) haben sich vielfach erhalten, Schornsteine jedoch nicht, was sich dadurch erklärt, dass die Küchen nur einen kurzen Rauchfang hatten, denn eine hohe Esse bedurften sie nicht, weil sie in der Regel nicht überbaut waren.

Latrina.

Sehr unpassend befand sich gewöhnlich neben der Küche die *latrina* (aus lavatrina nach NON. III, 131. vgl. den 1. Excurs zur 7. Scene). Wahrscheinlich brachte man diese beiden Räume desshalb zusammen, damit der aus der latrina zur öffentlichen Kloake führende Abzugskanal auch das schmuzige Wasser der Küche mit fortführen könnte. COL. X, 85.

Immundis quaecumque vomit latrina cloacis.

VARRO L. L. V, 118. *Trua, qua e culina in lavatrinam aquam fundunt.* SUET. Tib. 58. SEN. ep. 70. p. 223 Bip. PLAUT. Curc. II, 3, 83. IV, 2, 24. Der Platz war aber nicht immer dazu eingerichtet, sondern die Sklaven brachten nur die vasa obscoena her, nämlich die *sellas familiaricas* oder *pertusus*, (auch bloss *sellae* genannt, MART. XII, 77. — Doch steht dieses Wort auch im weitern Sinne für *latrina*, VARRO R. R. I, 13.), *matulas* und *matelliones* (PAUL. DIAC. p. 125 fg.), *lasana, scaphia* u. s. w., welche in der späteren Zeit oft aus kostbarem Metall waren, MART. I, 38. PETRON. 27. ULP. Dig. XXXIV, 2, 27. § 5. LAMPR. Heliog. 32. Welche entwürdigenden Dienste die Sklaven in dieser Beziehung zu leisten hatten, schildern PETRON. l. l., MARTIAL. III, 82. VI, 89. XIV, 119. SEN. ep. 67. p. 269 Bip. Vgl. BÖTTIGER, Sabina I. 16. 41 ff. SEEBODE, Scholien zu Horatius. Gotha 1839. S. 19 ff. AVELLINO, descr. — la seconda p. 8. Pollux X, 44. 99. — Ueber die öffentlichen *foricae* s. IUV. III, 38. PAULL. Dig. XXII, 1, 17. § 5.

Vorrathskammern.

Unentbehrlich war die *cella penaria, penuaria* (Dig. XXXIII, 9, 3. § 11.) *proma* oder *promptuaria*, auch *horreum* und später *cellarium* genannt. SUET. Oct. 6. VARRO L. L. V, 162. *ubi quid conditum esse volebant, a celando cellam appellarunt, penariam ubi penus* etc. PLAUT. Amph. I, 1, 4. TERTULL. de resurr. 27. SERV. zu Verg. Aen. I, 704. *Penus* ist nach CIC. de nat. d. II, 27. *omne quo vescuntur homines* oder richtiger nach Q. Muc. Scaevola *quod esculentum aut poculentum est* und zwar *ea — quae huiusce generis longae usionis gratia contrahuntur et reconduntur, ex eo quod non in promptu sint, sed intus et penitus habeantur.* GELL. IV, 1. Manche rechnen dazu sogar ligna, carbones, tus, ceras, unguentum, chartas epistolares etc. GELL. a. a. O. und Dig. XXXIII, 9, 3. § 9 ff. Hausgeräthe gehören nie in diese Kategorie. Dig. XXXIII, 9, 6. Die cella lag nach Norden (ebenso wie die *cella vinaria* und das *granarium*, VITR. I, 4, 2.) und zwar, wie VARRO sagt, in der Nähe des cavum aedium, also in dem hinteren Theile des Hauses und nicht gar weit von der Küche. Ueber ihren Vorgesetzten (*cellarius, promus, procurator peni*) ist bereits auf S. 119. gesprochen worden. Die Oelkammer, *cella olearis* oder *olearia* lag nach Süden, um das Oel vor dem Erfrieren zu bewahren, VITR. VI, 6. PALLAD. I, 20. CATO R. R. 13. VARRO R. R. I, 13. COL. I, 6. XII, 50. Ueber die *cella vinaria* s. den vierten Excurs zur neunten Scene. Zuweilen lag eine kleine Kammer zur Aufbewahrung der nöthigen Speisegeschirre u. s. w. neben dem Triclinium, *apotheca triclinii*, ORELL. inscr. 2889. AVELLINO, descr. — la seconda p. 41 ff.

Pistrinum.

In den Häusern der Reichsten befand sich in der Nähe der Küche die Bäckerei und Mühle, zusammen *pistrinum* genannt. Die mittleren Klassen hatten aber nicht eine eigene pistrina, sondern kauften ihren Bedarf an Mehl und Brot von den Bäckern, deren es allenthalben gab. S. PRELLER, die Regionen der Stadt Rom. Jena 1846. S. 111 fg. PAULY, Realencykl. V, S. 1651 f. Die in Pompeji gefundenen Pistrinen dienten nicht einem einzigen Haushalte, sondern waren öffentlich und wurden von dem Hausbesitzer an pistores vermiethet; s. bei den Tabernen. Gewöhnlich stehen darin mehrere Handmühlen (auch *pistrina* im engeren Sinne genannt oder *moletrinae*, NON. I, 320. und *molae*), welche aus einem oberen und aus einem unteren Theil zusammengesetzt sind, *catillus* und *meta*. Der obere gewöhnlich sanduhrförmige Stein zermalmte bei dem Herumdrehen die durch einen im oberen Stein angebrachte trichterartige Oeffnung in den unteren geschütteten Körner. In den Museen findet man Mühlsteine von verschiedener Grösse, z. B. in Darmstadt und Wiesbaden. Die zum Drehen des oberen Steins bestimmte Stange hiess *molile*, CATO R. R. 11. 12. oder *molacrum*, FEST. h. v. p. 141 M. und wurde von Eseln oder von Sklaven in Bewegung gesetzt (auch zur Strafe), APPUL. Met. IX. p. 221 Elm. *Ibi complurium iumentorum multivii circuitus intorquebant moles ambage varia — instabili machinarum vertigine lucubrabant pervigilem farinam. — velata facie* etc. (in anschaulicher allerliebster Darstellung)

Gell. III, 3. Ovid. Fast VI, 311 ff. Darum werden *molae manuariae* u. *iumentariae* unterschieden. Iavol. Dig. XXXIII. 7, 26. § 1. vgl. Paull. ib. 18. § 5. 12. § 10. Jahn, in Annali dell' Inst. di corr. arch. 1838. X, p. 231—248 erklärt das interessante Grabmonument des römischen Bäckers Eurysaces. Auf dem einen Basrelief sieht man, wie das Korn gemahlen und auf dem zweiten, wie das Brot gebacken wird. de Rossi, antichi mulini in Roma, in Annali dell' inst. di corr. arch. 1857. XXIX (14) S. 274—281. mit der scherzhaften Inschrift: *Labora aselle, quomodo ego laboravi et proderit tibi.* Die sehr praktisch angelegten Backöfen sind allemal ganz rund und 7—8' tief und ebenso breit. Die Essen bestehen aus drei thönernen Röhren von 10 Zoll Durchmesser. Der letzte Backofen in Pompeji wurde 1845 im vico Storto ausgegraben. Overbeck, Pompeji S. 263 ff.

Tabernen.

Sehr häufig waren in den städtischen Häusern, sowohl rechts und links vom Ostium als an den Seiten in der Nebenstrasse, *tabernae*, welche nicht selten ganze Reihen bildeten. Der Name bezeichnete ursprünglich kleine hölzerne Häuser (wie unsere Buden), Fest. v. tabernacula p. 356 M. *quae ipsae (tabernae) quod ex tabulis olim fiebant, dictae sunt, non ut quidam putant, quod tabulis cludantur.* Aehnlich Paul. v. adtibernalis und contubernales p. 12. 38 M. Isidor. XV, 2. Dagegen zieht Ulpian die andere Etymologie vor, Dig. L, 16, 183. *tab. appellatio declarat omne utile ad habitandum aedificium, nempe ex eo, quod tabulis clauditur.* Später verstand man nur Arbeits- und Verkaufslokale darunter, Ulp. l. l. 185. Non. XII, 55. Oft hatten die mit von den Mauern des Hauses eingeschlossenen Tabernen besondere Oberstübchen (Orell. 4331. sind darum *cenacula* und *tabernae* verbunden, 4323. *tabernae pergulae cenac.*), welche zur Wohnung dienten, während der untere Raum nur für die Arbeit oder den Verkauf bestimmt war, wie auch die grossen Thüröffnungen beweisen. Entweder wurden diese Tabernen von dem Hausherrn vermiethet und hatten in diesem Fall gar keinen Zusammenhang

mit dem Haus nach innen, oder der Hausbesitzer benutzte sie
selbst als Laden. Von beiden Arten bietet Pompeji eine überaus grosse Anzahl von Beispielen dar, z. B. die beiden Räume
a a. auf unserem Plan B, welche von dem Hause ganz geschieden sind und nur nach der Strasse Ausgänge haben. Von
solchen schreibt Cic. ad Att. XIV, 9. *tabernae mihi duae cor-
ruerunt reliquaeque rimas agunt. Itaque non solum inquilini*
(die Einmiether) *sed mures etiam migraverunt. — Sed tamen
ea ratio aedificandi initur — ut hoc damnum quaestuosum sit.*
Im Hause des Sallust ist eine grosse Bäckerei, welche aus
vier Räumen par terre besteht, nebst Obergeschoss. Diese
hängen mit dem Hause ebensowenig zusammen als die beiden
Tabernen auf der rechten Ecke des Hauses, von denen eine
für den Oelhandel bestimmt war, wie der steinerne Ladentisch
zeigt, in welchem die Vertiefungen für mehrere Fässer noch
vorhanden sind. Zwei Tabernen aber, die unmittelbar an beiden Seiten des Ostium liegen, stehen mit dem Hause in Verbindung und sind von dem Hausbesitzer benutzt worden.
Links ist ebenfalls eine Art Ladentisch mit sechs Vertiefungen
noch vorhanden. Ebenso ist darin ein kleiner Feuerplatz und
ein Tisch mit Abstufungen (gemauert), worauf Gewichte und
dergl. standen. ZUMPT, S. 12 ff. Im Hause des Pansa finden
sich um das Hauptgebäude elf einzelne Parzellen, welche
sämmtlich ihre besonderen Eingänge von den drei das Haus
begränzenden Strassen haben und mit dem Inneren durchaus
nicht communiciren. Mehrere davon sind blosse Tabernen,
andere dienten auch zugleich als Wohnung. Die grösste Abtheilung ist wieder ein Bäckerhaus, interessant auch dadurch,
dass über dem Backofen ein Phallus war mit der Inschrift:
hic habitat Felicitas. Im Hause des Chirurgen ist eine Bot-
tegha, welche mit dem Atrium zusammenhängt, worin also
der Eigenthümer selbst ein Geschäft trieb. Hier fand man 38
Gewichte von Blei mit den Inschriften: *Eme. Habebis.* Auch
im Hause Goethe's oder des Faun hängen mehrere Tabernen
mit dem Inneren des Hauses zusammen. — Die Tabernen
hatten die verschiedenste Bestimmung und bargen theils das

kostbarste Geschmeide und das theuerste Hausgeräthe (s. Thl.
I, S. 162 fg.), theils die einfachsten bescheidenen Viktualien,
welche der arme Freigelassene kaufte (*taberna casearia*, ULP.
Dig. VIII, 5, 8. § 5.). Auch die Buchhändler (s. den dritten
Excurs zur dritten Scene), die tonsores (s. den zweiten Excurs
zur vierten Scene a. E.), die Sklavenverkäufer (s. S. 106 fg.)
u. s. w. hatten ihre Boutiquen. Eine Hauptrolle spielten aber
die Weintabernen, s. Thl. I, S. 84. und den zweiten Excurs
zur vierten Scene. — Von den Tabernen, welche nicht zu
dem Areal des Hauses gehörten, sondern daran gebaut waren.
s. Thl. I, S. 84. S. überhaupt OVERBECK, Pompeji S. 255 ff.
An den Ladenthüren waren oft Bilder angebracht, welche die
Vorübergehenden anlocken sollten.

Keller.

Die gewölbten Souterrains hiessen *hypogaea* (*concamera-
tiones*), VITRUV. VI, 8 (11.). ISIDOR. XV, 3. *Apogeum est con-
structum sub terris aedificium.* Ihr Gebrauch war sehr mannigfaltig. Unter dem Hauptgebäude der Villa des Diomedes in
Pompeji ist eine Reihe Kellergewölbe (auch im Hause des
Ankers), zu denen man an beiden Flanken des Hauptge-
bäudes hinabsteigt. An dem Eingange rechts fand man acht-
zehn Skelette und verschiedenen Schmuck. Wahrscheinlich
hatten sich die Bewohner hierher geflüchtet, wurden aber
durch den eindringenden Schlamm begraben. Die Körper
waren in der verhärteten Masse gleichsam abgeformt und im
Museo Borbonico werden mehrere Stücke davon aufbewahrt,
auch der Schädel mit Resten von blonden Haaren. Eine Anzahl amphorae, mit Aschenmasse angefüllt, liegen noch an
ihrer Stelle.]

Oberes Stockwerk.

Das untere Stockwerk oder Erdgeschoss machte das
Hauptgebäude aus, und diente zur eigentlichen Wohnung.
Da aber die einzelnen Abtheilungen desselben von sehr verschiedener Höhe waren und zum Theil von oben ihr Licht erhielten, so war es unmöglich, über das ganze Haus hinweg
ein zweites Stockwerk anzulegen. Theilweise geschah es in-

dessen um Platz zu gewinnen (auch für Sklavenzimmer) und
alle solche über dem Erdgeschosse liegenden Gemächer hiessen
mit einem gemeinschaftlichen Namen *cenacula*. VARRO, L. L.
V, 162. *Posteaquam in superiore parte coenitare coeperant, superior domus universa cenacula dicta.* PAUL. DIAC. p. 54 M.
Cenacula dicuntur, ad quae scalis ascenditur. CIC. de leg.
agr. II, 35. *Romam — cenaculis sublatam atque suspensam.*
Darum sagt auch Jupiter scherzhaft PLAUT. Amph. III, 1, 3.
In superiore qui habito cenaculo. [Aehnlich EXX. bei Tertull.
adv. Valent. 7. *cenacula maxima coeli*, was Tertullian selbst
nicht verstand. SEN. ep. 90. *machinationes tectorum supra tecta
surgentium et urbes prementium.* Die verschiedenen Stockwerke
selbst hiessen *tabulata*. In der späteren Zeit nannte man das
obere Stockwerk auch *chalcidicum*, AUSON. in Odyss. p. 316.
Bip. *Penelope degressa chalcidico.*] Zu den coenaculis führten
verschiedene Treppen (*scalae*, von Stein und Holz, meistens
steil und unbequem), wie es sich auch in den Häusern zu
Pompeji findet. Namentlich haben die Tabernen besondere
Treppen, welche zu kleineren Räumen im oberen Stockwerk
führen, s. S. 235. Solche Treppen führten zuweilen auch von
der Strasse herauf. LIV. XXXIX, 14. *Consul rogat socrum ut
aliquam partem aedium vacuam faceret, quo Hispala immi-
graret. Cenaculum super aedes datum est, scalis ferentibus in
publicum obseratis, aditu in aedes verso.* [ULP. Dig. XLIII, 17,
3. § 7. *si cenaculum ex publico aditum habeat.* Unter den
Treppen war ein gutes Versteck, CIC. p. Mil. 15. *fugiens in
scalarum se latebras abdidit.* vgl. Phil. II, 9. HOR. epist. II, 2,
15. CRAMER zu Schol. IUV. VII, 118. p. 197.] (Von den cenaculis als Miethlogis ist bereits gesprochen worden Thl. I,
S. 15 f. S. noch HOR. epist. I, 1, 91.) — Ueber diesen *cenaculis* endlich, oder auch über dem ersten Stockwerke legte
man Terrassen an, die man mit Bäumen, Sträuchern, Weinreben und Blumen besetzte. Diese mögen früher in Kübeln
gestanden haben und in den Boden eingelassen worden sein,
allein später schaffte man wohl den Boden selbst hinauf, und
legte auf dem festen und gegen das Eindringen der Feuchtig-

keit geschützten Paviment wirkliche Gärten an. Solche Dach-
gärten, deren Sparen sich in Pompeji finden, hiessen

Solaria,

ein Name, der indessen eine weitere Bedeutung hat, und überhaupt einen Platz bezeichnet, wo man sich sonnet. [ISIDOR.
XV, 3. *solaria quia patent soli.* POLLUX Onom. VIII, 5. ULP.
Dig. VIII, 2, 17. pr. PLAUT. Mil. glor. II, 3, 69.
        Neque solarium neque hortum, nisi per impluvium.
4, 25. MACROB. Sat. II, 4.] Wie dieser anmuthige Gebrauch
späterhin übertrieben wurde, davon zeugt SENECA, Contr. Exc.
V, 5. *alunt in summis culminibus mentita nemora et naviyabi-
lium piscinarum freta.* SEN. ep. 122. *Non vivunt contra naturam, qui pomaria in summis turribus serunt? quorum silvae in
tectis domorum ac fastigiis nutant, inde ortis radicibus quo im-
probe cacumina egissent?* [IAVOL. Dig. VIII, 2, 12.] Etwas
Aehnliches waren auch die von Nero den Häusern und Inseln
vorgebauten auf Säulengängen ruhenden Solarien. SUET. Ner.
16. *Formam aedificiorum Urbis novam excogitavit, et ut ante
insulas ac domos porticus essent, de quarum solariis incendia
arcerentur.* TACITUS Ann. XV, 43. Ein solches *solarium* war
demnach einem *Balkon* nicht unähnlich. Vgl. WINCKELMANN
W. I, S. 391. [KLOTZ, op. p. 174—191. WUESTEM. Kunstgärt.
S. 28 fg.]

[Pergulae, maeniana, podia.

Unter diesen Namen sind söllerartige Vorbaue zu verstehen, ähnlich unsern Erkern und Balkons. *Pergula* (von
pergo abgeleitet, wie *regula* von *rego*) ist eigentlich ein Vorbau, welcher in Parterretabernen den modernen um 1—2' her-
vorragenden Ladenkasten, im zweiten Stockwerk aber unseren
Erkern gleich gewesen sein muss. Das Erste ergiebt sich aus
der Nachricht, dass die Maler hier ihre Gemälde ausstellten,
damit sie sogar von den Vorübergehenden gesehen werden
konnten. PLIN. h. n. XXXV, 10, 36. (Apelles) *perfecta opera
proponebat pergula transeuntibus atque post ipsam tabulam latens, vitia quae notarentur auscultabat.* LUCIL. bei Lactant.

I, 22. *pergula pictorum.* und vorzüglich ULP. Dig. IX, 3, 5.
§ 12. *cum pictor in pergula clipeum vel tabulam expositam ha-
buisset.* Von solchen Vorbauen spricht HERODIAN. VII, 12.
κεκλεισμένων δὲ τῶν οἰκιῶν καὶ τῶν ἐργαστηρίων (Tabernen) ταῖς
θύραις, καὶ εἴ τινες ἦσαν ξύλων ἐξοχαί (πολλαὶ δὲ αὖται κατὰ τὴν
πόλιν) πῦρ προςετίθεσαν. Natürlich hiess das ganze Zimmer
oder der ganze Laden von dem charakteristischen Merkmale
desselben *pergula,* ULP. Dig. V, I, 19. *tabernulam, pergulam* etc.
Auf die Bedeutung der pergula als oberen Erker bezieht sich
PLIN. XXI, 3, 6. *Fulvius — e pergula sua in forum prospexisse
dictus.* Endlich hiess pergula im Allgemeinen jedes luftige
freie Gemach, PETRON. Fragm. trag. 74.   Wenn von pergulis
als Unterrichtslokalen die Rede ist, so sind das luftige Räume
im zweiten Stock, vielleicht solaria nur mit einer Bedeckung
versehen oder Erkerzimmer im zweiten Stock. SUET. Aug.
94. *In pergulis mathematici artem suam profitebantur.* de ill.
gramm. 18. *mathematici pergulam — ascenderat* (Theognis).
S. S. 73.

Wie die pergulae sind auch *maeniana* Vorsprünge, welche
über die Wand des Hauses hinausreichen, IAVOL. Dig. L, 16,
242. § 1. *quod proiectum esset id, quod ita proveheretur, ut nusquam requiesceret, qualia maeniana et suggrundae* (d. i. Wetterdächer). Sie unterscheiden sich dadurch, dass sie nicht im
unteren Stockwerk angebracht werden können, sondern das
ihre Querbalken auf Säulensubstruktionen ruhen. VITRUV V, 1.
*in porticibus — maenianaque superioribus coaxationibus collo-
centur.* FEST. p. 134. *Maeniana appellata sunt a Maenio cen-
sore, qui primus in foro ultra columnas tigna proiecit* (oder wie
PAUL. sagt *extendit*), *quo ampliarentur superiora spectacula.*
ISIDOR. XV, 3. Vgl. die Stelle des NON. bei tablinum S. 180.
Die Grammatiker brachten diesen Maenius fälschlich mit der
columna Maeniana in Verbindung, wie NON. I, 333. Ps. ASCON.
zu Cic. div. 16. p. 120 Or. *exceperat ius sibi unius columnae,
super quam tectum proiiceret provolantibus tabulatis* etc. Aus
später Zeit s. AMM. MARC. XXVII. 9. COD. VIII, 10, 11.
SALMAS. zu Spart. Pesc. 12. will unter maeniana nur flache

aber etwas hervorragende Dächer verstanden wissen, ganz den solariis gleich.

Weniger sicher sind die *podia*, welche zwar oft im Theater, in einem Privathause aber nur einmal erwähnt werden, nämlich Plin. ep. V, 6, 22. *Est et aliud cubiculum a proxima platano viride et umbrosum, marmore excultum podio tenus.* Es ist aber keineswegs zu beweisen, dass hier unter podium ein Erker gemeint sei. — Im Allgemeinen s. Avell., bulletino Napolit. N. 1. (1842.)

Bedachung.

Die Häuser hatten meist ein flaches Dach (mit den S. 239. genannten Solarien); doch gab es auch gesenkte Dächer und zwar *pectinata* in oblonger Form, mit zwei langen und zwei schmalen Seiten. Fest. p. 213 M. *pectinatum tectum dicitur a similitudine pectinis in duas partes divisum* (lies *devexum*) *ut testudinatum in quatuor.* Die mit einem tectum pectinatum versehenen Häuser hatten an der schmalen Seite entweder ein abseitiges spitzzulaufendes Dach oder eine giebelähnliche Wand, d.h. eine von der Schwelle bis zum Dach aufgemauerte Wand, ohne dass sie durch ein dreieckiges Giebelfeld (Fronton, *tympanum*) unterbrochen wäre, also ganz den Giebelseiten unserer Bauerhäuser gleich. Die Behauptung, dass nur die Tempel fastigia gehabt hätten, ist sonach etwas zu beschränken, indem Jedermann eine giebelähnliche Wand haben konnte (wie auch die Abbildungen von Häusern auf den pompejanischen Wandgemälden zeigen), aber nicht ein von der Wand abgeschnittenes Giebelfeld. In dem ersten Sinne konnte fastigium auch von Privatgebäuden gebraucht werden, z. B. Cic. ad Qu. fr. III, 1, 4. *absolutum offendi in aedibus tuis tectum, quod supra conclavia non placuerat tibi esse multorum fastigiorum, id nunc honeste vergit in tectum inferioris porticus.* — Die eigentlichen fastigia dagegen, mit ihrem prächtigen Schmuck und von der Wand des Hauses ganz abgesondert, waren den Tempeln ganz eigenthümlich, sowie anderen Gebäuden des Staats und den Palästen der Kaiser. Zuerst erhielt Cäsar dieses Recht durch ein Senatusconsult, in dem er auch ein

pulvinar, simulacrum und einen flamen bekam, FLOR. IV, 2.
PLUT. Caes. 91. SUET. Caes. 81. CIC. Phil. II, 43. vgl. noch
de or. III, 46. ARNOB. VI, 6. Die *tecta testudinata* waren dagegen nach vier Seiten abfallend (ohne Giebel) und passten
vornehmlich für viereckige und gleichseitige Gebäude. COL.
XII, 5. *testudineato tecto more tuguriorum.* Ein solches Dach,
aber in kleinen Dimensionen, befand sich über dem cavum
aedium testud. s. S. 220 f. Dass unter tecta testudinata nicht
etwa ein gebrochenes Dach zu verstehen sei, bedarf keines
Beweises, denn die Alten kannten dergleichen nicht. Konische
Dachform wird nur von SIDON. APOLL. ep. II, 2. erwähnt:
Primum tecti apice in conum cacuminato, cum ab angulis qua-
drifariam concurrentia dorsa cristarum tegulis interiacentibus
imbricarentur. carm. XVIII, 3 fg.

   Aemula Baiano tolluntur culmina cono
      Parque cothurnato vertice fulget apex.

Noch ist der Irrthum des grossen SALMASIUS zu Spart. und
exerc. Plin. p. 853. zu erwähnen, welcher auf die Giebeldächer
den Namen *trichorum* bezieht, welcher zweimal vorkommt,
nämlich STAT. Silv. I, 3, 57 fg.

      Quid nunc ingentia mirer,
   Aut quid partitis distantia tecta trichoris?

und SPART. Pesc. Nig. 12. *simulacrum eius in trichoro consti-*
tuit. Trichorum kann aber (nach der Analogie εὔρυχωρος, πο-
λύχ., στενόχ. u. a.) nur einen Raum bedeuten mit drei Abtheilungen, nicht mit drei Winkeln. Darum erklärte CASAUB. zu
derselben Stelle nach dem Glossarium des PAPIAS trichorum
als Haus mit drei Flügeln und Andere als ein Zimmer von
drei Abtheilungen. Noch Andere endlich nahmen trichorum
als Haus von drei Stockwerken, wie RHODIGIN. antiq. lect.
XVIII, 11. Dazu scheint aber die Stelle des SPART. nicht zu
passen, noch die Inschrift bei ORELL. 1595. Es bleibt also die
Bedeutung unentschieden, wenigstens hat trichorum mit der
Bedachung nichts zu thun. S. die gelehrte Anmerkung von
HAND zu Stat. Silv. I, 3, 39. Schwer zu bestimmen ist das
Dach, welches PAUL. DIAC. p. 73. *tectum deliciatum* nennt:

delicia est tignum, quod a culmine ad tegulas angulares infimas
versus fastigatum collocatur; unde tectum deliciatum.

Die überhängenden Wetterdächer hiessen *suggrundae*
oder mit einem allgemeinen Namen *protecta* und *proiecta*,
auch *proclinata*. ULP. Dig. IX, 2, 29. § 1. und IX, 3, 5. § 6.
wo ein Fragment des prätorischen Edikts angegeben wird: *ne*
quis in suggrunda protectove supra eum locum, quo vulgo iter
fiet — id positum habeat, cuius casus nocere cui possit, vgl.
§ 12. IAVOL. Dig. L, 16, 242. § 1. *proiectum esset id, quod ita*
proveheretur, ut nusquam requiesceret, qualia maeniana et sug-
grundia essent. und sonst noch oft in den Digesten. Solche
Dächer umgaben die alten Cavädien (*imminentibus tectis*, PLIN.
ep. II, 17, 4).

Die flachen Dächer hatten ein festes Paviment von Stuck,
Stein oder Metall, die schrägen Dächer waren ursprünglich
mit Stroh und Schindeln, später mit Ziegeln, Schiefer und
Metall gedeckt. An die älteste Zeit erinnerte die Hütte des
Romulus. VITRUV II, 1, 5. *Item in Capitolio commonefacere*
potest et significare mores vetustatis Romuli casa in arce sacro-
rum stramentis tecta, vgl. VERG. Aen. VIII, 654. OVID. Fast.
I, 199. III, 189 ff. Von den Schindeln spricht PLIN. h. n.
XVI, 10, 15. 18. und sagt an der ersten Stelle: *scandula con-*
tectam fuisse Romam ad Pyrrhi usque bellum, annis CCCCLXX,
Cornelius Nepos auctor est. ISIDOR. XIX, 19.

Die Ziegeln waren entweder Platt- oder Hohlziegel,
tegulae oder *imbrices*, ISIDOR. XIV, 8. XIX, 10. NON. II, 433.
PLIN. h. n. XXXV, 12, 46. PLAUT. Mil. glor. II, 6, 24. Most.
I, 2, 28. Die *tegulae* bildeten kleinere oder grössere, quadrate
oder oblonge Platten, an beiden Seiten mit erhöhtem Rand
versehen, so dass die schmalen nach unten spitz zulaufenden
imbrices, die die Form eines halben Cylinders hatten, auf den
zusammenstossenden Fugen der tegulae fest auflagen. Indem
man das dünne Ende des Hohlziegels in das weite Ende des
nächsten einschob und die Plattziegel ein Stückchen unter
den vorhergehenden unterlegte (wesshalb auch am oberen
Ende derselben der Rand fehlte), erreichte man grosse Sicher-

heit und die Feuchtigkeit des Himmels konnte durchaus nicht
durch die Zwischenräume dringen. Die deutschen Römer-
städte zeigen eine grosse Menge trefflich erhaltener Dach-
ziegeln verschiedener Art z. E. Mainz, Wiesbaden, Trier,
Bonn u. s. w. auch das Museum in Darmstadt. S. Bulletino
archéol. Napolit. Nuova seria per GARRUCCI e MINERVINI,
Napoli 1853, Nr. 23. NICOLINI, Pompeji. Vol. I, tav. 5.
(Wandgemälde). DE CAUMONT, Abécédaire ou rudiment
d'archéol. Paris, 1853, S. 28. Jahresbericht d. Gesellsch. für
nützl. Forschungen zu Trier. Trier 1861, S. 35. Doch steht
tegula auch für jede Art von Ziegeln, VITRUV. II, 1, 7. 8, 18.
19. JUV. III, 201. IAVOL. Dig. XIX, 1, 18. § 1., und tegulae
für Dach überhaupt, z. B. SUET. gramm. 9. *sub tegulis habitant.*
CIC. Phil. II, 18. *per tegulas.* Die in den zusammenstossenden
Ecken befindlichen ziemlich breiten Hohlziegel, wodurch
Dachrinnen gebildet wurden, hiessen *tegulae colliciae, per
quas aqua in vas defluere potest.* PAUL. DIAC. v. illicium.
p. 114 M. CATO R. R. 14. S. Bullet. Napol. a. a. O. Darum
werden auch die tiefen Ackerfurchen *colliciae* genannt, in
welchen das Wasser zu den Kanälen floss, COL. II, 8. PLIN.
h. n. XVIII, 19, 49. Die imbrices konnten mit besonders verzierten Frontziegeln schliessen, *imbrices extremi* oder *frontati*
(ursprünglich nur an den Tempeln), PLIN. h. n. XXXV, 12,
43. 46. Sehr zahlreich findet man alte tegulae und zum
Theil mit Inschriften (sog. *literatae*), welche den Namen des
Meisters (*tegularius* ORELLI HENZEN 6445. 7279 f.) oder
des Orts und anderes enthalten, wie *ex of*(ficina) —, *op*(us)
f(iglinum) *ex praediis Cosinae* u. a. So in Puteoli, Pompeji
und a. AVELLINO, bullet. Napol. N. 4. 6. 18. 32. MOMMSEN,
inscr. Neapol. 6306 ff. Bonner Museum Nr. 171. vgl. 169. 177.
— Metallbedachung wird erwähnt ORELL. inscr. 3272.
tegulas aeneas auratas und IAVOL. Dig. I, 16. 242. § 2. — Die
Balken, Sparren und Latten des Dachs, z. B. die *cantherii*
Sparren, *templa* Latten (VITRUV. IV, 2, 1. FEST. h. v. p. 367 M.
tignum — transversum), *tigilli* oder *trabeculae, ambrices, ca-
preoli, deliciae* (PAUL. DIAC. h. v. p. 73 M.) und *asseres* zum

Tragen der Ziegeln, Paul. Diac. p. 16 M. können nicht näher behandelt werden. — Dass der Raum unter dem Dach zuweilen als Versteck diente, bemerkt Mueller, Archäol. von Welcker, S. 383. und citirt App. b. c. IV, 44. Tac. Ann. IV, 69. Val. Max. VI, 7, 2.]

Die übrige Einrichtung.

Nachdem wir die verschiedenen Theile des Hauses durchgegangen haben, muss noch kürzlich des übrigen Ausbaues und der inneren Einrichtung Erwähnung geschehen. Mehrere der hier anzuführenden Gegenstände indessen gehören in das Gebiet der Kunst, und in wie fern von ihnen anderwärts hinreichend gehandelt worden ist, können hier nur kurze Andeutungen und Nachweisungen genügen. Wir sprechen billigerweise zuerst von dem

Fussboden.

Der Fussboden, *solum*, war nie gedielt. Nur Statius im Sphaerist. des Etruscus scheint nach dem jetzigen Texte Dielen, *tabulata*, zu erwähnen, Silv. I, 5, 57.

Quid nunc strata solo referam tabulata, crepantes
Auditura pilas.

Allein wenn man die folgenden Worte vergleicht:

ubi languidus ignis inerrat
Aedibus et tenuem volvunt hypocausta vaporem.

so ergiebt sich, dass *tabulata* gelesen werden muss. Vgl. Plin. ep. II, 17, 9. *Adhaeret dormitorium membrum, transitu interiacente, qui suspensus et tabulatus conceptum vaporem salubri temperamento huc illucque digerit et ministrat.* Sen. ep. 90. Vielmehr bestand der Fussboden in der Regel aus Estrich, eigentlich *parimentum* (*ruderatio, opus ruderatum*, [*fistucis paritum*), Plin. h. n. XXXVI, 25, 61. Vitruv. VII, 1. Varro R. R. I, 51. Cato R. R. 18. Pallad. I, 9. Isidor. XIX, 10. Orelli Henzen 6124. 6606. 7211. (davon die *parimentarii*, Orell. inscr. 4113). Die Unterlage bildeten kleine Steine (Vitruv. VII, 1, 3. *Tunc insuper statuminetur ne minore saxo quam quod possit manum implere.*), nach Befinden in mehreren Lagen, dann kam eine Masse von zerbröckelten Steinen und

Kalk (*rudus*, *ruderatio* Vitruv. a. a. O.), darüber eine noch
härtere Masse von Backsteinscherben und Kalk (*nucleus*, Vitr.
a. a. O.), welche abgerieben und geglättet wurde. Dieses hiess
parimentum oder *opus testaceum*, auch *ostracus* genannt und
signianum (sog. weil es in Signia zuerst angewendet worden
wäre), Plin. l. l. Vitr. l. l. Pallad. l. l. und 40. Isidor. l. l.
Plin. XXXV, 46. *fractis etiam testis utendo sic, ut firmius du-*
rent tusis calce addita, quae vocant signina. Auch legte man
auf die Grundlage Backsteine, von welcher Gattung eine besondere Form *testaceum spicatum* (ährenförmig), hiess Vitr.
VII, 1, 4. Orell. inscr. 4240. *pavimentum spicatum.*] Dieses
führte wahrscheinlich zeitig zum Belegen des Bodens mit
Steingetäfel [pavimentum λιθόστρωτον im weiteren Sinne,
nämlich mit grossen viereckigen Platten, weissen oder farbigen Marmors. Tibull. III, 3, 16. *marmoreum solum.* Suet.
Ner. 50. *solium porphyretici marmoris.* Oct. 72. *sine marmore*
pavim. Orell. 1621. *pavim. marmor.* 4239. *opus quadrata-*
rium. Appul. Flor. IV, 18. *pavimenti marmoratio.* Fest. p.
242 M. *Pavimenta Poenica marmore Numidico constrata signi-*
ficat Cato etc. Sen. ep. 90. *pauper sibi videtur — nisi Alexan-*
drina marmora Numidicis crustis distincta sunt, nisi illis undique
operosa et in picturae modum variata circumlitio praetexitur
(doch bezieht sich das Letztere auf die feineren Getäfel). Pallad. I, 9. Bei Sen. ep. 90. wird auch der Künstler *marmorarius*
gen., der sowohl die Fussböden als Wände mit Marmorplatten
bekleidet, ebenso ep. 88. Cassiodor. var. I, 6. Jahn, Abhandl.
d. Königl. Bair. Akad. München 1856, VIII, S. 234 f. Orelli
Henzen 2507. 3534. 4219 f. 7245. So war das Atrium im
Hause des tragischen Dichters mit weissem Marmor belegt
und dasselbe geschah gewöhnlich in den Labren und Piscinen
der Bäder. Daneben kamen zwei Arten feineren Getäfels auf,
nämlich *pavim. sectile* und *tessellatum*, Vitruv. VII, 1, 3. *sive*
sectilia seu tesseris. Suet. Caes. 46. *in expeditionibus tessellata*
et sectilia pavimenta secum tulisse. Pallad. I, 9. nennt alle
vier genannte Arten der Pavimente: *vel testaceum accipiant*
pavim. (aus Backstein) *vel marmora* (aus Marmorplatten) *vel*

tesseras aut scutulas (s. v. a. *sectile*), *quibus aequale reddatur*
angulis lateribusque coniunctis. Die erste Art: *pavim. sectile*
bestand aus geometrisch zugeschnittenen Stücken verschiedenfarbigen Marmors. Vitr. VII, 1, 4. *ita fricentur* (pavimenta),
uti si sectilia sint, nulli gradus in scutulis aut trigonis aut qua-
dratis (das sind verschobene Vierecke) *seu faris* (Sechsecke)
exstent. Auch runde Stücke kamen vor, Iuv. XI, 173.

> *Qui Lacedaemonium pytismate lubricat orbem.*

Stat. Silv. II, 2, 88 fg.

> *ubi marmore picto*
> *Candida purpureo distinguitur area gyro.*]

Solche Fussböden sollten nicht Mosaik genannt werden; denn
letztere setzt ihre Figuren aus einzelnen Stiften zusammen,
die an sich keine Bedeutung haben, sondern sie erst durch die
Verbindung erhalten. Hier aber sind die einzelnen Stücken
schon bestimmte aus Marmor geschnittene Figuren, also nur
ein besonders künstliches *opus sectile.* Ein Beispiel geben die
grünen und weissen Würfel (s. Thl. I, S. 97.) auf dem Paviment im Tempel der Venus zu Pompeji, bei Zahn, die schönsten Ornam. erste Reihe, Tafel 15. [Auch in dem Kaiserpallast
in Trier (in den sogen. Bädern) bestanden die meisten Fussböden aus Steintäfelchen von Marmor, Granit u.s.w. Schmidt,
röm. Baudenkmale in Trier. II. Heft. Trier 1845, S. 28.

Die zweite Art *pavim. tessellatum* war die eigentliche
Mosaik, aus kleinen bunten viereckigen Steinen zusammengesetzt. Vitruv. l. l. *si tesseris structum erit, ut eae omnes angu-*
los habeant aequales etc. Sex. qu. nat. VI, 31. *Vidisse se affir-*
mabat in balneo tessellas, quibus solum erat stratum. Plin. h. n.
XXXVII, 10, 54. *Androdamas argenti nitorem habet, ut ada-*
mas, quadrata semperque tessellis similis. Diese Kunst kam im
sechsten Jahrhundert d. St. nach Rom, wie Plin. XXXVI.
25, 61. bemerkt und eine Stelle des Lucilius anführt, welche
Cic. orat. 44. vollständiger hat:

> *ut tesserulae omnes*
> *Arte, parimento atque emblemate vermiculato.*

Davon auch der Name *pavim. vermiculatum* oder *lithostrotum*

im engeren Sinn. PLIN. XXXVI, 25, 60. ISIDOR. XIX, 14.
ORELL. 4240. *vermiculum straverunt*. Je mehr man aber diese
Arbeit vervollkommnete, um so leichter bildete sich ein Unterschied zwischen der gröberen und der feineren Mosaik, zwischen den *tessellarii* und *musivarii*, wie sie COD. Theod. XIII,
4, 2. von einander trennt oder zwischen *marmorarii* und *mu-
saearii*, die das Edict Diocletians c. 7. p. 17 M. unterscheidet.
Das *pavim. tessellatum* bezeichnete nun im engeren Sinne die
gröbere Mosaik, wahrscheinlich die Zusammensetzung geome-
trischer Formen (z. B. schachbrettähnlich), so wie das Ein-
drücken von kleinen Steinen in die nasse Gyps- und Mörtel-
masse, so dass Sterne, Kugeln, Blumen und andere Figuren
entstanden, s. ZAHN, schönste Ornam. II, Tafel 96. AVELLINO,
descr. — la seconda, tav. II. (aus dem Hause der Bronzen,
wo der römische Künstler die einfachsten Formen der Heral-
dik, nämlich die verschiedenen Arten der Kreuze, Querbalken,
Sparren u. s. w. unwissentlich nachgeahmt hat), während das
musivum die feinere Mosaikarbeit, welche die Mahlerei nach-
ahmt, umfasste. Die erste mehr handwerksmässige Kunst for-
derte nur Sorgfalt, die zweite verlangte Kenntniss des Zeich-
nens, des Schattirens, der Perspective u. s. w. Der Name
musivum kommt zuerst vor, SPART. Pesc. Nig. 6. *hunc in Com-
modianis hortis in porticu curva pictum de musivo   videmus.*
und TREB. POLL. Tetr. (XXX. tyr. 25.) *accipiens — coronam
ciricam picturatam de musco.* ORELL. 3323. *opus musivum.*
4239. *opus museum.* 4238. *musivarius.*

Die kleinen bunten Stifte (*crustae vermiculatae, ad effi-
giem rerum et animalium*, PLIN. XXXV, 1, 1.) bestanden aus
Thon, Glas und Marmor oder anderen zum Theil kostbaren
Steinarten. Von den ersten spricht PLIN. XXXVI, 25, 60.
*qui (Sosus) Pergami stravit quem vocant asaroton oecon, quo-
niam purgamenta cenae in pavimento, quaeque everri solent,
velut relicta fecerat parvulis e testulis tinctisque in varios colores.*
STAT. Silv. I, 3, 54 ff.

et nitidum referentes aera testae
Monstravere solum; varias ubi picta per artes
Gaudet humus superare novis asarota figuris.

Glas und Stein nennt PLIN. 64. Dagegen auf kostbare Steine (namentlich seltene Marmorarten, Achat, Beryll, Onyx u. a.) bezieht sich APPUL. Met. V. p. 159. Elm. *Parimenta ipsa lapide pretioso caesim deminuto in varia picturae genera discriminantur. Vehementer iterum et saepius beatos illos, qui super gemmas et monilia calcant.* SEN. ep. 86. *Eo deliciarum pervenimus, ut nisi gemmas calcare nolimus.* AUSON. MOS. 48. LUCAN. X, 114 ff. CLAUDIAN. epithal. Honor. 90. STAT. Silv. I, 2, 149. Die *asarotici lapilli* des SIDON. APOLL. XXIII, 57. gehen wieder auf die bereits erwähnten Mosaiken, welche den Kehricht nachahmten, wie man eins 1833 in Rom gefunden hat, Bullet. di corr. arch. 1833. S. 81 ff. Dass die Steinmosaiken älter seien als die aus Glaspasten zusammengesetzten, hat Herr Professor W. ZAHN gewiss mit Recht angenommen. Wie überaus mühsam die Arbeit war, geht daraus hervor, dass derselbe bei einem pompejanischen Fussboden auf dem Raum eines Quadratfusses 2000 farbige viereckige Marmorstückchen, bei der grossen Schlachtenmosaik aber sogar 150 auf den Raum eines Quadratzolls gezählt hat (Ornamente, Heft 12. Taf. 57 — 59). Trotzdem findet man kein Haus in Pompeji ohne Mosaikfussboden.] GURLITT, über die Mosaik. Archäol. Schr. S. 159 ff. MINUTOLI und KLAPROTH, über antike Glasmosaik, Berlin 1815. O. MUELLER, Archäol. [Ausg. v. Welcker, S. 458 ff. PAULY, Realencykl. V, S. 275 ff.] STEINBUECHEL, Alterthumswissenschaft. S. 24 ff. [SECCHI, il musaico antoniniano. Roma 1843.] Proben antiker Getäfel und Mosaiken geben: [LABORDE, description d'un pavé en mosaique, Paris 1802. und Madrid 1806. CIAMPINI, monum. vet. I.] D'AGINCOURT, Histoire de l'art. Tom. V. tab. 13 ss. ZAHN, in seinen Prachtwerken: die schönsten Ornamente und Gemälde aus Herculanum und Pompeji 1828. 1829. (in Farben), [in der zweiten Folge 1842 -44. Tafel 56. 96. in der dritten Folge 1852 -59. Tafel 6. 16. 22. 39. und in dem ge-

nannten: Ornamente aller klassischen Kunstepochen. Berlin
1842 16. Taf. 49. 57—59. ROUX und BARRÉ, Herculanum
und Pompeji. Hamb. 1841. Bd. IV.] MARINI, tab. 15. 87. und
zerstreut in Museen. Das bedeutendste aller bekannten antiken Mosaikgemälde ist die am 24. Okt. 1831 im Hause des
Faun zu Pompeji aufgefundene Schlacht. MUS. BORB. VIII.
t. 36—45. [ZAHN, die schönsten Ornamente, zweite Folge,
Taf. 91—93. Nach QUARANTA, AVELLINO, ROULEZ, WELCKER
in Müllers Archäol. S. 172 fg. u. Kleine Schriften III, S. 460—
475. und OVERBECK S. 426 f. u. A. ist sie eine Alexander-
schlacht, bei Issus, am Granikus oder bei Arbela. SCHREIBER,
die Marcellusschlacht in Clastidium. Freiburg 1843. behauptet, es sei ein Kampf zwischen Römern und Kelten, während
BERGK in Zeitschr. für Alterthumswiss. 1844. N. 34 fg. in den
Besiegten zwar Kelten erkennt, in den Siegern aber Griechen
und daher glaubt, es sei der Sieg Attalus I bei Pergamus.
GERVINUS, kleine histor. Schriften VII, S. 435—487. — An
dieses schliessen sich mehrere andere an, welche durch gross-
artige Composition, lebendigen Ausdruck, schöne Färbung
und zierliche Ausführung den geläuterten Geschmack der
Künstler bezeugen, z. B. die Athletenschule (im neuen latera-
nensischen Museum, s. oben SECCHI's Schrift u. HENZEN, in
bullet. dell' inst. 1843, S. 123—128.), die Darstellung Aegyp-
tens, genannt die praenestinische, der Panther- und Centauren-
kampf aus Hadrians Villa (jetzt in Berlin), Amor auf dem
Löwen oder Tiger reitend, MUS. BORB. VII, 61. fg. und bei
ZAHN Ornam. Die lange schmale Mosaik in Göthes Haus mit
Masken und Früchten (von Glas), ZAHN, schönste Ornam. III,
Taf. 26. Die grösste Mosaik in Deutschland wurde zu Nennig
bei Saarburg gefunden, ein Gladiatoren- und Thiergefecht
aus 8 Gruppen bestehend, 50 Fuss lang, 33 Fuss breit, Jahrb.
d. Vereins v. Alterthumsforsch. im Rheinland. 1860. XXIX u.
XXX, S. 287 f. Schöne Mosaiken sieht man auch in Darm-
stadt (aus Vilbel), in Cöln u. s. w. S. OTTFR. MUELLER und
PAULY a. a. O. Die Mosaikbilder dienten vorzugsweise zum
Schmuck des Fussbodens, von anderen Anwendungen sind

wenig Beispiele vorhanden, nämlich einige mit farbigen Glas-
stückchen belegte Säulen in Pompeji (ZAHN, Ornam. T. 60.
80.), mehrere Brunnen mit sehr reichen Mosaiknischen ebenfalls in Pompeji, aber immer nur ornamentistisch und ohne
Figuren. Erst gegen das Ende der röm. Kaiserzeit wurden
die Wände und Deckengewölbe mit Mosaik belegt. KUGLER,
Handb. der Gesch. der Malerei, zweite Ausg. v. BURCKHARDT,
I, S. 24. MUELLERS Archäol. von Welcker S. 251 fg. OVER-
BECK, Pompeji S. 423 ff. — Wie reich und schön man den
Fussboden zusammensetzte zeigt unsere Tafel I. (nach ZAHN,
schönste Ornam. III, T. 6. 16.) obgleich es nur opus tessel-
latum ist.]

Die Wände.

Die inneren Wände der Zimmer, Säle und Säulengänge,
in alten Zeiten vermuthlich nur [berappt, *trussillati*, und] ge-
weisst [*dealbati*, CIC. Verr. I, 55.; davon *albarius* und *opus
albarium* ORELL. 4142. 4239.; der aufgetragene Stuck, welcher
in Pompeji eine vorwiegende Rolle in der Ornamentik spielte,
hiess *tectorium*, VITR. VII, 2. 3. s. S. 180. OVERBECK, Pompeji
S. 362 f.], wurden mit Marmortafeln, *crustae marmoreae*, oder
auch künstlichem Marmor bekleidet (*incrustare*). Mamurra
war nach PLINIUS der erste, der (zu Catulls Zeit) in seinem
Hause das Beispiel solchen Luxus gab. H. N. XXXVI, 6, 7.
*Primum Romae parietes crusta marmoris operuisse totius domus
suae in Caelio monte Cornelius Nepos tradidit Mamurram.* [SEN.
ep. 86. *pauper sibi videtur ac sordidus, nisi parietes magnis et
pretiosis orbibus refulserunt* (Marmorquarrées oder Medaillons).
ep. 115. *Miramur parietes tenui marmore inductos.* ep. 114. *ut
parietes advectis trans maria marmoribus fulgeant.* controv. IX.
p. 140. Bip. *varius ille secatur lapis, ut tenui fronte parietem
tegat.* ISIDOR. XIX, 13. Auch die Ausgrabungen in den Rhein-
gegenden zeigten sehr häufig Spuren dieses aus geschliffenen
und polirten Steinplatten bestehenden Wandschmuckes, OVER-
BECK, die röm. Villa bei Weingarten, Bonn 1851, S. 14 f.]
In der Bekleidung mit künstlichem Marmor, was Sache der
tectores [ORELLI HENZEN 4288. 4803. 6445.] und *marmorarii*

[ORELLI HENZEN 2507. 3534. 4219 f. 7245. verwandt mit den *lapidarii* 4220. 4302. 6445.] war, waren die Alten so erfahren, dass man selbst Tafeln aus den Wänden wieder aussägte, und sie als Tischplatten gebrauchte. VITR. VII, 3. 6. [Dass man Wände auch mit Glasstücken belegte, zeigen die Ruinen eines 1826 in Ficulura bei Rom entdeckten Zimmers. PLIN. XXXVI, 25. 64. *non dubie vitreas facturus cameras, si prius id inventum fuisset.*] Weit häufiger wurde jedoch Malerei zur Ausschmückung der Wände angewendet, und selbst in den unbedeutenderen Häusern von Pompeji u. Herculanum finden wir diesen sinnigen, freundlichen Schmuck allenthalben [stets aber mit Bewahrung des dekorativen Charakters]. Die Untersuchung der Frage, wenn man überhaupt angefangen habe, auf die blosse Wand zu malen, eine Frage, die in neuester Zeit lebhaften Streit erregt hat, gehört nicht hierher. In allen Schriften und Kritiken von HITTORF bis auf WIGMANN und LETRONNES neuester Erklärung gegen RAOUL-ROCHETTE, im Journ. des Sav. 1837. Avr. dürfte auf beiden Seiten noch manches zu berichtigen sein. Für die Privatwohnungen wird immer PLINIUS' Zeugniss, XXXV, 10, 37. gelten müssen. Genug, diese Malerei war längst in Griechenland gebräuchlich, ehe man in Rom an dergleichen Schmuck dachte. — [Das letzte Resultat ist jedenfalls richtig, unrichtig aber, was vorher über PLIN. gesagt wird. PLIN. nämlich setzt nicht den Anfang der röm. Wandmalerei in Privathäusern in Augustus Zeit, sondern den Anfang der Landschaftsmalerei, so dass die Wandmalerei überhaupt schon vor August angenommen werden muss. — Ueber die Malerei der Alten schrieben in neuester Zeit: G. HERMANN, de veterum graec. pictura parietum. Lips. 1834. und opusc. V, p. 207—229. JOHN, die Malerei d. Alten. Berlin 1836. WIGMANN, die Malerei d. Alten, Hannover 1836. LETRONNE, lettres d'un antiquaire sur l'emploi de la peinture hist. murale. Paris 1836. und appendice aux lettres, 1837. RAOUL-ROCHETTE, peintures antiques inédites précédées de rech. sur l'emploi de la peinture dans la décoration des édifices. Paris 1836. und lettres archéol. sur la peint. I, 1840.

KNIERIM, die Harzmalerei der Alten. Leipzig 1839. und die
endlich entdeckte wahre Malertechnik des Alterthums, 1845.
OVERBECK, Pompeji S. 385—423. u. A. s. MUELLERS Archäol.
von Welcker, S. 419 ff. 245 ff. — Die Malerei war theils ein-
farbig, monochromatisch, PLIN. h. n. XXXV, 5, 11. *singulis
coloribus et monochromaton dictam — duratque etiamnunc.*
FRONTO ad Verum I. *quid si quis Parrhasium versicolora pingere iuberet aut Apellem unicolora?* z. B. MUS. BORB. IX, 49.
ZAHN, die schönsten Ornam. II, 1.; theils buntfarbig und zwar
ebenso] auf nassem Kalk al fresco (*udo illinere colores.* PLIN.
XXXV, 31. *colores udo tectorio inducere,* VITR. VII, 3, 7.) als
auf trocknem Grund mit Leimfarbe a tempera [was wohl das
häufigste war]. S. WINCKELMANN W. V, S. 197 fg. Doch
findet sich auch die Grundfarbe häufig fresco, [die anderen
tempera, MUELLERS Archäol. S. 452. Ursprünglich hatte die
Malerkunst vier Grundfarben (CIC. Brut. 18. PLIN. XXXV,
32. *quatuor coloribus solis immortalia illa opera fecere —
Apelles* etc.) nämlich weiss (die Melische Erde und praeto-
nium), roth (rubrica aus Kappadocien oder Sinopis und minium), gelb (sil, am besten aus Attika) und schwarz (atramentum); allein als die Wandmalerei in Italien überhand nahm,
waren bereits ausser den genannten Grundfarben viele andere
ebenso glänzende als theure Farben in Gebrauch. PLIN.
XXXV, 12. *sunt autem colores austeri* (die vier älteren) *aut
floridi* (die neuen). *Floridi sunt, quos dominus pingenti praestat,* z. B. *chrysocolla* grün aus Kupfer, *purpurissum* (*e creta
argentaria, cum purpuris pariter tingitur*), *indicum* Indigo, *cin-
nabari* Zinnober, *caeruleum* (künstlich in Puteoli dem alexan-
drinischen nachgemacht) u. a. PLIN. 12—32. VITR. VII, 7. 14.
ISIDOR. XIX, 17. MUELLERS Archäol. S. 450 fg. und die
Schriften von JOHN und KNIERIM.

Die Maler pflegten die Wände der Zimmer, nachdem sie
Sockel und Fries abgeschieden, höchst geschmackvoll in grössere und kleinere Felder zu theilen, welche sie mit prächtigen
u. phantasiereichen Arabesken umgaben, so dass sie WINCKEL-
MANN mit den schönsten in den Loggien Raphaels verglich.

Die am häufigsten vorkommenden Grundfarben der Felder
und Sockel sind roth neben schwarz, ZAHN, Ornam. 31. 41.
43. 51 fg. 62 ff., III, Taf. 18 f. 29. 59. roth und gelb (III, Taf.
79.), auch blau daneben, ebendaselbst 62 ff., grün und gelb,
braun und gelb, braun, schwarz und grün, grün und roth, gelb
und weiss (III, Taf. 36. mit Medaillons), wie ZAHNS erwähntes
Werk und dessen schönste Ornamente in trefflicher Ausführung zeigen. Stets ist es „ein heiteres Colorit mit entschie-
denen Farbentönen," wie es bei dem südlichen Himmel und
der antiken Lebensanschauung nicht anders sein konnte (*fulgentes oculorum reddunt visus*, VITRUV. VII, 5, 8.), und ein
starker Effekt liegt in dem Kontrast der dunklen und hellen
Farben, welche die Alten neben einander stellten; doch bildete
die dunkele gewöhnlich den Sockel und die hellste den Fries.
ENGELHARD, Beschreib. öfters. ZAHN, schönste Ornam. III,
Taf. 18. 19. 29. 59 (Sockel schwarz, Fries gelb, Wand roth)].
Auf unserer Tafel II ist nach ZAHNS schönsten Ornam. [III,
Taf. 44. die herrliche Wand treu mitgetheilt, welche sich 1811
im Atrium des Hauses des Modestus in Pompeji fand. Die
Hauptfelder, in welchen die drei Jahreszeiten Frühling Som-
mer und Winter schweben, sind roth, der Sockel schwarz,
die überaus phantastische Architektur meistens in gelb und
grau ausgeführt. Der oberste Theil der Wand enthält auf
weissem Grund drei Gruppen: Ulisses und Circe, Achilles auf
Skyrus und drei weibliche Figuren (undeutlich)]. — Ueber
den der Dauerhaftigkeit wegen angewandten Wachsfirniss s.
Thl. I, S. 33.

[Was nun die in den Feldern eingeschlossenen Bilder
betrifft, so waren die Gegenstände derselben höchst mannigfaltig. VITRUV. VII, 5. sagt darüber: *antiqui — imitati sunt
primum crustarum marmorearum varietates et collocationes; deinde coronarum* (d. i. Kranzleisten) *et silaceorum cuneorum*
(das sind Räume zwischen dem Marmorgetäfel) *inter se varias
distributiones.* Die Nachbildung der Marmorwände war also
der erste Anfang der Wandmalerei. Dann unterscheidet VITR.
folgende vier Gattungen: 1) architektonische Ansichten: *Po-

stea ingressi sunt, ut etiam aedificiorum figuras columnarumque et fastigiorum eminentes proiecturas imitarentur. 2) Bühnendarstellungen, *patentibus autem locis, uti exedris, propter amplitudinem parietum scenarum frontes tragico more aut comico seu satyrico designarent.* 3) Landschaften, *ambulationes vero propter spatia longitudinis varietatibus topiorum ornarent ab certis locorum proprietatibus imagines exprimentes, pinguntur enim portus, promontoria, littora, flumina, fontes, euripi, fana, luci, montes, pecora, pastores.* PLIN. XXXV, 37. nennt Ludius zu Augustus Zeit als Erfinder dieser landschaftlichen Darstellungen und fügt noch Allerlei hinzu, als *varias ibi obambulantium species, aut navigantium terraque villas adeuntium asellis aut vehiculis. Iam piscantes aucupantesque aut venantes aut etiam vindemiantes sunt in eius exemplaribus* etc. Endlich 4) sagt VITRUV. *nonnullis locis item signarent megalographiam habentem deorum simulacra seu fabularum dispositas dispositiones, non minus Troianas pugnas seu Ulyssis errationes* etc., also historische Compositionen, Bilder von Göttern und mythologischen Scenen, Opfer und dergl. Die interessantesten Commentare zu diesen authentischen Berichten liefern die erhaltenen Gemälde von Herculanum und Pompeji, welche von allen Gattungen zahlreiche Beispiele enthalten und deren Menge täglich wächst. Die architektonischen Gebilde leicht und durchsichtig componirt, mit dünnen rohrähnlichen Säulen, luftigen Balken und Giebeln, herabhängenden Blumengewinden, Vögeln u. s. w. reich dekorirt, beweisen den kühnen oft phantastischen Geschmack des Künstlers. VITRUV a. a. O. tadelt das damals sehr in Mode gekommene Abschweifen von der Natur in dieser Architektur- und Perspektivmalerei allzubitter: *pinguntur tectoriis monstra potius quam ex rebus finitis imagines certae; pro columnis enim statuuntur calami, pro fastigiis harpaginetuli striati cum crispis foliis et volutis teneris, item candelabra aedicularum sustinentia figuras, supra fastigia earum surgentes ex radicibus cum volutis coliculi teneri —. Haec autem nec sunt nec fieri possunt nec fuerunt. — At haec falsa videntes homines non reprehendunt, sed delectantur —. Indiciis autem*

infirmis obscuratae mentes non valent probare quod potest esse
cum auctoritate et ratione decoris. Neque enim picturae probari
debent, quae non sunt similes veritati u. s. f. — Auch freund-
liche heiter belebte Landschaften sind in Menge vorhanden,
obgleich gerade diese den anderen Bildern sehr nachstehen,
(meist mit vorherrschender Architektur), Jagden (Mus. Borb.
XIII, 18. Zahn, schönste Ornam. III, Taf. 5. wo Jäger Thiere
erlegen und zugleich wilde Thiere unter einander kämpfen),
Wasserfälle (Mus. Borb. XI, 26.), Gärten (Mus. Borb. XII,
A. B.). Von hohem Werth und oft von grandiosem Charakter
sind die historischen und mythologischen Gemälde, z. B. die
Säugung des Telephus im Beisein des Herkules und der Om-
phale, Mus. Borb. IX, 5. vgl. XIII, 38 fg., die Erkennung des
Telephus durch seinen Vater Herkules in Zahn, schönste
Ornam. III, Taf. 1. (lebensgross und meisterhaft, schon 1739
in Herkulanum entdeckt), die Wegführung der Briseis auf
Achilles Befehl, in dem Hause des tragischen Dichters, Ariadne
auf Naxos, Zahn, das. III, Taf. 9 f., Perseus und Andromeda
(beide sehr oft, aber von verschiedenem Kunstwerth), die
Bacchuserziehung, Bacchussiege, Herkules und Omphale (vor
Kurzem ausgegraben, s. archäol. Zeit. 1847. N. 7.), Scenen
aus der kaledonischen Jagd, dem trojanischen Krieg und dem
Argonautenzug, die Toilette des Hermaphroditen in einem
Colorit, welches dem Titians ähnlich sein soll, Zahns schönste
Ornam. II. Taf. 13., Iphigenias Opfer, Zahn das. III, Taf. 12.
das als Hypnos und Pasithea erklärte Bild in Gell, Pom-
peiana T. 83. Von einzelnen Figuren kommen unter den
höchsten Göttern am häufigsten Mars und Venus vor (Mus.
Borb. X, 40. XI, 4 fg. 24. XI, 53 ff. 57.), Aktäon Taf. 49.
u. A. Von besonderer Schönheit und Anmuth aber sind viele
in der Mitte der Wandfelder befindliche schwebende Figuren,
welche Faune, Bacchantinnen, Nymphen, Citherspielerinnen,
Genien, Tänzerinnen vorstellen, frohen Genuss und reizende
Sinnlichkeit athmend. Unübertrefflich, nach Winckelmanns
Urtheil flüchtig wie ein Gedanke und schön wie von der Hand
der Grazien ausgeführt sind besonders] zwölf etwa eine Spanne

hohe und auf schwarzem Grunde schwebende Tänzerinnen
und von je mit einer anderen anmuthigen Figur trefflich
gruppirte Centauren, ebenfalls auf schwarzem Grund, in der
sog. Villa Cicero's zu Pompeji 1749 gefunden, s. PITTURE
D'ERCOLANO, I, t. 13—28. MUS. BORB. VII. [MEYER, Gesch.
der bildenden Künste bei den Griechen und Römern. Dresd.
1836. III, S. 107 fg.], der Centaur mit der Bacchantin, s. auch
GORO v. AGYAGFALVA, Wanderungen durch Pompeji T. 17.
18. [Andere finden sich MUS. BORB. IX, 7 fg. 17. 19. 22.
X, 5. 34. 54. XII, 4 fg. 18. 34. XIII, 16 fg. 40. 48. u. s. w.,
von denen mehrere ebenso zart, anmuthig und geistvoll ent-
worfen als durch zierlichen Faltenwurf und wohlberechnete
Harmonie der Farben ausgezeichnet sind. Bei vielen ist auch
die Beleuchtung und Anordnung zu loben. — An diese letzte
Klasse der Wandgemälde schliessen sich die von VITRUV nicht
genannten Abbildungen von Scenen, welche dem gewöhnlichen
Leben entnommen sind, Bambocciaden, Genrebilder und Still-
leben ($\dot\rho\omega\pi\text{o}\gamma\rho\alpha\phi\iota\alpha$ entgegen der $\mu\varepsilon\gamma\alpha\lambda\text{o}\gamma\rho\alpha\phi\iota\alpha$) z. B. Darstellung der häuslichen Beschäftigung wie in der fullonica, s. den
zweiten Excurs zur achten Scene, Gladiatorenkämpfe, PLIN.
XXXV, 33. GELL, Pomp. t. 175., Malerateliers, MUS. BORB.
VII, 3. und anderwärts, Amoretten oder Genien in zahllosen
Beschäftigungen und Vergnügungen der Menschen auf der
Jagd, bei der Weinlese, in der Werkstatt des Handarbeiters
u. s. w. ZAHN, schönste Ornam. III, Taf. 35 u. mehrm., Mo-
vionen (von ZAHN Pygmaien genannt, Archäol. Beiträge S.
418 ff. und in den unten cit. Wandgemälden S. 250 f.), Bilder
von Viktualien, wie Fischen, Obst (Xenien genannt, PHILOSTR.
I, 31. VITRUV. VI, 7, 4.), Wild, Geflügel z. B. MUS. BORB.
VI, 20. 38. VII, 56. VIII, 57. IX, 10., naive Thierfabeln,
lascive Scenen, SUET. Tib. 43. OVID. Trist. II, 521 ff. BROUKH.
zu Prop. II, 5, 25 ff. (obscenas tabellas). Die Stelle des SIDON.
APOLL. über Wandmalerei s. im ersten Excurs zur siebenten
Scene bei frigidarium. Ausser den genannten Werken von
ZAHN, GELL, GORO, MUS. BORBONICO finden sich Abbildungen
der pompejanischen Wandgemälde in Antichita di Ercolano.

Nap. 1757 ff. Tom. I—IV. VII. Gli ornati delle pareti et i
pavimenti etc. Nap. 1808. Raoul-Rochette, peinture de
Pomp. Paris 1844. Ternite, Wandgemälde aus Pompeji und
Herculanum. I—XI. Berlin 1841—1858 (vortrefflich). Roux
und Barré, Hercul. I—IV. Nicolini, le case ed i monumenti
di Pompei. Napoli 1854—60. in 25 fascie. S. auch Jahn, die
Wandgemälde des Columbariums in der Villa Pamfili, in Abhandl. d. philos. philol. Classe der Königl. Bai. Akad. München
1856, VIII, S. 230—284. — Sogar ein Staffeleigemälde
wurde 1761 in Herculanum gefunden, die Schmückung einer
Braut darstellend, s. Zahn, schönste Ornam. III, T. 15.

Die enkaustische Malerei, Plin. XXXV, 39 ff. diente
selten zur Dekoration der Wände, s. Muellers Archäol. von
Welcker S. 453 ff. Welcker, kleine Schriften III, S. 412 ff.
Overbeck, Pomp. S. 391.]; auch scheinen Werke in erhobener
Arbeit zum Schmucke derselben gebraucht worden zu sein.
So verstehet man wenigstens Cic. Att. I, 10. *Praeterea typos
tibi mando, quos in tectorio atrioli possim includere.* Siehe
Visconti, M. Pio-Clem. IV. Praef.

Dass die Alten nicht gepflegt haben Spiegel an den
Wänden anzubringen, oder dass doch dieser Gebrauch erst
spät aufgekommen sei, ist die gewöhnliche Annahme, die indessen doch der Berichtigung bedarf. Allerdings bediente
man sich gewöhnlich der Handspiegel und die Kostbarkeit
des Materials war wenigstens in früherer Zeit wohl Ursache,
dass die Spiegel von keinem grossen Umfang gefertigt wurden. Wo aber auch grössere Spiegel erwähnt werden, darf
man darum nicht sogleich auf Wandspiegel schliessen. So
führt Seneca, Quaest. nat. I, 17. *specula totis corporibus paria*
an; allein so viel er auch vom 13. Kapitel an darüber sagt,
scheint er doch jederzeit bewegliche Spiegel zu meinen, die
vielleicht Füsse hatten, um hin und her gerückt zu werden.

Indessen geht man doch zu weit, wenn man jeden Ge-
brauch der Wandspiegel leugnet, und es lassen sich diesem
Vorurtheile deutliche Stellen entgegensetzen. Wenn Vitruv
VII, 3, 10. sagt: *ipsaque tectoria abacorum et speculorum circa*

se prominentes habent expressiones, so wird man das für keinen Beweis gelten lassen, weil man *abacus* von dem viereckigen, *speculum* von dem runden Felde versteht, das rahmenartige Einfassung hatte, übrigens aber gewöhnliches *tectorium* sein konnte. Dass man indessen eben zu diesen *speculis* polirte Tafeln irgend einer Masse nahm, die als Spiegel dienen konnte, sieht man aus PLINIUS XXXVI, 26, 67. *In genere vitri et obsidiana numerantur, ad similitudinem lapidis, quem in Aethiopia invenit Obsidius, nigerrimi coloris, aliquando et translucidi, crassiore visu, atque in speculis parietum pro imagine umbras reddente.*

Wirklich aufgehangener Spiegel gedenkt ferner VITRUV IX, 9. (8). *Ctesibius enim fuerat Alexandriae natus patre tonsore: is ingenio et industria magna praeter reliquos excellens dictus est artificiosis rebus se delectare. Namque cum voluisset in taberna sui patris speculum ita pendere, ut, cum duceretur sursumque reduceretur, linea latens pondus deduceret, ita collocavit machinationem.* Endlich wird auch von ULPIAN. Dig. XXXIV, 2, 19. § 8. *speculum parieti affixum* erwähnt. Vgl. ISID. Orig. XVI, 15. SALM. zu Vospisc. Firm. 3. *vitreae quadraturae.* S. 694 fg. [Dig. XXXIII, 7, 12. § 6. Die Spiegelmacher, *specularii;* bildeten eine besondere Zunft, Dig. L, 6, 6. ORELL. 4284. 6296. RAOUL-ROCHETTE, peintures ant. inéd. p. 379 ff. SCHULZ, in Annali dell' inst. XI, 1839. p. 93.; doch ist IUV. XI, 173. und STAT. Silv. I, 5, 42. nicht hierher zu beziehen], und über das zu den Spiegeln gebräuchliche Material, wie über die Frage, ob die Alten Glasspiegel gehabt, BECKMANN, Beiträge zur Gesch. der Erfind. III, S. 467 ff. und folgenden Excurs.

Die Decken

wurden anfänglich nur durch über die Balken gelegte Bretter gebildet. Um ihnen indessen ein zierlicheres Ansehen zu geben, machte man gleichsam einen Rost von Balken, so dass vertiefte Felder entstanden, *lacus, lacunar, laquear,* [und bemalte oder belegte das Holzwerk mit kostbaren Stoffen. SEN. ep. 95. *et cum auro tecta perfundimus —. Nec tantum parie-*

17*

tibus aut lacunaribus ornamentum tenue praetenditur.] Auch
die Lacunarien oder Cassettinen, welche wegen ihres zierlichen Ansehens sogar bei gewölbten Decken in Stein oder
Stuck nachgeahmt wurden, erhielten mannigfachen Schmuck
und wurden auch wie in Tempeln vergoldet und mit Elfenbein ausgelegt. [PLIN. h. n. XXXIII, 3, 18. *Laquearia, quae
nunc et in privatis domibus auro teguntur, post Carthaginem
eversam primo inaurata sunt in Capitolio censura L. Mummii.
Inde transiere in cameras quoque et parietes* etc. HOR. od. II,
18, 1.

> *Non ebur neque aureum
> Mea renidet in domo lacunar.*

SEN. ep. 90. *laquearia caelata, lacunaria auro gravida.* LUCAN.
X, 112 fg. *laqueata tecta — crassumque trabes absconderat
aurum.* ENN. Androm. fr. 10. *Tectis caelatis laqueatis Aureo
ebore instruct* cett. LUCRET. II, 28. *laqueata aurataque templa.*
ISIDOR. XIX, 12. die Erklärer zu STAT. Silv. I, 2, 153. Die
Künstler hiessen *laquearii,* COD. Theod. XIII, 4, 2.] Nachher
verkleidete man auch die Felder und malte die Decke. S. so
gemalte Decken bei ZAHN, t. 27. 67. [und zweite Folge, t. 61.]
— Indessen wurden auch Rohrdecken gefertigt, namentlich
camerae, für welche VITRUV VII, 3. Vorschriften giebt.

[Der Luxus der späteren Zeit schuf in den Speisesälen
Decken, welche sich vermöge einer geheimen Maschinerie
hoben und senkten. SEN. ep. 90. *versatilia cenationum laquearia ita coagmentat, ut subinde alia facies atque alia succedat
et toties tecta, quoties fercula mutentur?* ep. 88. *pegmata per se
surgentia — et tabulata tacite in sublime crescentia.* SUET.
Ner. 31. *Coenationes laqueatae tabulis eburneis versatilibus* etc.]

Thüren.

Ueber diese ist schon S. 188 f. gehandelt worden. Uebri-
gens hatten nicht alle Abtheilungen Thüren, wie dies natürlich
bei den cellis, hibernaculis und dormitoriis der Fall war. [In
Pompeji vermisst man daher oft im römischen Hause die
Spuren der Angeln, s. AVELLINO mehrmals.] Die Stelle der
Thüren vertrat dann oft ein Vorhang, *velum, aulaea, cento,*

παραπέτασμα, [dessen eiserne Stange und Ringe sich in einigen Häusern Herculanum's u. Pompeji's erhalten haben, s. ENGEL-HARDT, Beschr. S. 41.] BÖTTIGER, Sabina I, S. 44. Daher heisst es bei LAMPRID. Alex. c. 4. *salutaretur vero quasi unus de Senatoribus patente velo, admissionalibus remotis.* [Heliog. 14. *in angulum se condidit obiectaque veli cubicularis, quod in introitu cubiculi erat, se texit.* SEN. ep. 80. *non crepuit subinde ostium, non allevabatur velum.* PLIN. ep. II, 17. s. S. 225. PE-TRON. 7. *ut in locum secretiorem venimus, centonem anus urbana reiecit et hic, inquit, debes habitare.*] Daher unter den Bedie-nungen der domus Augusta die *velarii* oder *a velis.* S. GRUT. inscr. p. 599, 7. 8. [ORELLI 2967.] Zu weit aber geht BÖT-TIGER, Artist. Notizenbl. 1824. n. 2. Kleine Schriften I, S. 404., wenn er sagt: die Alten hätten im Innern der Häuser fast alle Gemächer nur mit Teppichen geschlossen. Stellen wie TERENT. Eun. III, 5, 55. Heaut. V, 1, 33. Phorm. V, 6, 26. und viele andere widerlegen diess hinlänglich. Wohl aber wurden, auch wo Thüren waren, diese zuweilen noch mit Teppichen verhängt. So heisst es bei SUET. Claud. 10. *inter praetenta foribus vela se abdidit.* SIDON. APOLL. IV. ep. 24. sagt von einem in grosser Einfachheit Lebenden: *tripodes sel-lae, Cilicum vela foribus appensa, lectus nihil habens plumae* etc. TAC. Ann. XIII, 5. *ut astaret oblitis a tergo foribus, velo dis-creta, quod visum arceret, auditus non adimeret.* POLL. X, 7, 32. πρὸ μὲν τοῦ κοιτῶνος ἐπὶ ταῖς θύραις παραπετασμάτων σοι δεῖ, εἴτε ἁπλοῦν εἴη τὸ παραπέτασμα λευκὸν ἐξ ὀθόνης, εἴτε καὶ πολύ-χρουν. vgl. WUSTEMANN, Pal. des Scaurus. S. 258., der in-dessen eine falsche Anwendung auf HOR. Sat. II, 8, 54. macht. s. das. HEIND. — Dass auch bei MARTIAL. I, 35, 5.

> *At meretrix abigit testem veloque seraque,*
>   *Raraque Summoeni fornice rima patet.*

ein solcher Thürvorhang zu verstehen sei, kann nicht zweifel-haft sein, wenn man damit eine andere Stelle, XI, 45. ver-gleicht:

> *Intrasti quoties inscriptae limina cellae,*
>   *Seu puer arrisit sive puella tibi,*

Contentus non es foribus reloque seraque,
  Secretumque iubes grandius esse tibi.
Oblinitur minimae si qua est suspectio rimae,
  Punctaque lasciva quae terebrantur acu.

So erhielten auch die Fenster ausser den Laden noch Vorhänge. S. Fea zu Winckelm. W. I, S. 479 ff. — Ein Beispiel, wie die Lüsternheit von solchen Spalten Gebrauch machte, s. bei Petron. 25.

Die sonst sehr bestrittene Frage, ob die Häuser der Alten (überhaupt) nach der Strasse zu

Fenster

gehabt, beantwortet sich auch, abgesehen von den Stellen, wo deren erwähnt werden, leicht, wenn man erwägt, wie die Häuser, z. B. in Pompeji sich äusserlich darstellen. Das Hauptgebäude und eigentliche Wohnhaus ist jederzeit (und so durchaus die römische domus) ein Erdgeschoss. Alle Abtheilungen desselben sind den inneren freien Räumen, dem Atrium, Cavum aedium und Peristyl, zugewandt. Nach der Strasse hin ist es überall mit Tabernen umgeben; natürlich konnten dort keine Fenster sein, und da in Pompeji überall nur das untere Stockwerk erhalten ist, so erklärt es sich, warum man dort überhaupt wenig Fenster gefunden hat. Es lässt sich nicht bezweifeln, dass auch die meisten römischen Häuser solche Tabernen gehabt haben, oder dass, wo diese fehlten, [oft] porticus und ambulationes vor denselben lagen. Daher wird überhaupt das untere Stockwerk selten Fenster gehabt haben. Anders musste es natürlich in den oberen Stockwerken sein und wenn man sich auch keineswegs wie bei uns ganze Reihen hoher Fenster denken darf, so ist es doch ganz gewiss, dass sich dort überall deren nach der Strasse befanden (so gut wie in Athen, s. Charikles II, S. 111.) — So werden sie denn auch nicht selten von den Schriftstellern erwähnt. Stellen freilich, wie Tib. II, 6, 39. *ab excelsa praeceps delapsa fenestra.* beweisen nichts; denn man ersieht daraus nicht, wo es gewesen. Dagegen ganz bestimmt ist Liv. I, 41. (Tanaquil) *ex superiore parte aedium per fenestras in novam viam versus — populum*

alloquitur. Ebenso Dionys. IV, 5. Und so sagt auch Vitr.
V, 6. *comicae autem* (scenae) *aedificiorum privatorum et mae-
nianorum habent speciem, prospectusque fenestris dispositos imi-
tatione communium aedificiorum rationibus.* Iuvenal. Sat. III,
270 fg. sagt von den Gefahren, welche in den Strassen Roms
droheten:

> *Respice nunc alia ac diversa pericula noctis:*
> *Quod spatium tectis sublimibus, unde cerebrum*
> *Testa ferit, quoties rimosa et curta fenestris*
> *Vasa cadant! quanto percussum pondere signent*
> *Et laedant silicem.*

Danach erklären sich auch die Stellen, wie Horat. od. I, 25.
Parcius iunctas quatiunt fenestras, und das schöne Bild bei
Prop. IV, 7, 15 sqq.

> *Iamne tibi exciderunt vigilacis furta Suburae*
> *Et mea nocturnis trita fenestra dolis?*
> *Per quam demisso quoties tibi fune pependi,*
> *Alterna veniens in tua colla manu.*

Mart. I, 87. *Vicinus meus est, manuque tangi De nostris No-
vius potest fenestris.* Bestimmte Zeugnisse sind sodann Liv.
XXIV, 21. *pars procurrit in vias, pars in vestibulis stat, pars
ex tectis fenestrisque prospectant, et quid rei sit rogitant.* und
Plautus Most. IV, 2, 27. wo die Sklaven ihren Herrn abholen wollen, fragt Theuropides: *Quid volunt? quid introspec-
tant?* wo doch niemand an Spalten in der verschlossenen
Thüre, oder gar ein Schlüsselloch denken wird. Und wie
liessen sich auch sonst die polizeilichen Vorschriften Dig. IX,
tit. 3. *De his qui effuderint vel deiecerint.* erklären? Indessen
wird man sich die Fenster immer nur klein (daher auch *rimae*
genannt; Cic. ad Att. II, 3. *fenestrarum angustias quod repre-
hendis* etc.) und ziemlich hoch angebracht denken müssen; sie
hatten auch zuweilen Gitter, *clathri*, [welche in der Mauer befestigt waren oder beweglich an Zapfen hingen], Plaut. Mil.
II, 4, 25. [*fenestrae clathratae.* vgl. Colum. VIII, 17.] s.
Winckelm. W. II, S. 250. [Mazois, Pal. des Scaur. S. 76.
In Herculanum hat man Ueberreste davon gefunden.]

Ein grosser Theil der kleineren Gemächer, namentlich die um das Cavaedium umherliegenden, erhielt nur ein spärliches Licht durch die Thüre; andere grössere, wie bereits gesagt ist, durch Oeffnungen in der Decke.

Die Fenster mögen in alter Zeit unverschlossene Oeffnungen gewesen sein, die höchstens durch Läden [oder *vela*, Plin. ep. VII, 21. *cubicula obductis velis opaca.* bei manchen ökonomischen Räumen auch durch Netze, Varro R. R. III, 7. *fenestris — reticulatis.*] geschlossen wurden. [So erklären sich wenigstens am besten Ovid. Am. I, 5.

Pars adaperta fuit, pars altera clausa fenestrae.
Iuv. IX, 105.

claude fenestras,
Vela tegant rimas, iunge ostia, tollite lumen.

Plin. ep. IX, 36. *clausae fenestrae manent, mire enim silentio et tenebris animus alitur.* Sen. consol. ad Marc. 22. *lumen omne praecludi iussit et se in tenebris condidit.* Appul. Met. II. p. 57. *conclave obseratis luminibus umbrosum.* und Auson. ephem. p. 53. Bip. *Mane iam clarum reserat fenestras.* Fea zu Winckelmann, Baukunst der Alten, 1. § 63.] In späterer Zeit bediente man sich besonders des *lapis specularis* (Frauenglas, Marienglas), der häufig erwähnt wird. Selbst Säulengänge verschloss man durch dergleichen Fenster. Plin. ep. II, 17. *Egregium hac* (porticus) *adversum tempestates receptaculum; nam specularibus ac multo magis tectis imminentibus muniuntur.* — Wenn man streng an den Worten Seneca's halten wollte, so würden die *specularia*, welche diese Säulengänge verschlossen und welche Thl. I, S. 97. angenommen sind, nicht in Gallus' Zeitalter passen. Denn er sagt ep. 90. *Quaedam nostra demum prodisse memoria scimus, ut speculariorum usum, perlucente testa clarum transmittentium lumen, ut suspensuras balneorum* etc. Allein Hirt hat schon, Gesch. der Bauk. III, S. 68. darauf aufmerksam gemacht, dass man die Worte *nostra memoria* nicht streng nehmen dürfe. Denn die *suspensurae balneorum*, von denen dasselbe gelten soll, werden schon von Vitruv beschrieben und Plin. IX, 54, 79. schreibt die Erfin-

dung dem Sergius Orata zu in der Zeit des L. Crassus Orator:
qui primus pensiles invenerit balineas. Inwiefern Hirt diese
Stelle mehr als zweifelhaft nennen mag, ist nicht abzusehen,
da auch MACROBIUS Sat. II, 11. sagt: *Hic est Sergius Orata,
qui primus balneas pensiles habuit.* Höchstens könnte man in
Rücksicht auf XXVI, 3, 8. sagen, er habe sich widersprochen.
Man darf übrigens, um sich vom früheren Gebrauche der
Fensterscheiben zu überzeugen, nur an den Kyzikenischen
Saal denken, der auf drei Seiten Fensterthüren (*valvas*) oder
bis auf den Boden herabgehende Fenster hatte. Wie man sich
diese ohne *specularia* denken soll, ist in der That nicht abzusehen. Dann wäre es ein sehr luftiges Haus gewesen. Ihn beschreibt aber auch VITRUV. Die Frage, ob die Alten sich auch
des Fensterglases bedient haben, ist früher gewöhnlich ver-
neinend beantwortet worden. In neuerer Zeit ist man indessen
darüber nicht in Zweifel und mehr als alle Belege aus späten
Schriftstellern beweisen die in Pompeji [am Rhein und ander-
wärts] gefundenen Glasscheiben [die viel stärker sind als die
unsrigen und ganz perlmutterähnlich, dazu in Tafeln gegossen,
nicht geblasen, wie jetzt üblich ist] und selbst Fenster. Siehe
WINCKELM. W. II, S. 251. und die Anmerkungen der Herausgeber. GELL, Pompeiana. 1835. I, p. 99. dazu JAHNS Jahrb.
1831. I. Bd. S. 456. HIRT, Gesch. der Bauk. III, S. 66 ff., der
indessen vielleicht zu weit geht. [Jahrb. d. Vereins v. Alterthumsf. im Rheinland, Bonn 1851. XVI, 2, S. 87 f. Das Glas
kam aus Aegypten früh nach Italien (ὑαλὸς vielleicht Kop-
tisch?), s. BOUDET, notice hist. de l'art de la verrerie née en
Égypte, in Descr. de l'Égypte. Mem. II, S. 17 ff. ABEKEN,
Mittelitalien vor den Zeiten röm. Herrschaft. Stuttg. 1843, S.
271 ff. Dass die Alten in der Glasfabrikation weit geschickter
waren, als man sich früher vorstellte, ergiebt sich abgesehen
von der Beschreibung des Brennglases in ARISTOPH. Nub. 764.
aus der Sammlung Dodwells in Rom, welcher (wie GELL erzählt) die Scheiben von Neuem polirt und gezeigt hat, dass die
Alten Marmor und Edelsteine glücklich in Glas nachahmten.
s. den dritten Excurs.

[Der Ausdruck *transenna* wird von Non. II, 859. als fenestra erklärt und Cic. de or. I, 35. *quasi per transennam praetereuntes strictim adspeximus.* spricht dafür. Ob es aber ein vergittertes Fenster bezeichnete (da transenna auch den Strick bedeutet) oder eine Deckenöffnung zur Erleuchtung eines Raumes, wie Böttichen, Hypäthraltempel S. 36 fg. will, ist ganz unsicher.]

Heizung.

Die Erwärmung der Zimmer im Winter geschah auf mehr als eine Weise, eigentliche feststehende Oefen hatte man jedoch im Alterthume nicht. Man legte die zum Winteraufenthalte dienenden Cubicula und Triclinia schon so an, dass sie viel Sonne hatten und das mochte bei dem milderen Klima zum Theil ausreichen [wie man überhaupt bei den Anlagen der Zimmer Himmelsgegend und Sonne mehr berücksichtigte, als jetzt. Vitr. VI, 4 (7).] Ausserdem hatte man wirkliche Kamine, wenn auch wohl nicht nach unserer Art. Suet. Vit. 8. *nec ante in praetorium rediit, quam flagrante triclinio ex conceptu camini.* Hor. Sat. I, 5, 81. *Udos cum foliis ramos urente camino.* Id. epist. I, 11, 19. *Sextili mense caminus.* [Plin. h. n. XVII, 11, 16. *Caminata fossura ore compressiore sint.* Sidon. Ap. ep. II, 2. *hiemale triclinium — quod arenatili camino saepe ignis animatus pulla fuligine infecit.* Isid. XIX, 6. *caminus est fornax.*] In diesem Sinne ist auch *focus* (a forendo Paul. h. v.) zu nehmen Hor. od. I, 9, 5. *ligna super foco large reponens.* Cic. ad Fam. VII, 10. und anderwärts. Oder die Heizung geschah durch Röhren [*tubi, tubuli* Dig. VIII, 2, 13 pr. Sen. ep. 90.], die aus einem Hypokaustum in die Zimmer geleitet wurden, s. Winckelm. W. II, S. 253 ff.; oder man hatte neben den bewohnten Gemächern kleine Räume, die durch ein Hypokaustum erhitzt wurden und durch eine verschliessbare Oeffnung nach Gefallen die Wärme in das Zimmer einströmen liessen oder nicht: also wirkliche Heizung mit erwärmter Luft. Plin. ep. II, 17. *Applicitum est cubiculo hypocauston perexiguum, quod angusta fenestra suppositum calorem, ut ratio exigit, aut effundit aut retinet.* ebend. *Adhaeret dormitorium membrum,*

transitu interiacente, qui suspensus et tubulatus conceptum va-
porem salubri temperamento huc illucque digerit et ministrat.
[SEN. ep. 90. *Quaedam nostra demum memoria scimus — ut*
suspensuras balneorum et inpressis parietibus tubos, per quos cir-
cumfunderetur calor, qui ima simul ac summa foveret aequaliter.
Dieser namentlich bei Bädern gewöhnliche Heizapparat (s. den
Excurs über die Bäder) hiess *suspensura* d. h. hohlgelegter
Fussboden, unter dem sich die Hitze und selbst die Flamme
aus dem Feuerungsplatz verbreiten konnte. Spuren davon
sind am Rhein und in Schwaben oft getroffen worden, BRAUN,
in Jahrb. d. Vereins v. Alterthumsf. im Rheinland. Bonn, IV,
S. 117 ff. 141. V und VI, S. 345 f. XIV, S. 170 f. 187 ff.
196 f. SCHOEPFLIN, Alsatia illustrata I, Taf. 15, S. 539. HAN-
SELMANN, Fortsetzg. des Beweises, wie weit der Römer Macht
in die ostfränk. Länder vorgedrungen. Schwäbisch-Hall 1773.
Tafel 6. 7. 9. Kleine Pfeiler (*pilae*) nach PALLAD. I, 40. 2½
Fuss (am Rhein nur 2 Fuss) hoch und nach PALLAD. 1½ Fuss
(am Rhein 10 Zoll) von einander abstehend tragen den oberen
Fussboden (*testacea parimenta* oder *marmorea* nach PALLAD.).
Aus diesem Raume gehen kleine *tubi* in den Wänden hinauf,
sogar in das obere Stockwerk und zwar sowohl eng neben
einander stehend, durch Querlöcher mit einander verbunden
(z. B. in den Bädern zu Vilbel), als in mässigen Zwischen-
räumen von einander entfernt. PROC. Dig. VIII, 2, 13 pr.
Hiberus — balnearia fecit secundum parietem communem. Non
licet autem tubulos habere admotos ad parietem communem, sicuti
nec parietem quidem super parietem communem. De tubulis eo
amplius hoc iuris est, quod per eos flamma torretur paries. Sowie dieser Raum *hypocaustum* heisst, so nannte man den davor
gelegenen Feuerungsplatz *hypocausis, fornax, praefurneum,*
niedriger angebracht, *ut flamma altum petendo cellas faciat*
plus calere. SCHNEIDER, zu Vitruv. V, 11. Bd. II, S. 383. DE
CAUMONT, Abécédaire ou rudiment d'archéol. Paris 1853, S.
28 f. SCHMIDT, Baudenkmale der röm. Periode — in Trier.
Trier 1845. V, 2, S. 33 ff. Endlich bediente man sich auch
eherner Kohlenbecken und tragbarer Oefen (s. die beiden

Abbildungen), deren in Pompeji gefunden worden sind. Siehe
Mus. Borb. II. t. 46. III. t. 27. V. t. 44. Roux und Barré,
Hercul. und Pomp. VI. t. 67. Overbeck, Pompeji S. 310 f.
Man brauchte dieselben auch zum Wasserkochen und zum

Warmhalten der Speisen, wie die daran befindlichen Vorrichtungen zeigen. So z. B. hing in dem hier abgebildeten kleinen
Ofen ein Kessel. — [Namentlich auf diesen Heizungsapparat
bezieht es sich, wenn Brennmaterial gefördert wurde, welches

so wenig Rauch als möglich hervorbrachte, z. B. Kohlen und
ausgetrocknetes Holz. Ulp. Dig. L, 16, 167. *et titiones* (Schei-
terkohlen) *et alia ligna cocta* (kleinere Kohlen) *ne fumum fa-
ciant.* Die Sklaven, welche die Heizung besorgten, hiessen
fornacarii und *fornicatores* Dig. IX, 2, 27 § 9. XXXIII, 7,
14.] Ob aber die Alten Rauchfänge gehabt haben, ist eine
viel bestrittene Frage. Die gewöhnliche Meinung, die Beckmann, Beitr. zur Gesch. der Erfind. II, S. 391 ff. Voss zu
Verg. Georg. II, 242. Heind. zu Hor. Sat. I, 5, 81. mit Anderen [wie Benedetti zu Plaut. Aulul. animadv. 9.] theilen,
ist, dass der Rauch nicht durch eine Esse, sondern durch Oeffnungen in der Decke, Fenster und Thüren gezogen sei, und
allerdings scheinen Stellen, wie z. B. Vitr. VII, 3, 4. *Con-
clavibus, aut ubi ignis, aut plura lumina sunt ponenda, purae
fieri debent* (coronae), *ut eo facilius extergeantur: in aestivis et
exedris, ubi minime fumus est nec fuligo potest nocere, ibi caela-
tae sunt faciendae.* und VII, 4, 4. für diese Ansicht zu sprechen.
Demungeachtet hat Fea zu Winck. W. II, S. 347. nach Scamozzi, dell' Archit. 1. lib. 3. c. 21. nachgewiesen, dass der
Gebrauch der Essen den Alten nicht unbekannt gewesen ist,
und dass sich auch wirkliche Kamine in Trümmern alter Gebäude gefunden haben. Vgl. Mus. Borb. V. t. 40. In Bezug
auf Unteritalien, wo man der Heizung so gut als gar nicht
bedurfte, ist allerdings die gewöhnliche Ansicht richtig; denn
in Pompeji findet man nur in Bädern und in Backhäusern
Schornsteine, in den Wohnzimmern nicht, allein daraus darf
man nicht auf Rom und das nördliche Italien schliessen. Hier
hat es sicherlich Rauchfänge gegeben, wenigstens seit der Zeit
des verfeinerten Luxus; denn da man die Wärme so geschickt
in Röhren zu leiten wusste, wird man wohl auch für den Rauch
einen Weg gefunden haben. [In den ältesten Zeiten mag der
Gebrauch der Essen allerdings auch hier sehr beschränkt gewesen sein, wesshalb die alten Atrien vom Rauch verunziert
wurden; allein die Wohn- und Arbeitszimmer für den Winter
haben gewiss bald Kamin und Essen erhalten. Aus Hor. Sat.
I, 5, 80 fg.

lacrimoso non sine fumo,
Udos cum foliis ramos urente camino.

ist wenigstens auf ein Nichtvorhandensein des Rauchfanges
nicht zu schliessen, denn bei einem solchen Brennmaterial
wird es allenthalben Rauch geben, auch wenn der beste Rauchfang vorhanden ist. Wollte man sich darauf berufen, dass man
wegen mangelnden Rauchfanges trocknes und sogar mit
amurca bestrichenes Holz (Hor. od. III, 17, 13. Mart. XIII,
15. *acapna.* Plin. h. n. XV, 8, 8.) habe anwenden müssen
oder auf Mart. XIII, 30. *fumoso Decembri.* verweisen, so ist
dieses theils auf die tragbaren Oefen zu beschränken, welche
natürlich keine Esse hatten, theils daraus zu erklären, dass
die Essen in den niedrigen Häusern nicht hoch sein konnten,
wo wegen geringer Zugluft Rauch sehr schwer zu vermeiden
war, zumal da die Kamine offen waren. Solche Stellen, wie
Verg. Aen. XII, 569. *fumantia culmina.* und Ecl. I, 82. *villa-*
rum culmina fumant. beweisen weder das Eine noch das Andere, denn es können auch Rauchfänge gemeint sein, welche
oben im Dachfirst münden. Die Entscheidung des Aristo über
den Servitutstreit Dig. VIII, 5, 8. § 5 ff. spricht mehr für als
gegen Essen. Vgl. Avellino, descr. di una casa, la seconda
etc. p. 39. Was endlich die Küchen betrifft, s. oben S. 231 f.]

[Schlussbemerkungen.

Um diesen Excurs nicht allzusehr auszudehnen, mögen
hier nur noch einige Andeutungen über das Charakteristische
des römischen Wohnhauses Platz finden.

1) In Betreff der allgemeinen das Areal umgrenzenden
und die einzelnen Theile scheidenden Grundlinien ist zu bemerken, dass die Häuser nicht immer gerade Linien und
rechte Winkel hatten, wie auch Plan B beweist. S. Thl. I,
S. 108. Selten dachte man daran, die durch den schrägen
Lauf der Strassen bedingte unregelmässige Gestalt durch Ab-
schneiden der schiefwinkligen Ecken zu verbessern und durch
Benutzung dieses Raumes zu Bädern, Tabernen u. s. w. für
das eigentliche Wohnhaus rechtwinklige Formen zu gewinnen,
wie man es in der Villa des Diomedes zu Pompeji findet.

2) Der Anblick der römischen domus von Aussen machte trotz des gewöhnlich angebrachten Schmuckes von Stuckatur und Malerei einen geringeren Eindruck als ein modernes Haus, woran theils die Niedrigkeit des Hauses, theils die Kleinheit der Fenster oder deren gänzlicher Mangel, theils endlich die Unregelmässigkeit des Baues Schuld war, indem nur einzelne Theile ein zweites Stockwerk hatten und dadurch unsymmetrisch über die anderen hinausragten.

3) In einem um so glänzenderen Lichte zeigt sich das Innere des Hausses, dessen Haupteigenthümlichkeit in der Vertheilung der einzelnen Räume bestand. Man findet nämlich stets die Zimmer um einen offenen Raum (Atrium, Cavum aedium, Peristyl) als gemeinsamen Mittelpunkt herum gruppirt. Ein solcher Hof mit seinen umliegenden Zimmern bildet eine für sich abgeschlossene Abtheilung und je grösser das Haus ist, um so öfter wiederholt sich diese Construktion. Die gewöhnlichen Zimmer zum Wohnen und Schlafen sind von auffallender Kleinheit, um so grösser aber in der Regel die Räume für die Besuche, namentlich die Höfe, von denen die angrenzenden Zimmer Licht und Luft empfingen, durch welche Einrichtung auch alle Stürme und jede Zugluft abgeschlossen wurde. Freilich weilten die Blicke der Bewohner nicht auf dem wechselvollen Gewühle der Strassen, sondern auf den inneren Höfen, den bekannten Baumgruppen und Hallen, aber dieser Blick war auch ein prächtiger. Namentlich musste es ein wahrhaft bezaubernder Effekt sein, wenn man bei geöffneten Thüren und Vorhängen von dem Ostium aus die drei Höfe mit ihren marmornen Säulen, plätschernden Wassern, schattigen Bäumen und strahlenden Wänden in der schönsten Perspektive auf einmal überblickte, Alles überspannt von dem tiefen Blau des italischen Himmels! - Leider ist im Mittelalter diese Bauart ganz verschwunden und nur der klösterliche Kreuzgang erhielt ein schwaches Andenken an die alte Einrichtung. Vgl. noch die Schlussbemerkungen in den Schriften von ENGELHARD und ZUMPT.]

ZWEITER EXCURS ZUR ZWEITEN SCENE.

DAS VERSCHLIESSEN DER THÜREN.

Zu den unverständlichsten Stellen der alten Schriftsteller
pflegen immer die zu gehören, welche auf irgend einen der
neueren Zeit fremd gewordenen Mechanismus sich beziehen.
Wenn es schon überaus schwierig ist, auch da, wo geflissent-
liche Beschreibungen vorliegen, wie durch HERON u. VITRUV
von den hydraulischen Maschinen des Ktesibios, sich in die
Eigenthümlichkeit der mechanischen Vorrichtungen hineinzu-
denken, so ist oft kaum eine hinreichende Erklärung möglich,
wenn nur gelegentlich einer für die Zeit hinlänglich bekannten
Sache Erwähnung geschieht, der Mechanismus möge übrigens
so einfach gewesen sein, als er wolle. Dies gilt namentlich
auch in allen den Fällen, wo der Schlösser oder richtiger des
Verschlusses der Thüren gedacht wird. Der Stellen, worin
dieses geschieht, sind viele, aber fast alle geben über die Art
und Weise des Verschliessens nicht mehr Aufschluss, als die
zahlreichen antiken Schlüssel, die nur eben bestätigen, was
man ohnehin weiss, dass es Schlösser gab.

Wenn BÖTTIGER, Kunstmyth. 1, S. 271. in oft von ihm
beliebter Weise sagt: „Ueberhaupt möchte der Abschnitt von
dem Schlosserhandwerk in einer besonders nach POLLUX Ono-
mastikon noch zu schreibenden Technologie des Alterthums
noch vieler Aufklärung bedürfen", so ist diess daher allerdings
wahr; nur wird gerade die Nomenklatur bei Pollux am wenigsten zur Erklärung beitragen. Die Untersuchung müsste nicht
nur mit der ältesten griechischen Zeit beginnen, für welche

HOMER sehr wichtige Andeutungen enthält, sondern auch den
Orient umfassen, inwiefern es wahrscheinlich ist, dass man
den Ursprung der Schlüssel in Phönicien zu suchen hat.
Einigermaassen ist diess auch in den bedeutenderen Schriften,
welche von dem Gegenstande handeln, geschehen. Ich nenne
davon vorzüglich SALMAS. Exercitt. ad Sol. p. 649 ff. SAGIT-
TARIUS de ian. vett. Altenb. 1672. cap. 9—15. [und dazu dess.
epistol. et anal. Ien. 1694.], den ich jedoch nur anführe, weil
seine Schrift auch eine Art von Autorität erlangt hat, obgleich
sie nur ein Aggregat unbenutzter Citate ist. Weit gelehrter
ist die Abhandlung von MOLIN, de clavibus veterum in Sal-
lengre, thes. ant. Rom. III, p. 795 ff. Mit den von ihm gelie-
ferten Abbildungen alter Schlüssel vergl. man MONTFAUCON
Antiq. expl. Tom. III. P. I. t. 54. 55. [S. auch WINCKELMANNS
W. II, S. 79. Endlich gab AVELLINO, descr. di una casa p. 70.
75 fg. tav. X, 16. 17. zwei interessante Abbildungen von erhaltenen Schlössern (das eine rund, das andere viereckig)
nebst einem Schlüssel. In den deutschen Museen, namentlich
in Mainz, findet man eine Menge Varietäten von Schlüsseln
und Schlössern, wie grosse dicke Hausschlüssel mit hufeisen-
förmigem Bart, kleine Schlüssel zu Vorlegeschlössern u. s. w.
Die Ringschlüssel s. Thl. I, S. 169.] Eine solche, das ganze
Alterthum umfassende Untersuchung liegt mir indessen hier
um so ferner, als die älteste, noch bei Homer sehr einfache
Weise des Verschlusses auf den römischen Gebrauch keine
Anwendung leidet; man müsste dem die Uebereinstimmung
in dem gemeinschaftlichen Gebrauche hölzerner Querriegel
suchen, die ohnehin der Erklärung weniger bedürfen. Es
kommt hier hauptsächlich darauf an, Ausdrücke, wie *obex,*
sera, repagula, pessuli, claustra zu erklären und, wenn ich
auch nicht hoffen kann, genügendes Licht über den dunkeln
Gegenstand zu verbreiten, so will ich doch nicht unterlassen,
wenigstens auf die Momente aufmerksam zu machen, die
hauptsächlich ins Auge gefasst werden müssen. [Der Unterschied lässt sich kurz etwa so zusammenfassen, *sera* ist der
einfache Querbalken, *repagula* Doppelriegel, *pessulus* Riegel

in allen Anwendungen, *pessuli* Riegel die in einem Schlosse vereinigt sind, *claustra* Schlosshaken und das ganze Schloss, *obex* ist ein ganz allgemeiner Ausdruck, s. unten.]

Zuerst ist es natürlich, dass die Weise des Verschlusses eine andere sein musste, je nachdem die Thüren selbst verschieden waren. Es war nicht gleichgültig, ob sie nach Innen oder nach Aussen sich öffneten, oder ob es Flügelthüren, *bifores* waren, oder den sogen. spanischen Wänden gleichende Klappthüren, *valvae* im ursprünglichen Sinne nach VARRO bei Serv. zu Verg. Aen. I, 453. *Valvae sunt, quae revolvuntur et se velant.*

Die Flügelthieren mögen, wenigstens in Privathäusern, bei weitem die gewöhnlichsten gewesen sein. Schlugen sie nach Innen, so war das natürlichste und einfachste Mittel, sie zu verschliessen, ein quer vorgeschobener Balken oder hölzerner Riegel. Der eigentliche Ausdruck für diesen Querriegel war *sera*. Er wurde vermuthlich in Löcher, welche sich in den Pfosten befanden, geschoben und war in keiner Weise an der Thüre befestigt, sondern konnte und musste ganz hinweggenommen werden, wenn man sie öffnen wollte. Leider ist das Fragment aus FESTUS unter *reserari* p. 282 M. so verstümmelt, dass es keinen Beweis abgeben kann, obgleich sich der Zusammenhang leicht errathen lässt; allein es giebt andere unzweidentige Belege. Dahin rechne ich weniger die Erklärung, welche NONIUS I, 195. [im Ganzen nach VARRO L. L. VII, 108.] giebt: *Reserare, aperire. a sera dictum, qua remota valvae patefiunt*; denn der Ausdruck *removere* möchte noch zweidentig scheinen können. [Aehnlich IV, 355. nur dass der Querbalken hier auch *patibulum* genannt wird.] Hingegen heisst es bei [PAUL. DIAC. v. asserere p. 25 M. *unde etiam serae appellantur, quia foribus admotae opponuntur defixae postibus, quemadmodum ea, quae terrae inseruntur.*] OVID. Fast. I, 265.

> *Et iam contigerat portam, Saturnia cuius*
> *Demserat appositas insidiosa seras.*

und V, 280.

Tota patet demta ianua nostra sera.

Dasselbe folgt aus PETR. 16. *Dum loquimur, sera sua sponte delapsa cecidit reclusaeque subito fores admiserunt intrantem.* Daher mag allerdings bei FESTUS [v. reserari p. 282 M.] gelesen werden: *serae namque dicuntur fustes, qui opponuntur clausis foribus.*, und daher ist auch der gewöhnliche Ausdruck für solches Verriegeln *opponere* oder *apponere seram*, d. i. *obserare*, [z. B. IUV. IV, 347. OVID. Am. II, 243 fg.] Dass die *sera* aber in den Pfosten auflag, ergiebt sich aus dem Refrain in der Ovidischen Elegie Amor. I, 6.

Tempora noctis eunt: excute poste seram.

wo in der Verbindung mit *excutere* unter *postis* nicht die Thüre verstanden werden kann. [Auch zeigen viele pompejanischen ostia die eingestemmten Vertiefungen in beiden Pfosten, um den Querbalken aufzunehmen, AVELLINO, descr. di una casa Pomp. p. 8 fg. IVANOFF, in Annali 1859. S. 100.] — Wenn man von der *sera* den *obex* unterscheidet, so ist diess nur insofern richtig, als das Wort genereller Ausdruck ist, der alles was vorgelegt oder vorgeschoben wird bedeutet [VERG. Georg. IV, 422. *obice saxi.* OROS. III, 19. SIL. ITAL. IV, 23 fg.

ac robora portis

Et fidos certant obices arcessere silva. u. A.]; keinesweges aber ist an eine besondere Vorrichtung zu denken. Daher heisst es bei PAUL. DIAC. p. 187 M. *Obices pessuli, serae.* [vgl. GELL. IV, 17.]

Wohl aber mögen anderer Art die *repagula* gewesen sein. Von ihnen sagt FESTUS p. 281. [mit MUELLERS Ann. S. 403.] *Repagula sunt, ut Verrius ait, quae patefaciundi gratia ita figuntur, ut ex contrario quae oppanguntur.* (Exc. *ut e contrario oppangantur.*) — *quae poetae interdum repages appellant.* Aus den Worten *patefaciundi gratia* lässt sich schliessen, dass es eine Vorrichtung war, welche gestattete, mit weniger Mühe als bei der *sera* die Thüre zu öffnen, und da der Name, die späteste Latinität ausgenommen, nur im Plural vorkommt, so kann man vermuthen, dass dadurch nicht, wie durch *sera*, ein Querbalken, sondern zwei von beiden Seiten her sich begeg-

nende Riegel bezeichnet werden [gewöhnlich von Holz, Plin.
h. n. XVI, 42, 82.], wesshalb wohl Festus sagt: *e contrario
oppanguntur.* Dann bedurfte es natürlich einer Verbindung
beider und vielleicht wurde diese auf dieselbe Weise bewirkt,
wie bei den Griechen durch βάλανος, einen Bolzen, der in eine
Höhlung, βαλανοδόκη, gesenkt den Riegel mit der Thüre ver-
band, und, da er selbst hohl war, mittels eines hineinpassenden
schlüsselartigen Instrumentes, βαλανάγρα, wieder herausge-
zogen wurde, wenn die Thüre geöffnet werden sollte. [Ver-
muthlich sind *repagula* als die einfachste Art des Verschlusses
von Klapp- (valvae) und Flügelthüren zu denken, wie sie uns
noch bei uralten Dorfkirchen begegnen. An der einen Thüre
befindet sich ein festes Querholz, an der andern ein beweg-
licher Riegel, welcher sich in das erste Holz vermittelst eines
Hakens oder Bolzens (oder auch eines in dem ersten angebrachten Einschnitts) einsenkt und vermöge eines höchst einfachen Schlüssels oder Hebels in die Höhe gehoben wird,
worauf die Oeffnung erfolgt. Darum stehen die *repagula* in
der Regel mit *valvae* in Verbindung, Cic. de div. I, 34. Verr.
IV, 43. Plin. h. n. a. a. O.] Einer gleichen Vorrichtung bedurfte es auch noch in anderen Fällen: erstlich wenn die
Thüren nach Aussen schlugen, wo der innerlich vorgescho-
bene Riegel nichts genützt haben würde, wenn er nicht durch
irgend etwas mit der Thüre verbunden gewesen wäre. Diess
konnte indessen auch durch einen einfachen Haken geschehen; wollte man aber die Thüre so verschliessen, dass auch
von Innen nicht jeder sie öffnen konnte, so erreichte man,
von künstlicherem Verschlusse abgesehen, diesen Zweck auch
durch die βάλανος.

Dieser Bolzen wird nun gemeiniglich für dasselbe mit dem
gehalten, was die Römer *pessulus* nannten und so nimmt den
Namen auch Böttiger Kunstmyth. I, S. 260. Mir ist aber,
ausser dem von Sagittarius angeführten Marcellus Empiricus,
keine Stelle bekannt, die nicht vielmehr dagegen stritte, als
dafür bewiese. — Die Sache wird schon von Plautus erwähnt. Aul. I, 2, 25. *occlude sis fores ambobus pessulis.* Dann

von Terent. Heaut. II, 3, 37. *Anus obdit foribus pessulum.*
Eun. III, 5, 55. *pessulum ostio obdo.* Allein die Stellen, welche
etwas deutlicher davon sprechen, sind bei Appul. Met. I, p.
11. Oud. [107 Elm.] *Ego vero adducta fore pessulisque fir-
matis grabatulo etiam pone cardines supposito et probe aggesto
super eum me recipio.* p. 49. [p. 108 Elm.] *Commodum limen
evaserant et fores ad pristinum statum integrae resurgunt, cardines ad foramina resident, postes ad repagula redeunt* [die
Thüren wenden sich wieder so, dass die *repagula* in einander
fallen], *ad claustra pessuli recurrunt.* p. 52. [p. 108 Elm.]
*Sumo sarcinulam meam et subdita clavi pessulos reduco.
At illae probae et fideles ianuae, quae sua sponte reseratae nocte
fuerant, vix tandem et aegerrime tunc clavis suae crebra immis-
sione patefiunt.* III, p. 199. [135 Elm.] *Et cum dicto pessulis
iniectis et uncino firmiter immisso sic ad me reversa.* IX, p. 631.
[226 Elm.] *Tunc Myrmex tandem clare pessulis subiecta repandit fores.* [IV, 150 Elm. *clavique substracta* u. s. w. siehe
unten.] — Es fällt in die Augen, dass in allen diesen Stellen
von etwas ganz anderem die Rede ist als von einem hohlen
Bolzen, der in die Oeffnung der *sera* eingesenkt wurde. Weder
lässt sich damit der Ausdruck *pessulum obdere foribus* und das
bei Appulejus mehrmals vorkommende *oppessulata ianua* wohl
vereinigen, noch sieht man ein, warum in den meisten Fällen
der Plural, *pessuli,* steht. [Polyb. XV, 30. θύρας — ἀποκλεισ-
μένας δὲ διττοῖς μοχλοῖς.] Aus Appulejus aber wird zwar die
Beschaffenheit der alten Schlösser auch nicht völlig klar, aber
das unter *pessulis* Riegel zu verstehen sind, welche durch einen
Schlüssel vor- und rückwärts bewegt werden, darüber kann
kein Zweifel sein und hätte man auch nur genauer angesehen,
was Salmasius a. a. O. p. 650. darüber sagt, so würde man
nicht in eine Verwechselung der *pessuli* mit der *sera* und βάλανος, der *clavis* mit der βαλανάγρα gefallen sein.

Bei Terenz kann unter *pessulus* ein einfacher Riegel verstanden werden, der vor- und zurückgeschoben wurde, ohne
dass man dazu eines Schlüssels bedurfte; bei Appulejus hingegen können die *pessuli* (ein Doppelriegel, der durch einen

Schlüssel bewegt wird) nicht zurückgezogen werden, ohne
den Schlüssel zu gebrauchen. Daher kann darüber kein Zweifel sein, dass im letzteren Falle wirkliche bedeckte Schlösser
zu verstehen sind, und wenn es in der zweiten aus Appulejus
angeführten Stelle heisst: *ad claustra pessuli recurrunt*, so sind
claustra der Schlosshaken, in den die Riegel einschliessen. —
Diese Erklärung ist um so wahrscheinlicher, da dieselbe Art
des Verschlusses noch jetzt in Rom sehr gewöhnlich ist.
[WEISS, Kostümkunde II, S. 1179. erklärt wenig wahrscheinlich *pessuli* als zwei sich begegnende Schieberiegel, von denen
der obere in den unteren einfalle, der Schlüssel hebe den
ersten heraus und beseitige den andern. Zu dieser Vorrichtung passen aber die oben erwähnten Stellen nicht, auch
möchten sich in technischer Beziehung allerlei Bedenken dagegen erheben.]

Solche Schlösser mussten natürlich alle Thüren haben,
welche von Aussen verschlossen und geöffnet werden sollten,
wie namentlich an Vorrathskammern, Schränken u. s. w. [Von
der Schatzkammer des geizigen Milo sagt APPUL. Met. III,
p. 141 Elm. *horreum — satis validis claustris obseptum obsera-
tumque — securibus validis aggressi diffindunt* (nämlich la-
trones). *Quo passim recluso* cett. Also heisst hier *claustra*
förmliche Schlösser.] Bei den Hausthüren fand das Bedürfniss
solchen Verschlusses weniger Statt, weil immer jemand im
Hause blieb, um öffnen zu können. Wollte man diess von
Aussen thun, so war dennoch, wie es scheint, in den meisten
Fällen der Schlüssel nur innerlich zu gebrauchen. [APP. Met.
IV, p. 150. *clavique subtracta fores ianuae repandit*, wo der
als Bär verkleidete Räuber Thrasyleon so von Innen öffnet,
also nicht ohne Schlüssel.] Es war dann ein Loch in der
Thüre, durch welches man die Hand stecken konnte, um mittels des Schlüssels die Riegel zurück zu ziehen. So findet es
sich bei APPULEIUS Met. IV, p. 359. [146 Elm.], wo der eine
der Räuber so zu öffnen versucht: *qua clavi immittendae fora-
men patebat, sensim immissa manu claustrum evellere gestiebat.*
denn mit OUDENDORP und Anderen anzunehmen, die Schlüssel

seien so gross gewesen (*claves eas oportet fuisse maximas*), dass
man durch das eigentliche Schlüsselloch die Hand habe stecken
können, ist fast lächerlich. Eben so hat man sich vielleicht die
Sache zu denken bei PETRON. c. 94. *continuo limen egressus ad-*
duxit repente ostium cellae meque nihil tale exspectantem inclusit
exemitque raptim clavem et ad Gitona investigandum cucurrit.;
denn hätte Eumolpus auch äusserlich den Schlüssel stecken
lassen, so wäre es doch dem Encolpius nicht möglich gewesen
zu öffnen. Vermuthlich liess man ihn aber gewöhnlich am
Schlosse innerlich stecken und das war auch hier der Fall
gewesen.

Bei Schränken und überhaupt kleineren Behältnissen,
welche irgend etwas verwahrten, wäre natürlich ein solches
Loch in der Thüre sehr übel angebracht gewesen. Sie wurden
also, wie bei uns, von Aussen verschlossen. Dasselbe geschah
indessen auch mit anderen und selbst Hausthüren. Mit Gewissheit ergiebt sich diess aus PLAUT. Most. II, 1, 57.

— *Clavem mi harunc aedium Laconicam*
    Iam iube efferri intus: hasce ego aedis occludam hinc foris.
Tranio will dem zurückgekommenen Theuropides glauben
machen, es wohne niemand mehr in dem Hause; darum ver-
schliesst er von Aussen, während er schon dem Philolaches
geheissen hat, es innerlich zu thun. Beides geschieht v. 78.

    Clavim cedo atque abi hinc intro: occlude ostium,
    Et ego hinc occludam.
Es musste also ein doppeltes Schloss an der Thüre sein, oder
der Verschluss geschah von Innen durch die *sera* oder *repa-*
gula, von Aussen durch ein eigentliches Thürschloss. Ferner
musste, wer vor der Thüre stand, wahrnehmen können, ob sie
von Aussen verschlossen sei, sonst würde Tranio zwecklos zu-
schliessen. Der dreifach gezahnte Schlüssel wird durchaus
als eine Erfindung der Lacedämonier angegeben, wesshalb er
eben *clavis Laconica* hiess und ich will die von SALMASIUS,
SAGITTARIUS, MOLIN und WUESTEMANN Pal. d. Sc. S. 183.
aus Aristophanes und seinen Scholiasten, Menander und Eu-
stathius angeführten Stellen nicht wiederholen. Vgl. auch

O. MUELLER, Dorer. II, S. 28. In welche Zeit die Erfindung
falle, ist für den römischen Gebrauch eine völlig gleichgültige
Frage; denn lange vor der Zeit, aus welcher wir Nachrichten
über das häusliche Leben der Römer erhalten, war er erfunden.

[Eine bisher übersehene und von AVELLINO zuerst veröffentlichte Art des Verschliessens ist, dass man einen an dem
unteren Ende der Thüre befestigten Riegel in die untere
Schwelle und einen anderen an dem oberen Ende in den
Sturz der Thüre schob, zu welchem Behufe besondere Vertiefungen da waren. Dieses geschah ziemlich regelmässig bei
den Flügelthüren, welche an jeder ihrer beiden Abtheilungen
und zwar an der schmalen Seite einen Riegel hatten, so dass
man nach Belieben nur den einen Flügel öffnen konnte, und
an den mehrtheiligen Klapp- oder Schiebethüren (wie sie die
Tabernen und Tablina hatten), deren einzelne Blätter (s. S.
155.) eine besondere Befestigung durch diese in den Boden
eingreifenden Riegel erhielten. Ohne diesen Mechanismus
würde eine solche Thüre, wenn sie verschlossen war, nicht
leicht eine gerade Linie gebildet haben. Dieses sehen wir in
den beiden Tabernen des Hauses der Bronzen (AVELLINO
descr. — la seconda p. 5 ff.) und in dem Tablinum des Hauses
der mit Figuren geschmückten Kapitäler (AVELLINO descr. de
una casa p. 4 ff.) S. auch IVANOFF, in Annali 1859, XXXI,
S. 102 ff. Der Name dieser ohne Schlüssel zu bewegenden
Riegel war *pessulus* als die allgemeine Bezeichnung solcher
Vorrichtungen, und folgende Stellen mögen derselben Erwähnung thun. PLAUT. Aulul. s. oben, Cist. III, 18.

Ubi estis servi? obcludite aedes pessulis, repagulis.

Curc. I, 2, 60 ff.

Pessuli, heus pessuli, vos saluto lubens
Vos amo, vos volo, vos peto atque obsecro,
Gerite amanti mihi morem amoenissimi:
Sussulite obsecro et mittite istanc foras.

Auch TER. Heaut. s. oben. MARCELL. EMPIR. 17. *foramine, in*
quo ianuae pessuli descendunt, quidquid repereris, collige. PRUD.
in Symmach. I, 65 fg.

Nunc foribus surdis, sera quos vel pessulus artis
Firmarunt cuneis.

Wenn ULP. Dig. XIX, 1, 17 pr. *seras, claves, claustra.* nennt,
so versteht er unter dem ersten die Riegel im weiteren Sinne,
und unter *claustra* Schloss im engeren Sinne, d. h. die pessuli
u. die einfachen repagula umfassend.   IVANOFF, S. 105—108
vindicirt die an den Bronzethüren der Kirche des heil. Cosmus
und Damianus in Rom noch erhaltene Verschlussweise dem
alten Rom. Dieselbe ist höchst complicirt und scheint bis jetzt
in den pompejanischen Ueberresten noch keine Bestätigung
gefunden zu haben.]

Endlich ist zu bemerken, dass die Thüren zuweilen sogar versiegelt wurden (*obsignare cellas*), welche Sitte alt war,
wenn auch nicht allgemein. PLAUT. Cas. II, 1, 1. u. a. s. Thl.
I, S. 169 (und gerade wo kein *cellarius* war). [PLIN. h. n.
XXXIII, 6. *At nunc cibi quoque ac potus anulo vindicantur a*
rapina. Ausser dem Versiegeln der Vorrathskammern wird
auch das der Frauengemächer erwähnt, jedoch nur bei den
Griechen, ARISTOPH. Thesm. 414 ff. PLAT. de Leg. XII, p.
954. PAULY, Realencykl. IV, S. 20.] Cicero's Mutter versiegelte selbst die leeren Flaschen, ad Fam. XVI, 26. *sicut olim*
matrem nostram facere memini, quae lagenas etiam inanes ob-
signabat, ne dicerentur inanes aliquae fuisse, quae furtim essent
exsiccatae. [PERS. Sat. VI, 17.] Anders ist es PLAUT. Mil.
III. 2.

DRITTER EXCURS ZUR ZWEITEN SCENE.

DAS HAUSGERÄTHE.

Wir nehmen hier Hausgeräthe im weiteren Sinn, ohne uns auf die Bedeutung der römischen *supellex* zu beschränken. Die Römer verstanden nämlich unter *supellex* nach Pomp. Dig. XXXIII, 10, 1. *domesticum patrisfam. instrumentum, quod neque argento aurore facto vel vesti adnumeratur.* Aehnlich Alfen. ebend. 6. und Tubero bei Cels. 7. § 1. *instrumentum quoddam patrisfam. rerum ad quotidianum usum paratarum, quod in aliam speciem non caderet, ut verbi gratia penum, argentum, vestem, ornamenta, instrumenta agri aut domus.* Es war also ursprünglich Gold und Silber davon ausgeschlossen, bis später in den Zeiten des gestiegenen Luxus auf den Stoff nichts mehr ankam, sondern nur auf den Gegenstand. Cels. a. a. O. *Nec mirum est, moribus civitatis et usu rerum appellationem eius mutatam esse; nam fictili aut lignea aut vitrea aut aerea denique supellectile utebantur; nunc ex ebore atque testudine et argento, iam ex auro etiam atque gemmis supellectile utuntur, quare speciem potius rerum quam materiam intueri oportet.* Desshalb zählt Paull. ebend. 3. als Gegenstände des supell. auf: Tische, Stühle, Bänke, lecti, Lampen, allerlei vasa, pelves, aquiminaria u. a., auch wenn sie von edlem Metall oder anderem kostbaren Stoffe waren, (*cristallina, argentea, vitrea, murrina.* Siehe Sen. ep. 110. *gemmeam supellectilem.* Paull. rec. sent. III, 6, 67.) Schränke u. s. w., s. noch Dig. l. l. 8. 9. § 1. Iavol. 11. und Dig. XXXIV, 2, 19. § 8. 9. 17.

Von diesem Geräthe unterschieden die Römer das sogenannte *instrumentum*, d. i. nach ULP. Dig. XXXIII, 7, 12. pr.
*apparatus rerum diutius mansurarum, sine quibus exerceri ne-
quiret possessio*, so z. B. bei einem Landgut alle ökonomischen
Geräthschaften, Vieh und Sklaven, bei einer Bäckerei alle
zur Betreibung dieses Geschäfts nothwendigen Gegenstände,
bei einer Taberne alle erforderlichen Gefässe, PAULL. rec.
sent. III, 6, 61 ff., bei einem Hause nach PEGASUS, CASSIUS
und A. *quod tempestatis arcendae aut incendii causa paratur
(ad tutelam domus)* z. B. Feuerspritzen, alle Reinigungswerk-
zeuge u. s. w. ULP. Dig. XXXIII, 7, 12. § 16 ff. Andere
Juristen verstanden freilich dem Sprachgebrauch des gemeinen Lebens zufolge unter instrumentum eines Hauses
auch die ganze supellex mit, wie NERATIUS und ULPIAN. s.
ebend. § 35. 43. CIC. de orat. 1, 36. *in oratoris instrumento
tam lautam supellectilem nunquam videram*, öfters SUET. Oct.
71. 73. Tib. 36. Cal. 39. u. s. w., in einem solchen weiten
Sinne, wie wir hier Hausgeräthe nehmen. Dazu gehörten
die Zimmermobilien, die Schränke und Kasten, die Gefässe
für Flüssigkeiten, der Beleuchtungsapparat, die Uhren, das
Küchengeräthe und die Instrumente für die Erhaltung der
Reinlichkeit.]

Die Mobilien der Zimmer waren nicht zahlreich, so dass
die römischen Zimmer nach modernen Begriffen fast leer erschienen wären. Kein Schreibtisch, keine Glasschränke und
Kommoden standen dort, keine Spiegel bedeckten die Malereien der Wände. Die ganze Einrichtung bestand in lectis,
Tischen, Stühlen, Candelabern. Höchstens kam dazu eine
Wasseruhr und für den Winter ein Kohlenbecken. Dagegen
wurde an diesen Stücken hinsichtlich der Eleganz und Pracht
nichts gespart. [OVERBECK, Pompeji S. 295—331. giebt unter
dem Titel: die monumentalen Reste und Zeugnisse des Ver-
kehrs und des Lebens, eine schöne Uebersicht über die bedeutendsten in Pompeji gefundenen Mobilien, Geräthe, Gefässe u. s. w. mit sauberen Abbildungen.]

Lectus.

[PAUL. DIAC. h. v. p. 115 M. VARRO L. L. V, 166.] Der
lectus, den man weder durch Bett noch durch Sopha recht
übersetzt, war ein einfaches Gestell, das gewöhnlich zu Kopfe
eine niedrige Lehne hatte und bald aus Holz [TER. Adelph.
IV, 2, 46. SEN. ep. 95. Ein solches einfaches versteht auch
wohl HOR. ep. I, 5, 1. unter *Archiacis lectis* und GELL. XII, 2.
unter *Soterici lect.*] (bei den Reichen aus sogenanntem Cedern-
oder Therebinthenholz, PROP. III, 7, 49. PERS. I, 52. PLIN.
h. n. XVI, 43.), bald und gewiss sehr häufig aus Erz bestand.
CIC. Verr. IV, 26. *Iam vero lectos aeratos et candelabra aenea
num cui, praeter istum, Syracusis per triennium facta esse exi-
stimatis?* PLIN. h. n. XXXIV, 3, 8. *triclinia aerata* (dass aerata
hier nicht heisst: hölzerne Gestelle mit Erzfüssen, welche
PLIN. XXXIV, 2, 4. erwähnt, geht daraus hervor, dass PLIN.
lauter Gegenstände aufzählt, welche aus massivem Erz bestanden; doch kann an anderen Stellen aerata allerdings die
Erzfüsse bezeichnen, z. B. vielleicht Liv. XXXIX, 6.). Die
hölzernen lecti wurden mit Elfenbein, Schildplatt und edlem
Metall ausgelegt, und namentlich mit elfenbeinernen, silbernen
und goldnen Füssen ausgestattet. Man denke schon an das
Bett des Odysseus, Odyss. XXIII, 199 fg.

ἐκ δὲ τοῦ ἀρχόμενος λέχος ἔξεον, ὄφρ' ἐτέλεσσα,
δαιδάλλων χρυσῷ τε καὶ ἀργύρῳ ἠδ' ἐλέφαντι.

wie vielmehr nicht in Rom, gegen dessen verschwenderische
Pracht der ausschweifendste Luxus aller Zeiten als ärmliches
Unvermögen erscheinen muss. [An manchen Stellen ist aus-
drücklich von Belegen mit edlen Stoffen die Rede, wie PLIN.
h. n. l. 1 und IX, 11. XXXIII, 11. SUET. Cal. 32. IAVOL.
Dig. XXXII, 100. *lectos testudineos pedibus inargentatos.*
PAULL. XXXIII, 10, 3, § 3. *lectos inargentatos vel inauratos
atque gemmatos.* an anderen heisst es ganz allgemein *lecti
aurei, aurati, eburnei, eburati, argentei* u. s. w. CIC. Tusc. V, 21.
SUET. Caes. 49. HOR. Sat. II, 6, 103. IUV. VI, 80. PLAUT.
Stich. II, 2, 53. PLIN. h. n. XXXVII, 2. SEN. ep. 110. VOP.
Firm. 3. PAP. Dig. XXXIII, 10, 9. § 1. VARRO L. L. IX, 47.,

lectos alios ex ebore alios ex testudine, womit übrigens auch meistens plattirte, selten massive Gestelle gemeint sind. Wenigstens fiel es auf, als Heliogabal Gestelle *solido argento* hatte. LAMPR. Hel. 20. Andere Ausschweifungen des Luxus s. SPART. Ael. Ver. 5.]

Dieses Gestell war mit Gurten bespannt, die bald *fasciae*, bald *institae*, auch wohl *restes* genannt werden, und das Polster, die Matraze trugen. (Im Mus. GREGOR. ist ein bronzener lectus mit einem Geflecht von Bronzeschienen statt der Gurte.) Das sind die *tenta cubilia* bei HORAT. Epod. XII, 12. Daher bei CICERO de div. II, 65. *Defert ad coniectorem quidam, somniasse se, ovum pendere ex fascia lecti sui cubicularis.* MART. V, 62.

> *Nulla tegit fractos nec inanis culcita lectos,*
> *Putris et abrupta fascia reste iacet.*

PETR. c. 97. *Imperavi Gitoni, ut raptim grabatum subiret, annecteretque pedes et manus institis, quibus sponda culcitam ferebat.* [CAT. R. R. 10. *lectos loris subtentos.*] Vgl. RADER zu d. a. St. Mart. und WOUWER und HEINS. zu Petron. Darauf bezieht sich auch der etwas schaale Witz bei ARISTOPH. Av. 812 ff.

> *Η. Βούλεσθε τὸ μέγα τοῦτο, τοὐκ Λακεδαίμονος,*
> *Σπάρτην ὄνομα καλῶμεν αὐτήν; Ε. Ἡράκλεις.*
> *σπάρτην γὰρ ἂν θείμην ἐγὼ τῇ 'μῇ πόλει;*
> *οὐδ' ἂν χαμεύνῃ πάνυ γε κειρίαν ἔχων.*

Auf den Gurten lag das Polster, *torus*, welches wenigstens später *culcita* genannt wurde. [Ueber torus s. wunderbare Etymologien bei VARRO L. L. V, 167. ISIDOR. XX, 1. SERV. zu Verg. Aen. II, 2.] Das gewöhnliche und eigentliche Material, womit man Polster und Kissen stopfte, *tomentum* [TAC. Ann. VI, 23. SUET. Tib. 54.], waren Wollenflocken. S. PLIN. VIII, 48, 73. welcher diesen Gebrauch der Wolle aus Gallien herleitet, ohne die Zeit bestimmen zu können, wo er üblich geworden. In alter Zeit aber hatte man blosse Strohmatrazen: *Antiquis torus e stramento erat, qualiter etiam nunc in castris.* und auch später stopften Aermere ihre Polster mit geschnittenem Schilfe (ulva) etwa wie wir mit Seegras, oder gar mit Heu. MART. XIV, 160.

> *Tomentum concisa palus Circense vocatur.*
> *Haec pro Leuconico stramina pauper emit.*

Ueber die Lesart *Leuconio* oder *Lingonico* s. SALM. z. ep. 159. [OVID. Met. VIII, 655. Fast. V, 519.] MART. XIV, 162. *Foenum.*

> *Fraudata tumeat fragilis tibi culcita mula:*
> *Non venit ad duros pallida cura toros.*

So sagt auch SENECA de vita beata, c. 25. *Nihilo miserior ero, si lassa cervix mea in manipulum foeni acquiescet, si super Circense tomentum per suturas veteris lintei effluens incubabo.* und [PLIN. XXVII, 10. von dem Gnaphalion, der sogenannten Wiesenwolle: *cuius foliis albis mollibusque pro tomento utuntur.*] — *Culcita* bedeutet wohl gewöhnlich, aber nicht immer das Polster worauf man lag, sondern überhaupt einen Pfühl, ein Kissen. [VARRO L. L. V, 167. leitet das Wort *ab inculcando* her, nämlich *quod in eas* (culcitas) *acus aut tomentum aliudve quid calcabant.* ISIDOR. XIX, 26.] Man sehe nur PLAUT. Mil. IV, 4, 42. *habeas culcitam ob oculos laneam.* vgl. PETR. c. 38. Später scheinen Weichlinge auch mit der Wolle nicht zufrieden gewesen zu sein, und es wurden nicht nur die cervicalia, sondern selbst der torus mit Federn gestopft. Besonders die Federn der weissen Gänse und namentlich den Flaum nahm man dazu; vorzüglich aber waren, wie etwa bei uns die Eiderdannen, die Federn der kleinen, weissen germanischen Gänse, *gantae*, in hohem Werthe, zu deren Jagd die Praefekten ganze Cohorten aussandten, und deren Federn mit fünf Denaren das Pfund bezahlt wurden. *Eoque deliciae processere, ut sine hoc instrumento durare iam ne virorum quidem cervices possint,* sagt PLINIUS X, 22, 27, Indessen spricht schon CICERO Tusc. III, 19. von einer *culcita plumea.* [APPUL. Met. X, p. 248 Elm. *pulvillis compluribus ventose tumentibus pluma delicata.* IUV. VI, 88 fg.

> *Sed quamquam in magnis opibus plumaque paterna*
> *Et segmentatis dormisset parvula cunis.*]

Auch Schwanenflaum wurde genommen nach MART. XIV, 161.

Lassus Amyclaea poteris requiescere pluma.

Interior cycni quam tibi lana dedit.

[Heliogabal nahm sogar die *plumas perdicum subalares* dazu, LAMPR. Hel. 19.] Dass auch der torus mit Federn gestopft wurde, sieht man aus MART. XIV, 159.

Oppressae nimium vicina est fascia plumae?

Vellera Leuconicis accipe rasa sagis.

[und XII, 17. s. unten.] und so sind wohl auch die *pensiles plumae* der lectica bei JUVEN. I, 159. zu verstehen. Wie verschieden war demnach ein solches römisches Bett von dem weichsten Lager der Griechen bei Homer, von dem nie ein Polster oder Pfühl, auch nicht im Hause der Reichsten, erwähnt wird. S. NITZSCH, Erkl. Anm. zu Hom. Odyssee. I. Bd. S. 210. — Zu Kopfe lag ein kleiner Pfühl, auch wohl mehrere, gewöhnlich, wie es scheint, rund, *pulvinus*, auf welchem man den Ellbogen stützte (SEN. de ira III, 37.) und speciell *cervicalia* d. i. Kopfkissen genannt, ISIDOR. XIX, 26.

Ueber das Polster wurden Decken, *vestes stragulae*, *stragula* [*a sternendo*, VARRO L. L. V, 167. auch wohl *pallia*, *operimenta* und *opercula*, VARRO l. l. *peristromata*, *tapeta*, ULP. Dig. XXXIV, 2, 25. § 3.] gebreitet; bei dem reichen Römer purpurfarbige, *conchyliata*, *conchylio tincta*, auch wohl mit eingestickten oder eingewebten Figuren, *Babylonica* und *Alexandrina*, natürlich nach eines jeden Vermögen, s. HEIND. zu Hor. Sat. II, 3, 118. [APPUL. Met. II, p. 123. *ebore nitentes lecti*, *aureis vestibus intecti*. PAULY, Realencykl. IV, S. 842.] In welcher Zahl solche Decken sich in mancher supellex finden mochten, lässt sich aus CIC. Verr. IV, 26. schliessen; vgl. Philipp. II, 27. *conchyliatis Cn. Pompeii peristromatis servorum in cellis lectos stratos videres.* [Die Redensart *sternere lectos* und *triclinia* s. noch VITRUV VI, 10. MACROB. II, 9. LAMPR. Heliog. 19. SUET. Oct. 73. und OVID. Met. VIII, 656 ff.

In medio torus est de mollibus ulvis,

Impositis lecto sponda pedibusque saligniis:

Vestibus hunc velant, quas non nisi tempore festo

Sternere consuerant.]

Trefflich spottet MARTIAL II, 16. über die Eitelkeit des Zoilus, der sich krank stellte, um den ihn besuchenden Freunden die *coccina stragula* seines Bettes zeigen zu können, die er wahrscheinlich eben von Alexandria erhalten hatte. [Noch gewähren zwei Stellen des APPUL. Met. X. ein sehr anschauliches Bild, nämlich p. 248 Elm. *pulvillis compluribus — cubitum praestruunt. sed et stragula veste auro murice Tyrio depicta probe consternunt.* und p. 256. *lectus Indica testudine perlucidus, plumea congerie tumidus, veste serica floridus.* Diese Ueberwürfe waren zuweilen so gross und faltenreich, dass man nichts von dem Gestelle und den Kissen sah, wie die Wandgemälde zeigen.] Die *pulvini* wurden selbst mit seidenen Stoffen überzogen, MART. III, 82, 7. s. Thl. I, S. 187. und schon bei HOR. epod. 8, 15. *Quid quod libelli Stoici inter sericos iacere pulvillos amant.*, dagegen bei CIC. p. Mur. 36. *lectuli Punicani haedinis pellibus strati.* s. auch SEN. ep. 95. p. 429 Bip. Die Veweichlichung ging so weit, dass man die *cervicalia* mit einem Federteppich überzog. Das waren die Arbeiten der *plumarii.*

Diese Benennung, die bei VARRO, VITRUV und auf Inschriften vorkommt, gehört zu den dunkelsten Ausdrücken. Die Erklärung des SALMAS. zu Vop. Carin. 20. p. 850 ff. ist die allgemeine geworden, bei der auch die neuen Herausgeber des Vitruv, SCHNEIDER, STRATICO und MARINI stehen geblieben sind. Er sagt p. 851. *plumas vocarunt veteres notas ex auro vel purpura rotundas et in modum plumarum factas (?), quibus vestes intertexebantur ac variabantur.* Ferner p. 852. nennt er sie *clavos intextos aureos, quae πλουμία Graeci recentiores vocabant. — a plumis igitur illis, h. e. clavis, quibus vestes intertexebantur, plumarii textores dicti, non solum qui clavos vestibus insuerent et intexerent, sed qui quocunque genere picturae, quibuscunque coloribus et figuris variatas vestes pingerent.* Für die letztere Behauptung ist er indessen den Beweis schuldig geblieben. Sie war aber für seine Erklärung unentbehrlich. Aber auch die Identität der plumarii mit jenen Goldstickern hat nur mit Hülfe einiger Conjecturen und unrichtig ange-

führter Stellen nachgewiesen werden können. Es wird daher
eine nochmalige Prüfung der herrschend gewordenen Meinung
nicht überflüssig sein.

Plumatae *restes* sind Gewänder, deren Grund, er möchte
weiss oder purpurfarbig sein, mit eingesticktem Golde auf gewisse Weise gemustert war. Warum die eingestickten *notae*
eben *plumae* genannt wurden, wird schwerlich aufgeklärt werden können; allein die Beweise dafür sind unzweideutig. So
sagt PROCOP. Κτισμ. Ἰουστ. III, 1. p. 53. χιτῶν ἐκ μετάξης ἐγκαλ-
λωπίσμασι χρυσοῖς πανταχόθεν ὡραϊσμένος, ἃ δὴ νενομίκασι πλουμία καλεῖν. PUBL. SYRUS. bei Petr. 55. *Plumato amictus aureo
Babylonico.* was zwar vom Pfau gesagt ist, aber doch nur in
Bezug auf die *restes plumatas.* LUCAN. X, 125.

> *Strata micant, Tyrio quorum pars maxima succo*
> *Cocta diu virus non uno duxit aheno;*
> *Pars auro plumata nitet.*

Ueberall wird der Schmuck als golden bezeichnet, nirgend
aber die Stickerei als in bunten Farben ausgeführt angegeben;
denn wenn die Glossarien *plumarius* durch ποικιλτής wieder-
geben, so liegt darin nicht das Buntfarbige. Die toga picta
ist eben auch mit Gold gestickt, bei APPIAN. Pun. 66. p. 389
Schweigh. ἔσταλται δὲ (Σκιπίων) ἐς τὸν πάτριον τρόπον πορφύραν
χρυσῶν ἀστέρων ἐνυφασμένων. und *variare auro* ist gewöhnlicher
Ausdruck. Eben so würde man aus dem Scholion zu LYCO-
PHRON v. 864. κάλχη φορυκτούς. πορφύρᾳ βεβαμμένους κυρίως, νῦν
δὲ τοὺς ἁπλῶς βεβαμμένους διὰ πολλῶν βαφῶν καὶ πεποικιλμένους
καὶ πλουμαρικοὺς λέγει. mit Unrecht folgern, πλουμαρικοί seien
buntgestickte. Im Gegentheil würden sie dann nicht besonders
neben den πεποικιλμένους genannt werden. — Völligen Missbrauch aber macht SALMASIUS von einer Stelle des FIRMICUS
MATERNUS, die er so anführt: *facient linteones aut tunicarum
textores plumarios,* und aus der er auf die Arbeit der *plumarii*
schliesst. Die Stelle findet sich B. III, 13, 10. p. 78 Bas. Es
sind aber dort keine *tunicarum textores plumarii* genannt, sondern es heisst: *facient linteones, aut tunicarum textores, plumarios, tinctores* etc., und dass FIRMICUS unter *plumariis* nicht

Verfertiger goldgestickter Kleider gemeint hat, ergiebt sich daraus, dass er diese stets durch Umschreibung bezeichnet; z. B. III, 3, 6. *qui nexo auro vestes pingunt.* ib 12. *ex auro vestes pingentes.* Welche Form also auch die *plumae* gehabt haben mögen, mögen sie, wie Saumaise annimmt, *clavi, orbiculi* (mouches) gewesen sein; die *plumatae vestes* waren jederzeit goldgestickte, und er hat für seine notas purpureas keinen Beweis beibringen können.

Wenn wir dagegen die Stellen des Varro und Vitruv betrachten, so scheint da von etwas ganz Anderem die Rede zu sein. Varro sagt bei Nonius 11, p. 616. *Etenim nulla, quae non didicit pingere, potest bene indicare, quid sit bene pictum a plumario aut textore in pulvinaribus plagis.* Hier wird der *plumarius* ausdrücklich von dem *textor*, der doch auch Figuren einweben soll, unterschieden. War übrigens sein Geschäft, bloss *notas rotundas, clavos* einzunähen — und nur als etwas der Art lassen sich die πλουμία erklären — so war die Kunst eben nicht gross, und warum gehörte dann zu deren Beurtheilung das *didicisse pingere?* Wie unpassend wäre auch gerade Goldstickerei zu *pulvinaribus plagis* gewesen, wozu man die weichsten Stoffe nahm. S. Mart. III, 82, 7. Salmasius corrigirt übrigens *plumario textori* mit Weglassung des *aut* und nimmt an, *texere* könne auch das Sticken bezeichnen! Noch weniger lässt sich mit obiger Erklärung die Stelle Vitruvs vereinigen. Sie steht B. VI, 7 Strat. (Marini und Schn. c. 4.) *Non minus pinacothecae et plumariorum textrinae pictorumque officinae, uti colores eorum in opere propter constantiam luminis immutata permaneant qualitate* (ad septentrionem spectare debent). Hier werden die Werkstätten der *plumarii* ausdrücklich *textrinae* genannt. Es werden also nicht fertige Gewänder durch Stickereien geschmückt, sondern es wird auf irgend eine Weise gewebt. Sodann ist nicht von Gold die Rede, sondern es handelt sich um Farben, die das Sonnenlicht nicht treffen soll, damit sie nicht verbleichen.

Dies Alles scheint eine andere Erklärung des Ausdrucks zu fordern, und wie nahe auch die Verwandtschaft zwischen

plumata vestis und *plumarius* scheint, so ist doch wahrscheinlich bei VARRO und VITRUV von ganz anderen Arbeiten die
Rede. — In Glossarien wird *plumarius* durch πτιλοβάφος,
Federfärber, übersetzt. Freilich ändert auch hier SAUMAISE
das Wort in ψιλοβάφος, wo dann βάπτειν so viel als *variare*
überhaupt sein und auch das Sticken bezeichnen soll! Wenn
von einem Buntdrucke die Rede wäre, so wäre das möglich;
allein so wenig der Römer statt *acu pingere* gesagt haben
würde *tingere vestes*, so wenig wird βάπτειν diese Bedeutung
haben können. Vielmehr scheint das πτιλοβάπτης sehr richtig
zu sein und mit Hülfe einiger Stellen aus MARTIAL und PRO-
PERZ wird sich eine Erklärung des *plumarius* geben lassen.

Wenn es bei Ersterem XII, 17. vom Fieber heisst, das
den Lentinus nicht verlassen will, weil er es zu gut pflegt:
Dormit et in pluma purpureoque toro. so kann dies allerdings
von den Federn verstanden werden, mit denen man in späterer
Zeit die Kissen stopfte. — Nicht wohl wird dieselbe Erklärung passen auf das Epigramm XIV, 149. mit dem Lemma
Cervical:

> *Tinge caput nardi folio; cervical olebit:*
> *Perdidit unguentum cum coma, pluma tenet.*

denn die Salbe konnte doch nur dem Kissenüberzuge, der
plaga pulvinaris sich mittheilen. Noch weit unstatthafter aber
ist es, mit BÖTTIGER, Sabina II, S. 52. nach Passeratius und
Burmanns Vorgange, was PROPERT. III, 7, 50. vom Paetus
sagt: *Effultum pluma versicolore caput.* von Kissen zu verstehen, die mit bunten (doch wohl buntgefärbten?) Federn gestopft seien. — Zwar bei PETRON. c. 38. gehört es zu den
Abgeschmacktheiten des Trimalchio, Purpurwolle in den Kissen zu haben: *Vides tot culcitas? Nulla non aut conchyliatum*
aut coccineum tomentum habet. Allein das sollte den Kissen
einen höheren Werth geben, und von PETRONS Schilderung
der einfältigen Verschwendung in diesem Hause ist überdiess
nicht immer auf die Wirklichkeit zu schliessen. — Welchen
Zweck aber könnte es gehabt haben, die Kissen mit Federn

von verschiedener Farbe, *pluma versicolore* zu stopfen, was ja
niemand bemerken konnte!

Aus diesen Gründen glaube ich, dass die *plumarii* wirkliche Federteppiche fertigten, mit denen man die pulvinos
oder cervicalia überzog, und dasselbe bedeuten vermuthlich
bei Poll. X, 1, 10. πτερωτὰ καὶ πτιλωτὰ προσκεφάλαια. Hat
man in neuerer Zeit grosse, sehr dauerhafte Tapeten mit allerhand Emblemen aus lauter bunten Federn zu fertigen verstanden, warum wollen wir nicht dem Alterthume dieselbe
Geschicklichkeit zutrauen, das an Künstlichkeit der Arbeit
unsere Zeit in manchen Stücken übertraf? Uebrigens spricht
ja Seneca, ep. 90. selbst von Kleidung aus Federn: *non avium
plumae in usum vestis conseruntur? -* Dann sind in den angeführten Stellen keine Widersprüche mehr und *plumarius*, zugleich πτιλοβάφος, (von *pluma*; von *plumare* würde es *plumator*
heissen) ist der, welcher in Federn arbeitet, wie *lanarius* der
in Wolle, *argentarius* der Silberarbeiter u. s. w.

[So unzweifelhaft Becker bewiesen hat, dass *plumatae
vestes* Stoffe mit Goldstickerei und *plumarii* die Verfertiger
von Federteppichen bedeuten, so unsicher ist die Anwendung
dieser Stoffe auf Kissenüberzüge; wenigstens lässt es sich
ganz abgesehen davon, dass eine derartige Arbeit sich gerade
am wenigsten für Kissen eignen würde, um darauf zu sitzen
oder zu liegen — nicht aus den angegebenen Stellen darthun,
wie bereits Hertzberg in der mehr erwähnten Recension S.
2296. bemerkt hat. Bei Mart. XIV, 149. ist *pluma tenet.* ganz
einfach von den inneren Federn des Kissens zu verstehen,
welche bei dem dünnen Ueberzug das Salböl sehr leicht an-
ziehen und den Geruch nicht so leicht wieder von sich lassen.
Die Worte des Prop. aber *versicolore pluma.* können entweder
als Metonymie angesehen werden und würden s. v. a. der bunte
Ueberzug eines Federkissen bedeuten (so wie bei *tori picti*
Verg. Aen. I, 708. und *toro purpureo* Ovid. Heroid. V, 88.
auch nur die Farbe des Ueberzugs oder Umwurfs berücksichtigt ist, nicht des torus selbst), oder man kann wirkliche bunte
Federn annehmen, mit denen das Kissen gestopft ist und

welche durch die dünnen Ueberzüge hindurchschimmern, welcher Erklärung HERTZBERG den Vorzug giebt, indem er auf Cic. Verr. V, 11. verweist: *pulvinus perlucidus Melitensis, rosa fartus.* — HOFMANN, Recens. d. Gallus S. 784. vertheidigt die frühere Ansicht, dass *plumarii* die Verfertiger der *plumatae vestes* gewesen, indem er die oben angeführten Stellen des Varro und Vitruv anders erklärt.]

Von den Decken, welche über die lecti gebreitet wurden, *stragula,* sind durchaus zu unterscheiden die *toralia.* Es ist kaum zu begreifen, wie HEIND. zu Hor. Sat. II, 4, 84.

Et Tyrias dare circum illota toralia vestes.

mit Verweisung auf epist. 1, 5, 21. sagen konnte: „In beiden Stellen ist offenbar *toral, toralia* etwas sogleich in die Augen Fallendes, also ein Ueberzug oder eine Decke der von purpurnen Stoffen umgebenen Kissen (*tori*) der Sophas." [Diese Ansicht war früher die allgemeine, s. z. B. TURNEB. Adv. I, 24. CHIMENTELL. c. 31. CIACCON. de triclin. p. 16. mit URSIN. app. p. 230. u. a.] Die Stelle PETRONS c. 40. ist allein hinreichend, diess zu widerlegen. Dort soll eben das Hauptgericht, der Eber, aufgetragen werden, und daher lässt Trimalchio dem Triclinium plötzlich ein auf die Jagd sich beziehendes Aeusseres geben, wie denn auch die Jagdhunde hereingelassen werden. — *donec advenerunt ministri ac toralia proposuerunt toris, in quibus retia erant picta subsessoresque cum venabulis et totus venationis apparatus.* Man bedenke, dass sämmtliche Gäste auf den lectis liegen, und die Sklaven des Wirths ohne Weiteres *toralia proponunt,* so wird niemand darunter über die Lager zu breitende Decken verstehen können. Vielmehr sind es Behänge, mit denen der lectus von dem torus an bis zum Fussboden bekleidet wird, *proponuntur,* und daher sagt auch HORAZ *circum Tyrias vestes* (purpureum torum) *dare illota toralia.* So hat es auch CASAUBONUS zu Lamprid. Heliog. 19., den HEINDORF selbst anführt, aber nicht wohl verstanden zu haben scheint, gemeint: „*In apparatu lectorum* ὑποβλήματα *sunt et* ἐπιβλήματα *ac* περιβλήματα. *Torale est* τῶν περιβλημάτων *recteque in Glossario vertitur* περίκλινον." Dann unter-

scheidet er „*stragula, quibus tori sternebantur et toralia, quae
circumiiciebantur.*" — Daher heisst es bei PAULL. Dig. XXXIII,
10, 5. pr. *De tapetis quaeri potest, quibus subsellia cathedraria
insterni solent, utrum in veste sint, sicut stragula, an in supellectile, sicut toralia, quae proprie stragulorum non sunt.* [Diese
Erklärung wird vollkommen bestätigt durch VARRO L. L. V,
167. *contra Latinum toral, quod ante torum.* Weniger klar
ist das Fragment bei NON. I, 35. wo unter toral vielleicht der
Vorhang der lectica verstanden wird. Oder man muss annch-
men, dass toral auch im weiteren Sinne in der Bedeutung von
stragulum gebraucht worden sei. Namentlich wurden die toralia bei den lectis triclin. angewandt. ORELL. 2270. aus den
act. fratr. Arval. c. 32. *discumbentes toralibus segmentatis.* d. i.
gemustert.]

. Man unterschied nämlich *lectus cubicularis* und *tricliniaris*
[s. noch den zweiten Exc. zur neunten Scene], LAMPR. Hel. 20.
VARRO L. L. VIII, 32. *quod si esset analogia petenda supel-
lectili, omnes lectos haberemus domi ad unam formam et aut cum
fulcro aut sine eo, nec cum ad tricliniarem gradum, item ad cu-
bicularem.* Demnach wäre der tricliniaris höher gewesen als
der cubicularis, da doch von diesem immer *scandere, ascendere,
descendere* gesagt wird. S. BROUKH. zu Tib. I, 2, 19. OVID.
Fast. II, 349—354. Auch SERV. zu Verg. Aen. IV, 685. sagt:
quia lecti antiquorum alti erant et gradibus ascendebantur. LUCAN.
II, 356. *gradibusque acclivis eburnis Stat torus.* [VARRO L. L.
V, 168. *Qua simplici scansione scandebant in lectum non altum,
scabellum, in altiorem, scamnum. Duplicata scansio gradus dicitur.*] Diese gradus scheinen die oft erwähnten *fulcra* zu sein,
nämlich pedum. [Oder *fulcra* sind wohl richtiger die als Füsse
dienenden mit Shinxen, Greifen und anderen Thierfiguren verzierten starken Unterlagen, im Gegensatz zu den zierlicheren
runden pedibus. Wenigstens sagt HYGIN. Fab. 274. *Antiqui
nostris in lectis tricliniaribus in fulcris capita asinorum vite alli-
gata habuerunt.* und ISIDOR. XIX, 26. *fulcra sunt ornamenta
lectorum, dicta quod in iis fulcimur i. e. sustinemur vel quod to-
ros fulciant.* PLIN. h. n. XXXIV, 2. unterscheidet *pedes* und

fulcra: Antiquissima aeris gloria Deliaco fuit — et ideo cura officinis tricliniorum pedibus fulcrisque.] Die Hauptstellen sind: PROP. II, 10, 21 fg.

> *Nec mihi tunc fulcro sternatur lectus eburno;*
> *Nec sit in Attalico mors mea nixa toro.*

IV, 7, 3.

> *Cynthia namque meo visa est incumbere fulcro.*

Iuv. VI, 22. *sacri genium contemnere fulcri.*

XI, 95 fg.

> *Qualis in Oceani fluctu testudo nataret*
> *Clarum Troiugenis factura ac nobile fulcrum.*

vgl. VERG. Aen. VI, 603. SUET. Claud. 32.

Der lectus cubicularis hatte übrigens oft, zumal wenn er für zwei Personen bestimmt war, auf der einen Seite eine Lehne (wie unsere Sophas), *pluteus*, welcher Name auch zur Bezeichnung der ganzen Seite dient, während die offene Seite, wo man aufstieg, *sponda* hiess. ISIDOR. XX, 11. *sponda exterior pars lecti, pluteus interior.* Dasselbe ist bei OVID. Am. III, 14, 32. *prior interiorque torus.* S. SALMAS. zu Mart. III, 91, 9. SUET. Caes. 49. SCIP. AFR. bei Gell. VII, 12. [Auf den Abbildungen herrscht grosse Mannigfaltigkeit der Formen, rücksichtlich der Höhe der Füsse, und rücksichtlich der Lehnen; zuweilen sind sie unseren Sophas und Causeusen (mit hohen Seitenlehnen am Kopfende) ganz ähnlich.]

Was die Sophas zum Studiren betrifft, so bemerkte schon BÖTTIGER Sab. I, S. 35., dass den Alten Schreibtische, vor denen sie auf Stühlen sitzend studirt hätten, etwas Fremdes waren. Man meditirte, man las, man schrieb liegend auf dem *lectus* oder *lectus lucubratorius*, auch *lectica lucubratoria*, [welche in der Hauptsache den anderen lectis gleich waren], SUET. Aug. 78. Darum sagt OVID. Trist. I, 11, 37.

> *Non haec in nostris, ut quondam, scribimus hortis,*
> *Nec consuete meum lectule corpus habes.*

und SENECA, epist. 72. *Quaedam sunt, quae possis et in cisio scribere; quaedam lectum et otium et secretum desiderant.* vgl. PERS. I, 52. *quidquid lectis scribitur in citreis.* — Der *habitus*

studentis wie sich PLIN. ep. V, 5. ausdrückt, war ohne Zweifel
der Art, dass man fast wie im Triclinium sich etwas auf den
linken Arm stützte und das rechte Bein etwas hinaufzog, um
darauf das Buch zu legen, oder zu schreiben. Indessen kann
wohl auch an der Lehne des lectulus (pluteus) eine Vorrichtung zum Schreiben gewesen sein, und vielleicht meint das
PERSIUS, wenn er I, 106. von einem Dichter, der sich seine
Gedichte nicht eben sauer werden lasse, sagt:

Nec pluteum caedit, nec demorsos sapit ungues.

vgl. IUV. II, 7. [und SIDON. AP. II, 9. *grammaticales plutei.* —
Sehr unsicher ist, ob das in einer Handschrift des VERGIL befindliche Gemälde, welches Vergil an einem Stehpult arbeitend
darstellt, wirklich dem vierten Jahrhundert angehört, wie behauptet worden ist, s. VISCONTI, iconograph. Rom. Tom. I.

Noch sind zwei aus Griechenland herübergekommene
Namen zu erwähnen, *scimpodium* und *grabatus*, welche in
Griechenland ganz dasselbe bedeutet haben mögen, nämlich
ein niedriges schmales Lager, s. die im Charikles III, S. 69.
citirten Stellen. *Scimpodium* kommt nämlich von σκίμπτω her
und heisst also ein zusammengekauerter niedriger lectus. In
Rom aber machte man anfangs insofern einen Unterschied,
als man den Namen *grabatus* auf die lecti der Armen übertrug, welche an sich niedriger waren als die der Reichen,
während man die neumodischen niedrigen Lager der Vornehmen *scimpodium* nannte. Die Aermlichkeit der grabati geht
klar hervor aus dem Zusammenhang bei CIC. de div. II, 63.
non modo lectos, verum etiam grabatos. SEN. ep. 18. werden
sie in Verbindung mit *modicas cenas, pauperum cellas.* erwähnt, ep. 20. [APPUL. Met. I, p. 112. 114. Elm.] Auch dienten sie in den Wirthshäusern der Bequemlichkeit der ankom-
menden Reisenden, PETRON. 52. [Ebenso APPUL. Met. I.
p. 107. *grabatulus alioqui breviculus et uno pede mutilus ac pu-
tris.,* unter welchem sich Aristomenes versteckt.] Die *scimpodia*
dagegen werden nur bei Reichen genannt, wo sie vorzüglich
in Krankheitsfällen angewandt wurden, z. B. GELL. XIX, 10.
DIO CASS. LXXVI, 13. erzählt auch, dass sich Sept. Severus

als Kranker in dem scimpodium habe tragen lassen. Dieses hatten jedoch früher schon Augustus und Tiberius gethan. Der bezeichnete Unterschied hörte aber später auf und man nannte die kostbaren Scimpodien nun ebenfalls Grabatus, z. B. SCAEV. Dig. XXXIII, 7, 20. § 8. *grabatus argento in aurato tectus*. Sehr niedrig waren auch die sogenannten *Punicani lecti*, welche Isid. XX, 11. nennt.]

Stühle.

Stühle wurden bei den Römern weniger gebraucht als bei uns und sind nur etwa für Besuchende erforderlich [z. B. Gell. II, 2. Sen. de clem. I, 9.], wiewohl man dann auch die exedras hatte. Man unterscheidet *sella* und *cathedra* und eignet letztere besonders den Frauen zu; doch kann man keineswegs sagen, dass die *sella* die einfache Form unserer Stühle, nur etwa mit etwas mehr zurückgebogener Lehne gehabt und dass *cathedra* einen Armstuhl bedeutet habe; denn es lässt sich dagegen erinnern, dass gerade die sellae gestatoriae Armstühle waren und dagegen Frauen öfter auf jenen einfachen Stühlen sitzend vorkommen. Ueberhaupt bezeichnet sella wohl jeden Stuhl, von der *sella quotidiani quaestus* des Handwerkers an (Cic. in Cat. IV, 8. s. Mus. Borb. IV, t. 50.) bis zur sella curulis. Die cathedra gehört auch mit darunter und dass dieser besonders bei Dichtern übliche Ausdruck am häufigsten in Bezug auf Frauen vorkommt, erklärt sich daraus, dass diese in der Regel nicht lagen, sondern sassen. [Allerdings waren *sella* und *sedile* (mit den Deminutiven *sediculum* und *sedecula*, Paul. Diac. p. 336 M. Cic. ad Att. IV, 10.) die allgemeinsten Ausdrücke für jeden Stuhl, obgleich *sedile* ursprünglich nur den eigentlichen Sitz oder das Sitzpolster bezeichnet. Ein alterthümlicher Name war *seliquastrum*. Fest. p. 340 M. Varro L. L. V. 128. *Ab sedendo appellatae sedes, sedile, solium, sellae, seliquastrum — subsellium - bisellium. —* Die allgemeine Bedeutung von *sella* zeigt die oben erwähnte Anwendung in den Tabernen der Handwerker und der Tonsoren, Dig. IX, 2, 11. pr., ferner an den Hausthüren der Buhlerinnen (Plaut. Poen. I, 2, 56. Sen. de ben. I, 9.), in den Bädern

(s. den ersten Excurs z. siebenten Scene), sodann in den Lehr-
zimmern (Cic. ad Fam. IX, 18. S. 66 fg.), und auf dem Tribunal des richtenden Magistrats (ähnlich der *sella curulis* und
der *sella imperatoria*, Spart. Sev. 1. wie sie schon Cäsar hatte
und zwar *aurea* nach einem Scons. bei Cic. Phil. II, 34. Suet.
Caes. 76. Cic. Verr. II, 38. *de sella ac tribunali pronuntiat.*
ebenso V, 59. Suet. Claud. 23. und Plin. ep. II, 11. *sellis
consulum.*), ebenso wie im Lager für die Feldherrn, Suet.
Galb. 18. *castrensem sellam;* abgesehen davon, dass sella auch
Tragsessel und noch ein anderes unästhetisches Hausgeräthe
bezeichnet (eigentlich *sella familiarica* genannt). S. noch Cod.
Th. XV, 13. *de usu sellarum* in dem allgemeinsten Sinn. Auch
sedile, obgleich selten vorkommend, hat eine ganz allgemeine
Bedeutung. So finden wir ausser den *sedilibus ligneis* bei Suet.
Oct. 43. ein *sedile regium.* bei Spart. Hadr. 23. vgl. Cels.
VIII, 10. Als Marmorbank wird *sedile* bei Plin. ep. V, 6, 40.
gebraucht und mehrmals bei Dichtern, s. die Lexica.

Eine besondere Gattung von Stühlen hiess aber *solium*,
welche wir uns stets als einen höheren thronähnlichen Ehren-
sitz denken müssen. Ihn nahm vor Alters der Hausvater ein,
wenn er als Patronus seinen Clienten den gewünschten Rath
ertheilte. Cic. de leg. 1, 3. *more patrio sedens in solio consu-
lentibus responderem.* de or. II, 55. *in rutis et caesis solium pa-
ternum recepisse.* Solche solia wurden den Göttern in den
Tempeln geweihet, so *sol. Ioris*, Suet. Cal. 57. Oct. 70. or. de
har. resp. 27. Auch wird der königliche Thronsessel sehr oft
solium genannt, Serv. zu Verg. Aen. I, 510. *in quo reges sede-
bant.* und zu VII, 169. In diesem Sinne mehrmals bei Vergil.
und Ovid. Cic. de fin. II, 21. *ornatu regali, in solio sedens.*
S. noch Isidor. XX, 11. und Fest. h. v. p. 298 M. Wahrscheinlich waren die prachtvollen oft goldfarbigen Throne der
Götter, wie des Mars und der Venus, des Bacchus, der Ceres
u. s. w., welche sich auf pompejanischen Wandgemälden finden, römische *solia* oder denselben wenigstens ähnlich, z. B.
Mus. Borb. VIII, 20. VI, 53. 31. Pitt. d'Herc. I. t. 29. Sie
haben geradestehende Rück- und Armlehnen, ebensolche Füsse

von der zierlichsten Form und kleine Fussbänkchen. Bunte
Kissen fehlen ebensowenig als im Rücken ein weiter Ueber-
wurf, welcher in Falten an beiden Seiten der Rücklehne herabfällt. CHIMENTELL. de honore bisell. c. 18.

Die *cathedra* dagegen dient nicht wie das *solium* dem
Prunke und der Repräsentation, sondern der Bequemlichkeit;
darum hat sie nicht die steifen Verhältnisse und die grade-
stehende Lehne des *solium*, sondern gefällige dem Körper sich
anschmiegende Formen, also schräg ablaufende Rücklehnen,
in denen es sich behaglich ruhete, etwa wie der Stuhl in ANT.
D'HERC. IV, 97., dessen Rücklehne hoch ist und nach oben
immer breiter wird, um den Kopf nach beiden Seiten hin gut
anlehnen zu können. Aehnlich im MUS. BORB. IV. t. 18. stets
jedoch ohne Armlehnen. Dass diese Bestimmungen richtig
sind, ergiebt sich aus folgenden Stellen: IUV. VI, 90 fg.

famam contemserat olim,
Cuius apud molles minima est iactura cathedra.

MARTIAL. III, 63. sagt zu dem weichlichen Cotilus:

Inter femineas tota qui luce cathedras
Desidet.

und zu Candidus XII, 38.

Hunc qui femineis noctesque diesque cathedris etc.

IUV. IX, 52. *strata positus longaque cathedra.* (also sie ist
weich gepolstert und lang). Dass sie mit einem *stragulum* bedeckt war, sehen wir auch aus MART. XII, 18.

Ignota est toga. sed datur petenti
Rupta proxima vestis e cathedra.

Dieser Bequemlichkeit wegen wird die cathedra vorzüglich in
Verbindung mit Frauen erwähnt, z. B. MART. IX, 99. PHAEDR.
III, 8, 4. HOR. Sat. I, 10, 90 fg.

Demetri teque Tigelli
Discipularum inter iubeo plorare cathedras.

Die Frauen pflegten sogar darauf ruhend zu schreiben, PROP.
IV, 5, 37 fg.

Supple.r ille sedet. posita tu scribe cathedra
Quidlibet.

Doch war der Gebrauch dieser Armsessel nicht auf die Frauen
beschränkt, sondern dieselben wurden auch Männern bei Besuchen angeboten, z. B. bei SEN. de clem. I, 9. lässt August
dem Cinna eine cathedra setzen und PLINIUS hatte sowohl in
seinem Laurentinum dergleichen, ep. II, 17. *lectum et duas*
cathedras capit (cubiculum), als in der Stadt, VIII, 21. *positis*
ante lectos cathedris amicos collocari, (nämlich um ihnen vorzulesen). — Dass man aber die Sessel der Lehrer *cathedras*
nannte, hatte seinen Grund nicht in deren Bequemlichkeit,
sondern darin, dass, da cathedra ohne Rücklehne undenkbar
war, man nur an Lehnstühle denken konnte. IUV. VII, 203.

> *Poenituit multos vanae sterilisque cathedrae.*

MART. I, 77. PHILOSTR. soph. II, 2. SIDON. ep. VII, 9. Eine
besondere Art von cathedra, welche aus Weiden geflochten
waren, erwähnt PLIN. XVI, 37, 68. Ueber die cathedra vergl.
LIPSII Elect. I, 19. CHIMENTELL. de hon. bisell. c. 23. BÖT-
TIGER, Sabina I, S. 35 fg. DITTRICH, de cath. feminarum Rom.
Lips. 1836. (nur citirt in PAULY IV, S. 844.)

Die anderen Stühle ausser dem solium (d. i. steifer Staats-
sessel mit Rück- und Armlehne) und der cathedra (d. i. wirk-
licher Ruhesessel mit einer gepolsterten Rücklehne, die sich
sogleich an den Sitz anschliesst, sanft hintergebogen, aber
ohne Armlehne) hatten keine besonderen Namen oder haben
sie uns wenigstens nicht hinterlassen, sondern sie trugen den
allgemeinen Namen *sella*, welcher wie unser Stuhl von allen
Sorten gesagt werden konnte. Ihre überaus grosse Mannigfaltigkeit und Anmuth erkennen wir nur aus den pompejanischen
Wandgemälden, welche uns viele Formen vor die Augen führen, deren Aehnlichkeit mit den modernsten oft wahrhaft über-
raschend ist. Was zunächst die Füsse betrifft, so sind dieselben
entweder geradeauslaufend, meist zierlich gedrechselt (ZAHN,
schönste Ornam. JU, Taf. 58. 93.), oder anmuthig geschweift;
auch hatten manche Sessel kreuzweis gestellte Füsse (säge-
bockähnlich), wie im MUS. BORB. VII. t. 3. Noch grösser war
die Verschiedenheit in Beziehung auf die Lehnen. Viele Stühle
hatten gar keine Lehne, wie unsere Tabourets u. Klappstühle,

z. B. im Mus. Borb. VII. t. 53. IX, 18. Ant. d'Herc. II, 124.
III, 133. Zahn, schönste Ornam. III, Taf. 92. 100. (sogar die
der Kaiser sind oft ohne dieselbe, Mus. Borb. IV. t. 37.), andere eine sehr niedrige, wie Mus. Borb. VIII. 5., noch andere
eine hochragende und zwar theils vorwärts gebogen, theils
nach hinten geneigt. Meist aber ist sie halbrund (darum auch
arcus genannt, Tac. Ann. XV, 57.), um den Rücken gleichsam
zu umfassen und weitgespannt, z. B. Mus. Borb. XIII, 21, 36.,
selten gitterartig gearbeitet, wie Mus. Borb. XII, 3. Auf den
Sitzen liegen Polster oder Kissen, welche beweglich zu sein
scheinen und desshalb mit breitem und schmalem Band befestigt wurden, wie man auf den beiden zuletzt genannten
Bildern, aber auch auf anderen ganz deutlich sieht. Vergl.
Zahn, a. a. O. III, Taf. 58. 93. Die Gestelle aller Stühle
waren von Holz (oft kostbar plattirt und eingelegt mit Elfenbein u. s. w.) oder von Metall gerade wie die lecti. Vgl. überhaupt Chimentell. marmor Pisanum de hon. bisellii. Bo-
nom. 1666.

Bänke (*scamna* und *subsellia*, Varro L. L. V, 168. Isid.
XX, 11.) wurden von dem vornehmen Römer im Hause wohl
gar nicht gebraucht, ausser in den Bädern oder wo sie vor
dem lectus standen, um das Besteigen des Lagers zu erleich-
tern. Isidor. und Varro. Eine besondere Art sind die *subsellia cathedraria*, bequemere Bänke mit Lehnen, welche
Paull. Dig. XXXIII, 10, 5. nennt, nebst *tapetis* zum Be-
decken der Polster. Das sind die *tegumenta subselliorum* bei
Ulp. Dig. XXXIV, 2, 25. § 1. Auch in den öffentlichen Bädern fehlten sie nicht, Paull. rec. sent. III, 6, 65. und in
Pompeji haben sie sich gut erhalten, s. den ersten Excurs zur
siebenten Scene. Im Mus. Borb. IV. t. 47. t. A. sind hölzerne
Bänke abgebildet, von denen die eine sehr zierliche Füsse hat.
Auf den häufigen Gebrauch der Bänke im öffentlichen Leben,
namentlich bei Gericht und im Theater hinzuweisen, würde
überflüssig sein. Chimentell. c. 21. 22. *Scabella* (voh *scamnum* Quinct. I, 4, 12.) hiessen die kleinen Fussbänke, welche
sich oft vor den Sesseln befanden, ebenso niedrige lange Fuss-

polster, Isidor. l. l., auch *hypodia*, Paull. III, 6, 65. Chimentell. c. 29. Zahn, schönste Ornam. III, Taf. 58. 92.]

Tische.

In keinem Stücke des sämmtlichen Hausgeräthes scheint ein grösserer Aufwand Statt gefunden zu haben, als in den Tischen, und man würde, wenn nicht die ernstesten, glaubwürdigsten Schriftsteller uns die bestimmtesten Nachrichten darüber gäben, die ungeheure Verschwendung kaum für möglich halten können. Vorzüglich kostbar waren die *monopodia* oder *orbes* und *abaci*. Die *monopodia*, welche nach Liv. XXXIX, 6. und Plin. h. n. XXXIV, 3, 8. mit dem übrigen Luxus aus Asien nach Rom kamen, waren Säulentische und hiessen *orbes*, nicht weil sie überhaupt rund, sondern weil sie als massive Scheiben vom Stamm seinem ganzen Durchmesser nach geschnitten waren. Vor allen anderen Holzarten war dazu das Holz des *citrus* beliebt, [*mensa citrea*, Cic. Verr. IV, 17. Petron. 119. Mart. X, 80. 98.], worunter jedoch keineswegs der Citronenbaum zu verstehen ist, wie Mazois, Pal. d. Sc. S. 231. u. A. sagen. Vielmehr war es die *Thuia cypressiodes*, θυία, θύον [Lebensbaum], wie sich aus Plin. XIII, 16. ergiebt, der weiterhin den eigentlichen citrus ausdrücklich davon unterscheidet. Vergl. Billerbeck, Flora class. S. 234. [Lenz, Botanik der alten Griechen u. Römer. Gotha 1859, S. 362 ff.] Dieser Baum fand sich besonders in Mauretanien (daher: *secti Atlantide silva orbes*. Luc. X, 144. [IX, 426 ff.] Mart. XIV, 89. [IX, 22, 5.] vgl. überhaupt auch die Erklärer zu Petr. 119. S. 723.) von bedeutender Stärke, wie sie der Citronenbaum nie erreicht. Plinius führt c. 15. Scheiben von fast vier Fuss Durchmesser an, die in einer Dicke von fast ½ Fuss vom Stamme geschnitten waren. Sie erhielten nicht wie andere Tische mehrere Füsse, sondern wurden von einer elfenbeinernen Säule getragen (τράπεζα ἐλεφαντόποδες, Luc. Gall. 14.) und hiessen daher *monopodia*. Liv. XXXIX, 6. [Iuv. XI, 122.

> *latos nisi sustinet orbes*
> *Grande ebur et magno sublimis pardus hiatu.*

Mart. II, 43, 9.

> *Tu Libycos Indis suspendis dentibus orbes;*
> *Fulcitur testa fagina mensa mihi.*

Da die Thuia selbst in den Wäldern des Atlas selten so stark
gefunden wurde, dass eine Scheibe von ihrem Stamm einen
leidlichen Tisch abgeben konnte, so waren sie ungeheuer
theuer. [Sen. de ben. VII, 9. *mensas et aestimatum lignum
senatoris censu.* Iuv. I, 137 fg. Tertull. de pall. 5.] Plinius
erzählt, dass selbst Cicero einen damals noch vorhandenen
mit 1,000,000 Sesterzen [50,000 Thaler oder ganz genau
57,500 Thlr.] bezahlt habe: *Exstat hodie M. Ciceronis in illa
paupertate, et quod magis mirum est, illo aevo emta sestertium
decies centenis millibus.* und führt noch bedeutendere Beispiele
an: *Interiit nuper incendio a Cethegis descendens, sestertium
quatuordecies centenis millibus permutata, latifundii taxatione,
si quis praedia tanti mercari malit.* [70,000 Thaler richtiger
fast 80,000 Thlr.] (Ich bemerke hierbei, dass ich bei der
Reduction der römischen Münze durchaus Letronne in seinen
Considérations générales sur l'évaluation de monnoies grec-
ques et romaines. Par. 1817. folge, und darum die Summen in
Francs angebe. Auf kleinere Differenzen kommt es für solchen
Zweck nicht an, und so macht es denn auch keinen grossen
Unterschied, wenn man 5 Sest. auf den Franc, 18 auf den
Thaler, 10 auf den Gulden rhein. rechnet. Nach dieser unge-
fähren Berechnung geben also z. B. 4000 Sest. 800 Francs
(eigentlich 818 Fr. 33 cent.) oder 222²/₉ Thaler oder 400
Gulden rhein. [In der neueren Ausgabe ist die Reduction
nach Thalern und Sgr. vorgezogen und zwar der Sesterz zu
1¹/₂ Sgr.] — Anderwärts finden sich die auffallendsten Re-
ductionen. So giebt Wüstemann, S. 261. den Preis von
Cicero's Tisch auf 33,000 Thlr. an und Böttiger, Sab. II,
S. 32. auf 80 Pfund Sterl.! Dafür wäre nun wohl kein *lati-
fundium* zu kaufen gewesen. Für die genauere Berechnung
ist am Schlusse des ersten Theiles die Reductionstafel [nach
Mommsen der Denar oder 4 Sesterzen zu 6³/₄ Sgr.] beigefügt
worden). — Am kostbarsten waren die nahe von der Wurzel

weggeschnittenen Scheiben, nicht nur weil der Baum dort den
grössten Umfang hatte, sondern auch weil er als Maser ver-
schiedenartig gezeichnet war. PLINIUS führt an: *tigrinas, pan-
therinas, undatim crispas, pavonum caudae oculos imitantes,
apiatas mensas.* Vgl. PETRON. l. l. SEN. l. l. — Die Tische
waren aber theils zu kostbar, theils auch nicht gross genug
für den Gebrauch bei der Mahlzeit, obgleich sie auch dazu
dienten, wie man schon aus MART. IX, 60, 9. sieht; darum
wurden grössere von gewöhnlichem Holze gefertigt und mit
dem Holze jenes citrus fournirt, und selbst Tiber hatte nach
PLINIUS nur einen solchen, *operimento laminae restitam.* Vgl.
XVI, 42, 84. *Quae in laminas secantur, quorumque operimento
vestiatur alia materies, praecipua sunt citrum, terebinthus* etc.

Der Kostbarkeit wegen wurden die *citreae*, um sie vor
jeder Beschädigung zu bewahren, mit Tüchern aus dickem,
zottigem Leinenzeuge, *gausape* bedeckt, MART. XIV, 138. mit
dem Lemma *Gausapa villosa:*

> *Nobilius villosa tegant tibi lintea citrum;*
> *Orbibus in nostris circulus esse potest.*

So standen sie auch in den Läden der Verkäufer. MART. IX,
59, 7. *mensas et opertos eruit orbes.* Diese Gausape war nicht
selten purpurfarbig. [VARRO ed. Müller fragm. 19. p. 269.]
S. HEIND. und WUSTEM. zu Hor. Sat. II, 8, 11. Sie diente
auch zum Abwischen. [HOR. a. a. O. LUCIL. bei Priscian IX,
p. 870.]

Die kleinen Tische dagegen, deren man sich bediente,
um entweder beim Mahle oder auch nur zur Schau das kostbare Geschirr auszustellen (*exponere argentum*), hiessen *abaci.*
Dieses Wort griechisch bedeutet überhaupt eine Platte oder
·Tafel, gewöhnlich aber mit dem Nebenbegriffe, dass ein er-
höhter Rand sie umgiebt. [Diese sind die kostbaren *coronae
mensarum* bei ULP. Dig. XXXIV, 2, 19. § 14. FABER, Semestr.
III, 25.] Daher hiess die Rechentafel, das Würfelbret *abacus,*
und so auch die glatten viereckigen Felder in dem künstlichen
Marmorputze (*tectorium*) der Wände. VITR. VII, 3, 10. Die
Bestimmung der abaci als Tische ergiebt sich klar aus CIC.

Verr. IV, 16. *ab hoc abaci vasa omnia, ut exposita fuerant, ab-stulit.* 25. *cum aliquot abacorum faceret vasa aurea.* PLIN. XXXVII, 2, 6. *vasa ex auro et gemmis abacorum novem.* vgl. PETR. 73. Thl. I, S. 187. [SIDON. APOLL. XVII, 7.] — Sie waren gewöhnlich von Marmor, auch künstlichem, s. S. 251., zuweilen von Silber (PETR. a. a. O.), Gold oder anderem kost-barem Material, namentlich die Platten, und gewöhnlich von viereckiger Form. — Unter die abacos gehören auch die *men-sae Delphicae ex marmore.* CIC. Verr. IV, 59. und MART. XII, 67. (wo ein abacus gemeint wird)

Aurum atque argentum non simplex Delphica portat.

Ebenso [SCHOL. zu IUV. III. 204. SCHOL. ACR. zu Hor. Sat. I, 6, 116. POLL. X, 81. p. 421 Bekk.] und die δελφὶς τράπεζα bei LUCIAN. Lexiph. 7. Indessen ist es zweifelhaft, ob sich der Name auf das Material oder die Form bezieht. In Pompeji sind mehrfach marmorne Tischgestelle in der Regel ohne Platte gefunden worden. An den im MUS. BORB. III. t. 59. VII. t. 28. mitgetheilten aus Lunesischem Marmor verfertigten sieht man je zwei von einander abgewendete tragende Greife, während der Raum zwischen ihnen mit Blumen, Ranken, Del-phinen und ähnlichen Gegenständen in Relief geschmückt ist. S. noch MUS. BORB. I, 48. III. t. 30. IV. t. 56. [IX. t. 43. ROUX und BARRÉ Hercul. VI. t. 88.] Man glaubt mit Wahr-scheinlichkeit, auf sie den schon von CIC. ad Att. VII, 23. und anderwärts vorkommenden Namen *trapezophora* (vergl. PAULL. Dig. XXXIII, 10, 3. IUNG. ad Poll. X, 69.) beziehen zu können und betrachtet sie eben als Delphicas. Vielleicht trugen diese Gestelle Platten von höherem Werth, wie etwa von kostbarem Holze, [vergoldete und andere werthvolle Plat-ten, PAULL. Dig. XXXIII, 10, 3. § 3. ULP. Dig. XXXIII, 7, 12. § 43. ALF. Dig. XXXIV, 2, 28. MART. III, 31.

Sustentatque tuas aurea mensa dapes.

Doch hatte man auch kleine kostbare Tische, um daran zu speisen, so besass Seneca 500 τρίποδας κεδρίνου ξύλου ἐλεφαντό-ποδας ἴσους καὶ ὁμοίους.

In der einfachen Haushaltung des weniger Bemittelten

gab es natürlich bescheidenere Tische. Diese ruhten meistens auf drei oder vier Füssen, Hor. sat. I, 3, 13. (*mensa tripes*) und hatten eine viereckige Platte, welche Form ursprünglich die regelmässige und alleinige war. Varro L. L. V, 118. *Mensam escariam cillibam appellabant. ea erat quadrata ut etiam nunc in castris est. — Postea rotunda facta.* Paul. p. 77 M. *Escariae mensae quadratae vocantur, in quibus homines epulantur.* — Der Stoff war Buchenholz, Mart. II, 43, 9. oder wo schon eine bessere Einrichtung war, Ahorn, *acer*, ein auch bei den Griechen besonders geschätztes Holz (σφένδαμνος), vgl. Charikles I, S. 247. Hor. Sat. II, 8, 10 fg.

> *His ubi sublatis puer alte cinctus acernam*
> *Gausape purpureo mensam pertersit.*

Mart. XIV, 90. *Mensa acerna.* Dieses Holz heisst bei Plin. h. n. XVI, 26. *operum elegantia ac subtilitate citro secundus.* Auch gab es viele fournirte Tische (Plin. XVI, 42, 84. s. oben) und Tische mit Marmorplatten, Hor. Sat. I, 6, 116. *lapis albus.* In den Tabernen waren die Tische (so die *mensae laniariae*, Suet. Claud. 15.) u. a. oft gemauert, s. S. 236. Die pompejanischen Wandgemälde zeigen mannigfaltige Tische, unter anderen auch mit geschwungenen Rehfüssen u. s. w. Vgl. im Allgemeinen Ciaccon. de triclin. mit Ursin. append. an vielen Orten. Pauly, Realencykl. IV, S. 1812 fg.

Spiegel.

Ausser den Wandspiegeln, s. S. 258 fg., gab es auch bewegliche Spiegel von verschiedener Grösse und mannigfaltiger Form, welche namentlich der Damentoilette dienten. Ulp. Dig. XXXIV, 2, 19. § 8. *quod* (speculum) *mulier mundi causa habuit.* Am häufigsten waren sie von ovaler oder runder Gestalt und wurden von den Sklavinnen der Herrin vorgehalten (*tenere, porrigere*). Prop. IV, 7, 76. Ovid. Am. II, 215. Iuv. II, 99.]

Das Material derselben war in der Regel Metall, früher eine Composition aus Zinn und Kupfer; bei steigendem Luxus wurden die silbernen sehr gewöhnlich. Plin. XXXIII, 9. *optima apud maiores fuerant Brundisina, stanno et aere mixtis. Praelata sunt argentea.* Indessen erhielt auch das Silber, das man sonst nur rein dazu verarbeitet hatte, oft einen starken Zusatz von anderem Metalle. PLIN. a. a. O. *Laminas duci et specula fieri non nisi ex optimo posse creditum fuerat. Id quoque iam fraude corrumpitur.* Allein nicht nur von der Reinheit des Metalls, sondern auch von der Stärke der Platte hing die Vorzüglichkeit des Spiegels ab, weil solche das Bild kräftiger zurückwerfen sollten. VITR. VII, 3, 9. *Quemadmodum enim speculum argenteum tenui lamella ductum incertas et sine viribus habet remissiones splendoris, quod autem e solida temperatura fuerit factum recipiens in se firmis viribus politionem fulgentes in aspectu certasque considerantibus imagines reddit, sic* etc. Danach wird daher das zu berichtigen sein, was BECKMANN, Beitr. zur Gesch. d. Erfind. III, S. 478. von dem dünnen Silberbleche sagt. Wie stimmte auch damit die Angabe SENEC. Quaest. nat. 1, 17. überein: *Iam libertinorum virgunculis in unum speculum non sufficit illa dos, quam dedit senatus pro Scipione.* [Die hintere Seite der Handspiegel bestand ebenfalls aus Metall, welches gewöhnlich cälirt war. Viele derselben haben sich erhalten und zwar meist von griechischer oder etrurischer Arbeit. Auch hat man bronzene Kästchen gefunden, in denen die Spiegel lagen. S. MUELLER, Archäol. von Welcker, S. 188 fg. 418. GERHARD, etr. Spiegel. Berlin 1845. und zweite Abtheilung das. 1859. aus den Abhandl. der Königl. Akad. der Wissensch. RATHGEBER, über 125 mystische Spiegel. Gotha 1855. DENNIS, die Städte und Begräbnissplätze Etruriens. Leipz. 1852, I, S. XLIII f. Mus. BORB. IX, 14. u. im Allgemeinen BÖTTIGER, Sabina, am Ende der zweiten Scene. Wie der Spiegel vorgehalten wurde, sieht man auf mehreren Vasen und Wandgemälden, TISCHBEIN, Vas. I. t. 10. ZAHN, die schönsten Ornam. II, 13. die Toilette eines Hermaphroditen.

Dreifüsse.

Auch diese könnte man zum Hausgeräthe rechnen, insofern sie zur Ausschmückung der Paläste der Grossen dienten, denn die anderen Anwendungen derselben in den Tempeln und so weiter gehören nicht hierher. Ueber die Dreifüsse in der Küche s. bei dem Küchengeräthe.] Unter den pompejani-

schen Gemälden im Mus. Borb. befinden sich zwei, welche
kostbare Dreifüsse vorstellen. Sie sind je mit sieben Statuen
verziert, den Kindern der Niobe, so dass der eine die Söhne,
der andere die Töchter zeigt. Je drei Figuren stehen oder
knien an den Füssen des Dreifusses; die übrigen vier befinden
sich in kniender Stellung auf den stockwerkartig die Füsse
verbindenden Reifen. tom. VI. t. 13. 14. [Vgl. Mus. Borb. IX.
13. Roux und Barré, Hercul. VI, 90. Einen wunderschönen
bronzenen Dreifuss giebt Zahn, schönste Ornam. III, Taf. 38.

Vorhänge.

Ueber den Gebrauch derselben im Theater, in Atrien
und Säulenhallen, sowie zum Behängen der Thüren ist bereits
gesprochen worden, Thl. I, S. 83. II, S. 260 f. Man scheint
sich solcher Vorhänge oder Teppiche auch bedient zu haben,
um die Wände u. Decken tapetenartig zu bekleiden. Wueste-
manns Erklärung der horazischen *suspensa aulaea* s. S. 212.
Die Grammatiker sprechen nur im Allgemeinen von solchen
Behängen. Porph. zu Hor. Sat. II, 8, 54. *Quia consuetudo
apud antiquos fuit, ut aulaea sub cameras tenderent, ut si quid
pulveris caderet, ab ipsis exciperetur.* Das Letztere hat er aber
irrthümlich hierher gezogen, denn von Staub kann doch nur
bei den S. 287. erwähnten horizontalen Decken die Rede sein.
Serv. zu Verg. Aen. I, 701. *ideo etiam in domibus tendebantur
aulaea, ut imitatio tentoriorum fieret — unde et in thalamis hoc
fieri hodieque conspicimus.* Auf Wandgemälden sieht man dergleichen nicht selten und allemal geschmackvoll drapirt, wie
auch auf der Lampe bei Passer. luc. fict. III, 37. — Ein ganz
besonders feiner schleierartiger Vorhang war das *conopium*,
eigentlich Mückennetz, dessen sich nur weichliche Menschen
bedienten. Hor. epod. 9, 16. Juv. VI, 80. und Schol. Prop.
III, 9, 45. culicare conop.

Schränke und Kisten.

Schränke (*armaria*, Isidor. XV, 5.) und Kisten (*capsae,
arcae* Varro L. L. V, 128.), dienten zum Verschluss des Geldes und anderer Kostbarkeiten, der Kleider, der Bücher, der
Speisen u. s. w. Paull. Dig. XXXIII, 10, 3. § 1. 2. *sunt qui*

recte putant, capsas et armaria, si librorum aut restium aut
armamentorum gratia parata sint, non esse in supellectile etc.
Das Gegentheil aber PAULL. rec. sent. III, 6, 67. Ueber die
Bücherschränke s. den ersten Excurs zur folgenden Scene.
Schränke für Kostbarkeiten erwähnt CIC. p. Cael. 21. *Tune*
aurum ex armario tuo promere ausa es? p. Clu. 64. *cum esset*
in aedibus armarium, in quo sciret esse nummorum aliquantum
et auri, noctu armarii fundum exsecuit. PETRON. 29. *grande*
armarium in angulo vidi etc. PLAUT. Epid. II, 3, 3 fg. Auch
Kleider- (s. oben) und andere Schränke kommen vor, CATO
R. R. 11. *armarium promptuarium.* PLAUT. Capt. IV, 4, 10.
Ueber die Wandschränkchen, in denen sich die imagines befanden, ist Thl. I, S. 35. gesprochen worden. Buchenholz war
dazu sehr gewöhnlich. PLIN. h. n. XVI, 84.

Die Laden oder Kisten dienten gerade wie die Schränke
zu allerlei Gebrauch (*area restiaria* CATO R. R. 11. vgl.
SUET. Cal. 59.), am häufigsten kommen sie aber als Geldkasten vor, deren Platz gewöhnlich im Atrium war, s. oben
S. 205. Diese waren entweder ganz von Metall (ἀπὸ σιδήρου,
APP. h. c. IV, 44.), oder nur von Holz, aber mit Metall be-
schlagen, verziert und verschlossen, daher *ferrata area* bei
IUV. XI, 26. ULP. Dig. XXXII, 1, 52. § 9. *et armariis et lo-*
culis claustra et claves cedunt. In Wiesbaden und Mainz sieht
man zahlreiche Beschläge und Handhaben für solche Kisten.
Die Grösse derselben ist daraus zu schliessen, dass der pro-
scribirte Junius oder Vinius in den Geldkasten seines Freigelassenen mehrere Tage versteckt wurde und dadurch dem
Tode entging, APP. l. l. vgl. DIO CASS. XLVII, 7. SUET. Oct.
27. In Pompeji hat man mehrere dergl. gefunden, wenigstens
hatten sich die Beschläge und Verzierungen, *crustae*, letztere
von getriebener Arbeit, erhalten. Die Beschreibung eines
solchen interessanten Fundes im Hause der mit Figuren verzierten Kapitäler giebt AVELLINO, descr. di una casa p. 10.
45 ff. S. noch dessen bullet. Napolet. X. 21. (II, 1.) und X. 36.
(III, 1.) Ueber die im Hause der Dioskuren gefundenen beiden
Kisten, welche Veranlassung gaben, dem Hause den Namen

das des Quästor zu geben, berichtet die Relaz. degli scavi im Mus. Borb. V, p. 7. Zumpt, über die bauliche Einrichtung S. 17 fg. — Diese Geldkasten waren so gewöhnlich, dass man jede Baarzahlung *ex arca solvere* nannte. Donat. zu Ter. Ad. II, 4, 13. und zu Phorm. V, 8, 29. Pauly, Realencykl. I, S. 716. Die Aufsicht darüber führte der *atriensis* (S. 118.) und in grossen Häusern vielleicht besondere *arcarii*, Scaev. Dig. XL, 5, 41. § 17. *Stichus arcarius probante domino nomina fecit* etc., welche Plaut. Aul. III, 5, 45. *arcularii* nennt. Orelli Henzen 2890. *servus arcarius* im kaiserlichen Hause. 2348. 5474. 6301. Dass man die arcas und armaria zuweilen versiegelte, ist Thl. I, S. 160. bemerkt worden.

Oft werden kleinere Kästchen (*cistellae, loculi*), Körbchen (*canistra* Varro L. L. V, 120.) und andere derartige Behälter erwählt, Isidor. XX, 9. Die Körbchen waren rund oder viereckig und von verschiedenem Stoff, oft sehr kostbar. Cic. ad Att. VI, 1. *splendidissimis canistris*. Mus. Borb. VIII, 18.

Kleine häusliche Geräthschaften und allerlei Gefässe.

Wir schicken die allgemeine Bemerkung voraus, dass es eine sehr verbreitete Sitte war, diese Gegenstände, namentlich wenn sie aus Metall oder Thon bestanden, mit einer Inschrift zu versehen (*rasa literata*). Wie dieses bei den Backsteinen und Ziegeln ganz gewöhnlich geschah (S. 180), ebenso häufig war es bei Lampen (s. den vierten Excurs), Trinkgefässen (s. den dritten Excurs zur neunten Scene), Wagen, Gewichten und Mörsern (s. unten 1.), Sonnenuhren (s. den fünften Excurs) u. s. w. Die Inschriften enthielten theils den Namen des Fabrikanten (vorzüglich bei Thon- und Metallgefässen und durch einen Stempel bewirkt), theils den des Besitzers, theils allerlei Sinnsprüche (bei Trinkgefässen), abgesehen von den eingekratzten sogen. Graffiten. S. Fröhner, inscriptiones terrae coctae vasorum. Götting. 1858. Mommsen, inscript. Neapol. 6303 ff. und in Archäol. Anzeiger 1858, N. 16 f. S. 221 ff. Ritschl, de fictil. lit. Lat. Bonn. 1853.

I. Verschiedene Geräthe zu allgemeinem Gebrauch.

Deren Zahl ist sehr beschränkt, weil die bedeutendsten in den folgenden Abtheilungen enthalten sind. Hier bleiben nur übrig die Mörser aus Stein und Metall, oft mit Ausguss versehen, viereckig und rund (*pila* zum gröberen Stossen mit der Keule *pilum*, *mortarium* zum feineren Zerreiben Isidor. IV, 11., Non. XV, 3; oft bei Script. rei rust. und Plin. s. Forcellini u. Mommsen, inscr. Neap. 6303.) und bronzene Schnellwagen (*statera*), siehe Mus. Borb. I, 56. VIII, 16. Roux und Barré VI, 96. Overbeck, Pomp. S. 316 f. Die runde Wagschale hängt vermittelst 4 Ketten an dem Wagbalken, der zuweilen in einer schönen Bogenstellung schwebt z. B. bei Nicolini, Pomp. Vol. II, fasc. 12. Das zum Fortrücken eingerichtete Gewicht ist einfach oder sinnreich verziert (so mit dem Brustbild einer Gottheit) oder in seltsame Form gekleidet (als Schwein, als Kopf und dergl.) Archäol. Anzeig. 1859, N. 122. Auch haben Wagen und Gewichte Inschriften, Mommsen, inscr. Neap. 6303 (mit Aichungsangaben), Orelli Henzen 4342 ff. 7316 ff. In Darmstadt steht an einem Gewicht Albinus fecit und vorher SALVIS DD NN. Daselbst sowie in Mainz und Wiesbaden giebt es mehrere Mörser, an beiden letzten Orten aber zahlreiche Aexte, Schaufeln, Sägen, Ketten, Fleischhaken, Bohrer, Zangen, Meissel, Messer, Scheeren, auch ökonomische Instrumente, wie Pflüge, Schafscheeren, meistens den unserigen ganz gleich, dazu eine Masse von bronzenen Fragmenten u. s. w. S. the arch. journ. 1850, p. 411.

II. Küchengeräthe (*coquinatorium instrumentum*, Ulp. Dig. XXXIV, 2, 19. § 12.)

1) Eigentliche Kochgeschirre hiessen *cocula*, Paul. Diac. h. v. p. 39 M. *vasa coquinaria*, Isidor. XX, 8., oder *vasa ad coquendum*, Ulp. l. l. Plin. h. n. XXXIII, 49. 140. *vasa coquin. ex argento* (natürlich selten, dagegen von Erz häufig). a) Von eigenthümlicher Form. Dahin gehört *miliarium* (so genannt wegen seiner Aehnlichkeit mit den Meilensteinen, Pallad. V, 8. *altum et angustum*, Colum. IX, 4.) ein hohes, schlankes, säulenförmiges Gefäss von Metall, um

schnell darin Wasser zum Kochen zu bringen, Ath. III, p. 98.
C. ed. Casaub. μὲ. τὸ εἰς θερμοῦ ὕδατος κατεργασίαν κατασκευα-
ζόμενον, ἱπνολέβητα ὀνομάζοντες. Henzen, in Rheinisch. Mus.
für Philol. 1853. IX, S. 29 f. Eine besonders künstliche
Einrichtung dieses Gefässes beschreibt Sen. nat. quaest. III,
24. Dass es auch silberne gegeben hat, sagt Ulp. Dig.
XXXIV, 2, 19. § 12. — Eine griechische Kochmaschine
war authepsa, vermuthlich mit einem Untersatz für die Kohlen versehen. Sie waren oft sehr kostbar, wie Cic. p. Rosc.
Am. 46. erwähnt (ut, qui praetereuntes — audiebant, fundum venire arbitrarentur) Lampr. Hel. 18. Böttiger, Sab.
II, S. 29. vergleicht die modernen Theemaschinen damit.
b) Die Form unserer Kessel hatte das ahenum (ver-
kleinert ahenulum, Paul. Diac. h. v. p. 28 M., so genannt
von dem Stoffe), welches weit und bauchig war, Paul. Dig.
XXXIII, 7, 18. § 3. quod supra focum pendet. hic aqua ad
potandum calefit. Serv. zu Verg. Aen. VI, 218. Dass dieser
Kessel auch zum Kochen der Speisen diente, sehen wir aus
Titinn. bei Non. I, 68. Cocus magnus aenum, quando fervit,
paula confutat trua. Petron. 74. gallus allatus est, quem Trimalchio iussit, ut aeno coctus fieret. Iuv. XI, 81. Desgl. für
Färber, Ovid. Fast. III, 822. s. Forcell. Dass das ahenum
ein kleines Casserol mit langem Griff gewesen sei, wie Avellino, descr. di una casa p. 63. annimmt, ist unwahrscheinlich.
Auch lebes, eigentlich Becken, ist, wenn es als Kochgeschirr
diente, Isid. XX, 8. Poll. X, 95., kesselförmig zu denken,
doch nicht sehr tief. Von allgemeinem Gebrauch war die cortina, ein halbkreisförmiger Kessel (davon cortina theatri siehe
Forcell. h. v.), dessen sich namentlich die Färber bedienten,
Plin. h. n. XXXV, 6, 25. XXXVI, 26, 65 (zum Kochen).
Cat. R. R. 66. S. auch Plin. XV, 6, 6. und Plaut. Poen. V,
5, 11 fg. c) Eigentliche Kochtöpfe. Cacabus (von Metall und von Thon, Col. XII, 41. 46., sogar von Silber, Ulp.
l. l. Lampr. Heliog. 19.) war ein Topf zum Kochen der Speisen, Varro L. L. V, 127. vas ubi coquebant cibum. Paull.
Dig. XXXIII, 7, 18. § 3. pulmentarium coquitur. Dasselbe

hiess *olla*, früher *aula* genannt, Paul. Diac. h. v. p. 23. Isid.
XX, 8. Non. XV, 1. nennt sie *capacissimum vas.* und Varro
ebend. *observare ollam pultis ne aduratur.* Die sonstigen Anwendungen der olla s. Forcell. Auch *scutra* ist ein Kochgeschirr, Cato r. r. 157. Plaut. Pers. I, 3, 8 ff. (vielleicht die
griechische χύτρα.) *Cucuma* ein grosser Kochtopf, Petron. 135.
cucumam ingentem foco apposuit. Macr. Dig. XLVIII, 8, 1. § 3.
Lasanum bei Hor. Sat. I, 6, 109. ist von Seebode, Scholien
zu Horatius I, S. 19 ff. und Ussing de nom. vas. p. 98. mit
Recht als Kochgeschirr angenommen worden; denn nur diess
passt für den *sordidus praetor* (nämlich damit er nicht einzu-
kehren braucht). Ein bronzener Topf mit Deckel und schönem
Henkel ist abgebildet Mus. Borb. IX, 56. ähnlich XII, 58.
und ein anderer nebst dem Dreifuss darunter, Roux u. Barré,
Herc. VI, 53. d) In Form unserer Pfannen. *Sartago*
wäre nach Isid. l. l. *a strepitu soni vocata, quando in ea ardet
oleum.* eine offene Pfanne, denn man wird das zum Schmelzen
der Speisen nöthige Oel nicht in einem Topf sieden. Plin.
h. n. XVI, 11, 22. Ulp. l. l. von Silber. Flach war auch die
patina (eigentlich Schüssel), in welcher einige Speisen ge-
kocht wurden. Plaut. Pseud. III, 2, 51.

Ubi omnes patinae fervont, omnis aperio.

Apic. III, 2. IV, 2. — Der Gebrauch der Deckel (*testum* und
testu) war sehr gewöhnlich. Ovid. Fast. VI, 509.

Stant calices, minor inde fabas olus alter habelant,
Et fumant testu pressus uterque suo.

Cato R. R. 74. 75. 76. 81. Plin. XXXIII, 7, 26. *sub aereo
testo.* Abbildungen von Kochgeschirren zeigt das Mus. Borb.
III, 63. V, 44. XII, 59; auf letzter Tafel ist ein unten abge-
rundetes Casserol mit einem langen zangenähnlichen das Gefäss umschliessenden aber nach Belieben davon abzulösenden
Griffe dargestellt. Einige bronzene Töpfe beschreibt Einfeld,
über einige im Königreich Hannover gefundene röm. Bronze-
arbeiten in der Sammlung des hist. Vereins. Hannover 1856.
(über olla, trulla S. 1 — 59). Andere enthalten die rheinischen
Museen, ja sogar in Böhmen und Mecklenburg fand man einen

Krug und eine Casserole mit flachem Boden und langem Griff, s. Mommsen, Archäol. Anzeiger 1858, N. 116 f. S. 222 f.

2) Andere Geräthschaften der Küche waren: Dreifüsse, *tripedes*, zum Tragen der Töpfe (nach Ussing, p. 98. wären *lasana* auch zum Untersetzen angewandt worden, was aus den betreffenden Stellen keineswegs hervorgeht), kleine Handmühlen wie unsere Kaffeemühlen (Petr. 74. *mola buxea piper trivit.*), Bratspiesse (*veru*, Varro, L. L. V, 127.), Roste (*craticula* zum Braten, Mart. XIV, 221.

Parva tibi curva craticula sudet ofella:
    Spumeus in longa cuspide fumat aper.),

Durchschläge (*colum*, deren man im Mus. Borb. u. im Mainzer Museum findet, auch gab es solche aus Weiden geflochten, Col. XII, 19.), Trichter (*infundibula* und *infidibula*, Cat. R. R. 10. 11. 13. Col. III, 18. *angusto ore.* auch von Glas s. Mus. Borb. V, 15. Roux und Barré, Herc. VI, 78. desgleichen im Wiesbadener Museum), Siebe (*cribrum*, vorzüglich für das Mehl, Pers. III, 112. *cribro decussa farina*, Isidor. XX, 8. Verschiedene Arten erwähnt Plin. h. n. XVIII, 11, 28. s. Forcell.), Löffel und Schöpfkellen (die grösseren hiessen *truae*, Paul. Diac. v. antroare p. 9 M. *Truam quoque vocant, quo permovent coquentes exta.* Titinn. bei Non. XIX, 18. s. oben bei ahenum. Die kleineren hiessen *trullae*. Paul. Diac. p. 31 M. *Bacrionem dicebant genus vasis longioris manubrii. Hoc alii trullam appellant.* Apic. IV, 2. Cato R. R. 13. nennt *trullas aheneas* und *ligneas.* Varro L. L. V, 118. *trulla a similitudine truae, quae quod magna et haec pusilla, ut troula, trulla; hinc Graeci τρύλη. Trua qua e culina in lavatrinam aquam fundunt, trua quod travolat ea aqua.* Hier scheint *trua* in einem weiteren Sinn gebraucht zu sein. Ueber *trulla* als Weinschale s. den dritten Excurs zur neunten Scene. Vgl. noch Avellino, descr. di una casa p. 65 fg. Bernd, Jahrb. d. Vereins der Alterthumsf. im Rheinland. I, S. 76 ff. über einen in Hagenow im Mecklenburgischen gefundenen Schöpfkellengriff), Kohlenschaufeln (von Hor. Sat. I, 5, 36. genannt *prunaeque batillum*, s. Heindorf, Wuestemann und Duentzer zu d. St., sowie Casaub.

zu script. hist. Aug. p. 224. Eine schöne auf fünf kleinen
Füssen ruhende Schaufel ist im Mus. Borb. X, 64. abgebildet.
Ebendaselbst findet man auch zwei kleine Feuerböcke von
Bronze, mit sauberer Verzierung. Ueber *pruna* und *carbo* s.
Isid. XIX, 6.) Der Backtrog hiess *mactra;* doch ist die Lesart
bei Petron. Fragm. Traj. 74. unsicher.

3) Wassergefässe der Küche. Das Unentbehrlichste
war die *urna* (*hydria*), unserem Eimer zu vergleichen, welche
ebensowohl zum Holen (Varro L. L. V, 126. *in aqua hau-
rienda*) als zum Aufbewahren des Wassers diente. Für den
ersten Gebrauch war sie mit zwei beweglichen Handhaben
versehen, welche herabsanken, wenn das Gefäss hingesetzt
wurde. Die Form war sehr mannigfaltig, denn es gab auch
urnae ohne Henkel, wenn sie nämlich nur zum Aufbewahren
des Wassers bestimmt waren, andere dagegen hatten des Tra-
gens wegen ausser zwei grossen Henkeln noch zwei kleine
Griffe, welche unten nicht weit vom Fusse angebracht waren,
z. B. Mus. Borb. VII, 31. vergl. VI, 31. VIII, 15. III, 14.
Roux und Barré, VI, 71. 74. Letronne obs. p. 10. 54. Gerhard, Berlins antike Denkmäler S. 350 fg. Der Stoff war
Thon, Holz und Metall. Eine bronzene mit sehr elegantem
Rand findet sich Mus. Borb. XI, 44. Thiersch, Abhandl. d.
Bair. Akad. München IV, Taf. I, N. 12. und silberne erwähnt
Cic. Verr. II, 19. *hydrias argenteas.* Zuweilen hatten sie In-
schriften, z. B. den Namen des Herrn. Plaut. Rud. II, 5, 21.

Nam haec (urna) *literata'st. capse cantat quoia sit.*
Man trug dieselben auf dem Kopf, Prop. IV, 4, 16.
Urgebat medium fictilis urna caput.
oder auf der Schulter IV, 11, 27.
Infelix humeros urgeat urna meos.
Wer Gefässe und überhaupt Lasten auf dem Kopfe trug, legte
des Drucks wegen etwas unter. Paul. Diac. p. 16. *Arculum
appellabant circulum, quem capiti imponebant ad sustinenda
commodius vasa, quae ad sacra publica capite portabantur.* und
p. 45. *Caesticillus appellatur circulus, quem superponit capiti,
qui aliquid est laturus in capite.* und Mueller zu d. St. Miner-

VINI, sul cercine etc. in bullet. dell' inst. 1843. p. 119—123.
Auch schüttete man die Eimer geradezu in den Kessel aus.
PLAUT. Pseud. I, 2, 24.

> *Tu qui urnam habes, aquam ingere, face plenum ahenum*
> *sit cito.*

Darum wird von den Schöpfgefässen der Danaiden oft *urna*
gebraucht, obwohl diese eigentlich *urnulae* heissen sollten.
VARRO bei Non. XV, 8. *Item ex aere, ut urnulae aquales.* Die
Wassereimer hatten einen besonderen Platz in der Küche, auf
dem sogenannten *urnarium*, VARRO L. L. V, 126. *genus mensae
et quadratae vasorum vocatum urnarium, quod urnas cum aqua
positas ibi potissimum habebant in culina. Ab eo etiamnunc ante
balineum locus ubi poni solebat, urnarium vocatur.* VARRO bei
Non. XV, 10. — Andere Schöpfgefässe waren *urceus* (etwas
kleiner als urna) und *urceolus.* PAULL. Dig. XXXIII, 7, 18.
§ 3. *urcei quoque quibus aqua in ahenum infunditur.* CAT. R. R.
10. *urcei aquarii*, 13. *fictiles*, MART. XIV, 106. *Urceus fictilis.*

> *Hic tibi donatur panda ruber urceus ansa.*
> *Stoicus hoc gelidam Fronto petebat aquam.*

(Demnach nur mit einem Henkel versehen.) CAT. 13. *urceus
aheneus.* Diese dienten auch zur Mischung der Getränke.
MART. XIV, 105. Ein anderes war *nanus.* PAUL. DIAC. p. 176.
*Nanum Graeci vas aquarium dicunt humile et concavum, quod
vulgo vocant situlum barbatum.* Aehnlich VARRO L. L. V, 119.
Situlus oder *situla* ist wie urna unserm Eimer zu vergleichen.
In Verbindung mit dem Brunnen wird *sit.* genannt. PLAUT.
Amph. II, 2, 39 f. EPIGR. in Anth. lat. I, p. 493. Burm. und
PAULL. Dig. XVIII, 1, 40. § 6. CAT. R. R. 11. *situlum aquarium.* Ebenso VITRUV. X, 9. *Ferrea catena habens situlos pen-
dentes aereos.* Non. XV, 36. stellt *situlus* der *craterra* gleich.
Endlich *matella* und *matellio* zum Wasserschöpfen, sowohl in
der Küche gebraucht, als bei Tische behufs der Mischung des
Weins. PLAUT. b. Non. XV, 2. *Ne tu postules matellam unam
tibi aquae infundi in caput.* VARRO L. L. V, 119. *matellio a
matula dictus, qui posteaquam longius a figura matulae discessit,
ab aqua aqualis dictus.* PAUL. v. matellio p. 126 M. CATO R. R.

10 f. nennt beide Gefässe neben einander. — Einen speziel-
leren Zweck hatte *futis*, VARRO l. l. *vas aquarium futim, quod
in triclinio allatam aquam infundebant*. *Camella* scheint nur
Milchgefäss gewesen zu sein, OVID. Fast. IV, 779., ebenso
mulctra zum Melken dienend, VERG. ecl. III, 30. HOR. epod.
16, 49. COLUM. VII, 8.

III. Gefässe für Flüssigkeiten.

Diese werden mit dem allgemeinen Namen *vasa* umfasst
(PAULL. rec. sent. III, 6, 86. *ea omnia continentur quae capa-
citati alicui parati sunt* etc.), welches Wort sogar in noch weiterem Sinne als Geräthe überhaupt gebraucht wird. ULP. Dig.
XXXIV, 2, 19. § 10. *si vasa sint legata, non solum ea continentur, quae aliquid in se recipiant edendi bibendique causa paratum, sed et quae aliquid sustineant et ideo scutellas vel pro-
mulsidaria contineri*. — *nam vasorum appellatio generalis est.
dicimus enim vasa vinaria et navalia*. ULP. Dig. XXXIII, 7,
8 pr. begreift unter vasa sogar *aratra, ligones, sarculi* u. dergl.
PLAUT. Aul. I, 2, 17 f. Die Untersuchung darüber ist sehr
schwierig und es würde ein vergebliches Bemühen sein, jedem
uns überlieferten Namen eine bestimmte Form, oder den uns
erhaltenen zahllosen Vasen bestimmte Namen zuweisen zu
wollen. Die Mannigfaltigkeit der Gefässe ist nämlich unend-
lich gross, nach Form, Grösse, Gebrauch, Stoff, Arbeit, Alter
u. s. w., so dass es bei vielen sogar misslich ist, die Bestimmung derselben nachzuweisen. Es sollen daher hier nur die
allgemeinsten Umrisse, namentlich in Beziehung auf Stoff und
Arbeit, sowie auf die verschiedene Bestimmung derselben gegeben werden. Die Hauptquellen über diesen Gegenstand
sind: VARRO, FESTUS, MACROB. (Sat. V, 21), NONIUS MAR-
CELLUS XIV., ISIDORUS XX, 4 ff., POLL. X. σκεύη, τὰ κατ' οἰ-
κίαν χρήσιμα etc.), ATHEN. XI., welche aber selten mit den angegebenen Namensverzeichnissen genaue Beschreibungen verbinden. Von neueren Schriften sind zu nennen: PANOFKA,
recherches sur les véritables noms des vases grecs. Paris 1829.
und Bemerkungen im Bullet. dell' inst. 1832. p. 62 ff. GER-
HARD, sulle forme dei vasi greci in Annali dell' inst. di c. arch.

Rom 1836. VIII, p. 147—159. und in dem rapporto Volcent.
p. 12 ff. LETRONNE, observat. philol. et archéol. sur les noms
des vases grecs. Paris 1833. und Supplément 1838. (Journal
des Sav. 1833 u. 1837. Nov. Dec. 1838. Jan.). DE LUYNES,
description de quelques vases peints. Paris 1840 (über crater,
cylix, amphora, lecythus u. a.), mit der Rec. v. WELCKER in
Annali dell' inst. 1840, p. 247—262. USSING, de nominibus
vasorum Graec. Havniae. 1844. O. MÜLLER, Archäol. von
Welcker, S. 409 ff. THIERSCH, in Abhandl. der Königl. Bair.
Akad. in München. 1847, IV, S. 26—94. KRAUSE, Angeio-
logie, Halle 1854. Abbildungen der gefundenen vasa bieten
DE ROSSI, raccolta di vasi diversi. Rom 1713. PIRANESI, vasi,
candelabri etc. Rom 1778. MOSES, collection of antiq. vases etc.
Lond. 1814, GERHARD, THIERSCH, KRAUSE u. andere der Genannten. Alle diese Schriften haben zwar zunächst nur die
griechischen Vasen im Auge, allein da der Ursprung sehr
vieler römischen Gefässe griechisch ist, abgesehen von den
gröberen nur für das Bedürfniss geschaffenen, so muss man
bei dieser Frage immer auf Griechenland zurückgehen. Mit
der griechischen Kunst kamen theilweise auch griechische
Namen mit nach Italien herüber und die auf den Werken angebrachten griechischen Sujets zeigen noch in der späteren
Zeit die ursprüngliche Heimath z. B. die *scyphi Homerici* wie
sie Nero hatte. SUET. Ner. 47. s. Bd. 1, S. 22.

Was Stoff und Arbeit der *vasa* betrifft, so hatte man sie
1) von Thon, *fictilia*, ISID. XX, 4., *vasa terrena*, PLIN. h. n.
XXXV, 46. und zwar sowohl von der einfachsten Töpferarbeit
MART. XIV, 114. s. unten u. *rubra parapsis*. XI, 27, 5. *Cumana suppellex*. HORAT. Sat. I, 6, 118.; als auch von hohem
Werth, nämlich der Grösse und künstlichen Arbeit wegen
(*propter tenuitatem*, PLIN. l. l., d. h. wegen der Dünnheit der
Wände, die uns die grösste Bewunderung abnöthigt; darum
kann man die römischen Gefässe an ihrer grossen Leichtigkeit
erkennen), s. RUPERTI z. IUV. IV, 131. PLIN. l. l. *quoniam eo
pervenit luxuria, ut etiam fictilia pluris constent quam murrina.*
Manche kleine Gefässe für Oel, Salben u. s. w. sind an der

unteren Hälfte künstlich rauh, damit man sie nicht fallen lassen kann, was bei glatten leicht möglich wäre (im Mainzer u.
Darmstädter Museum zahlreich). Die Kunst des Töpfers und
Thonbildners blühte schon frühzeitig in Italien und zwar vorzüglich in Etrurien (MART. XIV, 98. *Vasa Arretina. Lautus
erat Tuscis Porsena fictilibus.* ROULEZ, mélanges de philol.
Brux. 1842. III, Nr. 6.) und Unteritalien, namentlich in Campanien (HOR. a. a. O.), wo Cumae und Surrentum sich auszeichneten. MART. XIV, 114. *Patella Cumana.*

> *Hanc tibi Cumanae rubicundam pulvere testae.*

XIV, 102. *Calices Surrentini.*

> *Sed Surrentinae leve toreuma rotae.*

XIV, 108. *Calices Saguntini.*,
doch gab es auch schon zu Numa's Zeiten eine Töpferzunft in
Rom, PLIN. 1. 1. Im Norden nennt PLIN. Pollentia und Mutina.
Auch mögen attische Töpfer nach Italien übergesiedelt sein,
um in der neuen Heimath nach den alten Typen zu arbeiten.
So ist die einfache Annahme von GERHARD, LENORMANT,
OSANN und KRAUSE, Angeiol. S. 190 ff., während KRAMER,
THIERSCH u. A. behaupten, dass die in Italien gefundenen be-
malten attischen Vasen nur aus Attika stammen könnten und
durch den Handel herübergebracht worden seien. Man arbeitete in den genannten Orten die verschiedensten Geräthschaften
und Geschirre, die sich eben so durch ihre Festigkeit, Färbung,
Leichtigkeit und Glasur als durch ihre geschmackvollen und
gefälligen Formen von den heutigen Töpferarbeiten vortheilhaft auszeichnen. Vorzüglich anmuthig sind die rothen Gefässe aus der von uns sogen. *terra sigillata*, von unverwüst-
lichem Glanz, welche MART. XIV, 106. *urceus fictilis* nennt:

> *Hic tibi donatus panda ruber urceus ansa.*

u. XIV, 114. s. oben. Wahre Schätze dieser Art enthalten die
Museen in Berlin, Mainz, Wiesbaden, Darmstadt u. s. w.
Namentlich sind die Verzierungen der kunstvoll angefügten
Henkel und der Ränder zu rühmen. Bewundernswerth model-
lirt ist das Fragment eines aus terra sigillata gemachten Ge-
fässrandes, welches Hr. Dr. Linde in Trier besitzt und die

anmuthigste Gruppirung von Blumen und Früchten zeigt, die
sich in kleinen Bouquets wiederholen, ebenso lieblich als einfach von sich durchschneidenden Halbkreisen eingerahmt.
Auch muss man bedenken, dass die meisten uns erhaltenen
Ueberreste aus kleinen Städten und den Häusern von bescheidenen Bürgern oder Soldaten herrühren. Brennöfen (*fornax*)
hat man mehrmals gefunden z. E. in Pompeji, sowie in Rotten-
burg; aber in Rheinzabern und in Oria (in Campanien) sogar
Töpferwerkstätten, mit vielen Gefässen 1828. s. Bulletino dell'
inst. di e. a. 1834, p. 56. In Rheinzabern (auch in Mainz?)
blüht das antike Töpfergeschäft bis auf den heutigen Tag in
unerfreulicher Weise fort, BECKER, d. Meroving. Kirchhof zu
la Chapelle St. Eloi, Frankf. 1855. v. HEFNER, Münchner gelehrte Anzeigen 1855, N. 17 f. 1860, N. 21—24. S. überhaupt
USSING a. a. O. O. MÜLLER, Arch. v. Welcker, S. 41. 420 ff.
PAULY, Realencyk. III, S. 472 f. HAUSMANN, de confectione
vasorum antiq. fictilium. Gotting. 1823. MINERVINI, deser. di
alcuni vasi fittili antichi. Napoli 1846. OVERBECK, Pompeji,
S. 259. 320 f. KRAUSE, Angeiol. S. 129—207 (die antike
Keramentik überhaupt). — Ueber die Terracottalampen siehe
den folgenden Excurs.]

2) Sehr zahlreich waren auch die vasa von Metall.
[Die silbernen und goldenen Geschirre, die gegen das Ende
der Republik überhand nahmen, denn vorher herrschte grosse
Einfachheit, und P. Cornel. Rufinus wurde 497 aus dem Senat
gestossen, weil er 10 Pfund Silbergeräth besass. GELL. XVII,
21. KRAUSE, Angeiol. S. 72 ff.] waren entweder *pura* (sine
ullo opere artificis), PLIN. ep. III, 1. IUV. IX, 141. MART. IV,
38. auch *levia*, IUV. XIV, 62. oder *caelata, aspera, toreumata.*
Letztere mochten nicht immer von der Hand des Künstlers
sein, dessen Namen sie trugen, s. Thl. I, S. 24. 40.; genug sie
erhielten durch den Namen mehr noch als durch die Arbeit
ihren Werth. [Die griechische τορευτική entspricht ganz der
römischen *caelatura*, und wird nur von der erhabenen Arbeit
in Metall gesagt, wie auch QUINCT. II, 21. ausdrücklich ausspricht. PLIN. h. n. XXXIII, oft. ISIDOR. XX, 4. *Caelata vasa*

signis eminentibus intus extrave expressis a caelo quod est genus ferramenti, quod vulgo cilionem vocant. Vor Alters hiessen die cälirten Gefässe *ancaesa*, PAUL. DIAC. p. 20 M. *quod circumcaedendo talia fiunt.* S. GARATONI zu Cic. Verr. IV, 23. BECKER, in Pauly Realencykl. II, S. 41 ff. MÜLLER, Arch. v. Welcker. S. 432 ff. Dieser Schmuck war entweder mit dem Gefäss, an welchem er sich befand, aus dem Ganzen gearbeitet (d. h. getrieben oder gegossen und dann cälirt), von welcher Art die mit Laubgewinden verzierten Schüsseln und Becher waren (*lances pampinatae, patinae hederatae, discus corymbiatus*, TREB. POLL. Claud. 17.) oder die Cälatur befand sich auf einem besonderen Metallstück und wurde erst nach ihrer Vollendung mit dem Gefäss verbunden. Dazu nahm man Blei als Bindemittel, ULP. Dig. XXXIV, 2, 19. § 3. 4. PAULL. Dig. VI, 1, 23. § 5. Solche Reliefplatten hiessen *sigilla*, CIC. Verr. IV, 22. und wurden entweder *emblemata* oder *crustae* genannt. Verr. IV, 23. Die ersteren waren massive Stücke mit erhabener Arbeit, welche in das Gefäss fest eingesetzt wurden. (Darum wurde von den Mosaikbildern der Ausdruck gebraucht *emblema vermiculatum*, s. oben S. 247.) So sagt ULP. Dig. XXXIV, 2, 19. § 5. *emblemata aurea* (in argento). § 6. *aurea emblemata quae in apsidibus argenteis sint.* ebenso PAULL. ib. 32. § 1. und rec. sent. III, 6, 89. *Vasis argenteis legatis emblemata quoque ex auro infixa legato cedunt.* ORELLI HENZEN 5905. *emblem. aurea* auf einer silbernen phiala. Solche *emblemata* meint SEN. ep. 5. *argentum in quod solidi auri caelatura descenderit.* PLIN. h. n. XXXIII, 55. erwähnt als *phialae emblema* Ulysses und Diomedes, das Palladium raubend. Vergl. TREB. POLL. Tit. in XXX tyr. 32. u. s. w. Die *crustae* dagegen bezeichnen dem Sinne dieses Wortes gemäss (als dünne Decke überhaupt, z. B. die Marmorplatte zur Wandbekleidung, die Schuppen der Fische etc.) dünne Platten und Streifen mit und ohne cälirte Arbeit, welche nicht sowohl eingelegt, als darauf- und herumgelegt wurden. So z. B. wird man einen um das Gefäss herumgelegten Kranz von getriebener Arbeit nur *crusta* aber nicht *emblema* genannt haben. Die *crusta* war dünn wie eine

Fournüre, das *emblema* war compakt und massiv. Solche
Streifen meint Paull. Dig. XXXIV, 2, 32. § 1. *cymbia argentea crustis aureis illigata,* während es bei emblem. *infixa* heisst.
Paul. p. 53 M. *Crustariae tabernae a vasis potoriis crustatis
dictae.* Mit Recht glaubt Becker a. a. O. S. 347. dass Cic.
Verr. II, 24. diesen Unterschied im Sinne gehabt habe: *ita
scite in aureis poculis illigabat* (nämlich crustas), *ita apte in
scyphis aureis includebat* (nämlich emblemata). S. Salmas. ad
Solin. p. 736. Ernesti clavis Cic. v. crusta. — Tiberius verbot den Ausdruck *emblema* als unlateinisch, Suet. Tib. 71.
Dio Cass. LVII, 51. allein er blieb natürlich im Gebrauch.
Martial. III, 41.

> *Inserta phialae Mentoris manu ducta*
> *Lacerta vivit, et timetur argentum.*

— *Vasa aurea* werden zwar auch erwähnt (Tac. Ann. II, 33.
Ulp. Dig. XXXIV, 2, 27. § 4.), aber die *argentea* waren natür-
lich weit häufiger. Zu Pompeji fand man mehr als 100, grossen
Theils herrlich ciselirt, s. Quaranta, di quattordici vasi d'ar-
gento dissott. in Pomp. Napol. 1837. Mus. Borb. X, 14. XI, 45.
XIII, 49. u. a. Avellino, bull. Nap. N. 7. Zahn, schönste
Ornam. III, Taf. 28. (mit wundervoll getriebenen 1835 in
Herkulanum gefundenen Vasen und Bechern, von denen eine
Homers Apotheose darstellt). Wieseler, in Annali dell' inst.
di corr. arch. 1852. XXIV, S. 216—230. über eine silberne
Vase von Vienna. Einen reichen Fund machte man in der
Normandie (aus dem Tempel des Mercur in Canetum), le Pré-
vost, mém. sur la collect. de vases antiques trouvés en Mars
1830 à Berthouville, in den mém. de la soc. des antiquaires
de Normandie. 1831 bis 1833. Caen. I, p. 75—168. Andere
s. Müller, Arch. S. 435. Krause, Angeiol. S. 88—100 (goldne
und silberne vasa). Thiersch, in Abh. der K. Bair. Akad. in
München V, S. 105—140.]

· Die von Martial mehrfach erwähnten *chrysendeta* wer-
den von Ursinus, Append. ad Ciacc. de tricl. p. 366. Turneb.
Adv. XIV, 3. Salm. ad Vopisc. Saturn. p. 729. unrichtig für
Trinkgeschirre erklärt. Es waren vielmehr flache Geschirre

zum Auftragen der Speisen; wenigstens werden sie in keiner andern Beziehung von MARTIAL genannt. II, 43, 11.

Immodici tibi flava tegant chrysendeta mulli.

Ders. XIV, 97. *Lances chrysendetae.*

Grandia ne viola parvo chrysendeta mullo.

vgl. VI, 94. — Der Name selbst, und die Bezeichnung *flava* lassen vermuthen, dass es Silbergeschirre mit goldenem Rande waren, vielleicht auch mit eingelegter goldener Arbeit, von denen oben gesprochen worden ist.

Sehr gesucht waren die vasa von korinthischem Erze, s. Bd. I, S. 39. [Am zahlreichsten waren natürlich die bronzenen Geschirre, von denen das Museum Borb. im Saale der Bronzen eine grosse ·Masse enthält. Trotz des geringeren Stoffes zeigen auch diese fast durchgängig graziöse Verhältnisse und herrliche Ciselur. Selten findet man plumpe oder bizarre und manirirte Formen und die Verzierungen sind meist ungemein lieblich, namentlich die der Henkel. Die deutschen Museen haben prächtige Exemplare aufzuweisen und ausserdem eine Masse von Henkeln, z. B. in Mainz und Wiesbaden, siehe auch Jahrb. des Vereins v. Alterthumsf. im Rheinland VI, S. 193 ff.]

3) Gemmengefässe.

Man darf zwar durchaus nicht glauben, dass überall, wo Gefässe von Amethyst etc. vorzüglich von Dichtern genannt werden, wirkliche Edelsteine zu verstehen seien; indessen gab es dergleichen auch, natürlich aber nur kleine, z. B. Becher. Man denke nur an das sogenannte [in Braunschweig verschwundene] Mantuanische Gefäss [von Onyx]. MONTFAUC., Ant. expl. tom. II, p. 181. BÖTTIGER, kl. Schriften II, S. 306 fg. [MÜLLER, Arch. v. Welcker, S. 359. 443. CIC. Verr. IV, 27. *Erat etiam vas vinarium; ex una gemma pergrandi, trulla excavata, manubrio aureo.* PROP. III, 3, 26.

Nec bibit e gemma divite nostra sitis.

VERG. Georg. II, 506.

Ut gemma bibat et Sarrano indormiat ostro.

APPUL. Met. II, p. 123 Elm. *gemmas formatas in pocula.* Na-

mentlich müssen kleine Onyxgefässe für Salben und Oele häufig
gewesen sein, so dass *onyx* so viel als Salbengefäss überhaupt
hiess. Hor. od. IV, 12, 17. *Nardi parvus onyx eliciet cadum.*
Prop. III, 8, 22. *murreus onyx.* II, 10, 30. *plenus onyx.* Mart.
VII, 94. XI, 50.

    Profertur Cosmi nunc mihi siccus onyx.
Der Potoria von Lychnis (d. i. eine Art von Rubin oder Kar-
funkel) gedenkt Plin. h. n. XXXVII, 30, 104.]

    Weit häufiger waren die mit Edelsteinen besetzten, *gem-
mis distincta,* Cic. l. l., oder aus vielen in Gold gefassten Ca-
meen zusammengesetzten, λιθοκόλλητα, χρυσοκόλλητα. Appian.
Mithr. 115., deren namentlich bei späteren Dichtern sehr häufig
Erwähnung geschieht. [Plin. XXXIII, 2. *turba gemmarum po-
tamus et smaragdis teximus calices.* XXXVII, 6. *vasa ex auro
et gemmis* und *gemmata potoria.* Mart. XIV, 109. *calices gem-
mati.* Iuv. X, 26 fg. V, 43. Auson. epigr. 8.

    Fercula gemmatis cum poneret horrida vasis.
Ulp. Dig. XXXIV, 2, 19. § 13. *Cedent igitur gemmae phialis
vel lancibus, inclusae auro argentove,* ähnlich § 20. Paull. rec.
s. III, 6, 88. Von den Gemmen und deren Bearbeitung handeln Pauly, Realencykl. III, S. 673—691. Müller, Arch.
v. Welcker S. 168. 244 fg. 438—445. Eine Hauptrolle spielten
Onyx und Sardonyx und manche schöne Exemplare haben sich
davon erhalten. Onyxschalen s. Mus. Borbon. XII, 47. Gar-
giulo, intorno la tazza di pietra Sardon. orient. Neap. 1835.
Thiersch, in Abh. der K. Bair. Akad. in München 1837, II,
S. 65—106 (Berliner Schale). In der Pariser Bibliothek befindet sich ein grosser Becher von Sardonyx und in Wien eine
wundervolle Achatschale s. Krause, Angeiol. S. 14 ff. Der
Sardonyx hat seinen Namen von *sarda* und *onyx.* Der erste
Stein, Sarder oder Karniol von dunkler rother Farbe, ziemlich
gewöhnlich, von Sardes so genannt war bei den Römern als
Ringstein sehr beliebt, Plin. h. n. XXXVII, 31, 105 f. *Onyx*
war dunkel mit weissen Streifen oder Adern durchzogen
(Plin. h. n. XXXVII, 24, 90 f. *variasque cum lacteis zonis habere venas.*) und hatte manche Varietäten. *Sardonyx* hiess

ein aus mehreren Lagen oder Schichten bestehender edler
Stein und die Aufeinanderfolge der Farben war sehr verschie-
den, Plin. h. n. XXXVII, 23, 86 ff. Martial. IV, 61. Isidor.
XVI, 8. *sardonyx ex duum nominum societate vocata est. Est
enim ex onychis candore et sardo. Constat autem tribus coloribus
cett.* Noch mehr als zu Gefässen wandte man diese Steine zu
Siegelringen und grossen Kameen an (Mart. II, 29. *sardony-
chata manus.* XI, 37. Plin. a. a. O.), von denen sich in Wien,
Paris, Petersburg kostbare Exemplare finden, Böttiger, kl.
Schriften II, S. 131—151. Krause, Pyrgoteles, Halle 1856.
S. 244—276. 465 ff. Ueber die Steine siehe ferner Köhler,
Untersuchungen über Sard, Onyx und Sardonyx der Alten,
Götting. 1801. u. kl. Abh. z. Gemmenkunde, in gesammelten
Schriften v. Stephani. Petersburg 1851, IV. Dagegen Brück-
mann, Abh. v. d. Edelsteinen S. 28 ff. 246 ff. und Beiträge
dazu S. 279. und vorher v. Veltheim, über die Onyxgebirge
des Ktesias, Helmstadt 1797. u. Samml. v. Aufsätzen, Helmst.
1800, II, S. 203—263.

4) Bernsteingefässe gab es ebenfalls nur in kleinen
Verhältnissen. Mart. IV, 32. *De ape electro inclusa.*

Et latet et lucet Phaethontide condita gutta,
Ut videatur apis nectare clausa suo.

Auch wurden Metallgefässe mit Bernstein verziert, Paull.
Dig. XXXIV, 2, 32. § 5. *vasis electrinis legatis nihil interesse,
quantum ea vasa, de quibus quaeritur, argenti aut electri habeant, sed utrum argentum electro an electrum argento cedat?*
Mart. VIII, 51.

Vera minus flavo radiant electra metallo,
Et niveum felix pustula vincit ebur.

Darauf bezieht sich Iuv. V, 37 fg. XIV, 307. S. I, S. 23.
Müller, Arch. v. Welcker S. 438. Tölken, Leitfaden für die
Sammlung antiker Metallarbeiten im Mus. zu Berlin, S. 43,
N. 398. Krause, Pyrgoteles S. 90 ff. — Seltener scheint
Elfenbein zu Gefässen oder deren Verzierung angewandt
worden zu sein, siehe Mart. l. l. XIV, 78. Orell. 3838.
pyxidem eboream.]

5) Gefässe von Glas.

Die künstlichen Glasarbeiten, welche besonders Alexandrien lieferte, scheinen alle Geschicklichkeit unserer englischen und böhmischen Glasschleifer [*vitriarii* genannt, ORELL. 4299.] in Schatten zu stellen. [MART. XII, 74.

Cum tibi Niliacus portet crystalla cataplus.

CIC. p. Rab. 14. wird der Transport der Glaswaaren von Alexandrien nach Italien erwähnt. TREB. POLL. Claud. 17. *calices Aegyptios operisque diversi.* — Vop. Tac. 11. *vitreorum diversitate et operositate vehementer delectatus est.* S. oben S. 265.] Man wusste zuvörderst so gut als wir, dem Glase jede beliebige Farbe zu geben und die Edelsteine geschickt nachzuahmen [sogen. Glaspasten]. Thl. I, S. 25. [KRAUSE, Pyrgoteles S. 100. 219 ff. Angeiol. S. 37 ff. NÖGGERATH über die Kunst, Gemmen zu färben in den Jahrb. d. Vereins v. Alterthumsf. im Rheinland, Bonn 1847, X, S. 82. 1846. IX, S. 25 ff.] PLIN. XXXVI, 26, 67. sagt: *Fit et album* (milchweiss?) *et murrinum aut hyacinthos sapphirosque imitatum, et omnibus aliis coloribus.* vgl. XXXVII, 7, 26. 6, 22. [ISID. XVI, 15. STRAB. XVI, p. 758. ed. Paris. 1620.], und dergleichen farbige Gläser sind auch wohl oft zu verstehen, wenn von *gemmis* die Rede ist; z. B. die *amethystini trientes.* MART. X, 49. Hierher gehören auch die in verschiedenen Farben spielenden, *alassontes* [aus Aegypten]. VOPISC. Saturn. 8. *Calices tibi alassontes versicolores transmisi.*, vielleicht Opalglas oder etwas ähnliches. Vgl. BECKMANN, Beitr. z. Gesch. d. Erfind. I, S. 373 ff. [SCHULZ, anforina di vetro con bassirilievi, in Annali dell inst. XI. 1839. p. 98. sucht darin eine Nachahmung der Murra. Die Seltenheit dieser Becher ergiebt sich daraus, dass Hadrian befahl, sie nur bei ausserordentlichen Gelegenheiten zu brauchen.] Am geschätztesten waren jedoch die *crystallina*, von ganz reinem, weissem und durchsichtigem Glase. [PLIN. h. n. XXXVII, 10, 29. *calices crystallinos.* APPUL. II, p. 123 Elm. *hic vitrum fabre sigillatum* (cälirt, s. unten), *ibi crystallum impunctum, argentum alibi clarum et aurum fulgurans et succinum mire cavatum in lapides, ut bibas.* CAPIT. Ver. 10.] PLIN. *Maximus tamen honos*

in candido translucentibus, quam proxima crystalli similitudine.
[ISID. XVI, 15.] An Krystallglas also [nicht an Bergkrystall,
sogen. wegen seiner Aehnlichkeit mit dem Eis] hat man [meis-
tens] zu denken, wenn *crystallina* oder *crystalla* (MART. IX,
23. [XIV, 111.] XII, 74.) genannt werden, und wenn es IX,
60, 13. heisst: *turbata brevi crystallina vitro.* so ist eben ein
unreines, etwa grünliches Stück oder Stelle zu verstehen, wie
I, 54, 6. *Aretinae violant crystallina testae.* KRAUSE, Pyrgotel.
S. 89. Angeiol. S. 31 ff. Ausserdem verstand man auch das
Glas in verschiedenfarbigen Lagen übereinander zu breiten,
und dieses wurde dann wie der Onyx als Cameo geschnitten.
PLIN. XXXVI, 26, 66. [*Ex massis rursus funditur in officinis
tingiturque.*] *aliud flatu figuratur, aliud torno teritur, aliud argenti modo caelatur.* Der Art ist die berühmte Barberinische
oder Portland-Vase [aus dem Grabe des Sev. Alexander].
die lange Zeit für ächten Sardonyx galt. S. WINCKELM. W.
III, S. 45. mit den Anm. d. Herausg. S. 296 fg., wo ähnliche
Werke angeführt werden. [VENUTI, spiegazione dei bassir.
nell' urna sepolcr. d'Aless. Sev. Roma 1756. MÜLLERS Arch.
v. Welcker S. 446.] Abgebildet mit den Reliefs MUS. CAPIT.
IV. tab. 1—4. Darum werden auch so häufig *sardonyches veri*
genannt. MART. IV, 61, 6. IX, 60, 19. Vgl. auch BECKMANN,
Beitr. z. Gesch. der Erfind. III, S. 536 ff. [Noch schöner als
die Portlandvase ist die 1837 in einem Grabe zu Pompeji gefundene cälirte Glasvase mit blauen und weissen Basreliefs,
trefflich abgebildet von ZAHN, Ornamente aller klass. K. E.
t. 53. schönste Ornam. II, t. 77. und geschildert von SCHULZ
a. a. O. S. 84—100. wo auch von der antiken Glasarbeit überhaupt und von dem technischen Verfahren gesprochen wird.
S. auch MUS. BORB. XI, 28. 29. OVERBECK, Pompeji S. 433 f.
BUONAROTTI, obll. sopra alcuni frammenti di vasi ant. di vetro.
Fior. 1716. MÜLLERS Arch. von Welcker S. 445 ff. BOCH-
BUSCHMANN, in den publications de la société — monum. hist.
Luxemburg. 1850 f. (über die antike Glasfabrikation über-
haupt). Sehr schön ist auch das Thl. 1, S. 25. beschriebene
Gefäss, welches gegen das Jahr 1725 im Navaresischen ge-

funden wurde, und sich zur Zeit der Fea'schen Uebersetzung
der Winckelmann'schen Gesch. d. K. in der Sammlung des
D. Carlo de' Marchesi Trivulsi in Mailand befand. S.
Meyer z. Winck. W. III, S. 293 fg. und d. Abbildung in der
wirklichen Grösse Taf. 1. A. — Solche Gefässe wurden *dia-
treta* genannt [d. h. durchbrochen, mit Glasnetz überzogen,
nämlich nicht angelöthet, sondern mit dem Drehrad gearbeitet,
Jahrb. d. Vereins v. Alterthumsf. im Rheinland, V, S. 377—
382. XVI, 2. Supplem. S. 123 f.]. Mart. XII, 70, 9. Ulp.
Dig. IX, 2, 27. § 29. *Si calicem diatretum faciendum dedisti,
siquidem imperitia fregit, damni iniuria tenebitur* etc. Dagegen
hat *toreuma* (Mart. XI, 11. *lepidi toreumata Nili.* [XIV, 94.
audacis plebeia toreumata vitri.] und öfter.) eine weitere Bedeutung, und kann besonders auf die *caelata* bezogen werden. Von
diesen künstlichen Arbeiten sagt mit Recht Mart. XIV, 115.

> *Adspicis ingenium Nili, quibus addere plura*
> *Dum cupit, ah! quoties perdidit auctor opus.*

[Paul. Diac. p. 115 M. *Lesbium genus vasis caelati a Lesbiis
inventum.* und diese waren von purpurfarbigem Glase, Ath.
XI. p. 486. Dass man aber eigentlich bei dem Glase nicht
von Cäliren reden dürfe, ist nach Quinct. I, 21. bemerkt worden. Man müsste bei Holz, Elfenbein, Glas, Marmor *sculptura*
sagen. S. noch d. ersten Excurs zur siebenten Scene.]

6. Vasa murrina.

Dass die Alten über die Substanz der *vasa murrina* [welche
zuerst Pompeius aus dem Schatz des Mithridates mit nach Rom
brachte, Plin. h. n. XIII, 7, 23.] selbst nicht im Klaren gewesen sind, das erkennt man deutlich an der Unbestimmtheit,
mit welcher sie sich darüber ausdrücken; denn die einzige, viel
benutzte Stelle aus Prop. IV, 5, 26.

> *Seu quae palmiferae mittunt venalia Thebae,*
> *Murreaque in Parthis pocula cocta focis.*

abgerechnet, findet sich keine zweite, die nicht mehr einen
negativen als positiven Gebrauch gestattete. Daher hat es
denn auch unter den Antiquaren jederzeit sehr verschiedene
Meinungen über den Stoff, aus welchem diese Geschirre ge-

fertigt gewesen, gegeben. Viele haben die *murra* für natürlichen Stein erklärt [z. B. für einen Dendrachat, Onyx, Sardonyx u. a.]. So CHRIST, *De murrhinis veterum*. Lips. 1743. LANJUINAIS, Lettre à M. Millin. Paris 1808. (gegen BOSSI, Observ. sur le vase que l'on conservoit à Gênes sous le nom de Sacro-Catino etc. Tur. 1807. welcher meint, es sei Glas gewesen: une espèce de verre.) namentlich für chinesischen Speckstein: von VELTHEIM, Ueber die Vasa Murrina. Helmst. 1791. [und in seinen vermischten antiq. Aufs. I, S. 191 ff.] Dagegen hat neben manchen anderen Einfällen, die hauptsächlich auf PROPERZ sich stützende Meinung bedeutende Vertheidiger gefunden, dass es chinesisches Porcellan gewesen sei. Dahin gehören ausser den älteren [wie die beiden SCALIGER und SALMASIUS]: MARIETTE, Traité des pierres gravées I, p. 218. BÖTTIGER, Morgenblatt. 1810. 13. Apr. [und kl. Schriften II, S. 152—158.] (zum Theil), vorzüglich aber ROLOFF, Ueber die Murrinischen Gefässe der Alten, im Museum der Alterthumswissensch. II, S. 519—572. mit BUTTMANNS Anmerk. Und diese Ansicht scheint in der That die einzig annehmbare zu sein, und stimmt mit der Gesammtheit der Stellen am besten überein, wenn man nur nicht vergisst, dass die Alten selbst nicht recht wissen mochten, was für eine Masse es sei. Eine nicht unbedeutende Unterstützung erhält sie überdiess, wenn es wahr ist, was GELL, Pompeiana. N. F. I, S. 99. angiebt: dass das Porcellan bis in die Mitte des sechszehnten Jahrhunderts Mirrha di Smyrna geheissen habe. [Wichtiger als die Stellen des PROP. und MART. IV, 86. XIV, 113. ist PLIN. h. n. XXXVII, 2, 8. *Oriens murrina mittit. Inveniuntur enim ibi in pluribus locis nec insignibus Parthici regni, praecipue tamen in Carmania. Humorem putant sub terra calore densari. Amplitudine nusquam parvos excedunt abacos, crassitudine raro quanta dictum est vasi potorio* etc. und XXXIII, 2, 5. *murrina et cristallina ex eadem terra effodimus, quibus pretium faceret ipsa fragilitas.* Daraus geht hervor, dass PLINIUS nicht an ein künstliches Fabrikat dachte. Unter den Mineralien aber passt keines besser zu PLINIUS' Beschreibung, als der Flussspath, aus welchem in England ganz ähnliche Gefässe gemacht werden. Er ist weich, zerbrechlich, matt glänzend u. s. w., ganz wie Plin. angiebt. Diese Ansicht ist jetzt die herrschende und von Abel-Remusat, Rozière, Corsi, Creuzer, v. Leonhard, Hüllmann u. A. ausgesprochen worden. S. v. Minutoli und Klaproth, über antike Glasmos. Berlin 1817. v. Minutoli, über d. Anfertigung und Nutzanwend. d. farb. Gläser bei den Alten. Berlin 1836. Thiersch, in d. Abh. der K. Bair. Akad. der Wissensch. 1835. I, S. 439—509. Schulz, in Annali dell' inst. XI. 1839. p. 97 ff. Walz, in Pauly Realencykl. V, S. 253 ff. Krause, Angeiol. S. 22—31. Lenz, Mineralogie der alten Griech. u. Römer. Gotha 1861, S. 160. S. auch Schmieder, über die Murrina. Brieg 1830. — Die römisch. Juristen erklärten, dass die murrina (obgleich von sehr hohem Werthe, Plin. XXXVII, 2, 7.) nicht unter die Gemmen zu zählen seien, wohl aber gehören sie zu der supellex, s. oben S. 282.] Es gab ächte und unächte Murrina, letztere vermuthlich aus einer ähnlichen Glasmasse; wie denn Plin. XXXVI, 26, 67. wo er die verschiedenen Glasflüsse aufzählt, auch sagt: *Fit et album et murrinum* etc. [Wahrscheinlich bezieht sich auf diese Nachahmung die oben citirte Stelle des Properz. S. v. Minutoli, Thiersch, Walz S. 258 ff.

In Beziehung auf die verschiedene Bestimmung der Gefässe unterscheiden wir folgende Hauptarten:

1) Vasa zum Aufbewahren von Flüssigkeiten in Kellern, Kammern, Tabernen, theilweise auch zum Transportiren sind *a*) grössere: *doli, cadi, amphorae, lagenae*, welche, da sie vorzugsweise Wein enthielten, in dem vierten Excurs z. neunten Scene näher besprochen werden sollen. *b*) kleinere Gefässe zur Aufbewahrung, jedoch gewöhnlich nur auf kurze Zeit, indem der Inhalt bald benutzt wurde. Hierher gehört die *ampulla* (βόμβυλος, λήκυθος, ληκύθιον) von kurzer gedrungener Gestalt, ganz ähnlich unsern kurzen Flaschen, welche einen engen Hals haben (etwa wie Bulle). Plin. ep. IV, 30. *Quod in ampullis ceterisque generis eiusdem videmus accidere, quibus non hians, nec statim patens exitus.* War sie zum An-

hängen bestimmt, so hatte sie einen Henkel. Voss zu Mel. II, 6. Darin bewahrte man Oel (zum Baden). Appul. Flor. II, 9. p. 346 Elm. *fabricatum sibimet ampullam quoque oleariam quam gestabat lenticulari forma* (linsenförmig), *tereti ambitu, pressula rotunditate.* Mart. III, 82, 26. Cic. de Fin. IV, 12., Essig (Plin. h. n. XX, 14, 54. *ampulla vitrea aceti*) und Wein. Ja man trank sogar aus der Flasche, Mart. VI, 35.

> *At tu multa diu dicis, vitreisque tepentem*
> *Ampullis potas semisupinus aquam.*

Suet. Dom. 21. Namentlich geschah dieses auf der Reise, Plaut. Merc. V, 2, 86. vgl. Pers. I, 3, 43. Zu diesem Behufe hatte man auch Lederflaschen, *scorteae ampullae*, Fest. v. rubidus p. 262 M. Col. VIII, 2. *ampullaceo corio*. In den Museen sieht man gläserne Feldflaschen, die den unsrigen ganz gleich sind und von den Soldaten gebraucht wurden z. B. in Wiesbaden. Abbildungen verschiedenartiger gläserner u. thönerner ampullae (denn der Hals war bald kürzer, bald etwas länger und die Grösse sehr mannigfaltig) giebt Avellino, descr. di una casa, Tab. X. und dazu p. 70 fg. S. Ussing S. 73 f. Schöne Originale besitzen die Museen von Mainz, Darmstadt, Wiesbaden u. s. w.

Einen beschränkteren Gebrauch hatte *alabastrum*, welches nur Salben und Oel in sich aufnahm (*vas unguentarium* Dig. XXXIV, 2, 2611. § 10). Dieses Gefäss war cylinderförmig, nach oben aber abnehmend und stets ohne Henkel, Plin. h. n. IX, 35, 56. *elenchos appellant fastigata longitudine, alabastrorum figura in pleniorem orbem desinentes.* und XXI, 4, 10. wendet er diese Aehnlichkeit bei Beschreibung der geschlossenen Rosenkelche an, *quo* (cortice) *mox intumescente et in virides alabastros fastigato*, daher *graciles alabastri* gen. Orelli 4832. Es bestand aus Onyx (darum auch schlechtweg *onyx* genannt, s. oben S. 324.), Alabaster und anderen Steinarten, auch aus Glas. Nach der Ansicht Mehrerer ist der Name von ά und λαβή abzuleiten, wegen des mangelnden Henkels (so Creuzer, deutsche Schriften 2. Abth. III. S. 28 ff. u. Abeken, Mittelitalien S. 269. nach Valcken. Schol. zu Luc. ev. p.

162 fg.; Andere glauben, dass das Gefäss von dem Material,
aus dem es gewöhnlich verfertigt worden sei, den Namen erhalten habe, so Ussing S. 70 fg. Umgekehrt O. Müller,
Arch. v. Welcker S. 410., dass der Stein erst von dem Gefässe
den Namen empfangen habe. Die Bestimmung dieser Gefässe
erhellt aus Cic. b. Non. XV, 17. *quibus etiam alabaster plenus
unguenti putere videatur.* Mart. XI, 8. *Quod Cosmi redolent
alabastra.* Plin. h. n. XIII, 2, 3. *Unguenta optime servantur
in alabastris,* und XXXVI, 5, 12. *hunc aliqui lapidem alabas-
tritem vocant, quem cavant ad vasa unguentaria, quoniam optime
servare incorrupta dicitur.* Man pflegte die alabastra in Riemen
zu tragen und hatte besondere Gestelle für sie (ἀλαβαστοθήκη),
s. Creuzer a. a. O. und Gerhard, Berlins antike Bildwerke
S. 367. mit N. 42. 43. Krause, Angeiol. S. 11 f. — Zu Salben
brauchte man die muschelähnliche *concha,* Hor. od. II, 7, 23.
funde capacibus unguenta de conchis. und um Oel zu schöpfen,
Cato r. r. 66. 13., auch für Mehl Cato r. r. 156. — Ueber die
fälschlich sogenannten Lacrimatorien, s. den Excurs zur
zwölften Scene.

2) Vasa zum Schöpfen, Ausgiessen und Austheilen.

Ueber die Wassergefässe *urna, urceus, nanus, situlus, matella* und *matellio* s. oben S. 315 fgg.; zum Wein gehörten:
guttus, simpulum, epichysis, cyathus. Varro L. L. V, 124. *Qui
vinum dabant ut minutatim funderent, a guttis guttum appellarunt, qui sumebant minutatim, o sumendo simpulum nominarunt.
In huiusce locum in conviviis e Graecia successit epichysis et cyathus; in sacrificiis remansit guttus et simpulum.* Wahrscheinlich
waren *guttus* und die griechische *epichysis* (Plaut. Rud. V, 2,
32.) kleine Kannen mit engem Halse (Hor. Sat. I, 6, 118. *cum
patera guttus* d. h. Kanne mit darunter befindlicher Schaale.
S. Heindorf zu d. St. *guttus faginus* bei Plin. h. n. XVI, 73.
guttus corneus bei Mart. XIV, 52.), *simpulum* und *cyathus*
aber eine besondere Art von Weinschöpfern, s. d. dritten Exc.
z. neunten Scene. Dass *gutti* nicht ebenfalls Schöpfkellen ähnlich waren, ergiebt sich daraus, dass sie auch zum Ausschütten
der Salben und Oele dienten. S. in der Anekdote bei Gell.

XVII, 8. *guttum Samium ore tenus imprudens inanem, tanquam si inesset oleum affert.* So wird guttus in den Bädern genannt Iuv. III, 263. XI, 158. SCHOL. zu III, 263. p. 110 Cram. *Gutturnium* ist gleichfalls eine Kanne mit engem Halse PAUL. p. 98 M. *gutt. vas, ex quo aqua in manus datur ab eo, quod propter oris angustias guttatim fluat.* Dasselbe heisst PAUL. p. 51. *cuturnium*, welches aber auf die Opfer bezogen wird. Bei Opfern wurde auch das *simpurium* gebraucht, welches VARRO bei NON. XV, 12 *modus matulae* nennt. Es war von Holz oder Thon. s. MOSER zu Cic. de rep. VI, 2. p. 459 fg. Eine ähnliche Kanne zum Ausgiessen des Wassers über das Waschbecken hiess *manalis.* VARRO bei NON. XV, 32. *urceolum aquae manalem vocamus, quod eo aqua in trulleum effundatur.* — Die uns in grosser Zahl erhaltenen Kannen als *guttus, matellio, situlus* etc. zu unterscheiden, ist unmöglich. Das allen Gemeinsame ist Henkel und Mündung, aber beides zeigt eine unbeschreibliche Abwechslung. Bald erhebt sich der Henkel hoch über das Gefäss in weitem Schwung, bald schliesst er sich knapp und dürftig an, bald ist der enge Hals hoch, bald kurz (der Ampulla ähnlich), bald ist der Schnabel weit vorwärts gebogen und überhängend, bald kaum hervortretend u. s. w. Wahrhaft wundervoll sind die niedrigen Kannen im MUS. BORB. II, 47. XII, 59. XIII, 43., einfachere dagegen IV, 43. V, 15. VI, 29. X, 32., jedoch mit sehr schönen Henkeln. Hoch sind die Kannen M. B. XII, 55. XIII, 46. Einfache urcei finden sich M. B. VII. 13. VIII, 15. XIII, 27. 43. der Henkel aber herrlich. Ein Glas über die Kanne gestülpt sieht man M. B. VIII, 26. ähnlich im Darmstädter Museum.

3) Trinkgeschirre, nämlich Becher und Mischkrüge, s. den dritten Excurs zur neunten Scene.

4) Kochgefässe, s. oben S. 311 ff.

5) Tafelgeschirre, nämlich Schüssel, Schalen u. s. w. s. den dritten Excurs zur neunten Scene.

6) Waschgefässe. Eins der grössten hiess *nassiterna.* FEST. p. 169. *est genus vasis aquarii ansati et patentis, quale est quo equi perfundi solent.* wo mehrere Fragmente des PLAUT.

und Cato citirt werden. Varro R. R. I, 22. *ex aere.* Plaut.
Stich. II, 2, 27. Gross war auch *labrum*, welches jedoch jede
grosse Wanne im weitern Sinne bedeutete (von Marmor, Thon,
Metall, Col. XII, 15, 50.), wie für Wein, Oel u. s. w. Cat.
R. R. 13. Als Badewanne aber steht *labrum* Plin. ep. V, 6.
Ovid. Fast. IV, 76. Cic. ad Fam. XIV, 20. ebenso wie solium, s. den Excurs zur siebenten Scene. *Pelvis* war nach Non.
XV, 4. *sinus aquarius, in quo varia perluuntur*, also wahrscheinlich ein grosser Spülkump oder Waschbecken. Iuv. III,
277. *patulas effundere pelves.* Auch diente pelvis zu Fuss-
bädern. Varro L. L. V, 119. Ussing p. 118 ff. *Praefericulum*
nennt Fest. und Paul. p. 248 fg. eine pelvis zu religiösem
Gebrauch. Aehnlich war *aquiminarium*, welches sogar mit
zum Speisegeschirre gerechnet wurde, nämlich als Spülkump,
s. Pomp. Dig. XXXIV, 2, 21. § 2. wo ein silbernes genannt
wird. Ulp. ebendaselbst 19. § 12. *propter escam paratur*, oder
sollte es des Händewaschens wegen zum Tafelgeschirre gezählt worden sein? Paull. Dig. XXXIII, 10, 3 pr. und § 3
nennt die silbernen *aquiminalia* neben den *pelves.* Ferner
waren *polubrum* und *trulleum* Waschbecken. Beide Worte ·
werden als identisch bezeichnet von Non. XV, 11. Paul. Diac.
aber p. 247. hält *polubrum* für so viel als *pelvis.* Der Unterschied war jedenfalls gering, nur dass pelvis etwas grösser
war. S. Müller zu Fest. p. 396 fg. Non. XV, 32. *trulleum,
quo manus perluuntur.* Varro L. L. V, 118. s. oben S. 314.
Auch *malluvium* wird ebenfalls als Waschbecken für die Hände
erklärt, Paul. und Fest. p. 160. 161 M. Endlich rechnet
Serv. zu Verg. Aen. III, 466. und V, 266. *lebes* zu derselben
Gattung. Abbildungen von solchen Becken s. Avellino, descr.
di una casa, t. IX, n. 9. und p. 68 fg. Antich. di Ercol. III.
t. 36. (ein praefericulum) und Mus. Borb. X, 35. an welchen
beiden letzten sich ein kleiner gekrümmter Griff befindet. S.
im Allgem. Ussing p. 114 ff.

7) Prunkgefässe, wie sie in den Zeiten der Kaiser die
Säulenhallen, Säle und Bäder schmückten, ohne einem praktischen Zweck zu dienen. Dahin gehören namentlich die

grossen Marmor- und Alabastervasen, welche jetzt die Zierden
mehrerer Museen sind, KRAUSE, Angeiol. S. 439 f. Auch die
kostbaren Gefässe von edlen Metallen und Edelsteinen hatten
sehr häufig keine andere Bestimmung, als die luxuriosen Bau-
werke auch entsprechend auszustatten, s. Thl. I, S. 23 f.
Die Opfer- und Libationsgefässe bleiben von unseren Untersuchungen ausgeschlossen, wie capedo und capeduncula, Schale,
cuturnium, simpuvium und praefericulum, s. oben.

Werkzeuge zum Reinigen.

Die Werkzeuge, deren man sich bediente um den Fussboden, die Wände, Decken und Mobilien zu reinigen, waren
scopae, Besen von Reisern der wilden Myrte, *oxymyrsine*,
ruscus aculeata LINN., oder der Tamariske, *tamarix Gal-
lica*. PLIN. XXIII, 9, 83. XVI, 26, 45. [MART. XIV, 82. s.
Thl. I, S. 190. CATO R. R. 152. *scopae virgeae* PLUT. bei Ath.
XV, p. 665 b. Philyll. das. IX. p. 408 e.] und Schwämme,
spongiae. [MART. XIV, 144.

> *Haec tibi sorte datur tergendis spongia mensis*
> *Utilis, expresso cum levis imbre tumet.*]

Unter ihnen wurden zwar auch die punischen oder afrikani-
schen und die rhodischen geschätzt, aber die weichsten kamen
von der lykischen Stadt Antiphellos. PLIN. h. n. IX, 45, 69.
XXXI, 11 extr. Sie wurden an einem bald längeren, bald
kürzeren Stabe befestigt und hiessen dann *peniculi*. Dass
unter letzteren Schwämme, nicht aber Bürsten oder Borstwische zu verstehen sind, erhellt unzweideutig aus Stellen,
wie TER. Eun. IV, 7, 7.

> THR. *Quid, ignave? peniculon' pugnare, qui istum huc portes,*
> *cogitas?*

> SA. *Egon'? Imperatoris virtutem noveram et vim militum:*
> *Sine sanguine hoc non posse fieri; qui abstergerem vulnera?*

[PAUL. DIAC. p. 208. *peniculi spongiae longae propter similitudinem caudarum appellatae.*] Das ist die *infelix damnatae
spongia virgae*. MART. XII, 48., dasselbe wohl auch die *arundo*
PLAUT. Stich. II, 2, 23. Auch zur Reinigung des Schuhwerks
wurden sie gebraucht. PLAUT. Menaechm. II, 3, 40. *Quis istest*

peniculus? Qui extergentur boxeae? vgl. II, 2, 12. [FEST. v. penem p. 230 M. *peniculi, quibus calciamenta tergentur, quod e codis extremis faciebant antiqui, qui tergerent ea.*] Ob man indessen nicht auch ähnliche Werkzeuge von Borsten hatte, kann zweifelhaft scheinen. Wenigstens liesse sich diess aus der Bedeutung des zweiten Deminutivs, *penicillus* schliessen, und wenn man Maurerpinsel fertigte, PLIN. XXVIII, 17, 71. warum sollte man nicht auch Borstwische gemacht haben? Freilich wurden auch *penicilli* aus Schwämmen gefertigt. PLIN. IX, 45, 66. [Ferner hatte man zum Abfegen der Spinneweben lange Eulen und besondere Leitern zum Reinigen der Decken. ULP. Dig. XXXIII, 7, 12. § 22. *Item perticae, quibus araneae detergantur, item spongiae, quibus columnae, parimenta, podia extergantur, scalae, quae ad lacunaria admoveantur, instrumenti sunt, quia mundiorem domum reddunt.* Die Besen sind bereits Thl. I, S. 190. erwähnt.]

Die Stellen, aus welchen die Schilderung der Geschäftigkeit der Sklaven im Säubern des Hauses (Thl. I, S. 20 f.) entlehnt ist, finden sich: PLAUT. Asin. II, 4, 18.

> *Iussin, sceleste, ab ianua hoc stercus hinc auferri?*
> *Iussin columnis deicier operas araneorum?*
> *Iussine in splendorem dari has bullas foribus nostris?*

Ders. Stich. II, 2, 23.

> *Munditias volo fieri: ecferte huc scopas simulque harundinem,*
> *Ut operam omnem araneorum perdam et texturam inprobam.*
> *Deiciamque eorum omnis telas.*

[Ders. Pseud. I, 2, 28 ff.

> *Tibi hoc praecipio, ut niteant aedes. Habes quod facias:*
>   *propera, abi intro.*
> *Tu esto lectisterniator, tu argentum eluito, itidem exstruito.*
> *Haec, quom ego a foro revortar, facite ut offendam parata,*
> *Vorsa sparsa tersa strata lauta structaque omnia ut sint.*]

und vorzüglich IUVEN. XIV, 60 ff.

> *Verre pavimentum: nitidas ostende columnas:*
> *Arida cum tota descendat aranea tela:*
> *Hic leve argentum, vasa aspera tergeat alter.*

VIERTER EXCURS ZUR ZWEITEN SCENE.

—

DIE BELEUCHTUNG.

Zu den Unvollkommenheiten der häuslichen Einrichtung, bei denen unsere Zeit sich sehr übel befinden würde, gehörte der durchgängige Gebrauch der Oellampen, die eben sowohl dem prächtigsten Palaste als dem bescheidenen Zimmer des weniger Bemittelten zur Erleuchtung dienten. Hätte man im Alterthume sich bereits durch Glascylinder, in denen der Qualm, *fuligo*, verzehrt wird, gegen die unvermeidliche Unsauberkeit zu schützen gewusst, so dürfte man sich weniger darüber wundern, dass das Oel neben Talg und Wachs und selbst vorzugsweise sich als allgemeines Erleuchtungsmittel behauptete; allein von solcher Erfindung war man sehr fern, und alle Eleganz der kunstreichsten Lampen aus Bronze oder edlem Metalle konnte nicht hindern, dass der Schmuck der Decken vom Rauche geschwärzt und der Athem durch den Dampf belästigt wurde. Allerdings war es das Material, worauf die Natur des Landes die Bewohner selbst angewiesen zu haben schien; allein die Wohlfeilheit würde für den verschwenderischen Sinn der Reichen kein hinreichender Grund gewesen sein, die Unbequemlichkeit zu tragen, und man muss daher eher annehmen, dass man in der Fertigung der Talg- und Wachslichter noch nicht erfahren genug gewesen sei, um durch sie eine genügende Beleuchtung zu erlangen, und so finden wir, anders als bei uns, dass die *candela* dem Aermeren diente und hingegen die *lucerna*, die dampfende Oellampe, in Palaste des Reichen brannte.

Den ganzen Beleuchtungsapparat nennt APPUL. Met. IV, p. 281 Oud. [151 Elm.]. *Taedis, lucernis, cereis, sebaceis et caeteris nocturni luminis instrumentis clarescunt tenebrae.* Darunter gehören die *taedae*, eigentlich Kienspäne, nicht zur gewöhnlichen Hausbeleuchtung und es bleiben nur *lucernae* und *candelae*, welche letztere theils *cereae*, theils *sebaceae* sind. [SCHULZ, in bullet. dell' instit. di corr. archeol. 1841, p. 115.] Sie waren nach mehr als einem Zeugnisse in der alten Zeit allein üblich (bei den Griechen werden sie nie erwähnt, siehe Charikles I, S. 279 fg.) und die Lampe war eine spätere Erfindung. So giebt VARRO an L. L. V, 119. *Candelabrum a candela; ex his enim funiculi ardentes figebantur. Lucerna post inventa, quae dicta a luce, aut quod id vocant Graeci λύχνον.* Eben so sagt er auch von der alten Zeit in einem Fragmente de vita pop. Rom. bei SERV. zu Verg. Aen. I, 727. *facibus aut candela simplici, aut ex funiculo facta cera vestita; quibus ea figebant, appellabant funalia.* [So wird bei C. Duilius *funalis cereus* genannt, VAL. MAX. III, 6, 4. vgl. CIC. de sen. 13.] Damit stimmt überein MART. XIV, 43. *Candelabrum Corinthium.*

Nomina candelae nobis antiqua dederunt:
Non norat parcos uncta lucerna patres.

und auch ATHENAEUS sagt XV, 700. οὐ παλαιὸν δ' εὕρημα λύχνος. φλογὶ δ' οἱ παλαιοὶ τῆς τε δᾳδὸς καὶ τῶν ἄλλων ξύλων ἐχρῶντο. Man nahm zur candela statt des Dochtes das Mark einer Binsenart, der einheimischen *papyrus, scirpus.* PLIN. XVI, 37, 70. *scirpi fragiles palustresque — e quibus detracto cortice candelae luminibus et funeribus serviunt.* ANTHOL. PAL. VI, 249.

λαμπάδα κηροχίτωνα, Κρόνου τυφόεσσα λύχνον, σχοίνῳ καὶ λεπτῇ σφιγγομένην παπύρῳ.

Vielleicht ist auch unter den von VARRO genannten *funiculis* nichts anderes zu verstehen. Vgl. SALM. Exercitt. ad Sol. p. 705. — Diese Binsen wurden mit Talg oder Wachs überzogen, indessen waren Talglichter, *sebaceae*, bei AMM. MARC. XVIII, 6. *fax sebalis*, wohl nur für den gemeinsten Gebrauch.

Dass es aber auch in früherer Zeit neben den *cereis* noch
andere *candelae* gab, folgt schon aus den oben angeführten
Worten Varro's und Martial hat unter den Apophoreten
zwei verschiedene Epigramme mit den Ueberschriften *Candela* und *Cereus*: 40.

> *Ancillam tibi sors dedit lucernae,*
> *Tutas quae vigil exigit tenebras.*

und 42.

> *Hic tibi nocturnos praestabit cereus ignes.*
> *Subducta est puero namque lucerna tuo.*

In beiden scheint übrigens der Sinn zu liegen, dass die *candela* wie der *cereus* für geringer galten, als die *lucerna*. Deutlicher erhellt dies aus Iuven. III, 287., wo Umbricius im
Gegensatze zu der *aenea lampas* des Reichen von sich sagt:

> — *quem luna solet deducere vel breve lumen*
> *Candelae. cuius dispenso et tempero filum.*

und aus Plinius XXXIV, 3, 6., wo er von den unmässigen
Preisen der Candelaber spricht, die doch ihren Namen von
einer so gemeinen Sache hätten: *Nec pudet tribunorum milita-
rium salariis emere, cum ipsum nomen a candelarum lumine im-
positum appareat*. Indessen finden sich die Wachskerzen auch
neben den Lampen, wo Pracht und Aufwand geschildert werden und Verg. Aen. I, 727. sagt vom Palaste der Dido:

> *dependent lychni laquearibus aureis*
> *Incensi et noctem flammis funalia vincunt.*

Es ergiebt sich hieraus nicht hinreichend, dass es keinesweges gegründet ist, wenn Böttiger, Amalthea III, S. 168.
sagt: „Das klassische Alterthum kennt nur Fackeln und
Lampen. Der Beleuchtungsluxus der Neuern von dem Gebrauch der Wachslichter an bis herab zur neuesten Oelgasbe-
leuchtung war schon bei der ganzen Bau- und Lebensweise
der Alten unmöglich." Die *cerei*, deren Gebrauch bei den
nächtlichen Comissationen auch bei Seneca, epist. 122. erwähnt wird, und überhaupt die *candelae* waren denn doch in
keinem Falle Fackeln und die Candelaber waren ursprünglich
zum Aufstecken derselben eingerichtet. Schon der Name selbst

zeigt, dass der Candelaber eigentlich nicht Träger einer Lampe, sondern einer Kerze war. SERV. zu Verg. a. a. O. *Nonnulli apud veteres candelabra dicta tradunt, quae in capitibus uncinos haberent, quibus affigi solebat vel candela, vel funes pice delibuti, quae interdum erant minora, ut gestari manu et praeferri magistratibus a cena possent.* [Aehnlich PAUL. DIAC. p. 46 M. h. v. und v. cicindela p. 42. und ISIDOR. XX, 10.] DONAT. zu Ter. Andr. I, 1, 88. (funus) *quod a funalibus dictum est, i. e. uncis vel cuncis candelabrorum, quibus delibuti funes pice vel cera infiguntur.* So lieset SALM. Exercitt. ad Sol. p. 266. [Die Candelaber für Lichter hiessen auch *funalia* im weiteren Sinne (im engeren Sinne nur Leuchter). ISIDOR. XX, 10. *funalia candelabra apud veteres exstantes stimulos habuerunt aduncos, quibus funiculi cera vel huiusmodi alimento luminis obliti figebantur. Idem itaque et stimuli praeacuti funalia dicebantur.* Bei OVID. Met. XII, 246 fg.

— *et primus ab aede*
Lampadibus densum rapuit funale coruscis.

scheint *funale* sogar als Lampenträger gebraucht zu sein.] Die von SERVIUS erwähnten Handcandelaber zum Vorleuchten waren vermuthlich von derselben Art, wie die Lychnuchen bei den Lampadedromien, wo durch einen Teller, über dem die Kerze stand, der doppelte Zweck erreicht wurde, die Hand vor dem Herabträufeln des heissen Wachses und die Flamme vor dem Luftzuge zu schützen. Siehe z. B. die Glaspaste bei BRÖNDSTEDT, Reisen und Unters. in Griechenl. II. Vign. 36. und die Erkl. S. 290. Vgl. MÜLLER, Panathenaica. p. 59. Auch auf einer Münze von Amphipolis, MIONNET descr. suppl. Tom. III. pl. 8, n. 1. wo für die Hand ein langer Henkel da ist.

Lampen, *lucernae*, sind noch in grosser Menge vorhanden und von den verschiedensten Formen, doch stets ganz niedrig und gewöhnlich ohne Fuss. Sie gehören nebst den Candelabern durch die Zierlichkeit der Form und die Embleme, die sie schmücken, zu den interessantesten Anticaglien und haben daher wohl die Berücksichtigung verdient, die ihnen in Museen und besonderen Werken zu Theil worden ist. Die bedeutendste sie betreffende Literatur ist: [LICETI de luc. antiq. reconditis. Udin. 1632.] BERTOLI, Lucernae sepulcrales. [cum observat. Bellorii Rom. 1691. 1729. und in Gronov. thes. XII. BEGERI vet. luc. sepulcr. Berol. 1702. Lugd. Bat. 1728. (Bearbeitung des Werkes von Bertolus und Bellorius)]. PASSERI, Lucernae fictiles. 3 Bände. Pisaur. 1739. ANTICHITA D'ERCOLANO. tom. VIII. [PIRANESI, antiq. d'Herc. Tom. VI. Paris 1806.] MUSEO BORBON. II, 13. IV, 14. 58. VI, 30. 47. VII, 15. 32. VIII, 31. [XIII, 56.] MILLIN, Monum. inéd. II. p. 160 ff. BÖTTIGER, die Silenuslampen. Amalth. III, S. 168 ff. [Kleine Schriften III, S. 307—321. die Neujahrslampe; wie man sie auch zu Geschenken brauchte, s. AVELL. bull. Nap. N. 35. eine Lampe mit der Inschrift: *annam norum faustum felicem mihi*. oder: *anno novo faustum felix tibi*. in Jahrbüch. d. Vereins v. Alterthumsf. im Rheinland. Bonn 1855, XXII, S. 36 ff. — Andere Lampen mit Inschriften s. MOMMSEN, corp. inscr. Neap. 6305, N. 11. 13. 6308. N. 1—38. — O. MUELLER, Arch. v. Welcker, S. 417 fg. AVELLINO, Bullet. Nap. N. 35. KENNER, die ant. Thonlampen des K. K. Cabinets und der Ambrasersammlung. Wien 1858. OVERBECK, Pompeji. S. 299 ff. PAULY, Realenc. IV, S. 1161 ff.]

Wenn, wie oft geschieht, *lucernae cubiculares, balneares, tricliniares, sepulcrales* unterschieden werden, so kann diese Distinktion bloss dem verschiedenen Gebrauche gelten und höchstens kann man annehmen, dass die *tricliniares* eleganter waren als die *balneares* und mehr Dochte hatten als die *cubiculares*. Letztere werden zwar überhaupt zur Erleuchtung der Wohnzimmer gedient haben; sie waren aber auch die eigentlichen Nachtlampen, deren Gebrauch zwar nicht allgemein, aber doch wenigstens nicht ungewöhnlich war. MART. X, 38, 7.

> *O quae proelia, quas utrinque pugnas*
> *Felix lectulus et lucerna vidit.*

und XIV, 39. *Lucerna cubicularis.*

> *Dulcis conscia lectuli lucerna,*
> *Quidquid vis facias licet, tacebo.*

Vgl. XI, 104, 5. — Die *sepulcrales* haben ihren Namen nur,

weil sie häufig in Gräbern gefunden worden sind; sie waren
aber, wie Böttiger bemerkt, keineswegs für diesen Zweck
gearbeitet, sondern wurden den Verstorbenen nur als gewöhnliche Lampen mitgegeben. [Diese Bemerkung ist jedoch etwas
zu beschränken; denn wenn auch in den Gräbern Lampen aufgestellt wurden, welche ebensogut dem gewöhnlichen Gebrauch
dienen konnten, so gab es doch besondere Lampen, deren Verzierungen und Inschriften auf eine ausschliessliche Anwendung
in den Gräbern hindeuten. In welchem Haushalte hätte man
wohl Lampen gebraucht mit den Inschriften: *sit tibi terra levis
anima dulcis.* und *Diis Manibus.* Passer. III, 49. 46. oder mit
Emblemen, die nur dem Tod gehören, wie z. B. die Lampe
bei Passer. III, 51. und Bellor. II, 16. ein Repositorium mit
lauter Gefässen enthält, welche bei Leichenbegängnissen gebraucht wurden. — Solche Lucernen pflegten die Angehörigen
den Todten auf das Grab oder in das Grabgewölbe zu setzen
und zwar sowohl freiwillig, als testamentarischer Bestimmung
zufolge und an gewissen Tagen. So legirte Maevia, Modest.
Dig. XL, 4, 44. *ut monumento meo alternis mensibus lucernam
accendant et sollennia mortis peragant.* Suet. Oct. 98. *huius
Masgabae — tumulum quum e triclinio animadvertisset magna
turba multisque luminibus frequentari.* S. Petron. 3. und die
Inschriften in Pauly, S. 1164.]

Die meisten der noch vorhandenen Lampen sind von terra
cotta, [darum auch *testa* genannt, Verg. Georg. 1, 391. verschieden von Farbe, Grösse und Erdcomposition] viele jedoch
auch von Bronze; erwähnt werden indessen auch *lucernae
aureae, argenteae, vitreae* [z. B. Passer. II. t. 83.] und selbst
marmorne kommen vor. Die erstgenannten sind in der Regel
von länglich runder Form, flach und ohne Fuss. Auf der
oberen Fläche des Oelbehälters, wo sich die Oeffnung zum
Eingiessen des Oels befindet, haben sie häufig Bildwerke in
Relief, meistens mythologische Gegenstände [oft Thiere, wie
Elephanten, Löwen, Adler, Pfauen, Affen, Rosse, Wölfinnen
mit Romulus und Remus, Hasen, Delphine, oder Gladiatorenkämpfe, Trophäen, Blumen, Kränze, Masken, auch neckische

Embleme s. Passer. III, 20 fg. ein Bildhauer bei der Arbeit
s. Jahrb. d. Vereins v. Alterthumsf. im Rheinland. Bonn 1844,
IV. S. 189 ff.], deren Styl oft weit besser ist, als man an
solchem aus einfachen Töpferwerkstätten für den alltäglichen
Gebrauch hervorgegangenen Geräthe erwarten sollte. [Die
Formen machten besondere *figuli sigillatores*, Orell. 4191.
von denen sie die Töpfer kauften. Auf dem Boden steht oft
der eingestempelte Name des Töpfers oder ein Zeichen der
Werkstatt, z. B. ein Kranz, ein halber Mond u. a. Auch findet
man den Namen des Patrons oder Kaisers darauf. Passer. I,
p. X fg. Pauly, S. 1163. — Eine besondere Lampe in Form
eines menschlichen Fusses s. Mus. Borb. VI, 30. Die deutschen Museen sind reich an den verschiedensten Lampenfor-
men, von der grossen Prachtlampe herab bis zu den kleinsten
von winzigen Proportionen, die wohl nur in den Gräbern gebraucht wurden, denn für den häuslichen Gebrauch wären sie
höchst unpraktisch.] Sie sind bald für einen Docht eingerichtet, *monomyxos, monolychnis (dilychnis*, Petr. 30.), bald
für mehrere, daher *dimyxi. trimyxi, polymyxi. [luc. bilychnes*,
Orell. 3678. Poll. II, 72. X, 115. Anthol. Pal. XII, 199.]
Mart. XIV, 41. *Lucerna polymyxos.*

> *Illustrem cum tota meis convivia flammis*
> *Totque geram myxas, una lucerna vocor.*

Sie scheinen hauptsächlich, worauf auch die Worte Martials
hinweisen, in den Triklinien oder sonst zur Erleuchtung grösserer Räume gebraucht worden zu sein. Die Zahl der Flammen
war zuweilen sehr bedeutend. So finden sich in den Antich.
di Ercol. VIII. t. 14—16. [Piranesi, antiq. VI. t. 8. Passer.
III, 51. 79.] kranzförmige Lampen zu neun und zwölf Dochten
und t. 13. eine vierte in Form eines Kahns zu vierzehn Dochten und andere mögen noch mehr Flammen gehabt haben.
Dann war denn ein Candelaber, der eine solche Lucerna trug,
zur Erleuchtung des Tricliniums vollkommen hinreichend und
darum sagt Iuven. von dem Zustande der Trunkenheit VI, 305.

> *Quum bibitur concha, quum iam vertigine tectum*
> *Ambulat et geminis exsurgit mensa lucernis.*

und in gleichem Sinne PETR. 63. *Et sane iam lucernae mihi plures videbantur ardere.*

Die bronzenen Lampen haben, wie sich erwarten lässt, noch mehr Zierlichkeit und sind grösstentheils von den geschmackvollsten Formen [zuweilen mit launigen Figuren schalkhaft verziert.] Dahin gehört die hier abgebildete dimyxos, auf deren Deckel ein geflügelter Knabe mit einer Gans gruppirt ist. ANTICH. D'ERC. t. 91. MUS. BORB. IV. t. 14. und die dreiflammige, auf welcher ein Tänzer mit phrygischer Mütze steht. ANT. D'ERC. t. 29. MUS. BORB. IV, t. 58.

und eine der schönsten mit stehendem Silen. MUS. BORB. 1. t. 10. [Sehr nett ist die in den Jahrb. des Vereins von Alterthumsf. im Rheinland, Bonn 1860, XXIX u. XXX, S. 142 ff. mitgetheilte Lampe, mit Fischen und einem Oehr, das aus einem kleinen Fisch gebildet wird. Sie war zum Tragen, zum Hinstellen und zum Anfhängen eingerichtet.]

Zu Dochten wurde theils Hanf *cannabis*, theils Flachs oder Werg davon genommen. PLIN. XIX, 1, 3. *Quod proximum cortici fuit, stuppa appellatur deterioris lini, lucernarum fere luminibus aptior.* oder auch die Blätter einer Art *verbascum*,

welche desshalb φλόμος λυχνῖτις hiess. Diosc. IV, 106. τρίτη
φλομὶς ἡ καλουμένη λυχνῖτις — εἰς ἐλλύχνια χρησίμη. Plin. XXV,
10, 74. *Tertia lychnitis vocatur, ab aliis thryallis foliis ternis*
aut, cum plurimum, quaternis, crassis pinguibusque, ad lucerna-
rum lumina aptis. — In Stabiae will man eine Lampe mit
noch erhaltenem Dochte gefunden haben. Sie ist mit demselben auf Taf. 52. der Antich. d'Erc. abgebildet und der
Erklärer giebt sich viel Mühe, den Verdacht einer Täuschung
abzuwenden.

Da die Oeffnung zum Eingiessen des Oels klein war, so
hatte man besondere schiffartige dünnhalsige Gefässe, die vorn,
wo sie sehr spitz zuliefen, ebenfalls nur eine kleine Oeffnung
hatten, durch die man das Oel in die Lampe goss. S. Antich.
d'Erc. t. 13. 14. [Roux und Barré, Herc. VI, 70. Ein paar
höchst zierliche Kännchen der Art von terra sigillata sieht
man in den Museen zu Wiesbaden und Mainz.] — Auch zum

Putzen des Dochts hatte man besondere Instrumente, die nicht
selten an Kettchen an der Lampe selbst hängen. Ein solches
ist hier abgebildet. Die Spitze brauchte man wahrscheinlich,
um die Schnuppe, *putres fungi*, vom Dochte zu entfernen und
den Haken, um den Docht weiter hervorzuziehen. Auch kleine
Zangen dienten dazu, die in Pompeji in grosser Zahl und in
allen Häusern gefunden worden sind. S. Antich. d'Erc. t. 52.
Wenn auf der Lampe eine Figur steht, oder diese als Candelaber dient, so hält sie zuweilen die Kette mit dem Instrumente in der Hand. Antich. t. 28. 69. Mus. Borb. IV. t. 58.
VII. t. 15.

Die Lampen wurden theils auf einen Träger, Candelaber
[oft in der Form eines kleinen Dreifusses, unsern Untersetzern
vergleichbar, zuweilen von höchst vollendeter Arbeit], gesetzt
(Antich. t. 59. 62. Mus. Borb. VI, t. 30. IX, 13. s. oben S. 308.),

oder sie hingen an Ketten, von der Decke herab. VERG. Aen.
I, 727. *dependent lychni laquearibus aureis.* PETR. 30. *etiam
lucerna bilychnis de camera pendebat.* Endlich wurden auch
Candelaber gefertigt, an deren mehrfache Aeste Lampen gehängt werden konnten und welche man für diesen Zweck nun
auch höher machte. Die in den verschütteten Städten gefundenen sind von sehr verschiedener Höhe; von einem neapol. Palm
bis über sechs Palm und, wie angeführt wird, selbst über sieben
Palm. Es versteht sich, dass diese nicht bestimmt sein konnten,
auf einen Tisch gesetzt zu werden. Sie standen jedenfalls auf
dem Boden und hatten auch so, zumal im Verhältnisse zu den
Tischen und Sophas immer eine ansehnliche Höhe. Daher bei
APPUL. Met. II. p. 117 Oud. *lucerna de specula candelabri.*

In dem Hause des Aermeren waren sie von Holz, und
deren geschieht einige Male Erwähnung. CIC. ad Quint. fr.
III, 7. *Haec scribebam ante lucem ad lychnuchum ligneolum.*
MART. XIV, 44. *Candelabrum ligneum.*

> *Esse vides lignum: servas nisi lumina, fiat*
> *De candelabro magna lucerna tibi.*

So auch in einer *taberna diversoria* bei PETR. 95. *Eumolpus
contumeliae impatiens rapit ligneum candelabrum.* [CAECIL. bei
Non. III, 74.] Vgl. ATHEN. XV, p. 700. ξυλολυχνούχου δὲ μέμ-
νηται Ἄλεξις καὶ τάχα τούτῳ ὅμοιόν ἐστι τῷ παρὰ Θεοπόμπῳ ὀβε-
λισκολύχνῳ. Dagegen fanden sich in den Tempeln und wohl
auch in Palästen an solchen Orten, wo sie unverrückt stehen
blieben, marmorne mit Reliefs geschmückte Candelaber, M.
PIO-CLEM. IV, 1, 5. V, 1, 3. [VII, 37 ff. MUS. BORB. I, 54.
Münchener Glyptothek Nr. 172 fg. 175 fg.] und als Weihge-
schenke für die Götter wurden sie wohl auch aus edlem Metall
oder gar Edelsteinen gefertigt, wie der, welchen Antiochus
für den Tempel des Jupiter Capitolinus bestimmt hatte. CIC.
Verr. IV, 28. Allein gewöhnlich waren sie von Bronze [CIC.
Verr. IV, 26.] und ihr häufiger Gebrauch, so wie der Fleiss,
den man auf ihre Verzierung verwandte, erhoben ihre Fabrikation zu einem bedeutenden Zweige der antiken Erzarbeit.

Der eigentliche Candelaber, auch *lychnuchus* — denn die

Lampadarien in Form von
Statuen oder Bäumen, an
welchen die Lampen hän-
gen, sind spätere Ausartun-
gen — der eigentliche Candelaber besteht aus drei oder
auch vier Stücken: 1) dem
Fusse, 2) dem Schafte, 3) d.
Discus oder Teller. — Der
dünne rohrähnliche und
gewöhnlich fein canelirte
Schaft ruht in der Regel
auf drei zierlichen Thier-
füssen, über welchen sich
häufig einiger Blätter-
schmuck findet. Der Schaft
endigt sich fast durchgängig in ein Capitäl, auf
dem eine Art Vase sitzt,
die von dem zum Tragen
der Lampe bestimmten
Teller bedeckt wird. Zu-
weilen findet sich auch
über dem Capitäl ein Kopf
oder eine Figur, auf wel-
cher der Teller ruht, wie
diess bei dem schönen hier
abgebildeten und Thl. I,
Seite 137. beschriebenen
Candelaber der Fall ist.
Aus Mus. Borb. IV. t. 57.

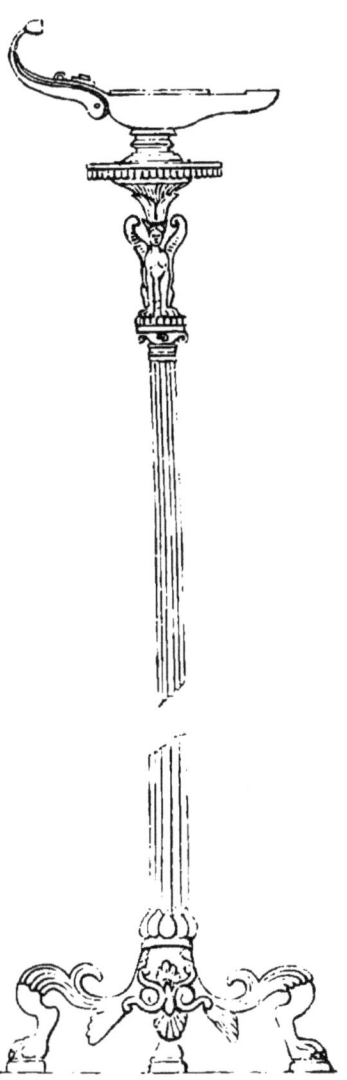

Dieser Teller, so wie der vasenartige Aufsatz, ist stets mit
dem zierlichsten Schmucke in meistens sehr flachem Relief
verziert. Vorzüglich schön ist in dieser Art der, wo Greife
einen Stier und einen Hirsch zerreissen. Mus. Borb. III.
t. 61. [Vgl. auch Stephani, d'une base de candel. in Annali

dell' inst. IV (XIX) 1847, S. 285 ff.] Vor anderen berühmt durch die Vorzüglichkeit der Arbeit waren die Candelaber, welche Aegina und Tarent lieferten, doch zeichneten sich die beiden Werkstätten in kunstvoller Fertigung verschiedener Theile aus. PLIN. XXXIV, 3, 6. *Privatim Aegina candelabrorum superficiem dumtaxat elaboravit, sicut Tarentum scapos. In his ergo iuncta commendatio officinarum est.* Vgl. OTTFR. MUELLER, Aeginet. p. 80. Die Herausgeber der ANTICH. D'ERC. getrauen sich darnach zu bestimmen, welche Candelaber griechischer, welche grossgriechischer Arbeit seien. Viele haben nämlich ausser dem oberen Teller, auf welchem die Lampe stand, noch einen zweiten unmittelbar über dem Fusse, und allerdings sind diese besonders schön verziert. Ausserdem hatte man auch sogenannte korinthische, die zu hohen Preisen gekauft wurden. MART. XIV, 43. *Candelabrum Corinthium.* PLINIUS leugnet indessen ihre Aechtheit: *Sed cum esse nulla Corinthia candelabra constet, nomen id praecipue in his celebratur, quoniam Mummii victoria Corinthum quidem diruit, sed compluribus Achaiae oppidis simul aera dispersit.*

Man hatte auch Candelaber, deren Einrichtung gestattete, den Teller mit der Lampe höher oder niedriger zu stellen. An ihnen war nämlich der Schaft hohl; in diesen passte ein Stab, der den Teller trug und mehrere Löcher hatte, durch welche ein am Schafte hängender Bolzen gesteckt werden konnte. So liess er sich nach Gefallen heraufschieben oder senken, indem der durch eine der Oeffnungen gesteckte Bolzen ihn, so weit er jedesmal hinaufgeschoben war, über dem Rande des eigentlichen Schaftes hielt. Der Art ist der auf Taf. 70. der ANTICH. abgebildete. Noch künstlicher sieht man einen derselben Art auf Taf. 71. MUS. BORB. VI. t. 61. Er ist besonders desshalb merkwürdig, weil die drei Thierfüsse mittels an ihnen befindlicher Scharniere zusammengelegt werden können. Es scheint, er war zum Behufe der Reise so gefertigt. Er hat übrigens das seltene Maass von drei Palm und fünf Zoll, während die meisten über fünf Palm hoch sind, aber er konnte ja eben verlängert werden.

Ausser diesen eigentlichen Candelabern von der gebräuchlichsten Form hatte man aber vielerlei andere, so dass z. B. der einfache Schaft zur Statue geworden ist, welche eine Fackel trägt, aus welcher die Lampe brennt. Mus. Borb. VII. t. 15. oder über der sich zwei Arme mit Tellern erheben. IV. t. 59. VII. t. 30. [ähnlich XIII, 14. wo die Statue den unteren Theil des Schafts bildet.] oder zur Säule, auf der ein Mohrenkopf als Lampe dient. VII. t. 15. — Noch öfter aber kommen die vor, welche man auch ihrer grösseren Verschiedenheit von den eigentlichen Candelabern wegen *Lampadarien* zu nennen pflegt. Es sind theils Baumstämme, an deren Zweigen Lampen an Ketten hängen, theils auf einer Basis stehende Säulen, von deren Capital ebenfalls mehrere Lampen herabhängen. Mus. Borb. II. t. 13. VIII. t. 31. Antich. d'Erc. t. 65—68. Antiq. d'Herc. VI, 29. 30. Indessen sind diese baumähnlichen oder korallenartigen Candelaber, es mögen ihre Zweige Teller tragen oder an ihnen die Lampen hängen, nicht mit den Lychnuchen zu verwechseln, welche Plin. XXXIV, 3, 8. nennt. *Placuere et lychnuchi pensiles in delubris aut arborum modo mala ferentium lucentes, qualis est in templo Apollinis Palatini.* Plinius will offenbar etwas Ungewöhnliches, nur hie und da in Tempeln Vorkommendes angeben und die *lychnuchi pensiles* mögen unseren Kronleuchtern verglichen werden. Der im Tempel Apolls aber war ein besonderes Kunstwerk aus Alexanders Zeit. Etwas Aehnliches kann der von Athenaeus XV, p. 700. erwähnte gewesen sein. *Εὐφορίων δ' ἐν ἱστορικοῖς ὑπομνήμασι Διονύσιόν φησι τὸν νεώτερον Σικελίας τύραννον Ταραντίνοις εἰς τὸ πρυτανεῖον ἀναθεῖναι λυχνεῖον δυνάμενον καίειν τοσούτους λύχνους, ὅσος ὁ τῶν ἡμερῶν ἐστιν ἀριθμὸς εἰς τὸν ἐνιαυτόν.* [Sehr schön und gross ist auch der von Abeken beschriebene lampadario di Cortona, im Annal. dell' inst. XIV, (1842) p. 53—62. Vgl. Osserv. sopra un etrusco lampad. di bronzo. Montepulc. 1842.] —

Die Lampen konnten übrigens schwerlich so viel Oel fassen, dass sie fortdauernd hätten brennen können, wenn das Gelag tief in die Nacht dauerte; daher geschah es denn auch,

dass frisches Oel zugegossen wurde. PETR. 22. *Iam et tricli-*
niarchus experrectus lucernis occidentibus oleum infuderat. An
einer anderen Stelle wird gar wohlriechendes Salböl zugegossen: c. 70. *Hinc ex eodem unguento in vinarium atque lucer-*
nam liquatum est infusum. eine Verschwendung, die auch anderwärts erwähnt wird. So wird bei MARTIAL X, 38, 9. die lucerna,
welche der Brautnacht des Calenus leuchtete: *nimbris ebria*
Nicerotianis genannt.

[Die Laternen.

ISID. XX, 10. *Laterna dicta, quod lucem interius habeat*
clausam. Etenim ex vitro, intus recluso lumine, ut venti flatus
adire non possit et ad praebendum lumen facile ubique circum-
feratur. MART. XIV, 61.

Dux laterna viae clausis feror aurea flammis,
Et tuta est gremio parva lucerna meo.

Noch älter sind die Erwähnungen bei PLAUT. Aul. III, 6, 30.
laterna Punica. Das viereckige oder cylinderförmige Gestell
der Laterne war gewöhnlich Bronze und als Schirm diente
Glas, siehe ISID. l. l. oder dünn geschnittenes Horn, PLAUT.
Amph. I, 1, 185.

Volcanum in cornu conclusum geris.

d. i. Vulkan im Gefängniss. ATH. XV, p. 699. κερατίνου φορ-
φόρου λύχνου σέλας. MART. XIV, 61. *laterna cornea.* oder geölte
Leinwand, PLAUT. Bacch. III, 3, 42.

Fit magister quasi lucerna uncto expretus linteo.

Cic. ad Att. IV, 3. *linea laterna,* wo jedoch die Lesart unsicher
ist. EMPEDOCL. v. 309 ed. St. λαμπτῆρες ἀμοργοί d. i. von Lin-
nen oder Byssus. Abbildungen der in Herculanum und Pompeji gefundenen bronzenen Laternen s. ANT. D'HERC. VI, 27.
VIII, 56 fg. ROUX u. BARRÉ, VI. t. 62. MUS. BORB. II. OVER-
BECK, Pompeji S. 317 f. S. PAULY, Realencykl. IV, S. 797 fg.
Ueber die Sklaven als Laternenträger s. S. 113.]

FÜNFTER EXCURS ZUR ZWEITEN SCENE.

DIE UHREN.

Bei aller Pracht der Einrichtung und der raffinirtesten Sorge für alle Annehmlichkeiten des Lebens, entbehrte man doch im Alterthume manche Bequemlichkeit, die die neuere Zeit kaum mehr als besondere Wohlthat zu beachten gewöhnt ist. Was uns unentbehrliches Geräth scheint, was der Unbemittelte mit Leichtigkeit sich verschafft und der Aermste selbst ungern in seiner Wohnung vermisst, eine Uhr, um die Geschäfte des Tages nach einem bestimmten Zeitmaasse zu regeln, das kannte man fast fünfhundert Jahre lang in Rom gar nicht, und auch in späterer Zeit nur in grosser Unvollkommenheit.

Ursprünglich gab es gar keine Stundeneintheilung in Rom, sondern man bestimmte nach der unsicheren Schätzung des Standes der Sonne den Mittag und einige andere Abschnitte. VARRO L. L. VI, 99. *Cosconius in actionibus scribit: praetorem accensum solitum esse iubere, ubi ei videbatur horam esse tertiam, inclamare horam esse tertiam, itemque meridiem et horam nonam.* VI, 4. 5. PLIN. h. n. VII, 60. *XII tabulis ortus tantum et occasus nominantur, post aliquot annos adiectus est meridies, accenso Consulum id pronuntiante —, sed hoc serenis tantum diebus usque ad primum Punicum bellum.* Darauf folgte eine sehr unbequeme Eintheilung des Tages. Zwar nahm man auch von Mitternacht zu Mitternacht 24 Stunden an und dieses war der bürgerliche Tag. VARRO bei Macrob. I, 3. CENSORIN. d. n. 23; bei der Stundeneintheilung selbst aber lag der natürliche Tag zu Grunde, indem man die eigentliche Tageszeit

zwischen dem schwankenden Auf- und Untergange der Sonne
in 12 Stunden theilte und die übrige Zeit der Nacht zuwies.
Da man für diese kein Mittel zur Unterscheidung einzelner
Abschnitte hatte, als etwa den Stand der Gestirne und die zunehmende oder abnehmende Dunkelheit, so fand für sie eine
Stundeneintheilung erst Statt, nachdem die Wasseruhren üb-
licher worden waren und auch dann blieb noch die frühere
Rechnung, welche vom Kriegsdienste ausgehend die Nacht in
vier Vigilien theilte, sehr in Gebrauch.   Im bürgerlichen
Leben aber unterschied man der Abschnitte mehr; man nahm
deren acht an, welche MACROBIUS Sat. I, 3. nennt, und die
sich im Wesentlichen ebenso bei CENSORINUS de die nat. 24.
finden. Sie heissen nach Ersterem von Sonnenuntergang (*sol
occasus suprema tempestas esto.* XII tab.) *vespera* (*crepusculum*),
prima fax (*luminibus accensis* [oder *ad* (*sub*) *lumina prima*
HOR. ep. II, 2, 98. sat. II, 7, 33.]), *concubia* (nox [*cum itum
est cubitum*]), *intempesta* (nox [*qua nihil agi tempestivum est.*]).
[APPUL. Met. II, p. 115 Elm. *cum ecce crepusculum et nox pro-
vecta, et nox altior et deinde concubia altior et iam nox intempesta.*] Dann von Mitternacht bis zu Sonnenaufgang: *mediae
noctis inclinatio* (*de media nocte*), *gallicinium, conticinium, dilu-
culum.* [S. auch VARRO L. L. VI, 6. 7. ISIDOR. V, 31. DISSEN,
de partibus noctis et diei ex divisionibus veterum in Kleine
Schriften S. 130 ff.] Indessen theilte man auch die Nacht
schon zu Cicero's Zeit in zwölf Stunden; p. Rosc. A. 7. *cum
horam primam noctis occisus esset, primo diluculo nuntius hic
Ameriam venit; decem horis nocturnis sex et L milia passuum
cisiis pervolavit.* Daraus entstand natürlich der Uebelstand,
dass die Stunden des Tages und der Nacht nur in den Aequinoctien sich gleich waren, und überhaupt das ganze Jahr über
schwankten, so dass z. B. die elfte Tagesstunde nach unserer
Eintheilung im Wintersolstitium 2 Uhr 58', dagegen im Som-
mersolstitium 5 Uhr 2' begann.   Es hat daher auch die Vergleichung der römischen Stunden mit den unsrigen einige
Schwierigkeit, indem man die jedesmalige Dauer des natürlichen Tages für die Polhöhe Roms kennen muss, um sie genau

zu berechnen. Zur ungefähren Reduktion reicht indessen die in IDELERS Lehrbuch der Chronologie und im Handbuche Thl. II. gegebene Tafel aus, „welche die Länge des römischen Tages in unseren gleichförmigen Stunden für die acht Hauptpunkte der Sonnenbahn im Jahre 45 v. Chr., dem ersten des von Julius Cäsar geordneten Kalenders angiebt."

Tag des Jahres.	Dauer des Tages.
23 December	8 St. 45 Min.
6 Februar	9 — 50 —
23 März	12 —
9 Mai	14 — 10 —
25 Juni	15 — 6 —
10 August	14 — 10 —
25 September	12 —
9 November	9 — 50 —

Der leichteren Uebersicht wegen füge ich noch die Vergleichung der römischen Tagesstunden mit den unsrigen in den beiden Solstitien hinzu, wo die Differenz am grössten ist, während in den einzigen Aequinoctien unsere Stunden mit den römischen zusammenfallen. Es beginnt also nach unserer Rechnungsweise:

	im Sommer		im Winter	
1ste St.	4 Uhr 27 Min.		7 Uhr 33 Min.	
2 —	5 —	42' 30"	8 —	17' 30"
3	6 —	58'	9 —	2'
4 —	8 —	13' 30"	9 —	46' 30"
5	9 —	29'	10 —	31'
6 —	10 —	44' 30"	11 —	15' 30"
7	12 —		12 —	
8	1 —	15' 30"	12 —	44' 30"
9 —	2 —	31'	1 —	29'
10 —	3 —	46' 30"	2 —	13' 30"
11 —	5 —	2'	2 —	58'
12	6 —	17' 30"	3 —	42' 30"
Ende d. T.	7 —	33'	4 —	27'

Diese Stundeneintheilung erhielt sich sehr lange, und nur
auf Kalendarien der spätesten Zeit findet sich die Länge der
Nacht und des Tages in den verschiedenen Monaten nach
Aequinoctialstunden angegeben. Der Art ist das *Calendarium
rusticum Farnesianum*, das sich in GRAEV. thes. antiq. Rom.
VIII. mit ORSINI's Erläuterungen, und im MUS. BORB. II. t. 44.
findet. Es enthält indessen noch keine Andeutung eines christ-
lichen Zeitalters, wie es bei dem Wiener der Fall ist, das man
in die Zeit des Constantius setzt. Bei GRAEV. S. 97 ff. IDELER,
Handb. der Chron. II, S. 139 fg. — Eine schwer zu beant-
wortende Frage ist: ob bei Angabe der Stunden, wie *hora
sexta, nona, decima*, die laufende, oder die bereits verflossene
Stunde gemeint wird, (s. SALMAS. zu Vopisc. Florian. 6. p.
634. Exerc. ad Solin. p. 636 ff.) so dass z. B. *horā nonā* nicht
die Aequinoctialstunde von zwei bis drei bezeichnete, sondern
so viel wäre, als: um drei Uhr. — Allerdings werden auf antiken Sonnenuhren die Stunden durch elf Linien abgetheilt,
denen keine Zahlen beigesetzt sind, [s. unten. — Dass aber
doch zuweilen Zeichen eingegraben waren, sehen wir aus
VARRO L. L. VI, 4. *meridies ab eo, quod medius dies, D antiqui,
non R in hoc dicebant, ut Praeneste incisum in solario vidi.*]
Fiel nun der Schatten des Zeigers auf die erste Linie, so war
die erste Stunde bereits vorüber, und *horā primā* wäre zu
Ende der ersten und zu Anfange der zweiten. [So bezeichnet
PERS. III, 4. *quinta dum linea tangitur umbra.* das Ende der
fünften Stunde oder elf Uhr nach unserer Zeit.] Wenn hingegen es bei MART. IV, 8. heisst:

> *Prima salutantes atque altera continet hora,*
> *Exercet raucos tertia causidicos.*
> *In quintam varios extendit Roma labores;*
> *Sexta quies lassis, septima finis erit.*
> *Sufficit in nonam nitidis octava palaestris;*
> *Imperat exstructos frangere nona toros.*

so sind offenbar jedesmal die laufenden Stunden gemeint, und
da *nona* die gewöhnliche Stunde der *cena* ist, so kann *horā
nonā cenare*, wenn es mit MARTIAL übereinstimmen soll, nur

heissen: mit Beginn der neunten Stunde. Dasselbe scheint aus dem auch von Anderen schon angeführten Epigramme zu folgen. ANTHOL. PAL. X, 43.

Ἓξ ὧραι μόχθοις ἱκανώταται, αἱ δὲ μετ᾽ αὐτὰς
Γράμμασι δεικνύμεναι ΖΗΘΙ λέγουσι βροτοῖς.

denn die Zahlzeichen ά — ϛ' würden auf die ersten sechs Stunden fallen, und ζ' die ganze siebente bezeichnen.

Nach PLINIUS VII, 60. hatte man zu Rom bis in das elfte Jahr vor dem Kriege mit Pyrrhus, etwa 460 n. Gr. d. St., keine Sonnenuhr, obgleich deren Gebrauch in Griechenland bereits durch Anaximander oder dessen Schüler Anaximenes (um 500 vor Chr.) bekannt war. S. IDELER, Lehrb. S. 97 fg. L. Papirius Cursor stellte die erste am Tempel des Quirinus auf, wie Plin. nach FAB. VESTALIS berichtet. VARRO hingegen [ebenso CENSORIN. de d. nat. 23.] setzt die Einführung dieses Zeitmessers um 30 Jahre später an, und lässt den M. Valerius Messala die erste bei der Einnahme von Catina erbeutete Sonnenuhr im J. d. St. 491. nach Rom bringen. Ganz irrig ist es daher, wenn MEIEROTTO, Sitten und Lebensart d. Römer I, 207, aus dem Fragmente der Plautinischen Böotia oder Bis compressa, wo der Parasit sagt:

Ut illum dii perdant, primus qui horas repperit,
Quique adeo primus statuit hic solarium. —
Nam me puero venter hic erat solarium etc.

(er meint den Magen) schliesst, das erste *solarium* sei in Plautus' Kindheit nach Rom gekommen. Das wäre etwa die Zeit des zweiten punischen Krieges. Aber musste denn Plautus gerade seine Jugend im Sinne haben, um diesen Witz zu machen!

[Die genannte aus Sicilien nach Rom gebrachte Sonnenuhr hatte aber einen grossen Uebelstand; denn wie PLIN. sagt und wie sich von selbst versteht: *nec congruebant ad horas eius lineae; paruerunt tamen eis annis undecentum. donec Q. Marcius Philippus, qui cum L. Paullo fuit censor, diligentius ordinatum iuxta posuit.* CENSORIN. 23.] Diese ersten Sonnenuhren waren offenbar von der Art, welche die Griechen πόλος nennen.

Die älteste Art, den γνώμων, führte man desshalb nicht ein, weil man die von den Griechen schon längst vervollkommnete Einrichtung gleich kennen lernte, s. Charikles I, S. 360 ff. Indessen gab es einen solchen Gnomon auch in Rom, der von August im Marsfeld errichtete 116 Fuss hohe Obelisk mit der Inschrift: *Soli donum dedit*, jetzt auf monte Citorio. PLIN. h. n. XXXVI, 10. beschreibt denselben genau: *ad deprehendendas solis umbras dierumque ac noctium ita magnitudines, strato lapide ad magnitudinem obelisci, cui par fieret umbra brumae confectae die sexta hora, paulatimque per regulas, quae sunt ex aere inclusae* (das sind Metalllinien in dem Steinboden zum Messen der Schattenlänge), *singulis diebus decresceret ac rursus augesceret*. [Einen Commentar zu d. St. schrieb OSTERTAG, über den ehemals zu Rom auf dem Marsfeld gestandenen gnomonischen Prachtkegel. Regensburg 1785. S. auch BECKER, röm. Alterth. I, S. 638 fg.] — Die Sonnenuhren, *horologia solaria* oder *sciotherica* [und *solaria* schlechtweg, VARRO L. L. VI, 4.] wurden späterhin sehr allgemein und von sehr verschiedener Form gefertigt. Vgl. VITR. IX, 9 (8). [ISID. XX, 13.] ERNESTI, de solariis. und in der clav. PITTURE D'ERCOL. III. Prefaz. und p. 337 ff. MARTINI, Abhandl. von den Sonnenuhren der Alten. Leipz. 1777. VAN BEECK CALKOEN, Diss. math. — ant. de horologiis vet. sciothericis. Amst. 1797. WUESTMANN, Pal. d. Sc. S. 150 fg. MUS. BORB. VII. Frontisp. [PAULY, Realencykl. III, S. 1483—1495. SALMASIUS, exerc. Plin. ad Solinum. Trai. ad Rh. 1689. I, p. 145 ff. 519 ff. PETER, di un antico orologio recentemente trovato. Roma 1815. ROULEZ, in mélanges de philol. Bruxell. 1846. Fasc. V, Nr. 9. S. 9 f. DELAMBRE hist. de l'astronomie ancienne. Tom. II, p. 511 ff. und die Schriften von SALLIER und PIALE. welche AVELLINO, descr. di una casa p. 60. nennt. WÖPCKE, disp. arch. math. circa solaria veterum. Berol. 1846. (mathematisch). DUBOIS, histoire et traité de l'horlogerie ancienne et moderne. Paris 1850. QUARANTA, l'orologio a sole di Beroso scoperto in Pomp. Napoli 1854. GARRUCCI e MINERVINI, bullet. archéol. Napol. Nuova seria, Ann. III. Nr. 55. 64. (mit schönen Zierrathen umgeben und

sechs Stundenlinien). FIORELLI, monumenta epigr. Pomp. I,
S. XXVI. — Auch auf Inschriften kommen horologia mehrfach vor, ORELLI HENZEN 2032. 3298 f. 3892. 4517.] Da der
Schatten des senkrecht auf der horizontalen Fläche stehenden
Zeigers (*gnomon*) die jedesmaligen bald kürzeren bald längeren zwölf Stunden des natürlichen Tages angeben sollte, so
fand eine dreifache Eintheilung Statt. VITR. IX, 8, (7). *Omnium
autem figurarum descriptionumque earum effectus unus, uti dies
aequinoctialis brumalisque itemque solstitialis in duodecim partes
aequaliter sit divisus.*

[Von den zahlreichen Arten der Sonnenuhren, welche
VITRUV. IX, 9. aufzählt, haben sich wenigstens zwei Gattungen
erhalten, nämlich die sphärisch ausgehöhlten halbkugelför-
migen und die auf einer ebenen Fläche eingehauenen. Sie
sind von Marmor, gewöhnlichem Stein oder Erz, und die
Linien zeigen nicht selten Spuren der ehemaligen rothen Färbung. Die erste fand man 1741 bei Tusculum, beschrieben
von ZAZZERI, sopra una villa scoperta sul dorso del Tusculo.
Venez. 1746. u. MARTINI, S. 49 ff. Bald darauf wurden einige
bei Castel nuovo, noch mehrere bei Tibur und die meisten in
Pompeji ausgegraben. ANTICH. D'ERCOL. III, prefaz. p. V.
beschreibt eine in Herculanum 1755 gefundene. MOMMSEN,
inscr. Neap. n. 6305. 12. Diese gehört zu der Classe der viato-
ria pensilia (auf der Reise mitzunehmen), ist von Metall und
stellt einen Schinken vor, auf welchem 7 horizontale und 7
verticale Linien sich durchkreuzen, so dass 36 ungleiche Quadrate gebildet werden. An der unteren Seite befinden sich die
Anfangsbuchstaben der zwölf Monate, je zwei unter einander.
Das Schwänzchen des Schinkens dient als Gnomon. WÖPCKE,
S. 24 f. Rossi und SETTELE im Bullet. dell' inst. 1838. p.
97 —109. über eine Uhr in Tibur mit der Inschrift *T. Heren-
nius III vir i. d. res*(tituit). AVELLINO, descr. di una casa p.
29. 32. 60. giebt die Abbildung von zwei Sonnenuhren, welche
im Hause der mit Figuren verzierten Capitäle entdeckt worden war und von denen die eine auf folgender Seite wiederholt wird.

Die Stundenlinien sind auf allen in ähnlicher Weise eingegraben und fast immer von den Segmenten zweier Kreise
begränzt. Die Mittagslinie *m*, welche zuweilen länger, zuweilen
kürzer ist, wird von einer anderen Linie durchschnitten, die
von Osten nach Westen geht und welche dazu dient, in Verbindung mit den Stundenlinien Kreuzungen hervorzubringen,
in deren Kreuzpunkte der Schatten des Gnomon *g* zu bestimmten Stundenzeiten fallen muss.   Auf der Figur sind die

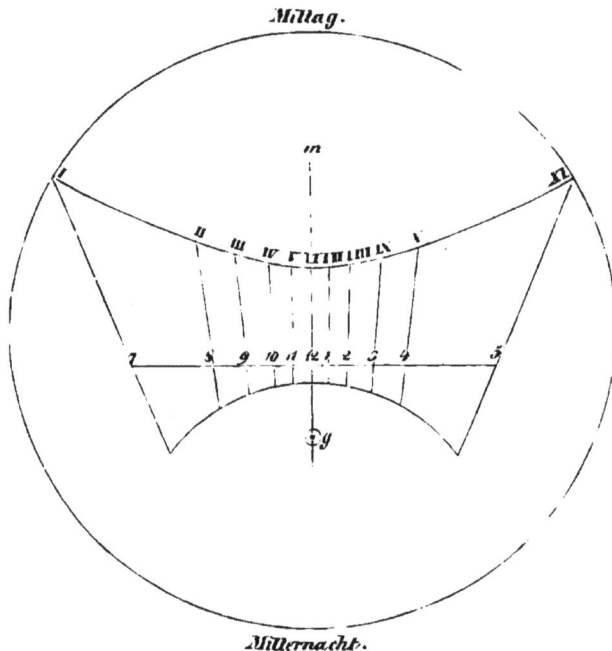

Kreuzpunkte mit den Stunden in moderner Weise bezeichnet
und die entsprechenden römischen Stunden sind am Ende der
Linien angegeben. In der ersten und in der zwölften Stunde
(zwischen 6—7 und 5—6) fällt der Schatten zwischen den
Kreis und Punkt 7 oder 5. — Eine einzige in Deutschland
gefundene (bei Kanstadt 1843) ist beschrieben in den Jahrbüchern des Vereins von Alterthumsfreunden im Rheinlande.
Bonn 1844. IV, S. 90 ff. Ueber die in Berlin aufbewahrten

Uhren und die auf Monumenten daselbst abgebildeten s. bei
Wöpcke, S. 27. 38 ff. Vgl. Pauly, Realencykl. S. 1488 fg.
Wer in mathematisch-astronomischer Hinsicht Aufklärung
sucht, findet in den gen. Schriften von Martini, v. Beeck,
Delambre, Wöpcke u. a. vielfache Belehrung.]

Bei trüben Tagen blieb man indessen in derselben Unge-
wissheit über die Tageszeit, bis man den Gebrauch der Wasseruhren kennen lernte, durch welche dem Uebelstande einigermassen abgeholfen wurde. Diese Uhren, auch von den Griechen
angenommen, welche sie schon in Aristophanes' Zeit bei ge-
richtlichen Verhandlungen brauchten, hiessen *clepsydrae* und
hatten Aehnlichkeit mit unseren Sanduhren, indem das in
einem Gefässe enthaltene Wasser allmählig verlief. Ihre
Form κώδεια (αὐλός, ἠθμός) s. Charikles I, S. 364 ff. Doch
werden sie auch geradezu *solaria* genannt, Cic. de nat. d. II, 34.
solarium vel descriptum vel ex aqua. [Censorin. 23. *P. Corn.
Nasica censor ex aqua fecit horarium, quod et ipsum ex consuetudine noscendi a sole horas solarium coeptum vocari.*] sowie
bei den Griechen die clepsydra auch γνώμων genannt wird.
Ath. II, p. 42 B. Die clepsydrae, von denen Aristoteles
spricht, waren nicht durchsichtig, wie überhaupt damals der
Gebrauch des Glases noch beschränkt war. Späterhin ist es
unzweifelhaft, dass man dazu dieses geeignetste Material nahm.
[Appul. Met. III, p. 130 Elm. *ad dicendi spatium vasculo quodam in vicem coli* (d. i. Durchschlag) *graciliter fistulato ac per
hoc guttatim defluo infusa aqua.*] Die erste Wasseruhr stellte
nach Plinius a. a. O. Scipio Nasica im Jahre 595 d. St. öffentlich auf. Es ist indessen neuerlich (Ideler, Lehrb. S. 258.) in
Zweifel gestellt worden, dass diese Wasseruhr eine blosse *clepsydra* gewesen sei, da sie von Plinius *horologium*, von Censorin. l. l. *horarium* genannt werde. Vielmehr sei zu vermuthen, dass es eine wirkliche Uhr von der Erfindung des
Ktesibios gewesen. Daraus würde nun ferner folgen, dass der
erfinderische Mechaniker nicht, wie Athenaeus IV, p. 174.
angiebt, unter Ptolemäus Energetes II. sondern vielleicht
schon unter dem ersten, also fast hundert Jahre früher, gelebt

habe, da der zweite erst 608 d. St. zur Regierung gekommen
sei. Letztere Vermuthung, welche vielleicht durch dieselbe,
vermuthlich aber nur auf Irrthum beruhende Angabe in BECK-
MANNS Beitr. zur Gesch. der Erfind. I, S. 284. veranlasst ist,
scheint ganz unnöthig; denn Ptolemäus VII. herrschte schon
in Cyrenaica seit 583 d. St. und kam nur in Aegypten erst
später auf den Thron, und auch dann konnte Ktesibios sehr
gut in sein Zeitalter gehören und doch 595 schon seine Wasseruhr bekannt sein. Ueberhaupt aber scheint aus den Namen
horologium und *horarium*, die doch überhaupt nur Stunden-
messer bedeuten, gar nicht so viel gefolgert werden zu können.
PLINIUS will offenbar sagen, dass man bis dahin gänzlich auf
die Sonnenuhren beschränkt gewesen sei und keinerlei Wasseruhr gehabt habe. Seine Worte sind: *Etiamtum tamen nubilo*
incertae fuere horae usque ad proximum lustrum. Tunc Scipio
Nasica collega Laenatis primus aqua divisit horas aeque noctium
ac dierum, idque horologium sub tecto dicavit anno Urbis DXCV.
— Nun war es aber gewiss nicht eine einzelne *clepsydra*, die
etwa den Verlauf einer Stunde anzeigte; aber warum konnte
es nicht eine Zusammenstellung mehrerer von verschiedenem
Maasse, oder ein grösseres Gefäss sein, an dem gewisse Merkmale den Ablauf der einzelnen Stunden erkennen liessen?
Und letzteres scheint wirklich SIDON. APOLL. in der von IDE-
LER angeführten Stelle *ep. II, 9. nuntius per spatia clepsydrae*
horarum incrementa servans. zu meinen. Dass übrigens die
clepsydrae den Römern erst unter Pompejus bekannt worden
wären, wie von BECKMANN behauptet wird, davon findet sich
in dem Dialog de causis corruptae eloquentiae keine Spur; sie
sind nicht einmal genannt, und es wird nur gesagt, dass die
Redner durch ihn in der Zeit beschränkt worden seien. c. 38.
Primus tertio consulatu Cn. Pompeius adstrinxit, imposuitque
veluti frenos eloquentiae. Desshalb wurden ihnen allerdings
clepsydrae gegeben, die namentlich in später Zeit oft erwähnt
werden. PLIN. ep. II, 11. sagt: *dixi horis paene quinque. nam*
XII clepsydris, quas spatiosissimas acceperam (sie waren also
verschieden), *sunt additae IV.* Andere lesen: *nam XX cleps.*

und das stimmt freilich mit den *horis quinque* besser zusammen; denn dann würde auf die *clepsydra* der fünfte Theil einer Stunde kommen, so dass *XXIV cleps.* allerdings *paene hor. V* ausmachten. Vgl. MART. VI, 35. VIII, 7. [LAUR. LYD. de mag. II, 16. DRAUDIUS, de clepsydris. Giess. 1732. BURCHARDI, de ratione temporis ad perorandum in iud. publ. apud Rom Kil. 1829.] Natürlich wurden diese *solaria* und *clepsydrae* auch in Privathäusern gewöhnlich. [CIC. ad Fam. XVI, 8. schreibt an Tiro nach Tusculum: *horologium et libros mittam.* ULP. Dig. XXXIII, 7, 12. § 23. *horologio aereo, quod non est affixum* (zum Hausgeräth gerechnet), welche Art aber seltener war. Oeffentlich aber wurden nur Sonnenuhren aufgestellt, z. B. bei Tempeln, in Basiliken, auf grossen Plätzen, sogar bei Grabmonumenten u. s. w. ORELL. 2032. 3298. 4536. 3299. *Horologium cum suo aedificio et signis omnibus et clatris C. Blaesius — - et eo amplius ad id horologium administrandum servm* (servum oder servandum?) *HS.* etc. CENSORIN. 23. *apud aedem Quirini, in Capitolio, ad aedem Dianae.* VARRO L. L. VI, 4. *quod* (solar.) *Cornelius in basilica Aemilia et Iulia adumbravit.* LAUR. LYD. de mag. III, 35.] Neben ihnen hatte man wohl auch hie und da hydraulische Uhren des Ktesibios, wiewohl diese für die römische Eintheilung des Tages schwerlich passen konnten. Indessen hat WEINBRENNER, Entwürfe, Heft II. T. 7, S. 15 ff. einen Mechanismus ersonnen, durch den es möglich gewesen sein soll, die schwankenden Stunden anzuzeigen. Aber alle diese Vorrichtungen hatten weniger Zuverlässigkeit, als jetzt eine gemeine hölzerne Wanduhr. [Die durch Räderwerk getriebenen Wasseruhren, welche VITRUV. IX, 9, 2 ff. beschreibt (siehe PAULY Realencykl. III, S. 1491 f.) waren jedenfalls CICERO bekannt, da er de nat. deor. II, 38. schreibt: *an quum machinatione quadam moveri aliquid videmus, ut sphaeram* (d. i. ein Planetarium), *ut horas* (Andeutung der Wasseruhr), *ut alia permulta, non dubitamus, quin illa opera sint rationis.* S. WUESTEMANN, Rec. des Gallus S. 150.]

Um ohne eigene Mühe stets die Stunde zu wissen, hatte man besondere Sklaven, welche auf solarium und clepsydra achteten und jedesmal die verflossene Stunde meldeten. Mart. VIII, 67.

> *Horas quinque puer nondum tibi nunciat, et tu*
> *Iam conviva mihi, Caeciliane, venis.*

Iuven. X. 216.

> *— clamore opus est, ut sentiat auris,*
> *Quem dicat venisse puer, quot nunciet horas.*

Der abgeschmackte Trimalchio hatte im Triclinium selbst ein *horologium* und dabei einen *buccinator*, um jedesmal den Ablauf der Stunden anzugeben. Petron. 26.

EXCURSE ZUR DRITTEN SCENE.

STUDIEN UND BRIEFE.

ERSTER EXCURS.

DIE BIBLIOTHEK.

Wenn wir im Hause eines wissenschaftlich gebildeten Römers und geistreichen Dichters eine zahlreiche Bibliothek antreffen, so werden wir das natürlich finden, und würden im Gegentheile sie vermissen; aber mit Unrecht würden wir von dem Vorhandensein einer kostbaren Büchersammlung auf den wissenschaftlichen Sinn des Besitzers schliessen. Was in früherer Zeit nur Bedürfniss einzelner durch die Wissenschaft gebildeter und ihr befreundeter Männer war, das wurde nach und nach Mode- und Luxusartikel. Man mochte noch so unwissend sein, so wollte man doch gelehrt scheinen, und es ge-

hörte zum guten Tone, im eigenen Hause eine reiche Bibliothek zu besitzen, wenn man auch nie einen griechischen Dichter, nie einen Philosophen in die Hand nahm, vielleicht nicht
einmal dazu kam, die Titel der Rollen durchzulesen, und
höchstens an der Nettigkeit der äusseren Form sein Wohlgefallen hatte. Seneca de tranq. an. 9. tadelt ernst die Sucht,
eine Unzahl von Büchern aufzuhäufen in Bibliotheken, *qua-*
rum dominus vix tota vita sua indices perlegit. Er spottet über
die, *quibus voluminum suorum frontes maxime placent titulique,*
und sagt endlich: *iam enim inter balnearia et thermas biblio-*
theca quoque ut necessarium domus ornamentum expolitur. Igno-
scerem plane, si e studiorum nimia cupidine oriretur: nunc ista
exquisita et cum imaginibus suis descripta sacrorum opera inge-
niorum in speciem et cultum parietum comparantur. Sah sich
doch Lucian veranlasst in einer eigenen Schrift: Πρὸς ἀπαίδευτον καὶ πολλὰ βιβλία ὠνούμενον diese Thorheit scharf zu
geisseln, und gewiss treffend ruft er dem Gegenstande seines
Spottes die Sprüchwörter zu: πίϑηκος ὁ πίϑηκος κᾶν χρύσεα ἔχη
σύμβολα, und: ὄνος λύρας ἀκούεις κινῶν τὰ ὦτα. Vgl. Mart. V,
51. — Anderen Gebrauch machten freilich Cicero, Atticus,
Horaz (Epist. I, 18, 109.), der ältere wie der jüngere Plinius
[und von den Späteren Serenus Sammonicus, welcher an
62,000 Bücher besass, Cap. Gord. 18.] von ihren Bibliotheken
und dasselbe dürfen wir von Gallus voraussetzen. Dass aber
schon in der damaligen Zeit eine Bibliothek ein nothwendiges Ameublement war, zeigt auch Vitruv, der von ihr wie
von anderen Theilen des Hauses handelt, und Trimalchio
rühmt sich sogar bei Petron. 48. drei Bibliotheken zu haben.

Nach Vitruvs Vorschrift sollte sie nach Morgen liegen,
aus doppeltem Grunde: VI, 7. (Schn. 4.) *Cubicula et bibliothe-*
cae ad orientem spectare debent: usus enim matutinum postulat
lumen: item in bibliothecis libri non putrescunt. Ueber ihre weitere Einrichtung vermögen wir um so besser zu urtheilen, als
die Ausgrabungen in Herculanum bekanntlich zu einer alten
Bibliothek mit ihren Rollen geführt haben. Dieses Zimmer
hatte rings an den Wänden Schränke, nicht viel über Mannes

Länge hoch, in denen die Rollen lagen. Ebenso theilte eine andere Reihe Schränke in der Mitte des Zimmers dasselbe in zwei Theile, so dass nur auf den Seiten Gänge blieben. Es diente demnach lediglich zur Aufbewahrung der Bücher, nicht wohl zum Gebrauch an Ort und Stelle. Da ein kleiner Raum eine bedeutende Anzahl Rollen fassen konnte, so scheinen die alten Bibliotheken überhaupt nicht sehr geräumig gewesen zu sein. Die in Herculanum 1752 entdeckte war so klein, dass man mit ausgestreckten Armen fast von einer Wand zur andern reichen konnte. S. WINCKELM. Anm. zur Gesch. der Bauk. W. I, S. 401. Briefe an Bianconi I. und Brühl W. II, S. 227 fg. [Philos. transact. 1752. p. 71 ff. 1754. p. 634 ff. und ff. Jahrg. Diss. isagogicae ad Herculan. volum. explanationem. Neap. 1797.] MARTORELLI, de regia theca calamaria I, p. XL. [DE IORIO, officina de' Papiri. Napol. 1825. BOOT, notice sur les manuscripts trouvés à Hercul. Amst. 1841. BLANCA, varietà ne' volum. Ercolani. Nap. 1847.]

Mit den Ergebnissen dieses Funds stimmen sehr gut die gelegentlichen Nachrichten alter Schriftsteller überein. Auch VITR. VII. Praef. 7. sagt vom Aristophanes, der die Plagiate nachweisen wollte: *e certis armariis infinita volumina eduxit.* VOPISC. Tacit. 8. *habet bibliotheca Ulpia in armario sexto librum elephantinum* etc. und so heisst es auch bei PLIN. II, 17. *Parieti* (cubiculi) *in bibliothecae speciem armarium insertum est, quod non legendos libros, sed lectitandos capit.* Hier war es also ein Wandschrank. [Auch SIDON. APOLL. ep. II, 9. nennt *armar. biblioth.* und vorzüglich ULP. Dig. XXXII, 1, 52. § 3 7.] Ob diese Schränke Thüren gehabt, und verschlossen worden sind, wie andere, in denen man Gold und dergl. aufbewahrte, mag ich nicht behaupten. SENECA tranq. 9. nennt überhaupt nicht *armaria*, sondern *tecto tenus exstructa loculamenta*, was auch von blossen offenen Repositorien verstanden werden kann. Irrig aber ist es, wenn angegeben wird, diese armaria wären auch *scrinia* genannt worden. S. über die letzteren den folgenden Excurs. Hingegen wird dafür von IUVEN. III, 219. der Ausdruck *forali* gebraucht, der sonst wohl auch nur beweg-

liche Behälter bedeutet. Bei MARTIAL heissen sie sehr bezeichnend *nidi*. I, 118, 15. *De primo dabit alterove nido rasum*
pumice — Martialem. VII, 17, 5.

> *Hos nido licet inseras vel imo,*
> *Septem quos tibi mittimus libellos.*

und allerdings lag der Vergleich mit einem Columbarium
nahe.

Seit Asinius Pollio [?] in der öffentlichen von ihm dedi-
cirten Bibliothek die Portraits berühmter Männer in Gemälden
oder Büsten aufgestellt hatte, fing man an, diess auch in Privat-
bibliotheken nachzuahmen. PLIN. XXXV, 2. SUET. Tib. 70.
Ein interessanter Beleg dazu findet sich bei MART. IX, wo im
ersten Epigramme der Dichter dem Avitus die Inschrift unter
sein Bild sendet, dem dieser einen Platz in seiner Bibliothek
schenken wollte. Dann heisst es in einer epistola ad Tura-
nium: *Epigramma, quod extra ordinem paginarum est, ad Ster-*
tinium, clarissimum virum, scripsimus, qui imaginem meam po-
nere in bibliotheca sua voluit. So auch in der Bibliothek,
welche Hadrian in Athen anlegte. PAUS. I, 18, 9. (*οἰκήματα*)
ἀγάλμασι κεκοσμημένα καὶ γραφαῖς· κατάκειται δ' ἐς αὐτὰ βιβλία.
— Und nicht nur die Portraits der Zeitgenossen wollte man
aufstellen, sondern, wie PLINIUS sagt: *quin immo etiam, quae*
non sunt, finguntur pariuntque desideria non traditos vultus,
sicut in Homero evenit. [S. übrigens Thl. I. S. 50.] Ausserdem
fanden auch Statuen, z. B. der Musen, CIC. ad Fam. VII. 23.
dort ihren Platz, oder es führte auch wohl gleichsam den Vor-
sitz in solcher gelehrten Versammlung die hohe Göttin der
Weisheit und schaffenden geistigen Kraft, deren Statue oder
Büste, *media Minerva*. IUVEN. III, 219. dem Orte eine höhere
Weihe gab.

Für die Zwecke der Bibliothek, nicht nur zu ihrer Beauf-
sichtigung, sondern um sie zu vermehren und für die Nettigkeit des Aeusseren zu sorgen, hatte man eigene Sklaven, die
zu der grösseren Klasse der *librarii* gehörten. Der Name bezeichnet überhaupt alle die, welche zum Schreiben gebraucht
werden, daher sie auch schlechthin *scribae* genannt werden.

Als solche sind sie jedoch zu unterscheiden von den *scribis publicis* und von den *bibliopolis*, die zwar mit den librariis der Bibliothek eine Beschäftigung hatten, bei denen indessen der Begriff des Verkaufs der abgeschriebenen Bücher für ihre Rechnung hinzukommt. Vgl. S. 126. und die dort citirten Schriften von Eschenbach und Ernesti. Unter den Schreibern, die der Privatmann sich hielt, unterscheidet man: *librarii a studiis*, s. I, S. 52., *ab epistolis* und *a bibliotheca* [vgl. Orelli Henzen 6445]. Ob indessen die Verbindung der beiden Namen: *librarius a bibliotheca* sich sollte nachweisen lassen, ist mir zweifelhaft. Auf Inschriften heisst es sonst: *librarius et a bibliotheca*, und Letzterer wird dann wohl der gewesen sein, welcher die Aufsicht über das Ganze hatte, wozu man natürlich einen librarius nahm. Die librarii aber, welche für die Bibliotheken abschrieben, wurden, wiewohl erst spät, auch *antiquarii* genannt. Cod. Theod. IV, 8, 2. *Antiquiores ad bibliothecae codices componendos, vel pro vetustate reparandos quatuor Graecos et tres Latinos scribendi peritos legi iubemus.* [Im Edict. Dioclet. de pret. erscheint *librarius* sive *antiquarius* als Schreibelehrer nach dem *notarius*, der wahrscheinlich in der Stenographie unterrichtete. Der Abschreiber von Büchern heisst daselbst nur *scriptor* und der von Urkunden *tabellio*. Mommsen, Berichte über d. Verhandl. d. Königl. Gesellschaft d. Wissensch. zu Leipzig 1851, S. 19. 21. 72. 74.] Die Erklärung indessen, welche Isid. Orig. VI, 14. giebt: *Librarii iidem et antiquarii vocantur: sed librarii sunt, qui et nova et vetera scribunt, antiquarii, qui tantummodo vetera, unde et nomen sumserunt.* möchte schwerlich als die wahre gelten können. Richtiger scheint es anzunehmen, dass, als die alte römische Schrift anfing in die Cursivschrift überzugehen, man die, welche alte ansehnliche Uncialschrift beibehielten, *antiquarios* mit eben dem Rechte nannte, mit welchem man den Schriftstellern, welche absichtlich *antiqua et recondita verba* wählten (Suet. Aug. 86.) diesen Namen gab. S. Gurlitt, Archäolog. Schr. S. 7. Daher erklären auch die Glossen das Wort durch ἀρχαιογράφος und καλλιγράφος. [Die *libraria* bei Gruter. 594,3.

ist nicht ganz sicher und sonst ist *libraria* s. v. a. *lanipendia*,
SCHOL. zu Iuv. VI, 475 ff. ORELLI 4212. Das verächtliche
Deminutiv *librariolus* s. CIC. ad Att. IV, 4. s. v. a. unbedeu-
tender Sklave, der bei den Büchern angewendet wird (siehe
Exc. 2.) p. Balb. 6. vgl. de leg. I, 2.]

Die librarii waren aber nicht bloss Abschreiber, sondern
zugleich auch Buchbinder, wenn man auf die Rollen diesen `
Ausdruck übertragen darf. Ueber diese Geschäfte s. den folgenden Excurs.

Literatur: LIPSII, de bibliothecis syntagma. Opp. tom. III.
LOMEIER, de bibliothecis. (in antiquarischer Hinsicht sehr un-
bedeutend). [GÉRAUD, sur les livres dans l'antiquité, particu-
lièrement chez les Romains. Paris 1840. chap. 10. des biblio-
thèques.]

ZWEITER EXCURS ZUR DRITTEN SCENE.

DIE BÜCHER.

Von der äusseren Gestalt der Bücher bei den Alten hat
SCHWARZ in seinen gelehrten Dissertationen de ornamentis
librorum apud veteres usitatis. freilich mit Beimischung manches Entbehrlichen ausführlich gehandelt. Es bleibt indessen
auch nach dieser sehr fleissig geführten Untersuchung noch
manches zu berichtigen und zu erklären, worüber zum Theil
die in Herculanum aufgefundenen Rollen Aufschluss geben.
Ueber einiges habe ich zu Tib. III, 1. gesprochen. S. meine
Elegeia Romana p. 242 ff. [S. noch CIRILLO, monogr. du papyrus. Parma 1796. DUREAU DE LA MALLE, mém. sur le
papyrus et la fabrication du papier chez les anciens in mém.
de l'acad. des inscript. XIX, 1, S. 140 ff. PEIGNOT, essai hist.
sur la relure des livres et sur l'état de la librairie chez les anciens. Dijon et Paris 1834. GÉRAUD, essai sur les livres etc.
und BOOT, notice etc. p. 30—41. s. im vorigen Exc. PAULY,
Realencykl. IV, S. 1040 ff. KRAUSE, Geschichte d. Erziehung,
Unterrichts und Bildung bei Griechen, Etruriern und Römern.
Halle 1851, S. 418—428 über das Schreibmaterial. WINCKEL-
MANN, Unterhalt. aus der alten Welt für Garten- und Blumen-
freunde. Gotha 1854, S. 17—33. CHABAS, étude sur le papyrus in revue archéol. 1858. XV, S. 1 ff.]

Der Stoff, auf welchen die Bücher geschrieben wurden,
war in der Regel das feinste Bast (*liber*, die einzelnen Häute
philyrae) des ägyptischen Papyrus, den man zu Augusts Zeit
durch Zurichtung mit Bleiche (*ablutio*) so zu vervollkommnen

wusste, dass der vorzüglichste der früheren Zeit (*hieratica*) nur als dritte Qualität galt, während den ersten Rang der nach August benannte einnahm, und die nächste Sorte der Livia Namen führte. Es gab in Rom davon verschiedene Fabriken. Plin. XIII, 12, 23. sagt, nachdem er von obigen Sorten gesprochen: *Proximum* (nomen) *amphitheatricae datum fuerat a confecturae loco. Excepit hanc Romae Fannii sagax officina, tenuatamque curiosa interpolatione principalem fecit e plebeia et nomen ei dedit. Quae non esset ita recurata, in suo mansit amphitheatrica.* Er führt überhaupt acht Sorten an, deren geringste, die *emporetica*, zum Schreiben untauglich war und nur zur Verpackung gebraucht wurde, woher es eben den Namen hatte (*a mercatoribus cognominata*). [Ueber die Stelle des Plin. s. Guillandini, comment. in Plin. de pap. capita. zum erstenmal Ven. 1572. Salmas. zu Vop. Firm. 5. Montfaucon, sur la plante appellée Papyrus, in d. mem. de l'acad. des inscript. et b. l. IX, p. 302 fg. Caylus, ebendas. XXVI, p. 267—320. Vgl. ferner im Allgemeinen Weurs, v. Papier. Halle 1789. Böttiger, kleine Schriften III, S. 365—385. Tychsen, de chartae papyr. in Eur. per med. aev. usu, in comm. soc. scient. Götting. IV, comm. 1. Krause, in Ersch und Gruber Encykl. III, 11, S. 231—247. Pauly, Realencykl. V, S. 1151 ff. Boot, notice, p. 9—24. (wo er p. 15 ff. behauptet, dass man nur in Aegypten Papier fabricirt habe, welches dann in Rom bloss umgearbeitet worden sei; als ob man den Papyrus nicht vielmehr roh nach Italien ausgeführt hätte *papyrum ad chartas paratum* Ulp. Dig. XXXII, 1, 52. § 6.). Plin. h. n. XIII, 12, 23. erwähnt die römische Fabrik des Fannius s. oben. vgl. 26. Vergl. den interessanten Brief des Cassiod. var. XI, 38. und Isid. VI, 10. wo sieben Papiersorten aufgezählt werden. Der Name derselben ist theils entlehnt dem Vaterland oder dem Ort der Fabrikation (*Aegyptiaca, Niliaca, amphitheatrica*), theils Personen (*Cornelia, Livia, Augusta*), oder bezeichnet den Gebrauch (*hieratica, emporetica*). — Das Ausfuhrverbot des Papyrus durch König Ptolemaeus war ohne Zweifel nur vorübergehend, Plin. h. n. XIII, 11, 21.

Als Haupttugenden des Papiers galten: *tenuitas, densitas, candor, laevor;* als Hauptfehler, welche durch Umarbeiten entfernt wurden: *scabritia, humor, lentigo, taenia.*]

Die schmalen Streifen dieses Papiers — an den Herculanischen Rollen etwa sechs Finger breit — wurden [auf darunterliegenden Bretern mit Nilwasser oder Kleister] zusammengeleimt, so dass einer über dem anderen ein bis zwei Finger breit lag, [und darüber breitete man eine Querlage, wie bei einem Gewebe. PLIN. a. a. O. WÜSTEMANN, S. 25. Der Name dieser Streifen war] *paginae, schedae,* was wenigstens bei MART. IV, 89.

> *Ohe iam satis est, ohe libelle,*
> *Iam pervenimus usque ad umbilicos.*
> *Tu procedere adhuc et ire quaeris,*
> *Nec summa potes in scheda teneri.*

nicht ein einzelnes Blatt, wie bei CIC. Att. I, 20. sondern den letzten Streifen der Rolle bedeutet. — Die Breite oder Höhe (*latitudo* bei PLIN.) der Rollen (*volumina*) und natürlich auch ihre Länge waren verschieden. Die Herculanischen sind in der Regel einen neapolitan. Palm breit, aber auch schmäler, [nämlich zwischen 6 und 9 Zoll. PLIN. giebt die Breite von 6—13 Zoll an. Die besten Sorten hatten 13″, die hieratische 11″, das Fannische Papier 10″, das amphitheatrische 9″, das emporetische 6″. Diess hing ganz von der Breite der Streifen ab, die man aus den bastähnlichen unter der Rinde des schilfartigen oft hohen Papyrusstammes befindlichen Häuten (*philyrae*) schnitt und nach Willkür schmäler oder breiter liess. Die innersten Häutchen brauchte man zu dem feinsten, die äussersten zu dem gröbsten Papier, nachdem man sie mit einer Nadel (*acus*) gelöst und abgewickelt hatte. Siehe RITSCHL, die alexandrin. Bibliothek. Breslau 1838. S. 124 fg. WUESTEM., S. 24 ff. LENZ, Botanik d. alten Griechen und Römer. Gotha 1859, S. 271—279. — Die 1821 gefundene ägyptische Papyrusrolle mit dem Fragment der Ilias, 677 Hexameter enthaltend, ist 8 Fuss lang und 10 Zoll breit. Ueber die Angabe der Zeilenzahl am Ende der Werke oder auf dem Titel (Sticho-

metrie) s. RITSCHLS erwähnte treffliche Schrift S. 91—136.
Ebendaselbst ist der Unterschied der βιβλία ἁπλᾶ und ἄμικτα
(*volum. simplicia* und *digesta*) im Gegensatz zu βιβλία σύμμικτα
(*commixta*) gründlich behandelt, S. 22—28. und corollarium
disput. de biblioth. Alex. Bonn. 1840. p. 34—41. obgleich
noch nicht alle Zweifel beseitigt sind. Am einfachsten würde
man unter ἁπλᾶ einzelne Papyrusstreifen oder Bücherrollen
verstehen, die nur aus einem Blatte bestehen, allein σύμμικτα
würde dazu nicht gut passen. Siehe auch BERNHARDI, Berlin.
Jahrbücher 1838. S. 829 ff. PRELLER in PAULY, Realencykl.
IV, S. 1042.] S. WINCKELM. Br. an Bianconi W. II. S. 227 ff.
[GUILANDINI, comm. in Plin. de pap. p. 180 ff. BOOT, notice
p. 30—41. les volumes des anciens. Ueber die Papyrusrolle
mit einer Rede des Hyperides, welche Harris in Aegypten
fand, s. SAUPPE, Philologus 1848. III, 2, S. 610 ff. und in der
Ausgabe von SCHNEIDEWIN. Göttingen 1853, Vorrede S. 8. 11.]

Neben dem Papyrus war das üblichste Material, seit der
Erfindung des Eumenes von Pergamus, Pergament, *membrana*
(*Pergamena*). PLIN. XIII, 11, 21. [HOR. Sat. II, 3, 2. MART.
XIV, 7. Diese Pergamentbogen wurden gefalzt und nach Art
unserer Bücher in kleinerem oder grösserem Format geheftet,
darum sagt ULP. Dig. XXXII, 1, 52. § 5. *membranae nondum
consutae.* MABILLON, de re diplom. I, S. 8.] Es hatte indessen
einen viel beschränkteren Gebrauch, da es vermuthlich viel
höher zu stehen kam. Wenn ausserdem auch Schriften auf
Leder (ULP. l. l. 52. pr.) oder Leinwand (s. SALM. zu Vopisc.
Aurel. 8. S. 439. vgl. MARC. CAPELL. II, 35.) oder gar Seide
(SYMMACH. IV. ep. 34.) erwähnt werden, so gehört das entweder zu den Unvollkommenheiten früherer, oder den Sonder-
barkeiten der späteren Zeit, oder es sind nicht Bücher gemeint.
[Vgl. ISID. VI, 12.]

Die Dinte, mit welcher man schrieb, *atramentum librarium,* war eine Art Tusche, aus Russ [und Gummi] bereitet.
PLIN. XXXV, 6, 25. *Fit enim et fuligine pluribus modis, resina
vel pice exustis. Propter quod officinas etiam aedificavere, fumum cum non emittentes; laudatissimum eodem modo fit e taedis.*

Adulteratur fornacum balinearumque fuligine, quo ad volumina scribenda utuntur. Sunt qui et vini faecem siccatam excoquant etc. Ders. XXVII, 7, 28. *Atramentum librarium ex diluto eius* (absinthii) *temperatum literas a musculis tuetur.* [VITR. VII, 10. DIOSCOR. de mat. met. V, 181 f. ISIDOR. XIX, 17.] — Damit stimmt sehr wohl überein, was WINCKELMANN a. a. O. S. 236. von den Herculanischen Handschriften sagt. „Die Herculanischen Handschriften sind mit einer Art von schwarzer Farbe, beinahe wie die chinesische Tusche, geschrieben, die mehr Körper hat, als die gewöhnliche Dinte. Wenn man die Schrift gegen das Licht ansieht, so sieht solche wirklich etwas erhaben aus, und die Dinte, die man noch in einem der Schreibzeuge gefunden hat, ist davon ein sicherer Beweis." Dass man aber auch mit dem Safte der Sepia schrieb, scheint aus PERS. III, 12 ff. geschlossen werden zu müssen, wenn auch der SCHOL. es leugnet. Es heisst dort:

Tunc querimur, crassus calamo quod pendeat humor,
Nigra quod infusa vanescat sepia lympha;
Dilutas querimur geminet quod fistula guttas.

Da auch AUSON. IV, 76. die Buchstaben *notas furvae sepiae* nennt, so scheint das Wort doch wohl in der eigentlichen Bedeutung gebraucht zu sein. [Aehnlich AUSON. ep. VII, 54. — DAVY, philos. transact. 1821. p. 191. 198. 205.] Eine künstliche sympathetische Dinte, welche die Schrift nur bei einer gewissen Behandlung dem in das Geheimniss Eingeweihten zeigen sollte, scheinen die Alten nicht gekannt zu haben. Dagegen war ihnen für solchen Zweck der Gebrauch einiger natürlicher Substanzen, wie der Milch oder eines saftenden Leinstengels nicht fremd. Daher räth OVID. art. III, 627 ff.

Tuta quoque est, fallitque oculos e lacte recenti
Litera: carbonis pulvere tange: leges.
Fallet et humiduli quae fiet acumine lini,
Et feret occultas pura tabella notas.

Mehr darüber s. in BECKMANN, Beitr. zur Gesch. der Erf. II, S. 295 [PAULY, Realencykl. I, S. 919 ff. NAMUR, bibliographie paleogr. dipl. Bibliol. gener. Liege 1838, I, 4. 3. S. 25 f. —

Zwei sehr schön gearbeitete antike Dintenfässer aus Bronze
mit reicher Silberverzierung, etwa zwei Zoll hoch, beschreibt
Avellino, Bullet. Napol. N. 16. tav. 7. Sie sind rund und
hängen aneinander, indem das eine für rothe und das andere
für schwarze Dinte bestimmt war. Andere waren höher und
schlanker, mit Henkeln zum Tragen versehen, Avell. ebendaselbst, Mus. Borb. I, 12.]

Statt der bei uns gebräuchlichen Federn bediente man
sich eines auf dieselbe Weise mit dem *scalprum librarium* (Tac.
Ann. V, 8. Suet. Vit. 2.) zugeschnittenen Rohrs, das am besten
Aegypten, Gnidus und der Anaitische See lieferten. Plin. XVI,
36, 64. *Chartisque serviunt calami, Aegyptii maxime, cognatione
quadam papyri. Probatiores tamen Gnidii et qui in Asia circa
Anaiticum lacum nascuntur. Nostratibus fungosior subest natura*
etc. [Appul. Met. I. praef. *papyrum Aegyptia argutia Nilotici
calami inscriptam.*] Mart. XIV, 38. *Fasces calamorum.*
  Dat chartis habiles calamos Memphitica tellus:
    Texantur reliqua tecta palude tibi.
[Auson. epist. VII, 48 ff.
    Fac campum, replices Musa papyrium,
    Nec iam fissipedis per calami rias
    Grassetur Gnidiae sulcus arundinis,
    Pingens aridulae subdita paginae,
    Cadmi filiolis atricoloribus.
Hor. epist. II, 1, 113.
    Sole vigil calamum et chartas et scrinia posco.
Cic. ad Qu. fr. II, 15. b. *Calamo et atramento temperato, charta
etiam dentata res agetur. — sed hoc facio semper, ut quicunque
calamus in manus meas venerit, eo sic utar tanquam bono.*] Auf
einem in Herculanum gefundenen Wandgemälde sieht man
einen solchen *calamus* über einem Dintenfasse liegen. S. Mus.
Borb. I. tav. 12. Winckelm. W. II. Taf. III. Gell, Pompeiana. 1835. II, p. 187. und die vorstehende Copie. Auch
versteinert hat man dergleichen aufgefunden. Siehe ebendas.
S. 236 fg. [Philos. transact. 1758. p. 620.] und Martorelli,
De regia theca calamaria.

Die Schrift war, wenigstens häufig, in Columnen abgetheilt [4—6 Zoll breit], und zwischen denselben vermuthlich mit rother Farbe, *minium*, Linien gezogen. In den Herculanischen Rollen erscheinen diese Linien weiss, was sich leicht aus der übrigen Beschaffenheit erklärt. S. WINCKELM. S. 118. 233. — Der Titel des Buchs befand sich sowohl zu Anfange, als am Ende.

In der Regel wurde nur die eine Seite der *charta* beschrieben, wie auch die Herculanischen Rollen zeigen, und darum sagt IUVEN. I, 5. von einer über die Gebühr langen Tragödie:

> — — *summi plena iam margine libri*
> *Scriptus et in tergo, necdum finitus Orestes.*

Vielleicht geschah es indessen auch aus übertriebener Sparsamkeit, und als ein Beispiel der Art kann gelten, was MARTIAL sagt, VIII, 62.

> *Scribit in aversa Picens epigrammata charta,*
> *Et dolet, averso quod facit illa deo.*

Man pflegte nämlich zu werthlosen Schreibereien, wie z. B. zu den Uebungen der Kinder beim Unterrichte kein neues, sondern bereits auf einer Seite beschriebenes Papier zu nehmen. Die von PORPHYRIO darauf bezogene Stelle des HORAZ Epist. I, 20, 17 fg. ist offenbar ganz anders zu verstehen; wohl aber sagt es mit deutlichen Worten MART. IV, 86., wo er sein Buch an Apollinaris weiset:

> *Si damnaverit, ad Salariorum*
> *Curras scrinia protinus licebit,*
> *Inversa pueris arande charta.*

Sonst enthielten solche *opistographa* (PLIN. ep. III, 5.) [ULP. Dig. XXXVII, 11, 4. *Chartae appellatio et ad novam chartam refertur et ad deletitiam. Proinde et si in opistographo quis testatus sit, hinc peti potest bonorum possessio.*] gewöhnlich bloss Bemerkungen, Entwürfe, Sammlungen oder auch Aufsätze, die erst ins Reine geschrieben werden sollten. War aber vielleicht der Inhalt eines Buchs ohne Werth, so wischte man auch die ganze Schrift wieder weg, und beschrieb das Papier noch

einmal, das dann *palimpsestus* genannt wurde. Cic. Fam. VII,
18. *Nam quod in palimpsesto, laudo equidem parsimoniam, sed
miror, quid in illa chartula fuerit, quod delere malueris, quam
haec non scribere; nisi forte tuas formulas. Non enim puto, te
meas epistolas delere, ut reponas tuas.* Vgl. Catull. XXII, 5.
Darum will Mart. IV, 10. seinem Buche einen Schwamm mit-
geben; denn

> *Non possunt nostros multae, Faustine, liturae*
> *Emendare iocos; una litura potest.*

Hingegen wurde gewöhnlich das Buch auf der Rückseite gefärbt, indem man es entweder mit cedrus oder Safranfarbe be-
strich. Luc. πρὸς ἀπαίδ. 16. t. III, p. 113. καὶ ἀλείφεις τῷ κρόκῳ
καὶ τῇ κέδρῳ. Das ist bei Pers. III, 10. *positis bicolor membrana capillis.* [wenn nicht, wie Hertzberg, Rec. des Gallus
annimmt, ein bunter Umschlag um das aus Papier bestehende
Buch zu verstehen ist, wodurch das Bild des verzogenen und
in allen Dingen reich ausgestatteten Junkers vervollständigt
würde], und Iuv. VII, 23. *croceae membrana tabellae.* Was
auch unter cedrus zu verstehen sein möge, (bei Plin. XIII, 13,
86. werden *libri citrati* genannt. Vgl. auch Billerb. Flora
class. p. 199.) so viel ist gewiss, dass das Buch gegen Motten
und Würmer geschützt, und auf der Rückseite dadurch gelb
gefärbt wurde. [Vitr. II, 9, 13. erklärt die Anwendung dieses
Präservativs ganz deutlich: *ex cedro oleum — nascitur, quo
reliquae res unctae, uti etiam libri, a tineis et a carie non lae-
duntur.* Mart. III, 2. *cedro perunctus.* V, 6. *cedro decorata.*
Hertzberg, Rec. N. 288. verweist noch auf Hor. art. poet.
331 fg. *carmina linenda cedro.* und Pers. I, 42. *et cedro digna
locutus.*] Ovid. Trist. III, 1, 13.

> *Quod neque sum cedro flavus nec pumice levis:*
> *Erubui domino cultior esse meo.*

War nun das Buch völlig zu Ende geschrieben, so wurde dann
erst vermuthlich am letzten Blatte oder Streifen der Stab oder
die Röhre befestigt, um welche es gewickelt werden sollte.
[Porph. zu Hor. epod. 18, 8. *in fine libri umbilici ex ligno aut
osse fieri solebant.*] Diese Röhren, welche an den Hercula-

nischen Rollen sichtbar sind, standen auf keiner Seite über
die Rolle hinaus, sondern ihre Enden lagen in der Fläche der
Cylinderbasis. Sie werden für das gehalten, was die Alten
umbilicus nannten, s. Winckelm. II, S. 231. Mitsch. zu Hor.
Epod. XIV, 8. und allerdings können Redensarten, wie *ad
umbilicum adducere*, Hor. a. a. O. und *iam pervenimus usque
ad umbilicos.* darauf führen; auch wäre der Ausdruck für die
beiden Höhlungen in der Mitte der Scheibe nicht eben unpassend. Wenn man aber darauf achtet, dass Martial in der
Aufzählung der einzelnen Stücke, welche zum ganzen Ornate
des Buchs gehören, jederzeit nur die *umbilicos* nennt, nie aber
die *cornua* erwähnt, die wiederum jedesmal von Tibull und
Ovid genannt werden, denen freilich das Wort umbilicus nicht
passte (s. die Stellen weiter unten), so muss man sich über-
zeugt halten, dass die beiden Namen völlig gleichbedeutend
sind. Ueberdiess nennt Mart. III, 2. die *umbilicos pictos;* das
können also nicht die Höhlungen der Röhre sein. Ebenso
sagt aber Tibull: *pingantur cornua.* Höchstens könnte man
annehmen, der erstere Ausdruck habe eine weitere Bedeutung,
und bezeichne die Oeffnungen mit den darauf befindlichen
Knöpfen, und dafür liesse sich als Bestätigung anführen Mart.
V, 6, 15.

> *Quae cedro decorata purpuraque
> Nigris pagina crevit umbilicis.*

denn schwarze Knöpfe auf ebenfalls schwarzem Schnitte lassen sich nicht wohl denken. Die *cornua* nennt Martial nur
einmal XI, 107. wo *explicitus usque ad sua cornua liber.* gerade
so viel ist, als IV, 90. *Iam pervenimus usque ad umbilicos.*

Es wurde nämlich durch das Rohr ein Stäbchen gesteckt,
das gleichsam dem Cylinder zur Axe diente, und an beiden
etwas über die Fläche herausstehenden Enden desselben wurden elfenbeinerne, goldene oder gemalte Knöpfe befestigt.
Diese Knöpfe sind eben die *cornua* oder *umbilici.* Vergl. Fea
zur ang. St. Winck. S. 336 fg. — Das Stäbchen selbst hiess
in der späteren Gräcität χοντάχιον.

Vorher aber wurden die Bases der Rolle oben und unten

sorgfältig beschnitten, mit Bimsstein geglättet, und schwarz
gefärbt. [Isid. VI, 12. *Circumcidi libros Siciliae primum increbruit, nam initio pumicabantur.*] Das sind dann die *geminae
frontes* [Mart. I, 67. *frons pumicata.* 118. *rasum pumice.* VIII,
72. Catull. XXII, 8.], in deren Mitte sich die *umbilici* oder
cornua befinden. Bemerkenswerth ist es indessen, dass auf
Gemälden aus Herculanum und Pompeji von solchen Knöpfen
in der Regel nichts zu sehen ist, und dass auch an den Herculanischen Manuscripten sich keine Spur davon gefunden hat.
S. Gell, Pompeiana 1835. II, p. 187. und unsere Abbildung.
[Fuss, de umbilicis, cornibus et frontibus in vett. libris, im
Museum des rheinwestphälischen Schulmännervereins 1846.
Bd. IV, S. 70—78. glaubt ein neues Licht über diese Dinge
zu verbreiten, allein seine Ansicht ist von der des Voss,
Schwarz und Becker durchaus nicht verschieden.]

Um die Rolle sicherer vor Beschädigung zu bewahren,
wurde sie dann in ein Pergament gewickelt, das äusserlich
mit Purpur oder auch mit dem schönen Gelb des *lutum, lutea*
(genista tinctoria Linn. s. Billerb. Flor. cl. S. 181. nach Voss
zu Virg. Ecl. IV, 44. und Böttig. Aldobr. Hochz. S. 34. reseda luteola Linn.) gefärbt war. Diese Hülle (keine *capsa*)
wurde von den Griechen διφθέρα schlechthin, und ebenso bei
den Römern *membrana* genannt. Martial braucht dafür X,
93. *purpurea toga.* [III, 2. *Et te purpura delicata velet.* VIII,
72. *murice cultus.* I, 67.
    Nec umbilicis cultus atque membrana.]
Etwas anderes ist auch nicht gemeint, wenn Mart. XI, 1.
sagt: *cultus sindone non quotidiana.* An eine purpurfarbige
Leinwand ist nicht zu denken, sondern *sindon* steht für *purpureus amictus* überhaupt. — Solche Hülsen, aus denen die
Rollen genommen sind, sieht man auf unserer Vignette.

Endlich kam noch der Titel, *titulus, index,* hinzu, der auf
einem schmalen Streifen Papyrus oder Pergament mit hochrother Farbe, *coccum* oder *minium*, geschrieben wurde. [Mart.
XII, 3. *quid titulum poscis?* Plin. ep. V, 11. *titulum.* Sen. de
tranq. an. 9. *indices.* Cic. ad Att. IV, 4. 5. σιλλύβους s. unten.]

Wo aber dieser Titel sich befunden habe, ist weniger leicht zu sagen. An einen Zettel, der wie auf den Herculanischen Gemälden (s. GELL a. a. O. und oben) an der Rolle gehangen habe, darf man nicht mit WINCKELMANN denken; denn auf die gleich anzuführende Stelle Tibulls passt diess gar nicht. Wie sollten dann *summa fastigia* und *praetexere* ihre Erklärung finden? Es scheint vielmehr doch das Richtigste zu sein, mit SCHWARZ anzunehmen, er habe sich oben auf der Rolle befunden. [OVID. ex Ponto IV, 13, 7. *ut chartae titulum de fronte revellas*].

Dass die Rollen gebunden gewesen, leugnet WINCKELM. geradehin, S. 242 fg. Wenigstens war an den Herculanischen keine Spur zu entdecken. Nun sagt zwar allerdings MART. XIV, 37. *Scrinium*.

Constrictos nisi das mihi libellos,
Admittam tineas trucesque blattas.

allein abgesehen davon, dass Andere lesen *constructos* [SCHNEIDEWIN aber *selectos*, durch welche Aenderung alle Differenzen aufhören], ist auch nicht wohl zu begreifen, wie das *constringere* gegen die tineas und blattas schützen konnte. Es wird also diese eine Stelle keinen sicheren Beweis abgeben. [HERTZBERG, Rec. des Gall. X. 288. erklärt *constrictos* als planirt. Es sei nämlich durch gleichzeitige Anwendung von Leimtränkung und Compression des Papiers, welches man in seine Baststreifen aufgelöst und von Neuem zusammengeleimt habe, eine grössere Glätte und Dauer bewirkt worden. Dieses geschah allerdings mit dem aus Aegypten gekommenen Papier, welches umgearbeitet werden musste, wie aus PLIN. klar hervorgeht. Es ist jedoch unwahrscheinlich, dass *constringere* die technische Benennung für dieses ganze Verfahren gewesen sei. Das Zusammenziehen oder Verbinden der einzelnen Streifen, in welchem Sinne HERTZBERG *constringere* genommen hat, ist gerade der unbedeutendste und keineswegs regelmässige Akt; die Hauptsache ist vielmehr das Leimen überhaupt und dieses liegt nicht in dem Wort *constringere*. Auch in der von Hertzberg angeführten Stelle CICERO's, de or 1, 42. *quae (ars) rem dissolutam divulsamque conglutinaret et ratione quadam constringeret*.

heisst *constringere* nicht planiren, sondern nur zusammenleimen.
Ueberhaupt kann auf dieses Gleichniss kein grosser Werth gelegt werden, da *constringere* nur eine rhetorische der Gleich-
mässigkeit halber hinzugefügte Floskel ist. Sodann beruft sich
Hertzberg auf Plin. XIII, 12, 26. *Postea malleo tenuatur, et
iterum glutino percurritur iterumque constricta erugatur atque
extenditur malleo.* Krause übersetzte *constringere:* „nachdem
das Papier sich zusammengezogen hat, wird es entfaltet, geglättet und mit dem Hammer bearbeitet,“ was unmöglich ist,
denn das Particip *constricta* müsste wenigstens heissen: „nachdem es zusammengezogen worden ist“, und diess gäbe keinen
annehmbaren Sinn. Hertzberg muss übersetzen: nachdem
man es mit Leim zusammengeklebt hat; allein dann wäre es
nur ein Nebenmoment, von dem das Ganze nicht genannt
worden sein kann. Ich glaube nicht, dass *constringere* eine
technische Bedeutung hat, sondern übersetze bei Plin. gepresst, entsprechend dem von ihm bei der ersten Zubereitung erwähnten: *premitur deinde prelis.* Demnach würde Plin.
sagen: das Papier wird bei der Umarbeitung geleimt, mit dem
Hammer geschlagen, dann abermals geleimt, gepresst und endlich nochmals mit dem Hammer geschlagen. So ist *constrictos*
bei Martial auch nicht technisch; ja es kann hier schon dess-
wegen nicht planirt heissen, weil man gar keine anderen als
planirte Rollen hatte, denn alles Schreibpapier wurde ja schon
bei der ersten Zubereitung geleimt. Es müsste heissen: zum
zweitenmal planiren, was doch unmöglich in *constrictos* liegt.
Wahrscheinlich heisst *constrictos* bei Martial nichts als fest
zusammengewickelte Rollen, welche durch ihr enges Anein-
anderschliessen den gefährlichen Thierchen den Eingang unmöglich machten oder doch sehr erschwerten. Je lockerer die
Rollen in dem scrinium standen, um so leichter konnten die
tineae eindringen. Wüstemann, Rec. d. Gall. S. 151. erklärt
lib. constrictos als „gebundene Bücher“ im Gegensatz zu einzelnen ungehefteten Blättern, *membranae nondum consutae*
Ulp. Dig. XXXII, 1, 52. § 6. was allerdings sehr nahe läge,
wenn nicht die scrinia ganz besonders für Rollen bestimmt ge-

wesen wären. Im Wesentlichen ist es ziemlich gleichgültig, ob
wir Bücher oder Rollen annehmen, denn der Sinn bleibt derselbe.] — Der Einband selbst, oder das fertige einzelne Buch
wurde mit dem griechischen Worte *tomus* genannt. Mart. I,
67. *Scriptura quanti constet et tomus vilis.*

Ich habe alle Stellen, in welchen alte Schriftsteller von
den Ornamenten der Bücher ausführlicher sprechen, aufge-
spart, um nach vorausgegangener Erklärung des Einzelnen in
ihnen am Schlusse die beste Uebersicht zu geben. Zuerst stehe
hier die bekannte Stelle Tibulls III, 1, 9 ff.

> *Lutea sed niveum involvat membrana libellum,*
> > *Pumex et canas tondeat ante comas:*
> *Summaque praetexat tenuis fastigia chartae,*
> > *Indicet ut nomen litera facta meum:*
> *Atque inter geminas pingantur cornua frontes;*
> > *Sic etenim comtum mittere oportet opus.*

Noch kann ich nicht von der in der Eleg. Rom. geäusserten
Vermuthung abgehen, dass es heissen müsse: *tenuis charta.*
Denn da von dem *index* die Rede ist, das Buch aber in eine
membrana gewickelt war, so kann auf der charta selbst dieser
Titel nicht gewesen sein, oder die membrana würde ihn bedeckt haben. Tenuis charta aber wäre der Streifen selbst,
worauf mit minium der Titel geschrieben war. — Vollständiger noch heisst es bei Ovid. Trist. I, 1, 5.

> *Nec te purpureo velent vaccinia fuco:*
> > *Non est conveniens luctibus ille color.*
> *Nec titulus minio, nec cedro charta notetur,*
> > *Candida nec nigra cornua fronte geras. —*
> *Nec fragili geminae poliantur pumice frontes,*
> > *Hirsutus passis ut videare comis.*

und am übersichtlichsten Mart. III, 2.

> *Cedro nunc licet ambules perunctus,*
> *Et frontis gemino decens honore*
> *Pictis luxurieris umbilicis;*
> *Et te purpura delicata velet*
> *Et cocco rubeat superbus index.*

Vergl. I, 67. VIII, 72. [V, 6. CATULL. XXII.

— chartae regiae, novi libri,
Novi umbilici, lora rubra, membrana
Directa plumbo et pumice omnia aequata.]

Endlich liefert auch einen interessanten Beitrag LUCIAN. πρὸς
ἀπαίδευτον 7. τίνα γὰρ ἐλπίδα καὶ αὐτὸς ἔχων εἰς τὰ βιβλία καὶ
ἀνελίττεις ἀεὶ, καὶ διακολλᾷς, καὶ περικόπτεις καὶ ἀλείφεις τῷ κρόκῳ
καὶ τῇ κέδρῳ, καὶ διφθέρας περιβάλλεις, καὶ ὀμφαλοὺς ἐντίθεις, ὡς
δή τι ἀπολαύσων; und περὶ τῶν ἐπὶ μισθῷ συνόντων 41.
ἅπαντες γὰρ ἀκριβῶς ὅμοιοί εἰσι τοῖς καλλίστοις τούτοις βιβλίοις, ὧν
χρυσοῖ μὲν οἱ ὀμφαλοί, πορφυρᾶ δ᾽ ἔκτοσθεν ἡ διφθέρα.

Diese Ausstattung der Bücher besorgten nun eben auch
die librarii. CIC. Att. IV, 4. Perbelle feceris, si ad nos veneris.
offendes designationem Tyrannionis mirificam in librorum meorum bibliothecam, quorum reliquiae multo meliores sunt, quam
putaras. Etiam vellem mihi mittas de tuis librariolis duos ali-
quos, quibus Tyrannio utatur glutinatoribus, ad caetera admi-
nistris; iisque imperes, ut sumant membranulam, ex qua indices
fiant; quos vos Graeci, ut opinor, σιλλύβους appellatis. [In dem
folgenden Briefe, wo CIC. schreibt: bibliothecam meam tui pin-
xerunt constructione et sillybis. conjicirt HERTZBERG a. a. O.
constrictione, was von ORELLI gebilligt wird. Da jedoch die
technische Bedeutung des constringere zu verwerfen ist, fällt
auch diese Aenderung. Constructione bedeutet das Ordnen,
Zusammenstellen und Zusammenkleben sowohl der neuge-
schriebenen Bücher, welche noch aus einzelnen Papierstreifen
bestanden, als auch der älteren volumina, welche durch den
langen Gebrauch schadhaft geworden und theilweise zerrissen
waren. Dieses besorgten die in dem vorigen Brief erbetenen
glutinatores (auch genannt ORELLI HENZEN 2925. 4198. 6445.),
deren Thätigkeit nicht sowohl in dem Planiren als in dem Zusammenkleben zu suchen ist, und so erwähnt CIC. in beiden
Briefen zwei Dinge: constructio (Zusammenleimen der Rollen)
und Anhängen der indices, womit das pingere verbunden ist,
als Färben des Rückens, der Schale u. s. w. Dass man aber
wirklich Bücher auf einzelne Blätter schrieb und erst nachher

zusammenleimte, sieht man aus der überhaupt nicht uninteressanten Stelle ULPIANS, DIG. XXXII, 1, 52. § 6. *Sed perscripti libri nondum malleati vel ornati continebuntur* (d. h. fallen unter den Begriff des Worts libri), *proinde et nondum conglutinati vel emendati continebuntur, sed et membranae nondum consutae cont.*]

Zum Schlusse darf nicht unerwähnt bleiben, dass es auch üblich wurde, das Bildniss des Schriftstellers auf das erste Blatt malen zu lassen. SENEC. de tranq. an. 9. *nunc ista exquisita et cum imaginibus suis descripta sacrorum opera ingeniorum in speciem et cultum parietum comparantur.* Noch deutlicher MART. XIV, 186. *Virgilius in membrana.*

> *Quam brevis immensum cepit membrana Maronem!*
> *Ipsius vultus prima tabella gerit.*

So dürfte man also vielleicht annehmen, dass die Malereien im Vaticanischen Virgil und Terenz Nachahmungen älterer, oder wenigstens alter Sitte seien! — Führt doch PLINIUS griechische botanische Werke an, in denen die Pflanzen abgebildet waren. XXV, 2, 4. *Praeter hos Graeci auctores medicinae prodidere, quos suis locis diximus. Ex his Cratevas, Dionysius, Metrodorus ratione blandissima, sed qua nihil paene aliud, quam rei difficultas intelligatur. Pinxere namque effigies herbarum, atque ita subscripsere effectus.* — Die Malereien jener Handschriften s. bei D'AGINCOURT, Histoire de l'art par les monumens depuis sa décadence. tom. VI.

Auf unserer Abbildung sind nach GELL, Pomp. II, p. 187. verschiedene von antiken Gemälden entlehnte, das Bücherwesen betreffende Gegenstände zusammengestellt. Die Gemälde selbst s. zum Theil im Mus. Borb. I. t. 12. Darauf befindet sich auch ein geöffnetes *scrinium* oder Bücherbehälter. Es gab nämlich grössere oder kleinere Cylinder, gewissermassen runde Schachteln, jenachdem sie bestimmt waren, eine oder mehrere Rollen aufzunehmen, in der Regel wohl von Holz, schon der Leichtigkeit wegen; wie denn PLIN. XVI, 43, 84. von der Buche sagt: *Eadem sectilibus laminis in tenui flexilis, capsisque ac scriniis sola utilis.* Wenn PLINIUS *capsae* und

scrinia unterscheidet, so versteht er vielleicht unter letzteren
die grösseren für mehrere Rollen bestimmten, s. Böttiger,
Sab. I, S. 102. Mart. I, 3. *Scrinia da magnis; me manus una
capit.* oder es geschieht, weil man in den Scrinien nur Bücher,
Briefe und andere Schriften verwahrte, in den Kapseln aber
auch andere Dinge. Plin. XV, 17. 18. Mart. XI, 8. [IV, 33.
Plena laboratis habeas cum scrinia libris. Alexanders kostbares
scrinium erwähnt Plin. VII, 30.] — Ueber ihre Form kann
um so weniger ein Zweifel sein, als sie sich nicht selten neben
römischen mit der Toga bekleideten Statuen finden. S. Augusteum III. Taf. 97. 99. [Suet. gramm. 9. *Statua eius Beneventi
ostenditur -— habitu sedentis ac palliati, appositis duobus scriniis.*
Auf einem pompejanischen Wandgemälde wird Clio in einer
Rolle lesend dargestellt. Sie wickelt, was sie gelesen hat, auf
die andere Seite, so dass sie scheinbar zwei Rollen in der Hand
hat, denn man hatte bei dem Lesen stets nur eine Columne
aufgerollt. Neben ihr steht ein rundes scrinium. Roux und
Barré, Herc. 3. Serie Taf. 3.] Man liess sich das Scrinium,
wenn man bei öffentlichen Verhandlungen Schriften nöthig
hatte, durch einen Sklaven nachtragen, und auch vornehme
Knaben wurden von einem *capsarius* in die Schule begleitet.
Siehe oben Seite 134. [Auf Reisen nahm man die Bücher in
solchen Behältern mit. Catull. LXVIII, 33. 36.

> *Nam quod scriptorum non magna est copia apud me* —
> *Huc una ex multis capsula me sequitur.*]

Sonst stand es wohl am natürlichsten neben dem *lectus* im *cubiculum*. Plin. ep. V, 5. *Visus est sibi per nocturnam quietem
iacere in lectulo suo, compositus in habitum studentis, habere ante
se scrinium, ita ut solebat.* — Uebrigens lässt es sich leicht denken, dass, zumal wenn man wichtige Schriften darin bewahrte
obgleich man eigene *custodes scriniorum* hatte, sie dennoch versiegelt wurden, und mit klaren Worten sagt es Martial I, 66.

> *Secreta quaere carmina et rudes curas,*
> *Quas novit unus scrinioque signatas*
> *Custodit ipse virginis pater chartae.*

DRITTER EXCURS ZUR DRITTEN SCENE.

DIE BÜCHERVERKÄUFER.

Es war natürlich, dass sobald ein stärkeres Verlangen nach in- und ausländischer Literatur sich zeigte, und der Gebildete oder Bildung Affektirende den Besitz einer Bibliothek im eigenen Hause als unerlässlich betrachtete, sich auch Leute fanden, welche die Befriedigung des Bedürfnisses zu ihrem Gewerbe machten. Wenn CICERO ad Quint. Fr. III, 4. schreibt: *De bibliotheca tua Graeca supplenda, libris commutandis, Latinis comparandis valde velim ista confici. — Sed ego mihi ipsi ista per quem agam non habebo. neque enim venalia sunt, quae quidem placeant* etc. so kann dabei nicht wohl an etwas anderes, als an eigentlichen Handel mit Büchern gedacht werden. So spricht derselbe auch von den bei den librariis verkäuflichen Abschriften der Gesetze. Leg. III, 20. *a librariis petimus; publicis literis consignatam memoriam publicam nullam habemus.* und erwähnt Philipp. II, 9. eine *taberna libraria*, in welche sich Clodius flüchtete. — Von grösserer Bedeutung war der Buchhandel bereits unter August, und HORAZ nennt uns selbst die Brüder *Sosii*, bei denen seine Gedichte verkäuflich waren. Epist. I, 20, 1 f.

> *Vertumnum Janumque, liber, spectare videris,*
> *Scilicet ut prostes Sosiorum pumice mundus.*

Art. poet. 345. *Hic meret aera liber Sosiis* (nämlich, qui miscuit utile dulci). [Unter den ersten Kaisern aber entwickelte sich dieser Handel zur höchsten Blüthe und manche librarii finden sich bei den alten Schriftstellern und auf Inschriften, z. B.

Tryphon der Verleger Martials und Quinctilians, MART. IV, 72.
XIII, 3. QUINCT. inst. praef., *Dorus* bei SEN. de ben. VII, 6.
Secundus Valerianus Atrectus bei MARTIAL. I, 2. 113. 117.
GELL. V, 4. XVIII, 4. PLIN. ep. V, 11. u. s. w. s. SCHMIDT,
Geschichte der Denk- und Glaubensfreiheit im ersten Jahrhundert der Kaiser. Berlin 1847. S. 123. SCHMITZ, de bibliopolis Rom. Saarbrücken 1857.] Diese librarii [waren Freigelassene (MART. I, 2.), welche, so lang ihr Geschäft klein war,
die Bücher selbst abschrieben, wovon sie ihren Namen erhielten, dann aber] hielten sie sich auch Schreiber, zu grösserer und schnellerer Vervielfältigung der Exemplare. [Diese
Schreiber waren theils Sklaven der Buchhändler, theils Freigelassene, welche für Lohn arbeiteten. Dass gewöhnlich mehrere gleichzeitig dasselbe diktirt bekamen, ist sehr wahrscheinlich, SCHMIDT, S. 130 ff. — Auch die vornehmen Römer hatten
unter ihren Sklaven *librarii* (S. 125. 366 fg.), welche die Werke
ihrer Herren und anderer Schriftsteller abschrieben, so z. B.
Pomponius Atticus, NEP. Att. 13. *pueri literatissimi, anagnostae
optimi et plurimi librarii.* CIC. ad Att. IV, 4. 5. 8. XII, 6. XVI, 6.
Er machte sogar ein Geschäft daraus und verkaufte viele
Werke Cicero's, gleichsam als dessen Verleger. CIC. ad Att.
XII, 12. *Ligarianam praeclare vendidisti. posthac quidquid
scripsero, tibi praeconium deferam.* Bald darauf schreibt CIC.,
nachdem er auf einen Fehler in der genannten Rede aufmerksam gemacht worden war, XII, 44. *da igitur, quaeso, negotium
Pharnaci, Antaeo, Salvio, ut id nomen* (das fehlerhaft geschrie-
bene Wort) *ex omnibus libris tollatur.* was sich natürlich nur
auf die Exemplare bezog, welche Atticus noch auf dem Lager
hatte. S. noch ad Att. II, 2. SCHMIDT, S. 120 ff. — Dass aber
den Schreibern oft diktirt wurde, zeigt auch die Notiz bei
PLIN. ep. IV, 7., wo Regulus die Lebensbeschreibung seines
Sohnes *in exemplaria transcriptum mille per totum Italiam pro-
vinciam dimisit.* welche ungeheure Zahl sonst kaum zu erklären wäre.] Nun hiessen die librarii auch *bibliopolae*, MART.
IV, 71. XIII, 3. [PLIN. ep. IX, 11. ORELL. 4154.] POLL. VII,
33. βιβλίων κάπηλοι, βιβλιοκάπηλοι. LUC. πρὸς ἀπαίδ. 1. 4. 24.

Ihr Geschäft scheint meistens rein kaufmännisch betrachtet worden zu sein; daher denn auch mehr auf das Fördern der Arbeit, als auf Correktheit gesehen wurde, [wenn sie auch das Gegentheil versicherten, z. B. GELL. V, 4.] Damit rechtfertigt sich MARTIAL II, 8.

> *Si qua videbuntur chartis tibi, lector, in istis*
> *Sive obscura nimis sive Latina parum,*
> *Non meus est error; nocuit librarius illis,*
> *Dum properat versus annumerare tibi.*

Daher sah denn auch der Schriftsteller, aus Gefälligkeit für Freunde, die Abschrift wieder durch, und verbesserte die Fehler. MART. VII, 11. *Cogis me calamo manuque nostra emendare meos libellos.* und ep. 17.

> *Hos nido licet inseras vel imo,*
> *Septem quos tibi mittimus libellos,*
> *Auctoris calamo sui notatos.*
> *Haec illis pretium facit litura.*

[CIC. ad Att. XVI, 6. *eas ego — perspiciam, corrigam. tum denique edentur.*] Die librarii oder bibliopolae hatten ihre Läden, *tabernas*, zu Martials Zeit vorzüglich um das Argiletum. I. 4. 117. [nahe bei dem Tempel des Janus, HORAT. ep. I. 20, 1. s. oben. vgl. BECKER, röm. Alterth. I, S. 256. und die Bemerkungen dagegen von MOMMSEN in Annali dell' inst. XVI, p. 311 ff.] doch auch anderwärts. I, 2., namentlich [am Forum bei der Curie, ASC. zu Cic. p. Mil. arg. p. 34.] im Vicus Sandalarius. GELL. XVIII, 4. *In Sandalario forte apud librarios fuimus.* GALEN. de libr. suis. t. IV, p. 361. ἐν γὰρ τῷ Σανδαλαρίῳ καθ' ὃ δὴ πλεῖστα τῶν ἐν Ῥώμῃ βιβλιοπωλείων ἐστὶν κ. τ. λ. [in den Sigillariis, GELL. V, 4. II, 3. vergl. SUET. Ner. 28. SCHMITZ, S. 5.] Dort hingen an den Thüren, oder wenn die taberna an einer porticus war, an den davorstehenden Säulen die Titel der verkäuflichen Bücher aus. So beschreibt MART. I. 117. den Ort, wo seine Epigramme zu kaufen seien:

> *Argi nempe soles subire letum:*
> *Contra Caesaris est forum taberna,*

Scriptis postibus hinc et inde totis,
Omnes ut cito perlegas poetas.

und darauf bezieht sich HOR. Art. poet. 372. *mediocribus esse*
poetis non homines, non dii, non concessere columnae. und deutlicher Sat. I, 4, 71.

Nulla taberna meos habeat, neque pila libellos.

wo man HEINDORFS Anmerkungen nachsehe. Vgl. auch SEN.
ep. 33. [Die Fächer der Taberne hiessen *nidi,* s. S. 366. und
die Werke lagen gebunden darin, MART. I, 118. *rasum pumice*
purpuraque cultum. VIII, 61.

Nec umbilicis quod decorus et cedro
Spargor per omnes Roma quas tenet gentes.]

Der Preis, zu dem die Bücher verkauft wurden, muss
im Grunde immer mässig erscheinen, zumal da der äussere
Schmuck denn doch auch in Anschlag zu bringen ist. MART.
sagt I, 117. der Buchhändler (*dabit*)

Denariis tibi quinque Martialem.

also [etwa 1 Thaler oder etwas höher] und doch enthält dieses
erste Buch 119 zum Theil ziemlich lange Epigramme. Noch
niedriger stellt er den Preis ep. 66. [von 9—15 Sgr.], wo er
einem plagiarius zuruft:

Erras, meorum fur arare librorum,
Fieri poetam posse qui putas tanti.
Scriptura quanti constet et tomus vilis,
Non sex paratur aut decem sophos nummis.

und die Xenien [welche einen heutigen Druckbogen füllen]
soll Tryphon gar für 2 Sest. [oder 3 Sgr.] verkaufen können.
S. XIII, 3. Freilich sagt er auch von seinen Gedichten II, 1.
haec una peragit librarius hora [ohne welche Schnelligkeit
dieser enorm niedrige Preis nicht möglich wäre, vgl. II, 8.
SIDON. APOLL. V, 15.], und so mochte wohl manchmal der
Einband mehr kosten als das Buch selbst. [SCHMIDT, S. 135 ff.
Mit Recht bemerkt SCHMITZ S. 7 ff., welcher übrigens die römischen Preisse für nicht so gar gering erklärt, dass Format,
äussere Ausstattung, Correktheit u. s. w. auf die Preissbestim-

mung Einfluss geübt haben, wie MART. I, 117. klar zeigt, vgl.
auch I, 2. VII, 17.]

Nicht uninteressant ist die Frage, in welchem Verhältnisse man sich den Buchhändler zum Schriftsteller zu denken
habe? Gewöhnlich ist man geneigt anzunehmen, es sei den
alten Schriftstellern nur um die Ehre zu thun gewesen, und
ein Honorar sei von ihnen für die Schriften nicht verlangt
worden. Allein wenn das auch im Allgemeinen und namentlich für die frühere Zeit [sowie rücksichtlich begüterter Schriftsteller und Dichter] als wahr gelten mag, so ist es doch keinem
Zweifel unterworfen, dass in anderen Fällen die Schriftsteller
von ihren Werken einen realen Gewinn zogen. Ich denke dabei nicht an das *paupertas impulit audax ut versus facerem*.
denn damals veröffentlichte HORAZ noch keine Sammlung
seiner, nur für Freunde bestimmten Gedichte, die ihm jedoch,
wie er hoffte, bei Mächtigeren eine Empfehlung werden sollten.
S. Sat. I, 4, 71 ff. — Wenn indessen PLAUTUS, TERENZ u. A.
ihre Comödien an die Aedilen verkauften [GELL. III, 3. ILV.
VII, 87. SUET. Ter. 2.], so wird es auch nichts Auffallendes
sein, wenn andere Schriftsteller für ihre Arbeiten ein Honorar
nahmen. So wurde dem älteren PLINIUS, allerdings von einem
Privatmanne, für seine Commentarii electorum die Summe von
400,000 Sest. (20,000 Thaler) geboten. PLIN. ep. III, 5. Das
war freilich kein Buchhändler [der mit den genannten Sammlungen spekuliren, sondern der sie selbst benutzen wollte], aber
dass auch zwischen diesen und den Schriftstellern dergleichen
Geschäfte Statt fanden, darauf deutet MARTIAL mehrmals hin,
z. B. wenn er die, welche seine Gedichte geschenkt oder ge-
liehen haben wollten, anweiset sie bei dem Buchhändler zu
kaufen. IV, 72.

> *Exigis, ut donem nostros tibi, Quincte, libellos:*
> *Non habeo, sed habet bibliopola Tryphon.*
> *„Aes dabo pro nugis et emam tua carmina sanus?*
> *Non, inquis, faciam tam fatue.“ Nec ego.*

Vergl. I, 118. wo der Dichter sehr launig es ablehnt, sie
zu verleihen; am deutlichsten aber geht es hervor aus XI,

108. wo er erklärt das Buch zu schliessen, weil er Geld
brauche.

> *Quamvis tam longo poteras satur esse libello,*
> *Lector, adhuc a me disticha pauca petis.*
> *Sed Lupus usuram puerique diaria poscunt.*
> *Lector, salve. Taces dissimulasque? Vale.*

Wenn er daher anderwärts die Beschäftigung des Dichters als
brodlos bezeichnet, XIV, 219. *nullos referentia nummos car-*
mina. vgl. I, 77. so gilt das nur von dem kärglichen Erwerbe,
anderen einträglichen Gewerben gegenüber [— denn das
Honorar für die vierzehn Bücher seiner Epigramme war, wenn
es auch noch so glänzend gewesen sein mag, doch viel zu gering, um eine Reihe von Jahren, während welcher er die Epigramme schrieb, davon zu leben —] und V, 16. wo es allerdings heisst:

> *At nunc conviva est commissatorque libellus,*
> *Et tantum gratis pagina nostra placet.*

will er nur sagen, dass die, welche an seinen Gedichten sich
erfreuten, nicht, wie zu Vergils Zeiten es gewesen sei, ihn dafür belohnten. gerade wie er XI, 3. klagt, dass es ihm nichts
nütze, wenn seine Epigramme in Gallien und Britannien gelesen würden; denn: *nescit sacculus ista meus.* Das schliesst
aber nicht aus, dass er durch irgend einen Vertrag mit dem
Buchhändler einen Gewinn gehabt haben könne, und es wäre
in der That unbegreiflich, wie MARTIAL, dem es seiner eigenen
Aussage nach stets an Geld fehlte, ohne allen Vortheil hätte
zusehen sollen, wie Tryphon, oder Secundus, oder Pollius mit
seinen Gedichten gute Geschäfte machten, denn manche Bücher
mochten sehr einträgliche Artikel sein; s. HOR. Art. poet. 345.
MART. XIV, 194. [XIII, 3. VI, 61.

> *Meque sinus omnis, me manus omnis habet.*]

und für die späte Zeit den von SCHÖTTGEN in der wenig gründ-
lichen Abhandlung De librariis et bibliopolis antiquorum. Lips.
1710. und in POLEN suppl. thes. Gr. t III. [deutsch: Historie
derer Buchhändler. Nürnberg 1722.] angeführten SULPIC.
SEVER. Dial. I, 23. [Endlich verweist SCHMIDT S. 138 ff. auf

Sen. de ben. VII, 6., welcher das Vorkommen des Honorars bestätige. Es wird nämlich bei dem Gegensatz des Verfassers und Verlegers Letzterer *emptor* genannt, er ist also erst durch Kauf in den Besitz des Buchs gekommen. Vgl. noch Böttiger, kleine Schriften, III, S. 305. Manso, vermischte Abhandlungen und Aufsätze. Breslau 1821. S. 274—283.] Ein gutes Theil wanderte freilich auch wohl als Makulatur in die Cauponen und zu Verkäufern gesalzener Fische, von denen wiederum die Schulkinder ihren Bedarf holten. S. Mart. IV, 86. III, 2. XIII, 1. und besonders VI, 60, 7.

> *Quam multi tineas pascunt blattasque diserti,*
> *Et redimunt soli carmina docta coqui.*

Uebrigens gab es Buchhändler nicht bloss in Rom oder Griechenland und wo sonst griechische Bildung zu Hause war, sondern die römische Literatur verbreitete sich auch über die weniger civilisirten Provinzen. Darum sagt Horaz Art. poet. 345. von einem guten Buche: *trans mare curret,* und daher wird Martial in Gallien [Spanien] und Britannien gelesen. [VII, 88. VIII, 61. X, 104. IX, 100. XI, 3. XII, 3.] So auch Plin. Epist. IX, 11. *Bibliopolas Lugduni esse non putabam, ac tanto lubentius ex literis tuis cognovi venditari libellos meos.* [Sidon. Apoll. ep. IX, 7. vgl. Hor. ep. I, 20, 13. — Die Tabernen der Buchhändler dienten der gebildeten Welt als Versammlungsplatz, wo man sowohl las als mannigfaltige Unterhaltung pflegte, Gell. XVIII, 4. *in multorum hominum coetu.* XIII, 30. V, 4. S. überhaupt den interessanten Abschnitt in Schmidt, Gesch. u. s. w. Cap. 5. der literarische Verkehr und der Buchhandel, S. 109—155. und die erwähnte Schrift von Schmitz, de bibliopolis.]

VIERTER EXCURS ZUR DRITTEN SCENE.

—

DER BRIEF.

Wenn der vornehme Römer sich selbst bei seinen Studien
fremder Hände bediente, um gelegentlich etwas aufzuzeichnen
[Cic. ad div. XVI, 21. s. Bd. I, S. 60.], so geschah diess noch
weit mehr beim Briefwechsel, der trotz aller Hindernisse,
welche der Mangel öffentlicher Versendungsanstalten in den
Weg legte, ziemlich lebhaft gewesen zu sein scheint. Man
hatte eigene Sklaven oder Freigelassene, *ab epistolis*, die zu
der Klasse der librarii gehören [Orell. inscr. 1641.], und auch
ad manum, a manu, amanuenses hiessen. [Orelli Henzen,
6651.] 2874. *Iucundus Domitiae Bibuli librarius ad manum.*
Orelli unterscheidet zwar: *librarius, idemque ad manum,* allein
der *amanuensis* heisst eben auch *librarius.* Cic. de orat. III, 60.
ex Licinio — literato homine, quem servum sibi ille habuit ad ma-
num. Suet. Ner. 44. Cic. Att. IV, 16. *Epistolae nostrae tan-*
tum habent mysteriorum, ut eas ne librariis fere committamus.
Phil. II, 4. *sunt enim* (literae) *librarii manu.* Plin. VII, 25.
(Caesarem) *epistolas tantarum rerum quaternas pariter librariis*
dictare aut, si nihil aliud ageret, septenas (accepimus). — Da
man häufig auch griechische Briefe wechselte, so hatte man
ebensowohl librarii *ab epistolis Graecis,* Orell. 2437. als *ab*
epistolis Latinis. ebendas. 2997. [Vergl. Borghesi, im Annali
dell' inst. XVIII, 1846. p. 323 ff. Jahn, specimen epigraph.
Kil. 1841. p. 93.]

Um einen Brief bis zur Absendung fertig zu machen,
brauchte man fünf Dinge, die wir sämmtlich bei Plautus genannt finden, Bacch. IV, 4, 64.

CHR. *Nunc tu abi intro, Pistoclere, ad Bacchidem, atque*
ecfer cito —
PI. *Quid?* CHR. *Stilum, ceram, tabellas, linum.*
Der Ring kommt später dazu. [Kürzer PLAUT. Pseud. I, 1, 42.
Per ceram et linum literasque interpretes.]
— Hievon waren zunächst die *tabellae* wie die *pugillares* oder
codicilli [*codicillus* und *codex* ist eigentlich *plurium tabularum*
contextus, SEN. de brev. vit. 13. ISID. VI, 13.] dünne Täfelchen
von Holz, (die pugillares auch von Elfenbein oder citrus. MART.
XIV, 3. 5. auch von Pergament. 7.) die mit Wachs überzogen
waren, (OVID. Art. am. I, 437. *cera rasis infusa tabellis.*) in
das man mit dem *stilus* die Buchstaben einriss. [ISIDOR. VI, 8.
Ante chartae et membranarum usum, in dolatis ex ligno codicellis
epistolarum colloquia scribebantur. OVID. Amor. I, 12, 1 ff.
FEST. v. tabellis p. 359 M. *pro chartis utebantur antiqui, quibus*
ultro citro, sive privatim sive publice opus erat, certiores absentes
faciebant. HERODIAN. I, 16.] Ihre Grösse war natürlich verschieden; zu zierlichen Liebesbriefen nahm man sehr kleine
Täfelchen, welche mit einem Namen von zweifelhafter Bedeu-
tung *Vitelliani* genannt wurden. MART. XIV, 8. u. 9: *Vitelliani.*
Quod minimos cernis, mitti nos credis amicae.
[SCHOL. zu IUV. IX, 36.] Der Art sind die tabellae, welche
auf einem antiken Gemälde Amor dem Polyphem überbringt.
S. MUS. BORB. I. t. 2. — Jedoch schrieb man auch Briefe auf
Papyrus. CIC. ad Fam. VII, 18. [ad Qu. fr. II, 15. b. PLIN. h. n.
XIII, 24, 79 f. *Primatum mutavit Claudius Caesar, nimia quippe*
Augustae tenuitas tolerandis non sufficiebat calamis. — Ob haec
praelata omnibus Claudia, Augustae in epistolis auctoritas relicta.
ULP. Dig. XXXIII, 9, 3. § 10.] und MART. XIV. 11. mit dem
Lemma: *Chartae epistolares.*
Seu leviter noto, seu caro missa sodali,
Omnes ista solet charta vocare suos.
Da bei dem Zusammenlegen die mit Wachs überzogenen
Flächen nicht aufeinander zu liegen kommen durften, und auch
durch ein dazwischen gelegtes Täfelchen die Schrift breit ge-
drückt und undeutlich geworden wäre, so muss man wohl an-

nehmen, dass die Tafeln einen etwas erhabenen Rand gehabt
haben. Diese Vermuthung [wird bestätigt] durch ein antikes
Gemälde im Mus. Borb. VI. t. 35. wo ein Mädchen den Stilus
und die Pugillares hält, deren beide Tafeln deutlich einen solchen erhabenen Rand zeigen. So auch bei Gell, Pom. II.
p. 187. s. unsere Abbildung.

War nun der Brief beendigt, so wurden die tabellae mit
einem Faden Zwirn oder richtiger wohl feinem Bindfaden, vermuthlich kreuzweise zusammengebunden, und, wo der Faden
geknüpft war, mit Wachs (s. darüber und über die Siegelerde,
cretula, Cic. Verr. IV, 9. Beckmann, Beitr. zur Geschichte der
Erfind. I, S. 474 ff.) durch den [vorher angehauchten] Ring
versiegelt. [Thl. I, S. 63 f.] Plaut. a. a. O. 96.

Cedo tu ceram ac linum actutum. age obliga, obsigna cito.
Cic. Catil. III, 5. *Ac ne longum sit, Quirites, tabellas proferri
iussimus, quae a quoque dicerentur datae. Primum ostendimus
Cethego signum: cognovit. nos linum incidimus: legimus. erat
scriptum ipsius manu.* Dieses Siegel musste, im Falle der Brief
durch den librarius geschrieben war, die einzige Bürgschaft
für die Aechtheit abgeben; daher es auch gewöhnlich vor dem
Oeffnen recognoscirt, und durch das Aufschneiden des Fadens
nicht verletzt wurde. Auch sonst, sollte man glauben, müsste
die Handschrift in Wachs und in Uncialschrift schwer zu erkennen gewesen sein; doch wird öfters der Beweis daher entnommen. Plautus selbst sagt v. 78. *nam propterea te volo
Scribere, ut pater cognoscat literas quando legat.*
so Cic. in der angef. Stelle und mehrmals, vgl. Ovid. Heroid.
XV, 1. Sabin. ep. I, 3. [Dass eine Adresse auf der Aussen-
seite des Briefs gemacht wurde, versteht sich zwar von selbst,
wird aber auch von Cic. ad Att. VIII, 5. *des M'. Mario.* und
durch ein pompejanisches Wandgemälde bezeugt, wo ein Brief
deutlich adressirt ist: *M. Lucretio Flam. Martis Decurioni
Pompei.* Archäol. Zeitung 1847. N. 2. Overbeck, Pompeji.
S. 215.]

Da man die Wohlthat öffentlicher Posten nicht kannte, so
musste man, selbst an sehr entfernte Orte, wenn sich nicht

vielleicht eine Gelegenheit darbot, eigene Boten schicken, und
hielt sich daher besondere *tabellarios*, die eigentlichen Brief-
träger des Privatmanns, die häufig erwähnt werden. S. Cic.
Phil. II. 31. ad Fam. XII, 12. XIV, 22. Verr. III, 79. Auct.
bell. Hisp. 12. 16. 18. [Fest. v. tabellis p. 359 M. Dig. XLI,
1. 65 pr. Die Staatspost s. I, S. 166. Preller, die Regionen
der Stadt Rom, S. 235. von den tabellariis publicis. A de
Vries, de commercio epistolarum ex iuris principiis aestimato.
Amstel. 1841.

Noch ist zu erwähnen, dass die oben genannten *tabellae*
nicht blos zur Correspondenz gebraucht wurden, sondern dass
sie als Schreibmaterial überhaupt dienten. Man denke nur an
die Schultafeln und an die *tabulae testamenti* (auch schlechtweg
cerae genannt) Rein, röm. Privatrecht, S. 376. Heindorf und
Wuestemann zu Hor. Sat. II, 5, 51. Kleine Täfelchen (*pugillares, codicilli*) wurden namentlich als Notizenbuch oder Por-
tefeuille angenommen, welches man stets bei sich trug, um
darin jedes Beliebige zu notiren, Geldposten einzutragen, ein
Concept zu entwerfen u. s. w. Auson. epigr. 146. *bipatens pu-
gillar*, von dem schnellen Notarius gebraucht, und Sen. ep. 108.
von dem Philosophenschüler. Es waren gewöhnlich mehrere
Wachstafeln, die je nach der Zahl *diptychi, triptychi* oder *tri-
plices* (Martial XIV, 6.) u. s. f. genannt wurden. Nur die
inneren Seiten wurden beschrieben und die äussere Schale
war oft mit Elfenbein, Gold oder Silber u. s. w. verziert.
Orell. inscr. 3838. *pugillares membranaceos cum operculis
eboreis*. Vor. Tac. 8. *libros elephantinos*. Ein Griffel (*stilus,
graphium*) war daran angebracht, Isidor. VI, 9. Mart. XIV, 21.
dessen man sich zum Schreiben, aber auch zum Ausstreichen
bediente, denn das eine Ende war spitz zum ersten, das andere
breit zum zweiten Behuf; darum die Redensart *stilum vertere*,
Hor. Sat. I, 10, 72. Cic. Verr. IV, 41. — Kostbar verziert
waren namentlich die Schreibtafeln, welche die Consuln, Prä-
toren und andere Magistrate der Kaiserzeit bei ihrem Amts-
antritt ihren Freunden zu schenken pflegten. Das Bild des
Gebers und allerlei Symbole prangten auf der Vorderseite.

SYMMACH. ep. II, 81. *diptycha — eburneis pugillaribus.* V, 56.
VII, 76. IX, 119. CLAUD. in Stilich. III, 346 ff.

> *Qui* (sc. dentes) *secti ferro in tabulas auroque micantes,*
> *Inscripti rutilum caelato Consule nomen*
> *Per proceres et vulgus eant* etc.

SIRMOND. ad Sidon. Ap. ep. VIII, 6. GOTHOFR. zu C. Theod. XV,
9, 1. Mehrere dieser Elfenbeindiptychen haben sich erhalten,
s. SCHWARZ, de vetusto quodam dipt. Altorf 1742. und in exercitt. acad. Norib. 1783. p. 298—338. GORI, thesaur. vett. dipt.
Flor. 1759. III Bde. HAGENBUCH, de dipt. Brixiano 1799.
AUGUSTIN, das Dipt. im Dom zu Halberstadt, in neuen Mittheilungen des thüring.-sächsisch. Vereins VII, 2. S. 60—85.
VÖGELIN, das Züricher Diplom des Consul Areobindus. Zürich
1857. (Gratulationsprogramm) und andere Schriften in FA-
BRICII bibliograph. antiquaria p. 951 ff. und O. MUELLERS
Arch. v. Welcker S. 437 fg. — Von roheren Wachstafeln exi-
stirt nur ein einziges Exemplar aus dem Jahr 167 n. Chr.,
welches 1790 in einem altrömischen Bergwerk Siebenbürgens
gefunden wurde. Diese Triptychen, welche die Kopie einer
öffentlichen Bekanntmachung Seitens der Vorsteher einer
Leichenkassengesellschaft enthalten, sind drei Tafeln von
Tannenholz, deren vier innere Seiten beschrieben sind. Siehe
MASSMANN, libell. aurarius s. tabulae ceratae etc. Lips. (1840).
HUSCHKE, in Savigny's Zeitschr. für geschichtl. Rechtswissen-
schaft. XII. 1845. S. 173—219. ORELLI HENZEN 6087.]

— — —

Leipzig, Druck von Giesecke & Devrient.